汽车电工从入门到精通系列

汽车电气系统原理与电路分析

主 编 麻友良 孟 芳

机 械 工 业 出 版 社

本书系统地介绍了汽车电气设备的结构类型与工作原理，分析了典型电路的结构特点与电路原理，以及电路故障诊断方法，并介绍了主要部件的检修方法。本书图文并茂，可帮助读者巩固和提高作为汽车电工所必备的基础知识，掌握汽车电路分析与故障诊断技能。

本书适用于从事或准备从事汽车维修工作的广大读者，特别是汽车电工，同时也可作为大专院校、职业技术学校学生学习汽车电器与电子控制技术等专业课程的参考用书。

图书在版编目（CIP）数据

汽车电气系统原理与电路分析 / 麻友良，孟芳主编 . — 北京：机械工业出版社，2022.3

（汽车电工从入门到精通系列）

ISBN 978-7-111-70351-8

Ⅰ . ①汽…　Ⅱ . ①麻…②孟…　Ⅲ . ①汽车－电气系统－检修②汽车－电路分析　Ⅳ . ① U472.41 ② U463.6

中国版本图书馆 CIP 数据核字（2022）第 043630 号

机械工业出版社（北京市百万庄大街 22 号　邮政编码 100037）

策划编辑：谢　元　　　　　　责任编辑：谢　元　王　婕

责任校对：张　征　贾立萍　封面设计：马精明

责任印制：郜　敏

中煤（北京）印务有限公司印刷

2022 年 7 月第 1 版第 1 次印刷

184mm×260mm · 15 印张 · 379 千字

标准书号：ISBN 978-7-111-70351-8

定价：79.90 元

电话服务　　　　　　　　　网络服务

客服电话：010-88361066　机　工　官　网：www.cmpbook.com

010-88379833　机　工　官　博：weibo.com/cmp1952

010-68326294　金　书　网：www.golden-book.com

封底无防伪标均为盗版　机工教育服务网：www.cmpedu.com

前言

汽车电气设备在汽车上的应用经历了从无到有、从辅助到主要的发展过程。电气设备已经成为现代汽车上的一个重要组成部分，其性能的好坏、工作正常与否，对整车的使用性能都至关重要。此外，传统汽车电器还经历了电子化的过程，例如，硅整流发电机、电子调节器、电子闪光器、电子喇叭等电子装置的使用，使汽车电气设备的性能与工作可靠性得到了提高。除了起动系统、点火系统（汽油车用）、照明系统、信号系统、仪表系统这些汽车上必不可少的电气系统外，现代汽车上还装备了其他辅助电器，例如电动刮水器、车窗玻璃洗涤器、电动车门、电动车窗、电动后视镜、电动及可加热座椅、电动天窗、进气预热装置等。这些电气装置的使用，使汽车的安全性、舒适性等均得到较大的改善。汽车电气系统和汽车电子控制装置已经成为汽车上最复杂、最庞大的系统，而作为主要从事汽车电气设备与电子控制系统检修工作的汽车电工来说，必须熟悉汽车电气系统的结构和工作原理，掌握汽车电器的故障检修方法。

本书为汽车电工的进阶篇，用以帮助读者学习并熟悉汽车电气系统结构与工作原理，掌握汽车电器的故障诊断与维修方法。全书分“车载电源电路原理与故障检修”“起动电路原理与故障检修”“点火系统电路原理与故障检修”“照明系统电路原理与故障检修”“信号系统电路原理与故障检修”“汽车仪表系统电路原理与故障检修”“汽车辅助电气装置简介”共七章。各章除了系统地介绍这些电气系统的组成部件、结构类型、工作原理外，还对典型电路的特点、工作原理及故障诊断方法进行了分析与说明，并对各系统部件的故障检修方法进行了较为详细的介绍。

本书由麻友良、孟芳任主编，参加编写的有游彩霞、张威、吴满、邵冬明、麻丽、袁青、杨帆。在编写本书的过程中，大量的书籍资料给予了我们很大的帮助，在此，向相关的作者表示感谢。由于编者水平所限，书中难免有不妥或错误之处，恳请广大读者批评指正。

编　者

目录

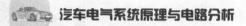

第一章 车载电源电路原理与故障检修

第一节 车载电源概述

一、车载电源的组成与要求

阅读提示

发电机由发动机带动发电，向用电设备提供电能，它是将发动机的部分机械能转变为电能的发电装置；蓄电池通过极板活性物质的电化学反应向外输出电能，又通过充电将电能转变为化学能，它实际上是一个储能装置。

1. 车载电源的组成

汽车上装有蓄电池和发电机，两个电源并联相接（图 1-1），分别向汽车用电设备提供电能。

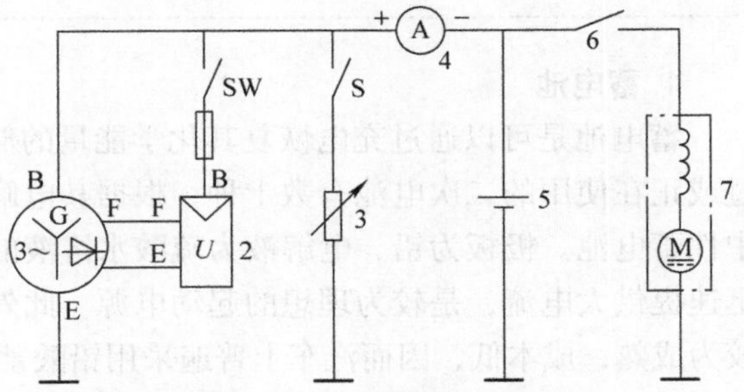

图 1-1　汽车电源的组成

1—发电机　2—调节器　3—用电设备　4—电流表　5—蓄电池　6—起动开关　7—起动机

（1）发电机的功能

发电机由发动机通过带传动驱动运转，在发动机工作时，发动机带动发电机发电，向汽车用电设备提供电能，并向电能不足的蓄电池充电。除起动机外，车载用电设备的供电主要由发电机提供。

（2）蓄电池的功能

蓄电池的主要用途是用作起动电源，在起动发动机时，由蓄电池向起动机及点火系统（汽油发动机）等提供电能。

除此之外，蓄电池还有如下功用：

1）在发动机怠速运转或停转（发电机电压低或不发电）时，向车载用电设备供电。

2）当同时启用的车载用电设备功率超过了发电机的额定功率时，由蓄电池协助发电机供电。

3）当蓄电池存电不足，且发电机负载不大时，可将发电机的部分电能转换为化学能储存起来。

4）蓄电池内部的极板构成了一个容量很大的电容器，并联在车载电网中，可以吸收电路中的瞬变电压脉冲，对汽车电路中的电子元件起到了保护作用。

5）对汽车电子控制系统来说，蓄电池还是电子控制器的不间断电源。

2. 对车载电源的要求

（1）对发电机的要求

1）发动机工作时的转速变化很大，发电机的转速也随之变化。发电机要保证在发动机转速变化范围内都能正常发电，并且能保持电压稳定，以满足用电设备的用电需求。

2）发电机要满足体积小、重量轻、故障率低、发电效率高、使用寿命长等要求，以确保汽车良好的使用性能。

（2）对蓄电池的要求

1）蓄电池是发动机的起动电源，在起动发动机时，需要在短时间内向起动机提供大电流（汽油发动机为100～600A，大型柴油发动机可达1000A），因而要求其内阻要小，大电流输出时电压要稳定，以确保有良好的起动性能。

2）蓄电池要保证充电性能良好、使用寿命长、维护方便或少维护，以满足良好的汽车使用性能要求。

二、车载电源的现状与发展

阅读提示

车载电源由蓄电池和发电机并联而成，车载电源电路的核心部件是蓄电池、发电机及调节器，除此之外，还有充电指示灯、电源开关（只部分汽车有）、熔断器等辅件。

1. 蓄电池

蓄电池是可以通过充电恢复其化学能量的储能装置，也被称为二次电池。目前，曾被使用过或正在使用的二次电池有数十种，根据其电解质的酸碱性可分为酸性蓄电池、碱性蓄电池和中性蓄电池。极板为铅、电解液为硫酸水溶液的铅酸蓄电池具有内阻小、电压稳定的特点，能迅速提供大电流，是较为理想的起动电源。此外，铅酸蓄电池的结构简单，结构及生产工艺等较为成熟，成本低，因而汽车上普遍采用铅酸蓄电池。

普通的铅酸蓄电池（也被称为干封蓄电池）比能量低，维护工作量大，使用寿命短，需经初充电才能使用。多年来，铅酸蓄电池在结构、材质及工艺等方面不断地改进，其性能有了较大的提高。目前，汽车上使用的大都是改进型铅酸蓄电池，比如无需初充电的干荷电、湿荷电蓄电池，可防止电解液非正常损失和极板活性物质脱落的胶质蓄电池。此前汽车上使用的铅酸蓄电池盖板上都有加液盖（图1-2），蓄电池需要经常进行检查维护。现在，汽车上越来越多地使用了使用寿命长且无需经常维护的免维护铅酸蓄电池（图1-3）。

国内外都致力于研究与开发碱性蓄电池，比如镍氢蓄电池、锂离子蓄电池、锌空气蓄电池、铁镍蓄电池、铁空气蓄电池等。这些蓄电池在能量密度、使用寿命等方面都要优于铅酸蓄电池，但由于其内阻较大，不适合用作起动电源。到目前为止，碱性蓄电池只是在电动汽车上使用；中性蓄电池在技术上还有待成熟，应用很少。

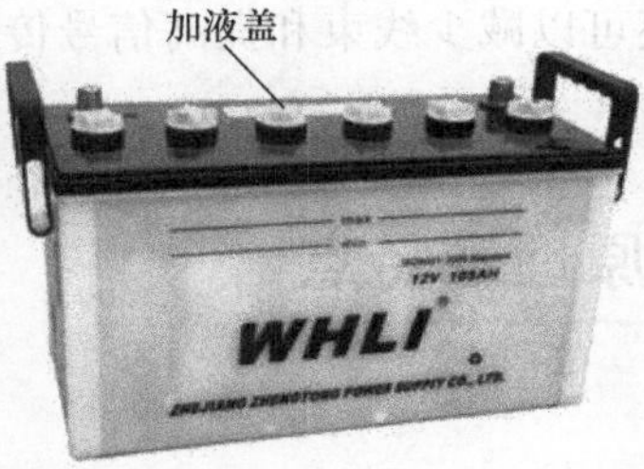

图 1-2　带加液盖的铅酸蓄电池

图 1-3　免维护铅酸蓄电池

作为起动电源，铅酸蓄电池在结构、材质、工艺等方面仍有改良和发展的空间，以使蓄电池的体积进一步减小、重量更轻，而其供电能力和使用寿命则应进一步提高，通过采用密封技术及其他相关措施，实现铅酸蓄电池的免维护化。

2. 发电机及调节器

汽车上最早使用的是直流发电机，这种同步直流发电机采用铸铁外壳，磁极较大，须用机械式换向器整流。由于其体积大、比功率小、低速充电性差、高速换向器换向火花大，直流发电机已不能适应现代汽车对车载发电机的要求，早已被采用硅二极管整流的交流发电机（图 1-4）所取代。汽车上普遍使用的交流发电机的基本组成与工作原理大致相同，但有多种结构形式。根据发电机磁极产生磁场方式不同，可分为普通励磁式（通过电刷引入励磁电流）、无刷励磁式和永磁式等几种，其中普通励磁式使用最为普遍。

图 1-4　整体式交流发电机

普通励磁式发电机按整流二极管的数量又可分为六管、八管、九管、十一管等不同形式，其中八管和十一管的交流发电机是在六管、九管交流发电机的基础上又增加了两个二极管，充分利用了发电机工作时三相绕组中的单相电压的谐波，使发电机的效率得以提高。近些年来，汽车上又出现了十二管交流发电机，这种发电机为双整流结构，使得发电机的低速充电性能有了大幅度提高。

发电机调节器的作用是在发动机转速变化时，使发电机的电压保持稳定。交流发电机最初所配用的是触点式调节器，现已逐渐被电子式调节器所替代。电子调节器有分立元件和集成电路两种类型，现在的汽车大都采用集成电路式电子调节器。

由于集成电路调节器性能稳定、结构尺寸小，可以将其安装在发电机内部。这种采用内装式调节器的交流发电机（被称为整体式交流发电机）在汽车上已经有较多的应用。

交流发电机及调节器的进一步发展要求是：低速充电性能好、工作可靠性高、发电效率更高、发电机极限功率高，以满足现代汽车电气系统对电源越来越高的要求。

3. 汽车电系的电压

现代汽车电气系统普遍采用 12V 电系，只有部分大型柴油车采用 24V 系统，或只是柴油机的起动系统采用 24V 系统。现代汽车上的电气设备和电子控制装置的应用越来越多，而 12V 电系发电机的极限功率受到了限制，因此，12V 电系已不太适应现代汽车进一步发展的需求。未来汽车电源的电压标准将会提高到 42V 或 48V，这样就可以使发电机提供更大的极限功率，这不仅可以满足更多电器和电子控制装置的用电需求，还可以减少线束和提高信号传送的质量，并使整个汽车电系的工作更加稳定、安全、可靠。

第二节　蓄电池的结构原理及特点

阅读提示

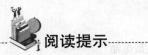

铅酸蓄电池正负极板上的二氧化铅和纯铅也被称为活性物质，是铅酸蓄电池储存的化学能量。铅酸蓄电池就是通过其活性物质在电解液中的电化学反应完成放电（化学能转换为电能）和充电（电能转换为化学能）过程。

一、蓄电池的工作原理

1. 蓄电池的基本组成

铅酸蓄电池的核心部件是正、负极板和电解液。在充足电的状态下，正极板上能通过电化学反应而释放出电量的化学物质是二氧化铅（PbO_2），负极板上的则是纯铅（Pb），PbO_2 和 Pb 均被称为活性物质。铅酸蓄电池的电解液由纯净的硫酸和蒸馏水按一定的比例配制而成。蓄电池的基本组成如图 1-5 所示。

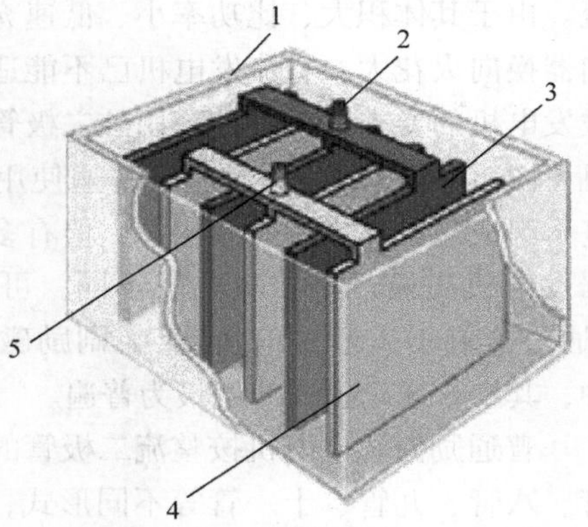

图 1-5　蓄电池的基本组成

1—外壳　2—正极桩　3—正极板
4—负极板　5—负极桩

2. 蓄电池的基本工作原理

（1）蓄电池电动势的建立

铅酸蓄电池正负极板上的活性物质在电解液中会有少量溶解电离（图 1-6），使得正极板留下 4 价的铅离子 Pb^{4+}（产生正电荷）而电位升高，负极板则留下电子 e（产生负电荷）而电位降低。当 PbO_2 和 Pb 的溶解电离达到动态平衡时，正负极板上就有稳定数量的正电荷和负电荷，从而在正负极板之间形成电位差，这个电位差就是蓄电池的电动势。

要点提示

铅酸蓄电池通过正负极板上活性物质在电解液中的溶解电离，使正极板有一定数量的正电荷（Pb^{4+}），负极板有一定数量的负电荷（e），从而建立了电动势。

（2）蓄电池的放电过程

当蓄电池正负极桩之间连接负载后，就会在其电位差（电动势）的作用下形成放电电流（图 1-6），这时正、负极板上的正、负电荷减少，失去原来的动态平衡，极板上的活性物质就会继续溶解电离，以补充被消耗掉的电荷，使蓄电池的电动势得以保持。放电后，蓄电池极板的活性物质转化成了硫酸铅（$PbSO_4$），电解液的水分增加，硫酸减少，故而电解液的密度会有所下降。

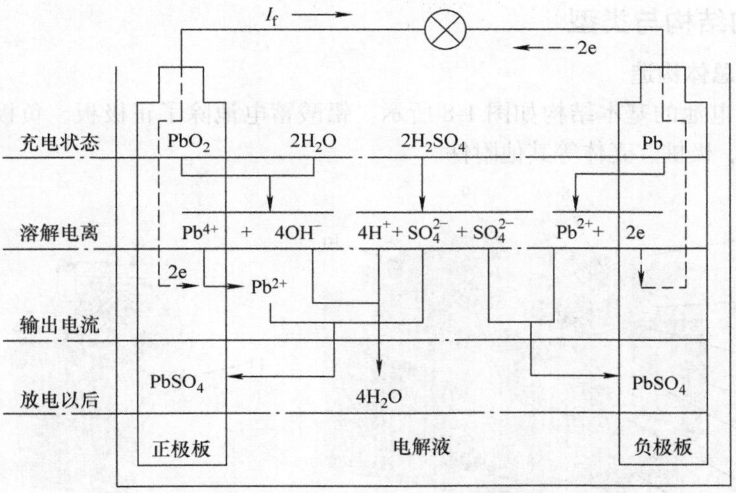

图 1-6　蓄电池放电过程示意图

（3）蓄电池的充电过程

当蓄电池正负极桩之间连接充电电源后，就会形成充电电流（图 1-7），在电源力的作用下，使放电后在正负极板上生成的硫酸铅逐渐还原为活性物质二氧化铅和纯铅。充电过程使蓄电池极板的活性物质得以恢复，电解液中的水分减少，硫酸的成分增加，因而电解液的密度会上升。

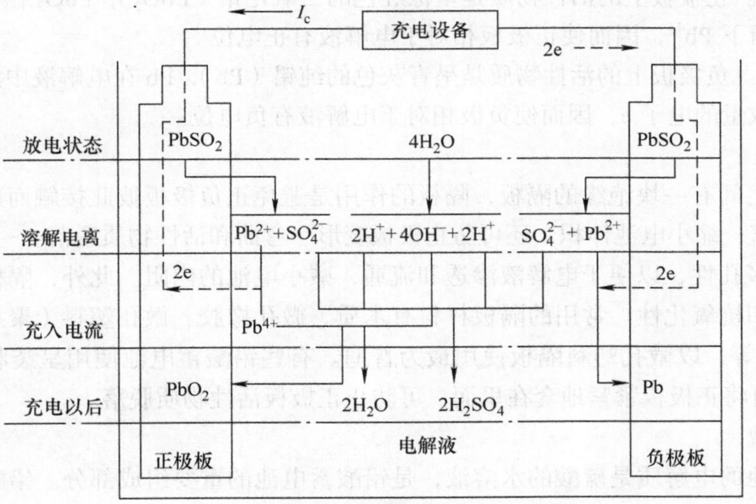

图 1-7　蓄电池充电过程示意图

要点提示

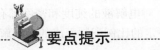

蓄电池放电时，将化学能转变为电能输出，极板上的活性物质逐渐转化为硫酸铅，电解液的密度下降；蓄电池充电时，将充电电源的电能转变为化学能储存起来，极板上的硫酸铅逐渐转化为活性物质，电解液的密度上升。

二、蓄电池的结构与类型

1. 蓄电池的总体构造

普通铅酸蓄电池的基本结构如图 1-8 所示。铅酸蓄电池除了正极板、负极板和电解液外，还有隔板、连条、极桩、壳体等其他附件。

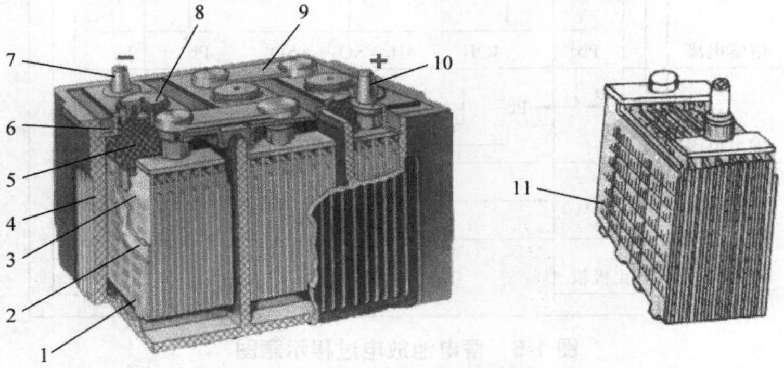

图 1-8　铅酸蓄电池的基本结构

1—负极板　2—隔板　3—正极板　4—壳体　5—护板　6—封料　7—负极桩
8—加液盖　9—连条　10—正极桩　11—极板组

（1）正负极板

1）正极板。正极板上的活性物质是呈棕红色的二氧化铅（PbO_2），PbO_2 在电解液中溶解电离后在极板上留下 Pb^{4+}，因而使正极板相对于电解液有正电位。

2）负极板。负极板上的活性物质是呈青灰色的纯铅（Pb），Pb 在电解液中溶解电离后在极板上留下一定数量的电子 e，因而使负极相对于电解液有负电位。

（2）隔板

正负极板之间有一块绝缘的隔板，隔板的作用是避免正负极板彼此接触而造成短路，并可使电池装配紧密，缩小电池体积，还可防止极板变形、弯曲和活性物质脱落。

隔板具有多孔性，以便于电解液渗透和流通，减小电池的内阻。此外，隔板材料还应具有良好的耐酸性和抗氧化性。常用的隔板材料有木质、微孔橡胶、微孔塑料（聚氯乙烯、酚醛树脂）、玻璃纤维等，以微孔塑料隔板使用最为普遍。有些铅酸蓄电池使用呈袋状的微孔塑料隔板，这种隔板可将正极板紧紧地套在里面，可防止正极板活性物质脱落。

（3）电解液

铅酸蓄电池的电解质是硫酸的水溶液，是铅酸蓄电池的重要组成部分。铅酸蓄电池的正负极板都必须浸在电解液中，电解液可使极板上的活性物质溶解和电离，除承担正、负极间离子导电作用外，还参加电化学反应。

为避免蓄电池内部自放电，对电解液的纯度和密度都有比较严格的要求。铅酸蓄电池的电解液是由纯净的硫酸与蒸馏水按一定的比例配制而成的，电解液的密度一般为 $1.24 \sim 1.30g/cm^3$。

（4）壳体及其他附件

1）壳体。用于盛放电解液和极板组，壳内用间壁分成多个互不相通的单格，底部呈一个个突棱状。突棱的顶部用以搁置极板组，而两个突棱之间的凹槽可积存极板上脱落下来的活性物质，以避免底部有活性物质及其他的杂物沉积而造成正负极板间的短路。铅酸电池壳体用耐酸、耐热、耐振的硬橡胶制成，而如今的工程塑料（聚丙稀）已在韧性、强度、耐酸、耐热等方面的性能优于硬橡胶，且可以制成壁薄透明的壳体，其重量轻、便于观察电解液的液面高度，因而塑料壳体的铅酸蓄电池已经在汽车上得到了应用。

2）连条。铅酸蓄电池内部有 6 个单格电池，通过连条将其串联起来，以使蓄电池正、负极桩之间能输出 12V 电压。图 1-8 所示的蓄电池连条是在蓄电池盖的表面，这种连条外露的连接方式所用的连条较长，耗材较多、电阻也较大，因此，已经被穿壁式联接方式（图 1-9）所取代。

图 1-9 整体盖板式蓄电池的穿壁式连条

1—负极桩 2—正极桩
3—极板组 4—穿壁式连条

3）极桩。铅酸蓄电池各单格电池串联后，两端单格的正极柱（连接正极板）和负极柱（连接负极板）分别穿出蓄电池盖，形成蓄电池正负极桩。正极桩标“+”号或涂红色，负极桩标“−”号或涂蓝色、绿色等。

4）加液盖。每个单格电池都有一个加液盖，加液盖上都有一通气小孔，用于及时排出在蓄电池充电时因电解水而产生的氢气和氧气，以防止内部因气体集聚而压力升高造成涨破容器，甚至产生爆炸的事故。

2. 铅酸蓄电池的极板构成

（1）正负极板的构成

铅酸蓄电池的正负电极通常为板状结构，故而称其为极板。汽车上所用的铅酸蓄电池其正负极板均采用涂膏式，由板栅和活性物质构成。板栅除固定和支撑活性物质外，还起导电作用。板栅一般使用铅锑合金，也有使用纯铅或其他铅合金的。板栅常见的结构形式如图 1-10 所示，其上部的凸起与横板焊接，用于将多片正极板或负极板并联，以增加蓄电池的容量。在板栅上填充铅膏（铅粉、稀硫酸及少量添加剂的混合物）后，经化成工艺处理即可形成正极板（PbO_2）和负极板（Pb）。

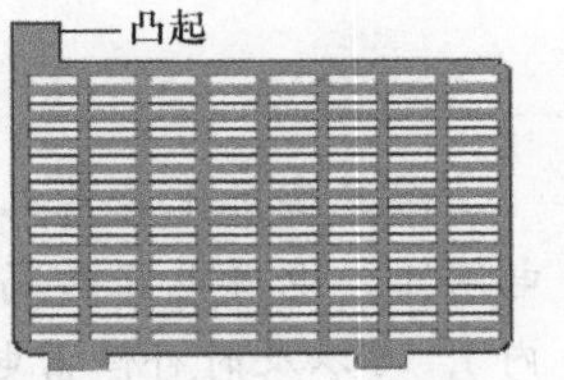

图 1-10 铅酸蓄电池的板栅

正极活性物质为二氧化铅，负极活性物质为海绵状铅，而在放电状态下正极和负极的物质均为硫酸铅。为使正负极板上内层的活性物质能与电解液接触，以提高正负极板活性物质的利用率，化成后的 PbO_2 和 Pb 均较为疏松。正负极板活性物质的疏松程度（孔率高低）会直接影响蓄电池的容量。

（2）极板组的形成

将多片正极板和负极板分别用横板焊接并联，就组成了正极板组和负极板组（图 1-11）。由于正极板的活性物质比负极板更为疏松，如果单面放电，则极板容易拱曲从而导致疏松的活性物质脱落。因此，负极板组要比正极板组多一块极板，使正负极板组嵌合组装后，每块正极板的两面都有负极板。工作时，正极板组的每块极板都是两面均匀放电而不容易拱曲。

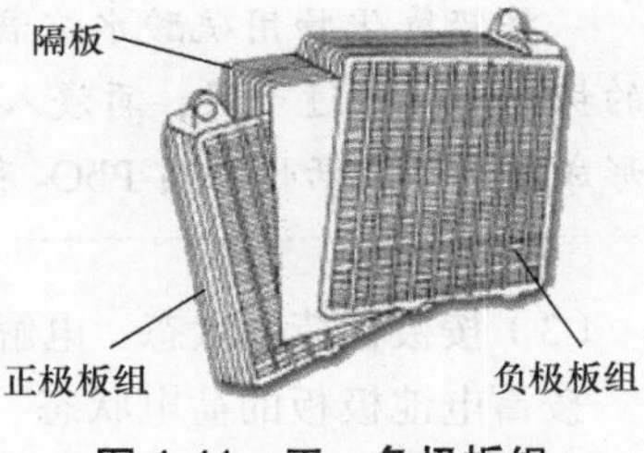

图 1-11 正、负极板组

（3）单格电池的构成

将正负极板组嵌合，并在中间用隔板隔开，置于存有电解液的容器中，就构成了一个单格电池（图 1-5）。单格电池的标称电压为 2V，因此，一个从正负极桩输出 12V 电压的蓄电池，需要有 6 个单格电池串联而成。

3. 蓄电池的类型

铅酸蓄电池发展至今已有多种结构类型，其用途也十分广泛。现以不同的分类方法对不同类型的铅酸蓄电池加以概括。

（1）按铅酸蓄电池的用途分类

铅酸蓄电池的主要产品已成系列，按其用途分为起动型、动力型、固定型、铁路客车用、船舶用、摩托车用、航标用及其他用途等 8 种。

1）起动型蓄电池。此种类型铅酸蓄电池主要应用于各种汽车、拖拉机、柴油机、船舶等的起动及照明等。起动型蓄电池需要在起动时能提供大的起动电流，这就要求其内阻小，正、负极板要薄，通常采用涂膏式极板。

2）动力型蓄电池。此类铅酸蓄电池也被称为动力电池，用作各种电动汽车、叉车、铲车、矿用电机车、码头起重车、电动自行车等的动力牵引及照明电源。动力型铅酸蓄电池的极板较厚，容量较大，持续放电能力强。

3）固定型蓄电池。此类铅酸蓄电池用作发电厂、变电所、电报电话局、大会堂、医院、实验室等通信、开关控制、继电保护等设备的直流电源。固定型铅酸蓄电池的正极板常用管式，电解液较稀，使用寿命较长，通常在浮充状态下使用。

阅读提示

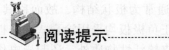

浮充实际上是蓄电池的一种供（放）电工作方式，蓄电池与电源线路并联连接到负载电路上，电源电压略高于蓄电池的端电压（12V 的蓄电池，浮充电压在 13.2 ~ 13.8V 范围内），可以及时补偿蓄电池自放电损失，可使蓄电池在放电后能较快地恢复到接近或完全充电状态。

（2）按铅酸蓄电池的极板结构分类

蓄电池的使用与性能要求不同，其极板的结构形式也有不同。按极板的结构不同分类，铅酸蓄电池主要有涂膏式、管式和形成式 3 种。燃油汽车上使用的起动型铅酸蓄电池均为涂膏式。

名词解释

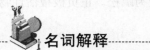

将铅氧化物用硫酸水溶液和其他添加剂调成糊状铅膏，然后将铅膏涂在用铅合金铸成的板栅上，经过干燥，再浸入硫酸水溶液中通入直流电（化成处理），正、负极板就会分别形成能放电的活性物质 PbO_2 和 Pb。这种极板称为涂膏式极板。

（3）按极板荷电状态、电解液和维护情况分类

按蓄电池极板的荷电状态、电解液及维护情况分类，铅酸蓄电池可分为干放电式、干荷电式、湿荷电式、带液充电式、胶体式、免维护式等不同形式。

1）干放电式。干放电式也称干封蓄电池，出厂的蓄电池极板处于干燥的放电状态，放在无电解液的蓄电池槽中。使用时，加入密度适当的电解液后，需要进行较长时间的初充电后方可使用。干放电式铅酸蓄电池的比能量低、维护工作量大、使用寿命短，且需要通过长时间的初充电才能投入使用，因而这种铅酸蓄电池现已很少采用。

2）干荷电式。极板组处于干燥的状态下较长时间保持制造中所得的电荷（充电状态），在放置时间不长（<2 年）的情况下，加入密度适当的电解液，静置 20 ~ 30min 即可投入使用。如果存放时间超过 2 年，则极板会有部分氧化，需要补充充电后再使用。

干荷电铅酸蓄电池主要是在制造过程中对负极板采取了能提高活性物质化学稳定性的工艺措施，从而提高了极板在干燥状态下长期保持荷电的能力。

3）湿荷电式。极板组呈湿润状态下可较长时间（6 个月）保持其制造中所得的电荷。湿荷蓄电池在制造厂充好电后倒出电解液，但蓄电池内还剩少量的电解液，其中大部分被吸收在极板和隔板内。在储存期内，加入适当密度的电解液即可投入使用。

湿荷电铅酸蓄电池在制造中采用的工艺与干荷电蓄电池有所不同，保持荷电能力的储存期也相对短一些。

4）带液充电式。出厂时蓄电池已充足电，且保留着电解液，用户拿到蓄电池后即可投入使用。带液充电式铅酸蓄电池不宜长时间搁置不用，因为出厂时蓄电池就已经处于激活状态，若长时间不用，蓄电池的自放电会使蓄电池转为亏电状态，并最终导致极板硫化而影响其容量和使用寿命。

5）胶体式。胶体蓄电池的电解液呈胶体状，胶体状电解液是通过在电解液中渗入硅酸溶胶形成的，其主要优点是电解液不会溅出，在使用、维护、保管和运输过程中，设备和人可免受被腐蚀的危险；胶状电解液可使极板活性物质不易脱落，可使蓄电池的使用寿命延长约 20%。

胶体蓄电池的缺点是胶体电解质的电阻较大（离子导电能力差），使蓄电池的内阻增大、容量降低；由于胶体电解质的均匀性相对较差，其自放电也相对较大。

6）免维护式。提供给用户的蓄电池也是带液充电式，但这种蓄电池可在其规定的使用寿命期间内无需进行日常的维护，而且在长期搁置状态下，自放电极小。

专家解读：

免维护蓄电池在结构、工艺和材料等方面均进行了改良，通常的措施有：

① 加液盖通气孔采用安全通气装置，用于阻止水蒸气和酸气排出，以减少电解液的消耗，并可避免气体与外部火花接触而产生爆炸，也减小了极桩的腐蚀。有的免维护蓄电池在通气塞中装有催化剂钯，可帮助水解的氢氧离子结合成水后再回到蓄电池中去，以进一步减少电解液的消耗。

② 采用袋式微孔塑料隔板，将正极板包住，可以免去容器底部的突棱，从而降低了极板组的高度，使极板上部的容积增大，增加了电解液的储存量。

③ 极板栅架采用铅 - 钙 - 锡合金或低锑合金，可减少析气量，使电解液中水的消耗降低，并使自放电也大幅减少。

还有全封闭式和阀控密封贫液式铅酸蓄电池，在结构、材料及工艺等方面采取了改进措施，使这些蓄电池可在使用寿命期内免维护，蓄电池的性能也有所提高。

（4）按蓄电池盖结构及通常的习惯分类

按蓄电池盖结构形式以及通常的习惯分类，铅酸蓄电池又可分为分体盖板式、普通整体盖板式、全封闭式、阀控式、铅布式等。

1）分体盖板式。蓄电池的每一个单格上有一小盖，盖与壳体间的缝隙用沥青封料密封。这种连条外露的铅酸蓄电池，连条的耗材较多，电阻也较大。此外，加液盖的通气小孔可自由地排出氧气、氢气及酸气。分体盖板式铅酸蓄电池的不足主要有：

① 蓄电池的内阻相对较大，使得蓄电池充放电时的效率有所下降。

② 使用中需要经常检查蓄电池电解液的液面高低，当电解液的液面过低（电解液不足）时，需及时补充蒸馏水。这种类型的蓄电池其日常维护较为复杂且工作量较大。

③ 从加液盖小孔排出的氢气和氧气因通风不良而集聚时，若遇到明火，很容易造成火灾风险。

④ 蓄电池在搬移和使用过程中，如果加液盖关闭不严，就会有电解液外漏的可能，有对人或其他部件造成腐蚀的风险。

⑤ 蓄电池在较高的温度下有酸气逸出时，会对周围的物件造成腐蚀。

正因为有上述不足，这种分体盖板式铅酸蓄电池已基本被淘汰。

2）普通整体盖板式（图 1-9）。这种蓄电池的盖板通过热粘接或胶粘工艺与壳体粘合，每个单格处仍有一个加液孔，用带通气小孔的加液盖封盖。

这种蓄电池在使用和搁置过程中会有氧气、氢气及酸气从加液盖通气小孔排出，因此，也需要对其进行日常维护。目前，普通整体盖板式铅酸蓄电池在一些载货汽车上还有少量使用。

3）全封闭式。全封闭式免维护铅酸蓄电池盖上无加液孔（图 1-12），这种铅酸蓄电池在使用过程中不排氢气和氧气，也不逸出酸气，因而在使用寿命期内无需对其进行日常的检查与维护。由于全封闭式蓄电池无氢气、氧气及酸气的排出，避免了可燃的氢气和氧气与外部火花接触而产生火灾的危险，也减小了极桩被腐蚀的可能性。

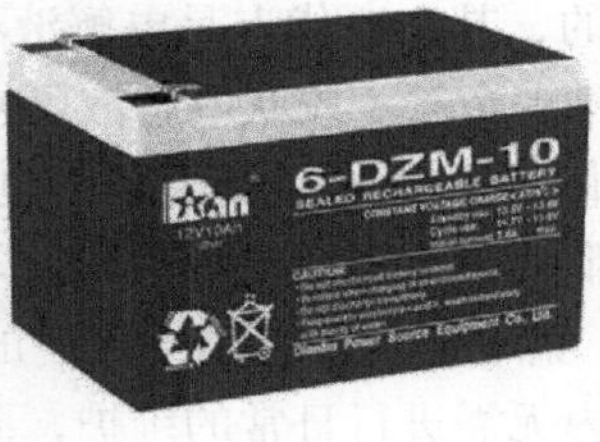

图 1-12　全封闭式免维护铅酸蓄电池

4）阀控式。阀控式铅酸蓄电池（Valve Regulated Lead Acid Battery，VRLAB）如图 1-13 所示。VRLAB 在蓄电池盖上设有一个排气阀（安全阀），当其内部气压达到限定值时，阀即可打开，将内部的气体排出，排气后则会自动关闭，可防止空气进入。

VRLAB 为安全阀式密封结构，不漏酸、不排酸雾，减少了氢气和氧气的逸散，在使用过程中无需检查和补充电解液，故也是一种免维护蓄电池，在电动汽车上得到了应用。

5）铅布式。铅布式铅酸蓄电池（图 1-14）也是一种阀控蓄电池，其正负极板和隔板采用卧式层叠组合，极板用高强度玻璃纤维和铅丝编织成的网状“铅布”作为基体，在铅布上涂 PbO_2 和 Pb，构成“双层格网板”，用作电池的正极和负极。

铅布式铅酸蓄电池的比能量、比功率、使用寿命和快速充电性能等均优于普通铅酸蓄电池。由于铅布式蓄电池也是采用阀控密封式结构，蓄电池在使用过程中不排氢气、氧气及酸气，故而也无需进行日常维护。铅布式铅酸蓄电池通常被用作动力电池，在电动汽车上得到了应用。

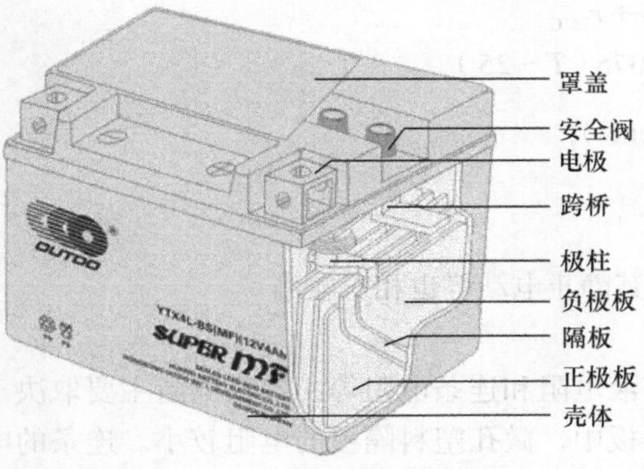

图 1-13 阀控式铅酸蓄电池

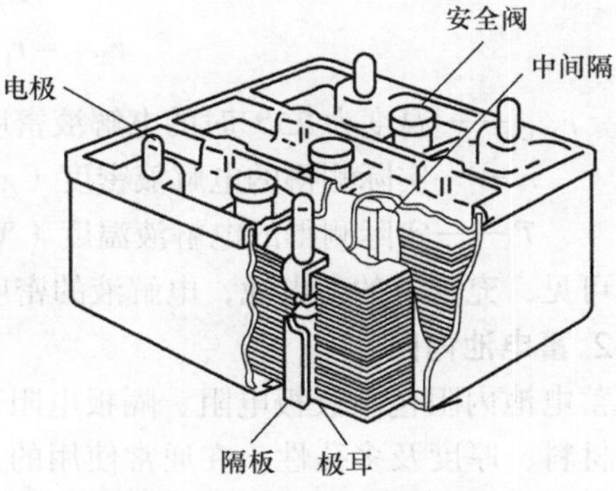

图 1-14 铅布式铅酸蓄电池

4. 蓄电池的型号

工业和信息化部颁发的 JB/T 2599—2012《铅酸蓄电池名称、型号编制与命名办法》规定，蓄电池型号由以下几部分组成：

串联单格电池数 — 蓄电池类型 — 蓄电池特征 — 蓄电池容量

1）串联单格电池数。型号的首位是一个阿拉伯数字，用于表示蓄电池单格电池数。例如，6 表示蓄电池有 6 个单格电池，其电压为 12V。

2）蓄电池类型。以蓄电池的主要用途划分，用汉语拼音字母表示。例如，Q 表示该蓄电池用作起动电源，为起动型蓄电池；D 表示电动车用蓄电池；M 表示摩托车用蓄电池；N 表示内燃机车用蓄电池；B 表示航标用蓄电池。

3）蓄电池特征。蓄电池特征为附加说明，蓄电池在同类用途的产品中具有某种特征需要加以区别时采用。蓄电池的特征也以汉语拼音字母表示，各字母表示的蓄电池特征见表 1-1。如果产品同时具有两种特征，那么原则上按表 1-1 的顺序将两个代号并列标示。

表 1-1 铅酸蓄电池特征代号

序号	1	2	3	4	5	6	7	8	9
产品特征	密封式	免维护	干式荷电	湿式荷电	微型阀控制式	排气式	胶体式	卷绕式	阀控式
代号	M	W	A	H	WF	P	J	JR	F

4）蓄电池容量。2 位或 3 位阿拉伯数字，表示蓄电池的容量，其单位是 A · h。

有的蓄电池在表示额定容量的阿拉伯数字后还会用一个字母表示其特征性能：G 表示薄型极板，高起动率；S 表示塑料外壳；D 表示低温起动性能好。

三、蓄电池的工作特性

1. 蓄电池静止电动势

静止电动势 E_j 是指蓄电池在静止（不充电也不放电）状态下正负极板之间的电位差。静止电动势的大小取决于极板上活性物质溶解电离达到动态平衡时，在极板单位面积上沉附的 Pb^{4+} 和 e 的数量，而这受电解液密度和温度的直接影响。在电解液密度为 1.050 ~ 1.300g/cm^3 范围内时，静止电动势 E_j 与电解液密度及温度的关系可由如下的经验公式表示

$$E_j = 0.84 + r_{25℃}$$
$$r_{25℃} = r_t + 0.00075(T - 25)$$

式中　$r_{25℃}$——温度为 25℃时的电解液密度（g/cm³）；

r_t——实际测得的电解液密度（g/cm³）；

T——实际测得的电解液温度（℃）。

可见，充足电的蓄电池，电解液的密度高，其静止电动势也相对较高。

2. 蓄电池内阻

蓄电池内阻包括极板电阻、隔板电阻、电解液电阻和连条电阻等。隔板电阻主要取决于隔板的材料、厚度及多孔性。在通常使用的几种隔板中，微孔塑料隔板的电阻较小。连条的电阻主要与连条的长度有关，穿壁式连条因其长度较短而电阻较小。蓄电池在使用过程中，隔板和连条的电阻不会改变，极板电阻和电解液电阻则会随蓄电池的放电程度、电解液的温度和密度的不同而改变。

1）极板的电阻。在充足电的状态下，极板的电阻最小，随着蓄电池放电程度的增加，覆盖在极板表面的 $PbSO_4$ 相应增多，极板电阻会随之增大。

2）电解液的电阻。电解液的电阻与其温度和密度有关。温度低或电解液的密度高，电解液的黏度较大，其渗透能力较低，因而其电阻较大。电解液的密度过高或过低，都会因 H_2SO_4 的离解度降低而增大电阻。当电解液密度为 1.208g/cm³（25℃）时，电解液的离解度最高，其黏度也不大，此时的电阻是最小的。

3. 蓄电池的放电特性

蓄电池的放电特性是指以恒定的电流 I_f 放电时，蓄电池端电压 U_f、电动势 E 和电解液密度 r 随放电时间的变化规律。以 20h 放电率（$I_f = 0.05C_{20}$）的恒流放电特性曲线如图 1-15 所示。

放电时，由于蓄电池内阻 R_O 有电压降，因此，蓄电池端电压 U_f 低于其电动势 E，即

$$U_f = E - I_f R_O$$
$$E = E_j - \Delta E$$

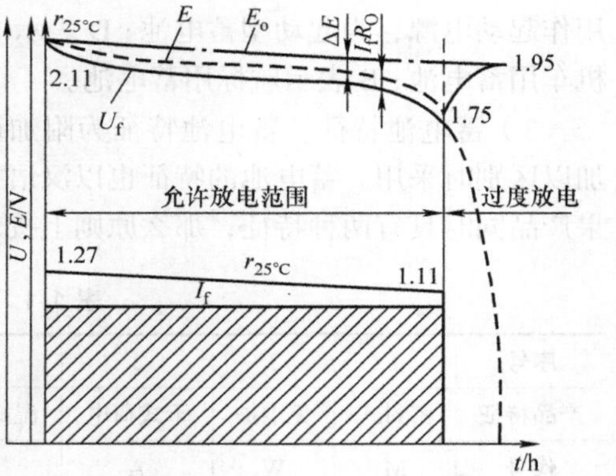

图 1-15　蓄电池恒流放电特性曲线

蓄电池放电时的电化学反应是在极板的孔隙内进行的，蓄电池放电时，电动势 E 下降 ΔE 的原因是极板孔隙内的密度低于整个容器中的电解液密度。

名词解释

C_{20} 表示蓄电池 20h 放电率容量，它是指以额定容量的 1/20 大小的恒定电流持续放电，蓄电池所能放出的电量。蓄电池的额定容量是以 C_{20} 来标定的。

从蓄电池的恒流放电特性曲线可知，蓄电池在刚开始放电和放电接近终止时，电压迅速下降；而在中间较长的一段时间内，U_f 下降则比较缓慢。

开始放电时，U_f 迅速下降是因为放电之初极板孔隙内电解液的 H_2SO_4 迅速消耗，其密度随之迅速下降（ΔE 迅速上升）所致。极板孔隙内外的电解液产生了 H_2SO_4 浓度差后，极板孔隙外的 H_2SO_4 会向孔隙内渗透，使孔隙内的电解液密度下降与整个容器的电解液密度下降趋于一致（ΔE 基本稳定），因而 U_f 下降比较缓慢。放电接近终止时，电化学反应已经深入极板的内层，加之放电后生成的 $PbSO_4$ 使孔隙变得越来越小，电解液渗透困难，造成极板孔隙内的电解液密度迅速下降（ΔE 又迅速上升），从而导致了 U_f 迅速下降。

1.75V 是 20h 放电率的终止电压，若继续放电则为过度放电，端电压会急剧下降。停止放电后，电解液会向极板内层渗透，使孔隙内外的电解液密度趋于一致，蓄电池单格电池电动势会回升至 1.95V 的静止电动势（ΔE 消失）。

阅读提示

铅酸蓄电池过度放电会导致其极板形成粗晶体硫酸铅，在充电时不易还原成活性物质而使蓄电池容量下降，使用寿命缩短。

在恒电流放电时，每单位时间里 H_2SO_4 转变为 H_2O 的数量是一定的，因此，电解液的密度 r 呈直线下降。一般电解液的密度每下降 $0.04g/cm^3$，蓄电池放电大约为额定容量的 25%。

从放电特性曲线可知，蓄电池放电终止可由两个参数判断：

1）单格电池电压下降至放电终止电压。

2）电解液密度下降至最小的许可值。

终止电压与放电电流的大小有关，放电电流越大，放电的时间就越短，允许放电的终止电压也越低。放电电流与终止电压的关系见表 1-2。

表 1-2 放电电流与终止电压的关系

放电电流	$0.05C_{20}$	$0.1C_{20}$	$0.25C_{20}$	$1C_{20}$	$3C_{20}$
连续放电时间	20h	10h	3h	30min	5.5min
单格电池终止电压 /V	1.75	1.70	1.65	1.55	1.5

4. 蓄电池的充电特性

蓄电池的充电特性是指以恒定的电流 I_C 充电时，蓄电池充电电压 U_C、电动势 E 及电解液密度 r 随充电时间变化的规律。以 20h 充电率（$I_C = 0.05C_{20}$）的恒流充电特性曲线如图 1-16 所示。

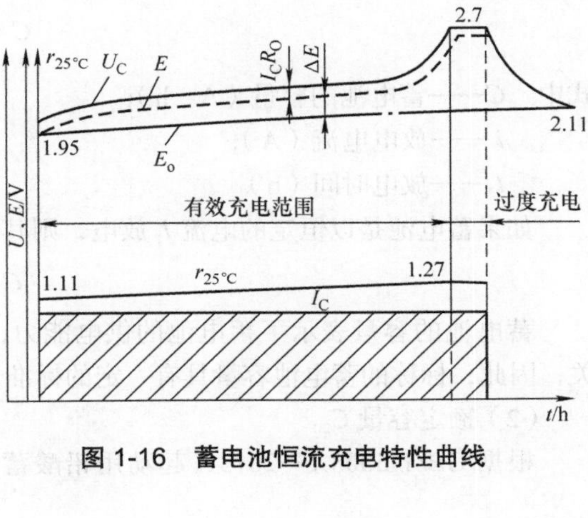

图 1-16 蓄电池恒流充电特性曲线

充电电源要克服蓄电池内阻电压降，其充电电压 U_C 需高于蓄电池的电动势 E，即

$$U_C = E + I_CR_O$$
$$E = E_j + \Delta E$$

充电时蓄电池电动势 E 升高 ΔE 的原因：一是蓄电池充电时极板孔隙内电解液密度高

于容器中的电解液密度；二是充电终期负极板附近集聚的 H^+ 所引起的附加电位差。

充电开始时，蓄电池的充电电压 U_C 迅速上升是因为孔隙内进行的电化学反应所生成的 H_2SO_4 使孔隙内电解液密度迅速上升（ΔE 迅速上升）所至。当极板孔隙内外电解液的 H_2SO_4 浓度差产生后，极板孔隙内的 H_2SO_4 将向孔隙外扩散，此时，U_C 是随着整个容器内的电解液密度的缓慢增大而逐渐上升（ΔE 基本稳定）。当 U_C 上升至 2.4V 左右时，电解液开始有气泡冒出，这是极板上的 $PbSO_4$ 基本上已被还原成活性物质、充电电流已开始电解水的标志。继续充电，水的电解速度会不断上升，气泡也逐渐增多，使电解液呈“沸腾”状。由于 H^+ 在极板上得到电子变成 H_2 的速度较水的电解慢，因而在接近充足电时，负极板附近会集聚越来越多的 H^+，使负极板与电解液之间产生一个迅速上升的附加电位差（ΔE 迅速上升），从而导致了 U_C 迅速上升。附加电位差最高大约为 0.33V，因此，充电电压上升至 2.7V 后就不再升高。

理论上 U_C 达到 2.7V 时应终止充电，否则将造成过充电。但在实际使用中，往往在充电电压达到最高电压后继续充电 2～3h，以确保蓄电池能完全充足。

由于是恒定电流充电，蓄电池电解液的密度 r 呈直线上升。

蓄电池充足电的特征是：

1）蓄电池的端电压上升至最大值（单格电池电压为 2.7V），且 2h 内不再变化。

2）电解液的密度上升至最大值，且 2h 内基本不变。

3）电解液大量冒气泡，呈现“沸腾”状。

阅读提示

铅酸蓄电池过充电所产生的大量气体会在极板孔隙内造成压力，这会加速极板活性物质脱落，导致蓄电池容量下降，使用寿命缩短。

四、蓄电池的容量及影响因素

1. 蓄电池的容量

（1）蓄电池容量的定义

蓄电池的容量是指蓄电池在允许放电的范围内所输出的电量，可表示为

$$C = \int_0^t i\mathrm{d}t$$

式中 C——蓄电池的容量（A·h）；

i——放电电流（A）；

t——放电时间（h）。

如果蓄电池是以恒定的电流 I_f 放电，则其容量的表达式为

$$C = I_f t$$

蓄电池的容量表示了蓄电池的供电能力，它与放电电流、温度及电解液的密度等因素有关，因此，标称的蓄电池容量具有一定的标准规范。

（2）额定容量 C_{20}

根据 GB/T 5008.1—2013《起动用铅酸蓄电池　第 1 部分：技术条件和试验方法》规定，

C_{20} 是指完全充足电的蓄电池，在电解液温度为 25℃时，以 20h 放电率（$I_f = 0.05C$）连续放电到单格电池电压降至 1.75V（即：12V 蓄电池端电压下降至 10.50V ± 0.05V）时蓄电池所输出的电量。

阅读提示

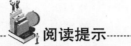

蓄电池的额定容量是检验新蓄电池质量和衡量旧蓄电池能否继续使用的重要指标。新蓄电池达不到额定容量为不合格产品，旧蓄电池的实际容量低于其额定容量达到某一限值（通常是 80%）时则应报废。

2. 影响蓄电池容量的因素

蓄电池实际容量的大小取决于在允许放电的范围内，其极板上能参与电化学反应的活性物质的多少，因此影响蓄电池容量的因素主要有如下 4 个方面。

（1）极板的构造

极板的面积越大，在允许放电范围内能参与电化学反应的活性物质就越多，其容量也就越大；普通蓄电池一般只利用了 20% ~ 30% 的活性物质，因此，采用薄形极板、增加极板的片数及提高活性物质的孔率，均能提高蓄电池的容量。

（2）放电电流

放电电流越大，单位时间内所消耗的 H_2SO_4 就越多，加之对极板孔隙起阻塞作用的 $PbSO_4$ 产生速率高，造成孔隙内的电解液密度急剧下降，致使蓄电池端电压很快下降至终止电压，缩短了允许放电的时间，使得极板内层的一些活性物质未能参加电化学反应，从而导致了蓄电池容量的下降。蓄电池容量与放电电流的关系如图 1-17 所示。

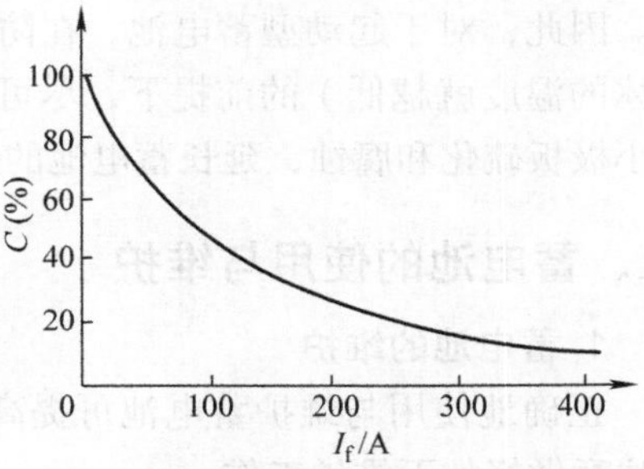

图 1-17　蓄电池容量与放电电流的关系

专家解读：

由于发动机起动时为大电流放电，因此，在遇到发动机起动困难时应注意：一次连续起动的时间不应超过 5s；一次未能起动，接连两次起动应间隔 15s 以上。这样做的目的是使电解液有渗透到极板孔隙内层的时间，可提高极板内层活性物质的利用率，并提高了再次起动的端电压，以提高蓄电池的容量和起动性能。

（3）电解液的温度

电解液温度低，其黏度大，渗透能力下降，使极板内层的活性物质不能充分利用而造成容量降低。此外，温度越低，电解液的溶解度和电离度也越低，这又加剧了容量的下降。蓄电池容量与温度的关系如图 1-18 所示。

温度每下降 1℃，蓄电池的容量下降约为 1%（小电流放电）或 2%（大电流放电）。因此，适当地提高蓄电池的温度（但不超过 40℃），有利于提高蓄电池容量和起动性能。

（4）电解液的密度

电解液的密度过低时会因为 H^+、HSO_4^- 离子数量少而导致容量下降；电解液密度过高则又会因为其黏度增大、渗透能力降低、内阻增大、极板容易硫化而导致容量下降。蓄电池容量与电解液密度的关系如图 1-19 所示。

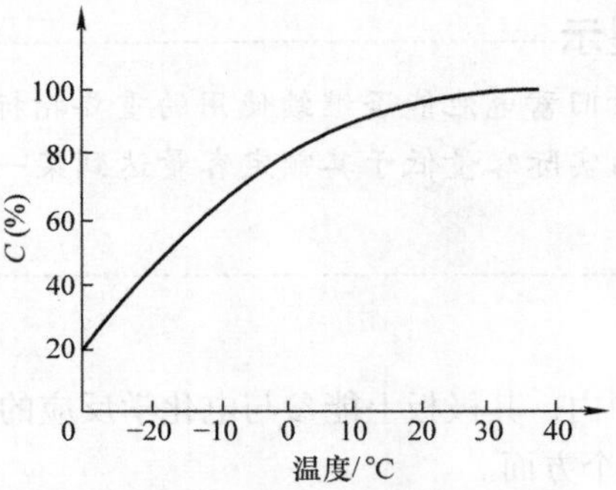

图 1-18 蓄电池容量与温度的关系

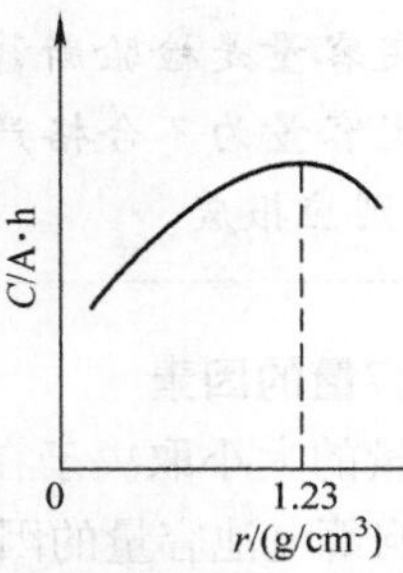

图 1-19 蓄电池容量与电解液密度的关系

实际使用中，电解液的密度一般为 1.26 ~ 1.285g/cm³（充足电状态时）。通过模拟起动时的大电流放电试验表明，蓄电池密度偏低时其放电电流大，在有效的放电时间内所输出的容量也大。因此，对于起动型蓄电池，在防止冬季使用时电解液结冰（蓄电池电解液的密度越高，其结冰的温度就越低）的前提下，尽可能采用偏低密度的电解液，这有利于提高起动性能，并可减小极板硫化和腐蚀，延长蓄电池的使用寿命。

五、蓄电池的使用与维护

1. 蓄电池的维护

正确地使用与维护蓄电池可提高蓄电池的容量，并延长其使用寿命。在日常使用过程中，应注意做好如下维护工作。

（1）定期进行蓄电池的外观检查

1）检查蓄电池安装是否牢固、线夹与极桩的连接是否紧固，并及时清除线夹和极桩上的氧化物。极桩上的线夹表面涂上凡士林或黄油可防止其氧化。

2）检查蓄电池盖表面是否清洁，应及时清除蓄电池盖表面的灰尘、油污、电解液等脏污。

3）对于有加液盖的普通蓄电池，应检查加液孔盖通气小孔是否畅通，以防止小孔堵塞而引起蓄电池内部气体集聚而造成压力升高、挤裂壳体甚至产生爆炸事故。

专家解读：

由于蓄电池充电终止会电解水，并转变为氢气和氧气，故而有加液盖的蓄电池会在加液盖上设有通气小孔，使氢气和氧气能及时排出，以避免蓄电池内部压力过高。

（2）及时检查电解液的液面高度

对于有加液盖的普通蓄电池，还应及时检查电解液的液面高度。电解液的液面一般应高出极板 10 ~ 15mm，液面过低时应及时补充蒸馏水，不能加注电解液，以免导致电解液密度过高。

只有在确认是电解液倾出或渗漏而使电解液不足时，才可加注相同密度的电解液。

（3）定期检查蓄电池的放电程度

对于有加液盖的普通蓄电池，可用测量电解液密度或电池（或单格电池）电压降的方法检查蓄电池的放电程度。如果放电程度冬季超过 25%，夏季超过 50% 时，就应对蓄电池进行补充充电。

对于免维护的全封闭型蓄电池，可通过专用仪器测其电压降的方法测得蓄电池当前的放电程度。对于蓄电池盖板上有检视孔的免维护蓄电池，还可通过观察检视孔的颜色来判断蓄电池是否亏电。

（4）定期对蓄电池进行补充充电

规定时间强制性地对蓄电池进行补充充电，以使蓄电池始终保持充足电状态，避免极板硫化而影响其使用寿命。定期补充充电一般每月一次，城市公共汽车可短些，长途运输汽车可更长一些。

2. 蓄电池冬季使用注意事项

冬季气温低，蓄电池的容量降低、内阻增大且电解液有结冰的危险。电解液如果结冰，蓄电池就不能使用，并将导致极板活性物质脱落和容器破裂。因此，在冬季应注意如下事项。

1）对于有加液盖的普通蓄电池，适当调高电解液密度，电解液密度与冰点的关系见表 1-3。进入冬季，应将电解液的密度调整至在该地区不会结冰的密度。

表 1-3　电解液密度与冰点的关系

电解液密度 /（g/cm³）	1.10	1.15	1.20	1.25	1.30	1.31
冻结温度 /℃	−7	−14	−25	−50	−66	−70

2）使蓄电池经常保持在充足电状态，因为蓄电池放电后其电解液密度降低，增大了结冰的危险。

3）对于有加液盖的普通蓄电池，应在充电时加注蒸馏水，这样可使水很快与电解液混合，减少电解液结冰的危险性。

4）寒冷地区，发动机在冬季冷起动遇到起动困难时，应对蓄电池进行预热，以便提高蓄电池的容量、降低电阻，使起动变得容易。

3. 蓄电池的充电

（1）蓄电池的基本充电方法

蓄电池有不同的充电方法，在使用中可根据具体情况选择适当的充电方法。

1）定流充电。定流充电是指蓄电池在充电过程中，使充电电流保持不变的充电方法。当单格电池电压上升至 2.4V、电解液开始有气泡冒出时，应将电流减半，直到完全充足为止。

蓄电池采用定流充电时，无论 6V 或 12V 蓄电池均可串联在一起充电。串联充电的蓄电池如果其容量不一致，应以容量最小的蓄电池选择充电电流（容量最小蓄电池额定容量 C_{20} 的 1/15 ~ 1/10），并且在小容量的蓄电池充足电后，随即将其摘除，对其余未充足电的蓄电池继续进行充电，一直到所有蓄电池都充足为止。

定流充电具有较大的适应性，可将蓄电池完全充足，有助于延长蓄电池的寿命。其缺点是为使充电电流保持不变，需经常调节充电电压。此外，其充电时间也较长。

2）定压充电。定压充电是指充电过程使充电电压保持不变的充电方法。由于充电电压为定值，故充电电流随蓄电池电动势的升高而逐渐减小。

充电电压适当，可使蓄电池在即将充足时的充电电流趋于 0。充电电压过高会造成充电初期充电电流过大并导致过充电；充电电压过低则会使蓄电池充电不足。定压充电一般以每单格电池 2.5V 来确定充电电压，即额定电压为 12V（6 个单格电池）的蓄电池其充电电压应为 14.80V ± 0.05V。

定压充电时，应注意充电初期最大充电电流，若电流超过了 $0.3C_{20}$（A）则应适当调低充电电压，待蓄电池电动势升高后，再将充电电压调整到规定的值。

定压充电的优点是充电时间短、充电过程无需调节电压，较适合于补充充电。缺点是蓄电池不容易完全充足，充电初期的大电流充电对蓄电池极板会有不利的影响。

3）脉冲快速充电。定流充电和定压充电均需要很长的时间，为满足使用要求，人们一直在研究快速充电的方法。有实际意义的快速充电不仅要缩短充电时间，并且要避免充电过程中电解液大量析气和温度过高，同时还要有较高的充电效率。

专家解读：

蓄电池充电是使其极板上的 $PbSO_4$ 通过电化学反应转化为 PbO_2 和 Pb。由于电化学反应的速率有一个极限，因而蓄电池有一个最大充电电流的限制。所谓快速充电就是指在确保蓄电池不会过充电的前提下，通过增大充电电流来缩短充电时间的充电方法。

（2）蓄电池的快速充电方法

1）快速充电的理论基础。快速充电需要研究和解决的关键问题是蓄电池充电可接受电流和充电极化问题。

① 充电可接受电流与过充电问题。蓄电池的充电接受能力是指其电解液只产生微量析气的前提下所能接受的最大充电电流。1967 年，美国的麦斯（J.A.Mas）经过大量试验提出了蓄电池充电可接受电流定律

$$I = I_o e^{-at}$$

式中 I——在充电过程中某一时刻蓄电池的充电可接受电流；

I_o——开始充电时蓄电池的充电可接受电流；

a——充电可接受电流衰减常数。

从充电可接受电流曲线（图 1-20）可知，蓄电池在充电过程中，其充电可接受电流呈指数规律下降。在充电的任一时间里，只要充电电流大于当时的可接受电流，就会出现“过充电”的现象。缩短充电时间的有效方法是使充电电流尽可能接近可接受电流。

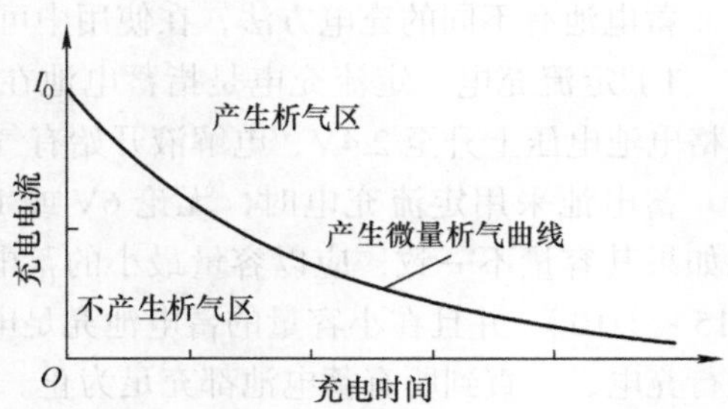

图 1-20　充电可接受电流曲线

② 充电极化问题。在充电过程中，蓄电池正负极板间电位差会高于其静止电动势（2.1V），这种现象称为极化。蓄电池充电时会有欧姆极化、浓差极化和电化学极化。减小或消除极化，可有效提高充电效率，缩短充电时间。

a）欧姆极化：充电电流流经蓄电池内阻造成的电压降，停止充电，欧姆极化即消失。

b）浓差极化：充电时极板孔隙内的电解液密度高于孔隙外的电解液密度，使得正负极板间电位差增大。停止充电，极板孔隙内外的电解液密度趋于一致时，浓差极化也就消失了。

c）电化学极化：在充电终期水的电解过程中，H^+ 在负极板处集聚所造成的附加电位差。充电终期的充电电流越大，电化学极化就越明显，最大可达 0.33V。

2）脉冲快速充电方法。脉冲快速充电是利用蓄电池充电初期可接受大电流的特点，采用 $0.8 \sim 1C_{20}$ 的大电流对蓄电池进行定流充电，使蓄电池在短时间内达到 60% 左右的容量；当单格电池电压达到 2.4V，电解液开始冒气泡时，就转为脉冲充电，通过脉冲充电方法消除极化。脉冲快速充电电流波形如图 1-21 所示。脉冲充电阶段控制方法是：先停止充电 25ms 左右，使欧姆极化消失，浓差极化也由于扩散作用而部分消失；接着再反充电，反充电的脉宽一般为 150 ~ 1 000μs，脉冲幅值为 1.5 ~ 3 倍的充电电流，以消除电化学极化的电荷积累和极板孔隙中形成的气体，并进一步消除浓差极化；接着再停止充电 25ms 后进行正脉冲充电，周而复始。

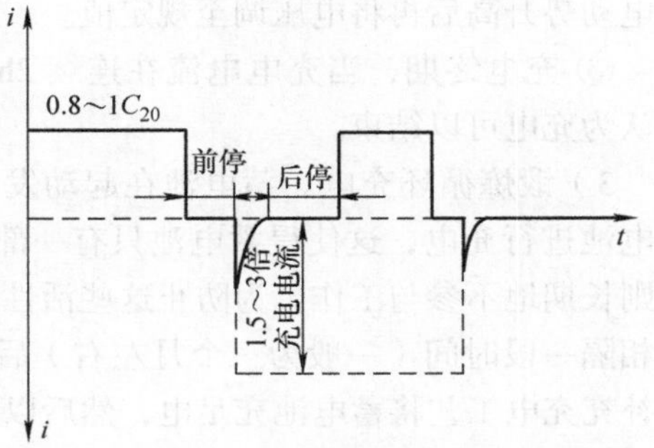

图 1-21　脉冲快速充电电流波形

脉冲充电的优点是可以缩短充电时间（初充电不超过 5h，补充充电只需 0.5 ~ 1.5h），空气污染小，省电。在蓄电池集中或充电频繁的情况下使用脉冲快速充电，更能发挥其效率。脉冲充电的缺点是不能将蓄电池完全充足，且对蓄电池的寿命有不利影响。

电动汽车所用的动力电池由于对缩短充电时间有很高的要求，故而对其快速充电的研究较多，相应的快速充电方法也有很多种，除了上述脉冲快速充电方法外，还有阶梯定电流间歇充电、阶梯定电压间歇充电等。这些充电方法都是使蓄电池在充电过程中，充电电流尽可能接近蓄电池的充电可接受电流，以缩短充电时间。

（3）充电的种类

蓄电池的充电有多种类型，各种充电通过不同的充电工艺达到不同的充电目的。

1）初充电。将新蓄电池或修复后的蓄电池在使用前的首次充电称为初充电，初充电一般采用定流充电，其充电工艺过程如下。

① 按地区季节配制好适当密度的电解液，并加注到蓄电池容器中。应注意：加注的电解液温度不得超过 35℃；加注电解液后，静置 3 ~ 6h，这期间因电解液会慢慢渗入极板中，因而电解液的液面会有所降低。应根据实际情况补充适量的电解液，使液面高于极板 10 ~ 15mm。

② 将同时充电的蓄电池串联连接，然后接通充电电源，并将电流调整到规定的数值。第一阶段的充电电流为 C_{20} 的 1/15，充电时间约需 25 ~ 35h；待单格电池电压上升至 2.4V，电解液开始有气泡冒出时，将充电电流减半继续充电；当充电至 2h 内充电电压变化不大于 0.05V/h、电解液密度在某一最大值无明显变化，且电解液呈现“沸腾”时，充电结束。这一阶段大约需时 20 ~ 30h。

③ 充足电后静置 2h，再检测电解液的密度，如果密度偏低，则添加密度为 1.4g/cm³ 的稀硫酸；如果密度过高，则添加蒸馏水，将密度调至规定的值。

在充电过程中随时检测电解液的温度，如果温度上升至40℃，则应将电流减半。如果温度仍不降低，就应停止充电，待温度降至35℃以下后再继续充电。

2）补充充电。将使用中的蓄电池以恢复其全充电状态所进行的充电称为补充充电。补充充电可采用定流充电，也可采用定压充电。采用定流充电方法行补充充电时，其充电过程与初充电相似，但充电电流可大一些。第一阶段的充电电流为 C_{20} 的1/10，充电至单格电池电压达2.4V时电流减半，直至充足电。如果采用定压充电，其补充充电工艺过程如下。

① 将需同时充电的蓄电池并联连接，并接上充电电源。

② 将电压调至规定值，观察充电电流，如果电流超过 $0.3C_{20}$，则应适当降低电压，待蓄电池电动势升高后再将电压调至规定值。

③ 充电终期，当充电电流在连续2h内变化不大于0.1A/h，电解液的密度无明显变化时，则认为充电可以结束。

3）锻炼循环充电。蓄电池在起动发动机时放电，但只要发动机开始工作，发电机就可对蓄电池进行充电，这使得蓄电池只有一部分活性物质经常地参与电化学反应，而大部分活性物质则长期地不参与工作。为防止这些活性物质因长时间未能参加充放电电化学反应循环而收缩，在相隔一段时间（一般为三个月左右）后，对蓄电池进行一次锻炼循环充电。方法是：按正常的补充充电工艺将蓄电池充足电，然后以20h放电率将蓄电池放完电，再将其充足。

4）去硫化充电。对极板硫化不严重的蓄电池进行充电，旨在消除极板的硫化，其充电工艺过程如下。

① 倾出蓄电池电解液，并用蒸馏水冲洗两次，然后加注足量的蒸馏水。

② 接通电源，按蓄电池额定容量 C_{20} 的1/30的电流进行充电，当密度上升至 $1.15g/cm^3$ 时，倾出电解液，加注蒸馏水，再进行充电，如此反复，直至密度不再增加为止。

③ 以10h放电率进行放电，当单格电池电压下降到1.7V时，停止放电，然后以初充电电流进行充电，接着再放电、再充电，直到蓄电池的容量达到额定容量 C_{20} 的80%为止。

④ 将电解液密度调整至规定值。

5）预防硫化与均衡充电。预防硫化充电以防止极板产生硫化为目的，均衡充电则主要是为了减少或消除蓄电池单格电池之间容量的差异，二者的充电方法均是在蓄电池充足电后，以适当的小电流继续“过充电”一段时间。

专家解读：

极板硫化即极板上的硫酸铅（$PbSO_4$）硬化，蓄电池放电后极板上的 $PbSO_4$ 因某种原因变成了粗晶体。由于粗晶体的 $PbSO_4$ 很难溶解电离，因而在正常充电时很难被还原为 PbO_2 和 Pb，从而使得“充足电”后的蓄电池其极板上的活性物质减少，导致蓄电池容量下降，内阻增大。铅酸蓄电池极板硫化是导致其使用寿命缩短的主要原因。

（4）充电注意事项

为防止充电时出现意外，在蓄电池充电时，应注意如下事项：

1）在室内充电时，室内应有通风设备，应打开加液孔盖，以使气体顺利排出。

2）在充电的室内严禁用明火取暖。

3）充电时应先接好电线，再开电源开关；停止充电时则应先关断充电电源。

4）导线的连接务必可靠，以防突然断开产生电火花而造成火灾或爆炸事故。

5）充电设备不要与被充电蓄电池放置在同一个房内，以避免从电解液中冒出的“酸气”腐蚀充电设备。

第三节　发电机与调节器

一、发电机的发电原理

现代汽车普遍采用硅二极管整流的交流发电机（也称为硅整流发电机），交流发电机的基本组成部件是转子（磁极）、定子（电枢）和整流器，其组成与工作原理如图 1-22 所示。

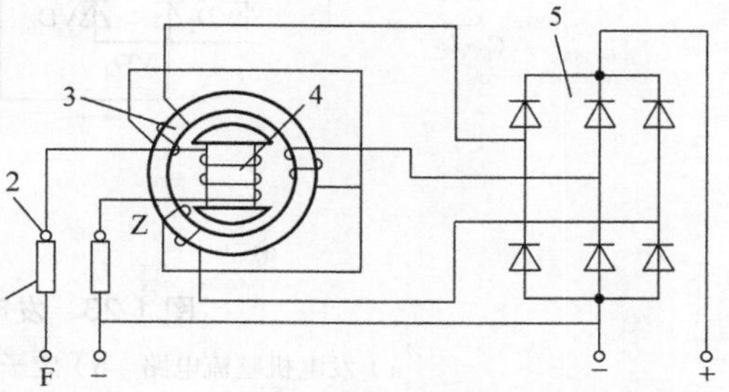

图 1-22　交流发电机的组成与工作原理

1—电刷　2—集电环　3—定子　4—转子　5—整流器

1. 发电原理

发电机在发动机的驱动下运转，通过电刷、集电环使转子中的励磁绕组连通电源，励磁绕组通入电流后产生一个旋转磁场；绕制在定子铁心中的三个定子绕组在旋转磁场的作用下，各自切割磁力线而产生交流感应电动势。由于电枢中的三相绕组按一定的规律均匀分布在定子槽中，使各个定子绕组产生的感应电动势彼此相差 120° 电角度。磁极铁心为鹰爪形，这种特殊形状的设计可使磁极磁场近似于正弦规律分布，因而三相电枢绕组产生的感应电动势按正弦规律变化。三相定子绕组感应电动势可表示为

$$e_A = \sqrt{2}E_\phi \sin \omega t$$

$$e_B = \sqrt{2}E_\phi \sin\left(\omega t - \frac{2\pi}{3}\right)$$

$$e_C = \sqrt{2}E_\phi \sin\left(\omega t - \frac{4\pi}{3}\right)$$

式中　ω——电角速度（s^{-1}）；

E_ϕ——每相绕组电动势的有效值（V）。

$$\omega = 2\pi f = \frac{\pi p n}{30}$$

$$E_\phi = 4.44 K f N \Phi_m$$

式中　f——交流电动势的频率（Hz）；

p——磁极对数；

n——发电机的转速（r/min）；

K——绕组系数，采用整距集中绕组时，$K = 1$；

N——每相绕组匝数；

Φ_m——每极磁通的幅值（Wb）。

2. 整流原理

交流发电机的基本整流电路由六只二极管组成，其整流电路的构成与整流器的整流原理如图 1-23 所示。

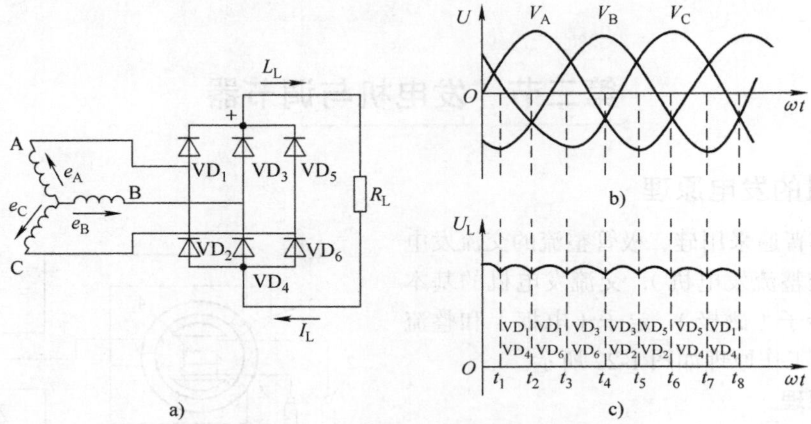

图 1-23　发电机的整流电路与原理

a）发电机整流电路　b）定子三相交流电动势　c）整流后的电压波形

（1）整流二极管的导通方式

由于二极管的单向导电性，在每一个瞬间，负极接在一起的三只二极管（VD_1、VD_3、VD_5），只有正极电位最高（所连接的定子绕组电动势最高）的那个二极管导通，另外两个二极管已成反向电压而不导通；在每一个瞬间，正极接在一起的三只二极管（VD_2、VD_4、VD_6），只有负极电位最低（所连接的定子绕组电动势最低）的那只二极管导通，另两只二极管也已成反向电压而不导通。

（2）二极管整流原理

每一个瞬间，三相绕组产生的三相电动势总有一相为最高，另一相为最低，上下各有一只二极管导通，这使得发电机的端电压总是两相定子绕组电动势之和，并总是上正下负，这样就将定子绕组所产生的交流电（图 1-23b）整流成了如图 1-23c 所示的直流电。

（3）发电机的端电压

从三相整流电路二极管导通情况可知，在任一瞬时，负载上的电压均为某两相电动势之和（三相交流电的线电压），交流发电机输出电压的平均值为

$$U = 1.35U_L = 2.34U_\phi \quad （星形连接）$$
$$U = 1.35U_\phi \quad （三角形连接）$$

式中　U_L——三相绕组的线电压有效值；

U_ϕ——三相绕组的相电压有效值，相电压即为三相绕组各单相电压，即各相线与中点之间的电压。

（4）发电机的中点电压

一些发电机设有中点接线柱（"N"接线柱），用于控制磁场继电器、充电指示灯继电器等。"N"接线柱连接三相绕组的中性点（图 1-24），其对地电压称为发电机的中点电压，从"N"接线柱输出的电压是由 VD_2、VD_4、VD_6 组成的半波整流得到，数值是发电机端电压的一半。

3. 励磁方式

发电机与蓄电池并联相接，发电机的磁场绕组通过调节器与发电机电枢接线柱连接（图 1-25）。在发电机未工作或其电压还低于蓄电池电压时，调节器 B、F 接线柱处于通路状态，由蓄电池提供励磁电流（他励）。在发电机建立电压之前，发电机磁场绕组就有稳定的励磁电流，磁极的磁场较强，可迅速建立电压。当发电机的电压高于蓄电池电压时，由发电机电枢向磁场绕组提供励磁电流（自励）。这时，调节器根据发电机电压的波动自动调节励磁电流，使发电机电压保持稳定。

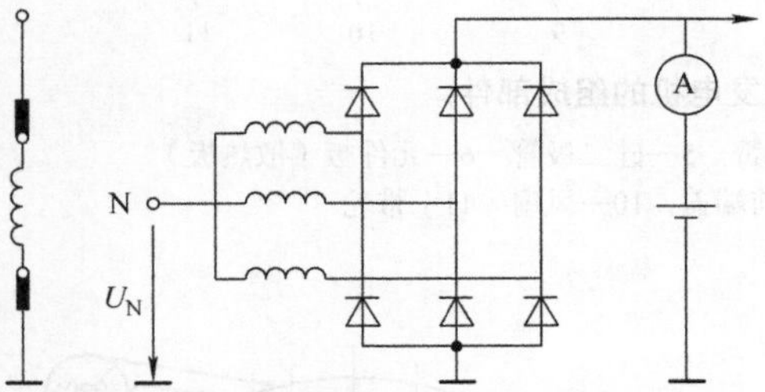

图 1-24　交流发电机的中点电压

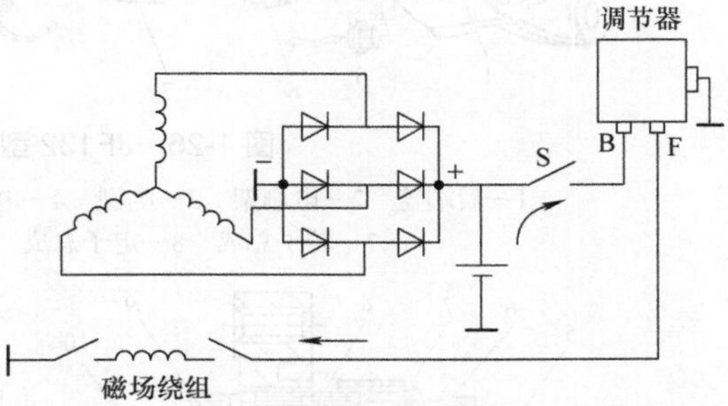

图 1-25　交流发电机的励磁回路

专家解读：

在以前的汽车上使用的是直流发电机，其定子是磁极，定子绕组通电产生磁场，转子是电枢，电枢绕组在磁场中旋转而产生交变的感应电动势，再通过由换向铜片组成的机械换向器将电枢绕组的交流电转换为直流电输出。这种直流发电机由于采用机械式整流方式，工作时在电刷与换向器铜片之间不可避免地会产生换向火花，因而其工作的可靠性差，且体积大、重量重。因此，直流发电机早已被硅整流发电机所取代。

二、发电机的结构与类型

1. 交流发电机的基本组成

硅二极管整流发电机由三大基本组成部件（转子、定子、整流器）加一些附件构成，典型的 JF132 型交流发电机的组成部件及结构如图 1-26、图 1-27 所示。

（1）转子总成

交流发电机的转子是发电机的磁极，转子总成如图 1-28 所示。

绕有磁场绕组的磁轭和两端的爪极（爪形铁心）通过花键与转子轴连接，磁场绕组的两端线分别焊接于两个集电环上。当通过电刷和集电环将直流电引入磁场绕组时，磁场绕组产生磁场而将两端的爪极磁化成 N 和 S 极，从而形成 4～8 对磁极。当转子旋转时，就形成了一个旋转的磁场。

（2）定子总成

交流发电机的定子是发电机的电枢，定子总成如图 1-29 所示。

定子总成由定子铁心和对称布置的三相电枢绕组组成。定子铁心由内圆带槽的环状硅钢片叠成，各硅钢片之间互相绝缘。电枢三相绕组的连接方式有星形连接和三角形连接两种，星形连接方式较为普遍。定子绕组在旋转磁场中产生三相交流感应电动势。

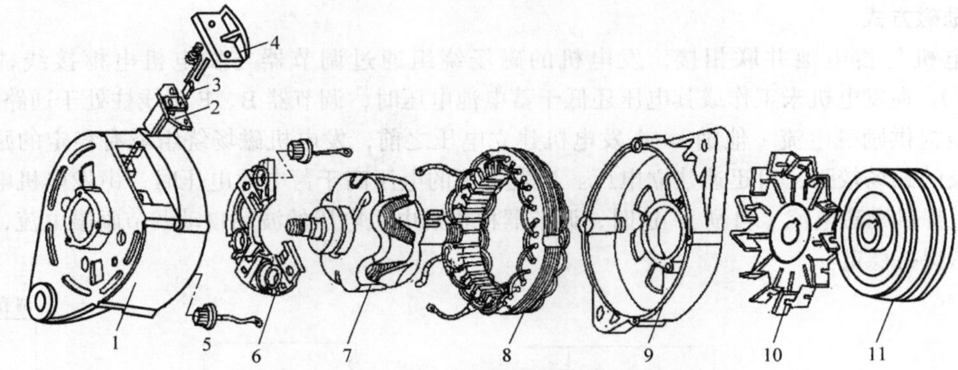

图 1-26　JF132 型交流发电机的组成部件

1—后端盖　2—电刷架　3—电刷　4—电刷弹簧　5—硅二极管　6—元件板（散热板）
7—转子总成　8—定子总成　9—前端盖　10—风扇　11—带轮

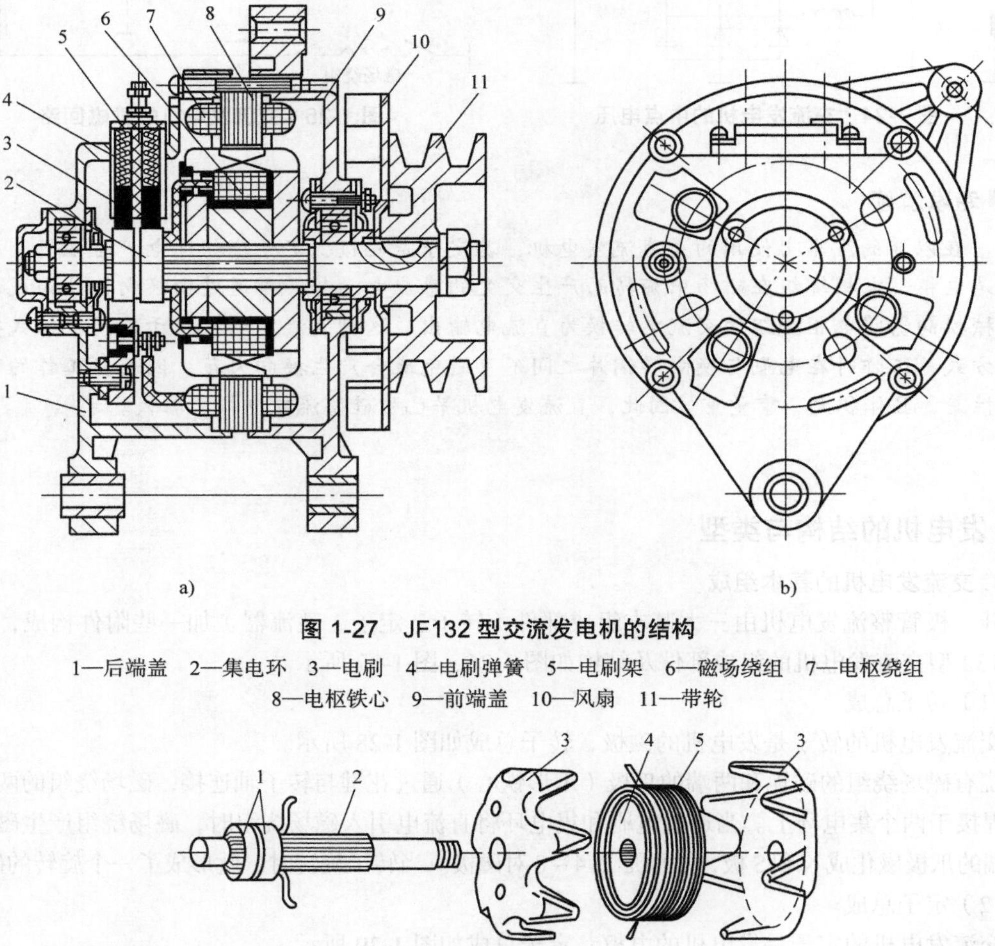

图 1-27　JF132 型交流发电机的结构

1—后端盖　2—集电环　3—电刷　4—电刷弹簧　5—电刷架　6—磁场绕组　7—电枢绕组
8—电枢铁心　9—前端盖　10—风扇　11—带轮

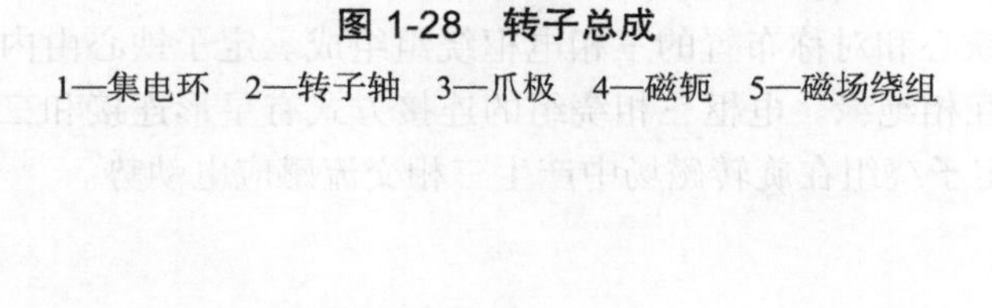

图 1-28　转子总成

1—集电环　2—转子轴　3—爪极　4—磁轭　5—磁场绕组

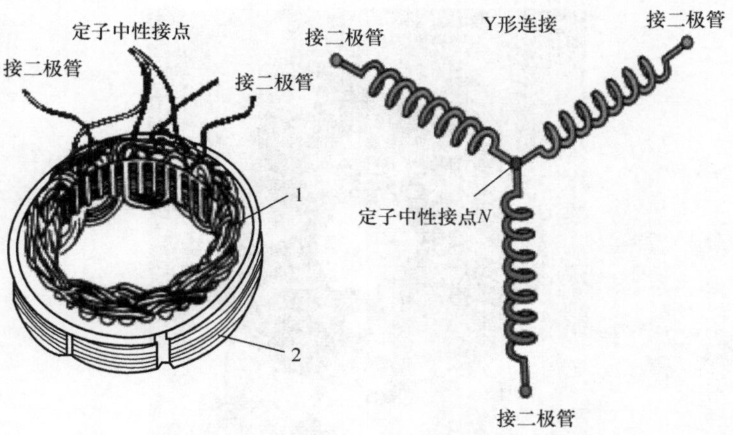

图 1-29　定子总成

1—定子铁心　2—定子绕组

（3）整流器

整流器的作用是将电枢绕组产生的三相交流电转变为直流电输出。整流器 6 只硅二极管的安装与连接方式如图 1-30 所示。

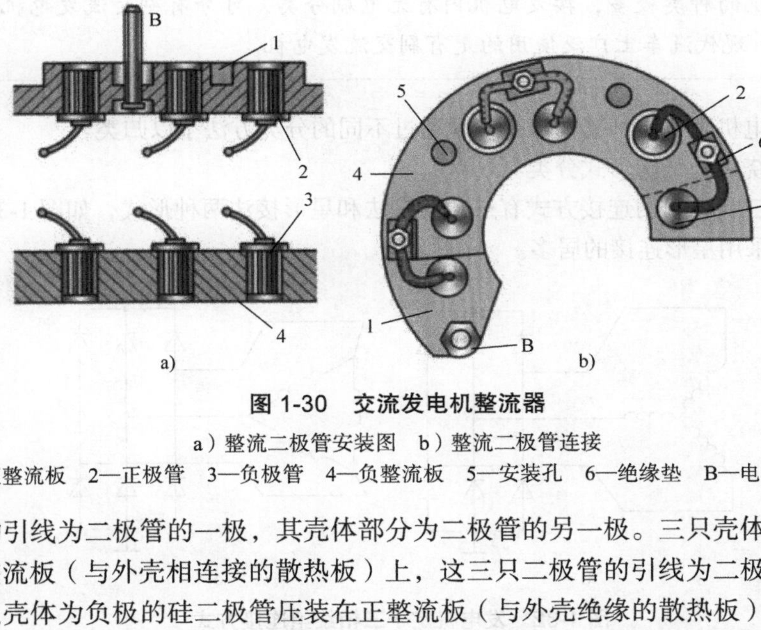

图 1-30　交流发电机整流器

a）整流二极管安装图　b）整流二极管连接

1—正整流板　2—正极管　3—负极管　4—负整流板　5—安装孔　6—绝缘垫　B—电枢接线柱

二极管的引线为二极管的一极，其壳体部分为二极管的另一极。三只壳体为正极的硅二极管压装在负整流板（与外壳相连接的散热板）上，这三只二极管的引线为二极管的负极，称为负极管；三只壳体为负极的硅二极管压装在正整流板（与外壳绝缘的散热板）上，这三只硅二极管的引线端为二极管的正极，称为正极管。三只正极管和三只负极管的引线端通过三个与发电机壳体绝缘的接线柱一一对应连接，并分别连接三相绕组的 A、B、C 端，就组成了三相桥式全波整流电路（图 1-23）。

固定在绝缘散热板上的螺栓伸出发电机壳体外部，作为发电机的输出接线柱，该接线柱为发电机的正极，该接线柱（也称为电枢接线柱）的标记为“B”“+”或“电枢”等。

后端盖较厚的交流发电机，通常是将三只负极管直接压装在后端盖上。

发电机整流器实例如图 1-31 所示。

图 1-31 发电机整流器实例

2. 交流发电机的类型

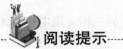

阅读提示

车用发电机的种类较多，按发电机内有无电刷分类，可分有刷交流发电机和无刷交流发电机两大类。现代汽车上广泛使用的是有刷交流发电机。

有刷交流发电机也有多种结构形式，现通过不同的分类方法予以归类。

（1）按定子绕组的结构形式分类

发电机定子三相绕组的连接方式有三角形接法和星形接法两种形式，如图 1-32 所示。车用发电机定子绕组采用星形连接的居多。

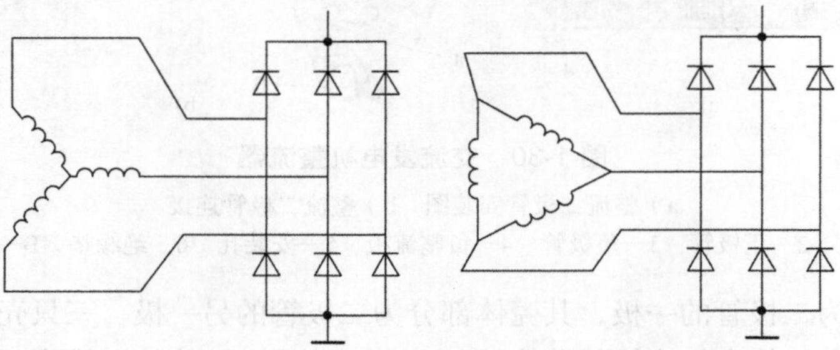

图 1-32 发电机定子三相绕组连接方式

a）星形连接 b）三角形连接

（2）按转子绕组搭铁的形式分类

发电机磁场绕组搭铁的形式有内搭铁式和外搭铁式两种，如图 1-33 所示。内搭铁式发电机其磁场绕组通过内部的搭铁电刷架直接搭铁（图 1-33a），外搭铁发电机的磁场绕组则是通过其磁场接线柱（F−）连接调节器，再通过搭铁线路搭铁（图 1-33b）。因此，外搭铁式发电机要比内搭铁式发电机多一个磁场接线柱（有两个磁场接线柱）。

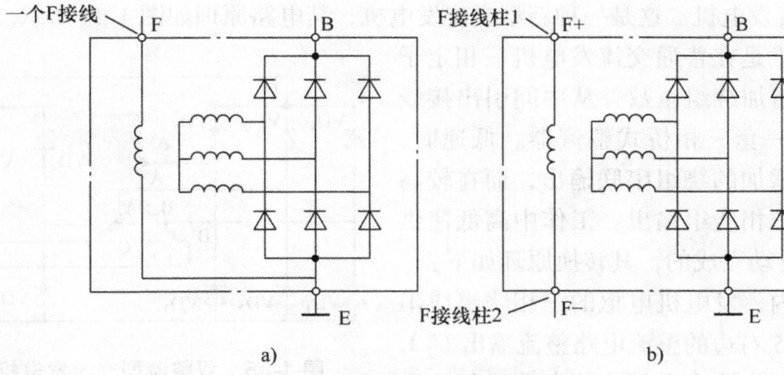

图 1-33　发电机磁场绕组搭铁方式

a）内搭铁　b）外搭铁

（3）按整流二极管的数量分类

发电机的整流器二极管有 6 管、8 管、9 管、11 管等多种形式，如图 1-34 所示。

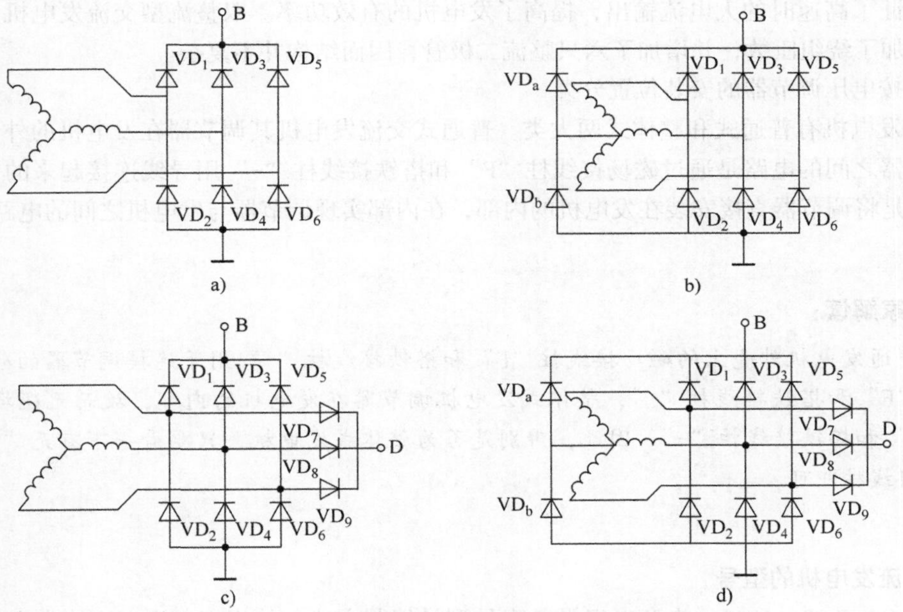

图 1-34　发电机整流电路类型

a）6 管整流　b）8 管整流　c）9 管整流　d）11 管整流

1）基本型：由 6 只二极管组成整流器的发电机为基本型；9 管整流器是在 6 管整流器的基础上又增加了 VD_7、VD_8、VD_9 三只二极管，这三只二极管与 VD_2、VD_4、VD_6 组成三相桥式整流电路，通过“D”端子输出，用于向发电机的磁场绕组提供励磁电流和控制充电指示灯。

2）高效型：8 管和 11 管整流器则是在 6 管整流器或 9 管整流器的基础上增设了两只连接定子绕组中性点的二极管 VD_a 和 VD_b，以使中性点瞬间电压高于发电机输出电压时，也可向外输出电流，从而提高了发电机的输出功率。

3）双整流型：除了上述 4 种形式的发电机外，现在又出现了 12 管整流的交流发电机，被称为双整流型交流发电机。这是一种新型交流发电机，其电路原理如图 1-35 所示。

双整流发电机是在普通交流发电机三相定子绕组的基础上，增加绕组匝数并从中间引出接线端子，还增设了一套三相桥式整流器。低速时，由原三相绕组与增加的绕组串联输出，而在较高转速时，仅由原三相绕组输出。工作中高低速供电电路的转换是自动完成的，其转换原理如下：

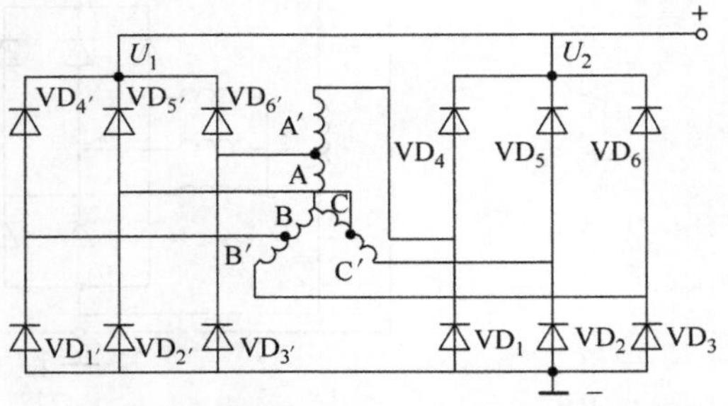

图 1-35　双整流型交流发电机电路原理

在低速范围内，发电机电枢的三相绕组成串联输出（由图 1-35 右边的整流电路整流输出 U_2），这就提高了发电机的输出电压，使发电机低速充电性能大大提高。在高速范围内，随着发电机转速的提高，串接的三相绕组的感抗增大，内压降增大，再加上电枢反应加强，使输出电压下降。这时原三相绕组 A、B、C 因内压降较小，产生的感应电流相对较大，从而确保高速下的功率输出（由图 1-35 左边的整流电路整流输出 U_1）。

相比于普通的交流发电机，双整流型交流发电机的最低充电转速可降低 200 ~ 300r/min，同时，又保证了高速时的大电流输出，提高了发电机的有效功率。双整流型交流发电机只是在定子槽中增加了绕组匝数，并增加了六只整流二极管，因而结构并不复杂。

（4）按电压调节器的安装位置分类

交流发电机有普通式和整体式两大类。普通式交流发电机其调节器在发电机的外部，发电机与调节器之间的电路是通过磁场接线柱“F”和搭铁接线柱“−”用导线连接起来的；整体式发电机则是将调节器直接安装在发电机的内部，在内部实现调节器与发电机之间的电路连接。

专家解读：

普通发电机外壳上的磁场接线柱“F”和搭铁接线柱“−”用于连接调节器的磁场接线柱“F”和搭铁接线柱“−”，整体式发电机调节器在发电机的内部，故而无磁场接线柱“F”和搭铁接线柱“−”。因此，辨别是否为整体式发电机，只要看一下有无“F”和“−”接线柱即可。

3. 交流发电机的型号

根据 QC/T 73—1993《汽车电气设备产品型号编制方法》的规定，汽车交流发电机的型号由五部分组成：

1）第一部分为产品代号，由字母表示，如 JF、JFZ、JFB、JFW 分别表示普通交流发电机、整体式交流发电机、带泵交流发电机和无刷交流发电机。

2）第二部分为电压等级代号，用一位阿拉伯数字表示：1—12V、2—24V、6—6V。

3）第三部分为电流等级代号，用一位阿拉伯数字表示，各代号表示的电流等级见表 1-4。

表 1-4　电流等级代号

电流等级代号	1	2	3	4	5	6	7	8	9
电流范围 /A	<19	20 ~ 29	30 ~ 39	40 ~ 49	50 ~ 59	60 ~ 69	70 ~ 79	80 ~ 89	≥ 90

4）第四部分为设计序号，用一位阿拉伯数字表示产品的顺序。

5）第五部分为变形代号，用字母表示，交流发电机是以调整臂的位置作为变形代号。从驱动端看，Y—右边、Z—左边，无字母则表示在中间位置。

三、发电机的工作特性

汽车用交流发电机工作时的转速变化范围大，其输出电流不稳定。了解交流发电机的相关工作特性，有助于正确地使用与维护发电机。

1. 空载特性

交流发电机的空载特性是指发电机不对外输出电流（$I_L=0$）时，发电机端电压与发电机转速之间的关系，即 $U=f(n)$ 曲线，如图 1-36 所示。

从发电机空载特性曲线的上升速率和达到蓄电池电压的转速高低，可判断发电机的性能是否良好。

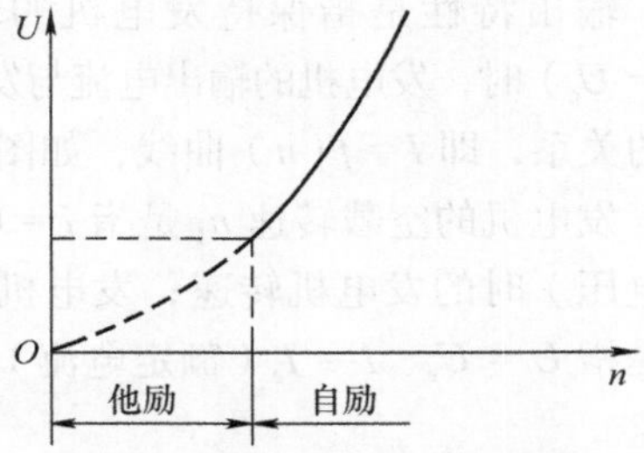

图 1-36　交流发电机空载特性

2. 外特性

外特性是指发电机转速一定时，发电机端电压与输出电流之间的关系，即 $U=f(I)$ 曲线，如图 1-37 所示。

交流发电机的端电压与电动势及输出电流的关系为

$$U=E-R_ZI$$

式中　E——交流发电机等效电动势；

R_Z——发电机等效内阻，包括发电机电枢绕组的阻抗和整流二极管的正向导通电阻；

I——发电机的输出电流。

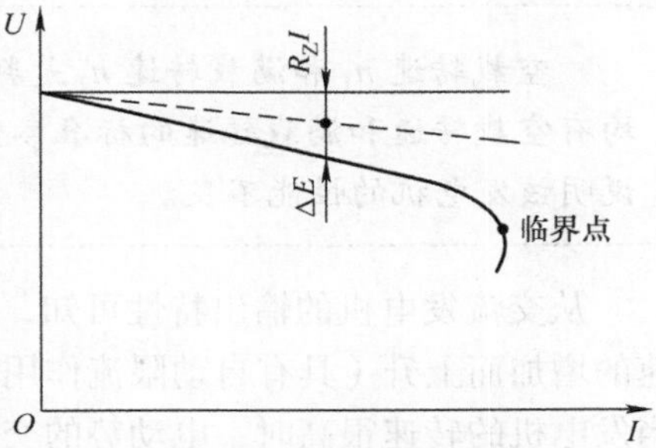

图 1-37　交流发电机外特性

发电机在某一稳定的转速下的 R_Z 为一定值，如果 E 是稳定的，则发电机的端电压 U 将随输出电流增大而呈直线下降。但实际上当发电机有输出电流后，其 E 也会下降 ΔE，ΔE 随其输出电流 I 的增大而增大。造成发电机电动势 E 下降的原因如下：

1）发电机的电枢反应削弱了磁极磁场。当发电机有输出电流时，电枢电流产生的磁场会削弱和扭斜磁极磁场，从而引起电枢绕组电动势下降。随着发电机输出电流的增大，电枢反应的影响也随之增大，发电机电动势下降也越多。

专家解读：

电枢反应是指电枢电流产生的磁场对磁极磁场的影响。当发电机有输出电流时，其内部电枢绕组的电流也会产生磁场，此时，发电机内部是电枢电流产生的磁场与磁极磁场共同形成的合成磁场。电枢电流所产生的磁场总体上是减弱了磁极磁场，并改变了磁极磁场的方向，而且电枢电流越大，对磁极磁场的影响也越大。

2）励磁电流减小使磁极磁场减弱。发电机端电压下降后，发电机的励磁电流就会相应减小，磁极产生的磁场减弱。发电机输出电流越大，其端电压越低，磁极磁场就越弱，发电机电动势的下降也就越多。当发电机的端电压下降至临界点后，继续增大发电机负载（减小负载电阻），由于此时励磁电流对磁极磁场的影响较大（已远离磁极饱和区），使得 E（U）下降比负载电阻的减小更快，因此发电机输出电流 I 随负载电阻的减小不升反降。

从交流发电机的外特性可知，随着发电机输出电流的增加，其端电压下降较快。因此，在发电机高速运转时，如果突然失去负载（车载电气设备突然断开），则会使发电机的电压突然升高而对汽车上的电子元器件造成损害。

3. 输出特性

输出特性是指保持发电机的端电压不变（$U=U_e$）时，发电机的输出电流与发电机转速之间的关系，即 $I=f(n)$ 曲线，如图 1-38 所示。

发电机的空载转速 n_1 是指 $I=0$、$U=U_e$（额定电压）时的发电机转速；发电机的满载转速 n_2 是指 $U=U_e$、$I=I_e$（额定电流）时的发电机转速。

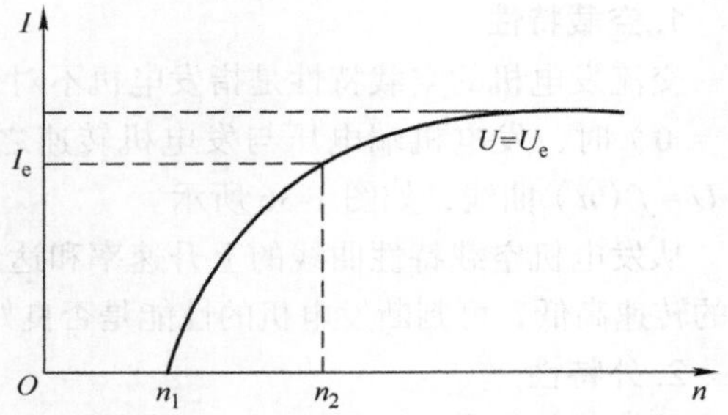

图 1-38　交流发电机输出特性

要点提示

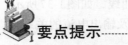

空载转速 n_1 和满载转速 n_2 是判断发电机性能良好与否的重要参数，各种产品的发电机均有空载转速和满载转速的标准参数。被测发电机实际测得的 n_1 和 n_2 如果高于规定值，则说明该发电机的性能不良。

从交流发电机的输出特性可知，当发电机转速达一定值后，发电机的输出电流就不再随转速的增加而上升（具有自动限流作用），其原因有两个方面：一是发电机电枢绕组的感抗作用，当发电机的转速很高时，电动势的交变频率很高，电枢绕组的感抗作用大，增大了发电机的内压降；二是交流发电机电枢反应的影响较大，当发电机的输出电流增大时，电枢反应的增大使得发电机的电动势下降。

交流发电机的这种自动限流作用使得其具有自我保护能力，因此，交流发电机无需像汽车上曾经使用过的直流发电机那样，为避免输出电流过大而被烧坏，必须配用一个限流器来限制发电机的最大输出电流。

四、调节器的作用与基本调节原理

1. 调节器的作用与工作方式

（1）交流发电机调节器的作用

从发电机各电枢绕组电动势与发电机的转速和磁极的磁通关系可推出

$$E=C_e\phi n$$

式中　E——交流发电机的等效电动势；

C_e——交流发电机的结构常数；

ϕ——交流发电机磁极磁通；

n——交流发电机的转速。

忽略发电机内阻电压降，就有

$$U \approx E = C_e \phi n$$

从上式可知，发电机的输出电压与其转速成正比，而交流发电机由发动机通过带传动驱动，汽车运行时发动机转速的变化范围很大，因而发电机工作时其转速很不稳定且变化很大。可见，如果不对发电机加以调节，其端电压将随发动机转速的变化而变化，这与汽车用电设备需要稳定的电源电压不相适应。因此，发电机必须要配备一个自动的电压调节装置，使发电机的电压保持稳定。

要点提示

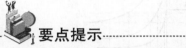

当发动机转速变化时，交流发电机调节器通过对发电机磁极绕组励磁电流的调节来改变磁通量，使发电机的电压保持稳定，以满足汽车用电设备的要求。

（2）调节器的工作方式

发电机配备的调节器串联在发电机磁场绕组电路中，根据发电机电压的高低动作。发电机调节器的工作方式如图 1-39 所示。

在发电机电压低时，调节器的 B、F 端子通路，流经磁场绕组的励磁电流较大；当发电机的电压达到设定的上限 U_2 时，调节器使磁场绕组的励磁电流下降或断流（B、F 端子之间电阻增大或断路），使发电机磁极磁通量迅速减弱或消失，以使发电机的电压下降；当发电机的电压降至设定的下限 U_1 时，调节器又使磁场绕组的励磁电流增大（B、F 端子之间电阻减小或通路），磁极磁通量增大，发电机的电压又上升；当发电机的电压又上升至上限时则重复上述过程。

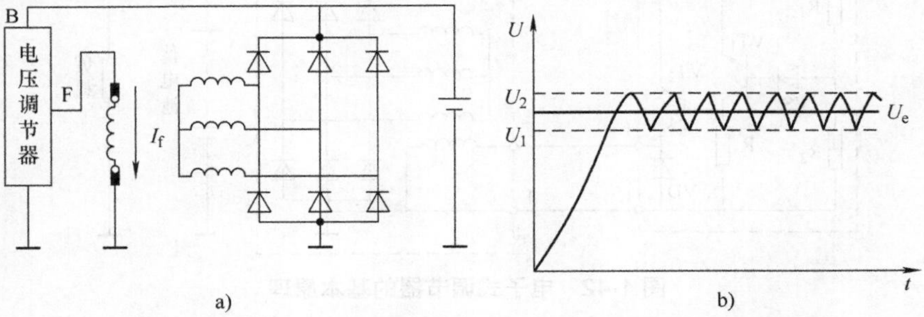

图 1-39　发电机调节器的工作方式

a）调节器基本电路　b）工作电压波形

由图 1-39b 可知，调节器起作用时，发电机的电压始终在设定的范围内波动，使其平均电压稳定在设定的值。

（3）调节器的稳压原理

发电机转速不同时，磁场加强后发电机电压的上升速率和磁场减弱后发电机电压的下降速率也都不同，如图 1-40 所示。

由图 1-40 可知，发电机的转速升高时，发电机电压的上升速率增大，使发电机电压达到 U_2 的时间 t_b 缩短；发电机电压下降速率减小，使发电机电压降至 U_1 的时间 t_k 延长。于是，随着发电机转速的上升，调节器的动作使励磁电流大的相对时间减少，而使励磁电流小或无的相对时间增加，使得发电机的平均励磁电流随发电机转速的上升而减小，其磁极磁场减弱，从而使发电机的平均电压保持不变（图 1-41）。

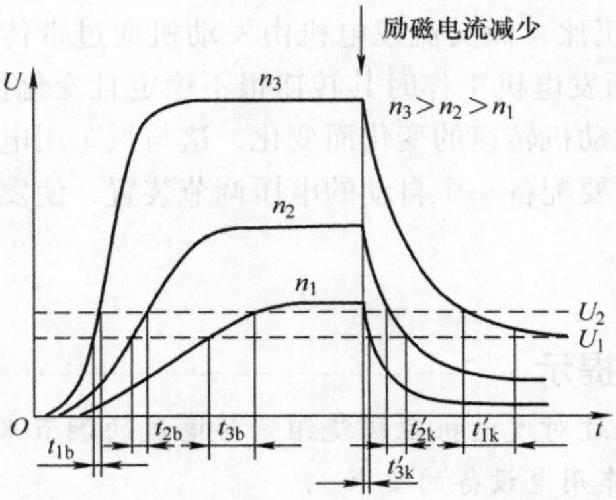

图 1-40　不同转速下发电机电压升降曲线

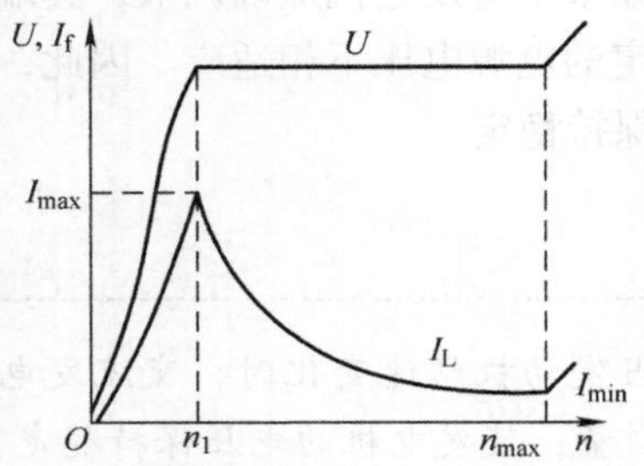

图 1-41　发电机电压调节器的工作特性

n_1—调节器工作的起始转速

n_{max}—调节器开始失效的发电机转速

2. 电子式调节器的工作原理

（1）电子式调节器的基本原理

电子式调节器利用晶体管的开关特性，通过其导通和截止的相对时间变化来调节发电机的励磁电流。电子式调节器的基本原理如图 1-42 所示。

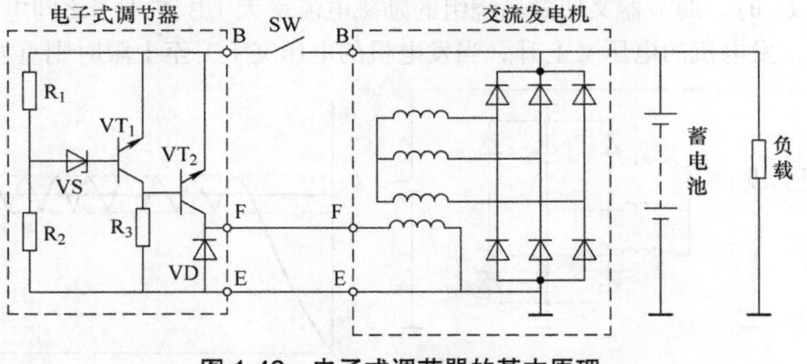

图 1-42　电子式调节器的基本原理

1）电路特点。发电机电压通过 R_1、R_2 的分压作用，施加于稳压管 VS，控制 VS 的导通和截止；小功率晶体管 VT_1 起信号放大作用，其导通或截止受控于 VS；大功率晶体管 VT_2 串联于发电机磁场绕组电路中，通过其导通和截止控制磁极绕组的励磁电流的通断。

接通点火开关，蓄电池电压在 R_1 上的分压低于稳压管 VS 的导通电压，VS 不导通，VT_1 截止；VT_1 截止时其发射极与集电极之间有较高的电压，此电压加在 VT_2 的发射极和基极之间，使 VT_2 饱和导通，发电机的励磁回路处于通路状态。

2）电路原理。电子式调节器的电路工作原理如下：

发动机工作时，发电机正常发电，其电压达到设定的高限电压时，R_1 上的分压就会使 VS 导通，VT_1 同时饱和导通；VT_1 饱和导通后，使 VT_2 的发射极和基极之间无正向导通电压而截止，发电机励磁回路断电；发电机在无励磁电流时其电压迅速下降，当电压降至设定的低限电压时，

R_1 上的分压低于 VS 的导通电压，VS 又截止，VT_1 也同时截止，VT_1 截止后又使 VT_2 导通，发电机励磁回路又通路；随后发电机的电压又上升，达到高限电压时又使 VT_2 截止，如此反复，使发电机的电压在高低限值之间波动，其平均电压稳定在设定值。

当发电机的转速升高时，由于发电机电压上升的速率增加，而下降的速率减小，故而调节器晶体管 VT_2 导通的比率减小，使发电机的平均励磁电流减小，其电压保持稳定。

实际电子式调节器的电子元件和电路结构要比图 1-42 所示的电子式调节器的基本电路复杂，不同型号的电子式调节器其电路结构和元件组成也有所不同，但基本原理大致相同。

专家解读：

以前发电机使用的是触点式调节器，发电机的电压加在调节器的磁化线圈上，使磁化线圈产生相应的磁力来控制触点的开闭，调节发电机磁场绕组的电流，以使电压稳定。这种调节器的缺点是触点开闭时有触点火花，触点很容易烧蚀，其工作的可靠性较低，因而早已被电子式调节器所取代。

（2）电子式调节器的性能完善

基本电路不能满足调节器工作的需要，实际电子式调节器还设有其他的电子元件和电路，用以弥补基本电路的不足。实际电子式调节器电路如图 1-43 所示。

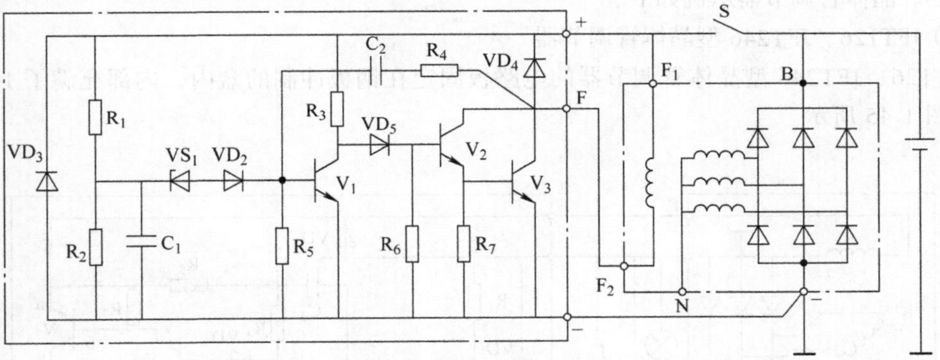

图 1-43 满足实际使用要求的电子式电压调节器电路

1）晶体管的开关频率过高（图 1-44a），使晶体管处在截止与饱和导通之间的时间较长，晶体管集电极耗散功率（$P_C = I_C U_C$）过大，这使晶体管容易过热而烧坏。R_2 并联一个电容 C_1，利用电容的充、放电时间，使稳压管 VD_1 的导通和截止变得迟缓，从而降低了晶体管的开关频率（图 1-44b）；增加 R_4C_2 正反馈电路，用以加速晶体管导通和截止的变化过程（图 1-44c）。可见，加上电容 C_1 和正反馈电路 R_4C_2 后，减小了晶体管的功率消耗，使晶体管不易过热烧坏。

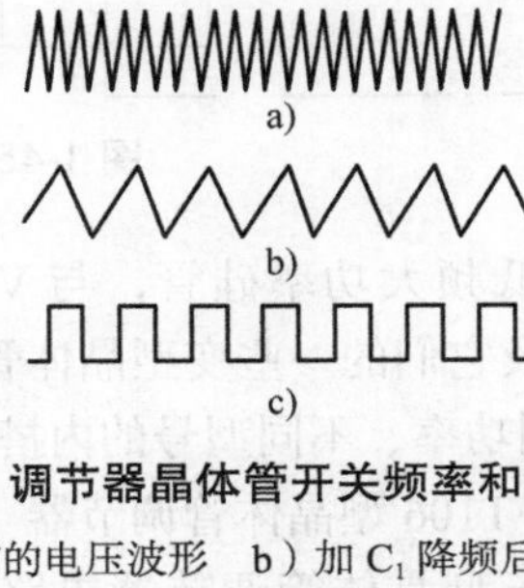

图 1-44 调节器晶体管开关频率和波形的改善

a）改善前的电压波形 b）加 C_1 降频后的电压波形
c）再加 R_4C_2 整形后的波形

2）开关晶体管截止时，磁场绕组所产生的自感电动势容易损坏晶体管和稳压管等电子元件。为此，增加续流二极管 VD_4，当开关晶体管截止时，磁场绕组产生的自感电动势经 VD_4 形成通路，加在电子电路上的电压就只有 VD_4 的正向导通电压，从而保护了调节器中的电子元件。

3）汽车电源如果产生反向瞬变电压，就很容易造成调节器电子元件损坏。增加 VD_3 后，反向瞬变电压通过 VD_3 形成通路，输入的反向电压只是 VD_3 的正向导通电压，从而防止了电源反向瞬变电压对调节器电子元件造成损害。

4）稳压管的导通电压会随着温度的上升而增高，导致发电机的调节电压随之增高。增加温度系数为负的 VD_2 用作温度补偿，以使发电机的调节电压不随温度而变。

5）V_1 饱和导通，实际的导通电压不为 0 时，就有可能导致 V_2 不能可靠截止，从而使电子调节器失效。为此，在 V_1 集电极和 V_2 基极之间增加 VD_5，由于 VD_5 的分压作用，使得 V_1 饱和导通时 V_2 能可靠截止。

6）V_3 需要通过较大的励磁电流，因此，增加 V_2 用于电流放大，以使 V_3 能控制励磁电流。

五、电子调节器的构成与工作原理

1. 晶体管电压调节器

所谓晶体管电压调节器是指由分立电子元件焊接于印刷电路板而制成的电子调节器，印刷电路板被固定在冲制的铁盒或铝盒内，有的在盒内还加注硅橡胶等，以利于元件的固定和晶体管的散热。晶体管调节器示例如下。

（1）JFT126、JFT246 型晶体管调节器

JFT126、JFT246 型晶体管调节器的电路板固定在钢板冲制的盒内，内部充满了 107 硅橡胶，如图 1-45 所示。

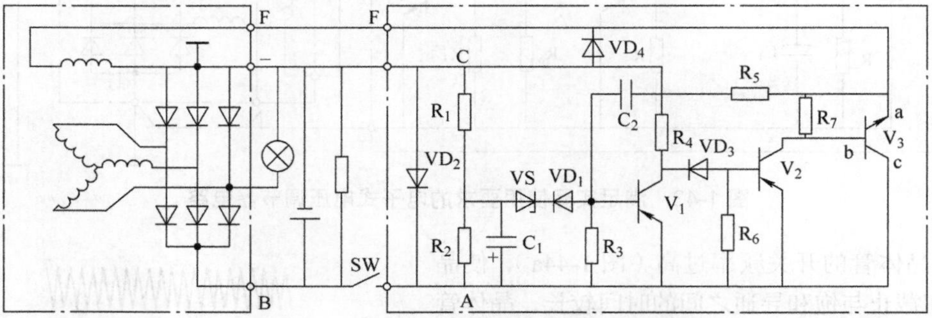

图 1-45　JFT126、JFT246 型晶体管调节器

V_3 为低频大功率硅管，与 V_2 组成复合管，其电路原理参见前面的有关叙述。JFT126、JFT246 型及它们的一些变型晶体管调节器的电路结构相同，只是部分元件的参数有所不同，以适用于不同功率、不同型号的内搭铁式交流发电机。

（2）JFT106 型晶体管调节器

JFT106 型晶体管调节器电路板封装于铝合金壳体内，适用于外搭铁型交流发电机，如图 1-46 所示。

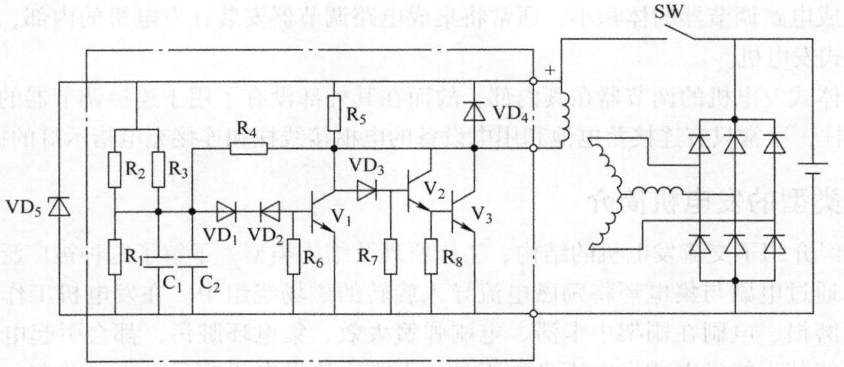

图 1-46 JFT106 型晶体管调节器

稳压管 VD_5 不仅可通过其正向导通特性来吸收电源的反向瞬变电压，还可利用其稳压特性吸收由于负载电流突然减小、蓄电池连接突然断开等原因造成的正向瞬变过电压，以保护调节器的电子元件。电路中与 R_2 并联的 R_3、与 C_1 并联的 C_2 用于对电阻、电容参数的设定和调整，其他元件的作用及电路原理如前面所述。

专家解读：

适用于内搭铁发电机和适用于外搭铁发电机的电子调节器，从其内部基本电路的结构和外部线路连接端子看都是相同的。但必须清楚，与内搭铁发电机匹配的电子调节器控制的是发电机“B”与“F”之间的通断电，而适用于外搭铁发电机的电子调节器则是控制发电机“F”与“-”之间的通与断。因此，内搭铁式发电机或外搭铁式发电机如果错用了不与之匹配的调节器，就会导致发电机磁场回路不能通路而不能发电。

2. 集成电路调节器与整体式发电机

现代汽车发电机调节器使用集成电路调节器的越来越多，集成电路调节器由具有电压调节功能的芯片所构成，其结构紧凑、电压调节精度高、故障率低。集成电路电压调节器如图 1-47 所示。

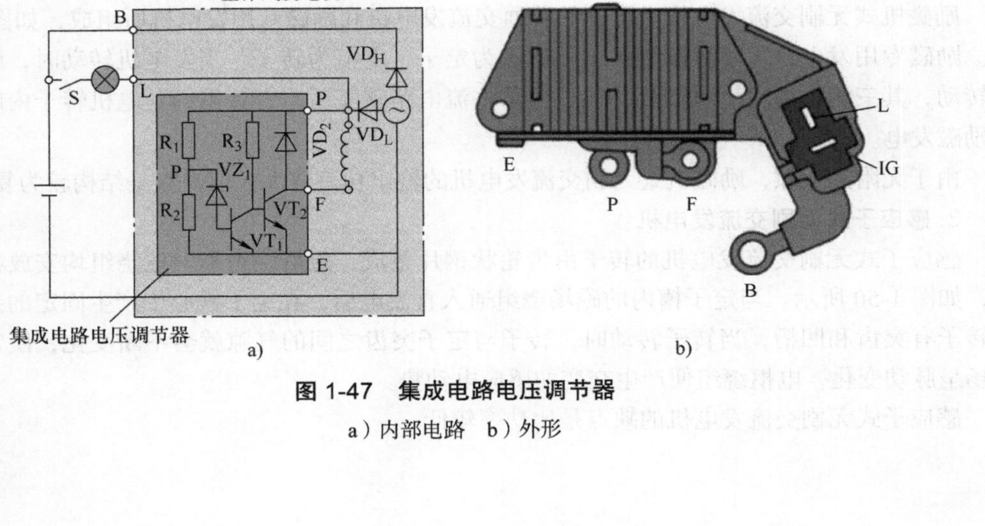

图 1-47 集成电路电压调节器

a）内部电路 b）外形

由于集成电路调节器的体积小，通常将集成电路调节器安装在发电机的内部，这种发电机也称为整体式发电机。

由于整体式发电机的调节器在其内部，故而在其外部没有了用于连接调节器的磁场接线柱和搭铁接线柱，通常只有连接蓄电池和用电设备的电枢接线柱和连接充电指示灯的接线柱。

六、其他类型的发电机简介

前面已经介绍了交流发电机的结构、工作原理及结构类型，了解了这种被广泛使用的交流发电机需要通过电刷与集电环将励磁电流导入旋转的磁场绕组中。在发电机工作过程中，如果电刷过度磨损、电刷在刷架中卡滞、电刷弹簧失效、集电环脏污，都会引起电刷与集电环接触不良而使其不能发电或发电不良。于是，无刷交流发电机应运而生，并在一些汽车上得到了应用。目前，在汽车上使用的无刷交流发电机有爪极式、励磁机式、感应子式、永磁式等不同类型。

1. 爪极式无刷交流发电机

爪极式无刷交流发电机的磁场绕组通过一个磁轭托架固定在后端盖上，两个爪极只有一个直接固定在转子轴上，另一爪极通过非导磁连接环固定在前一爪极上，如图 1-48 所示。

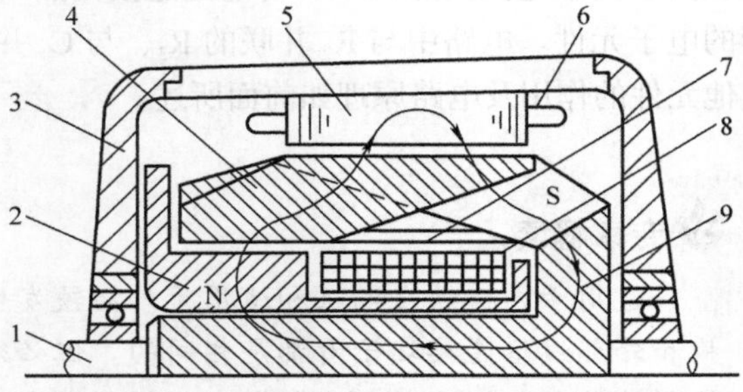

图 1-48　爪极式无刷交流发电机结构示意图

1—转子轴　2—磁轭托架　3—端盖　4—爪极
5—定子铁心　6—定子绕组　7—非导磁连接环
8—磁场绕组　9—转子磁轭

转子转动时，固定在转子轴上的爪极带动另一爪极一起转动。当固定不动的磁场绕组通入直流电后，产生的磁场使爪极磁化，使一边的爪极为 N 极，另一边为 S 极，并经气隙和定子铁心形成闭合磁路。转子的转动使定子内形成交变的磁场，对称布置的三个电枢绕组便产生三相交流电动势，再经三相整流电路整流后输出直流电。

爪极式无刷交流发电机的主要缺点是磁轭托架与爪极和转子磁轭之间存在附加间隙，漏磁较多，因此要达到普通交流发电机同等输出功率，必须要增大磁场绕组的励磁能力。

2. 励磁机式无刷交流发电机

励磁机式无刷交流发电机由无刷的普通交流发电机和励磁专用发电机所组成，如图 1-49 所示。励磁专用发电机（简称励磁机）的磁极为定子，电枢为转子。当发电机转动时，励磁机电枢转动，其三相绕组产生电动势，通过内部整流电路整流后，直接供给发电机转子内的磁场绕组励磁发电。

由于无附加气隙，励磁机式无刷交流发电机的输出功率较大，但缺点是结构较为复杂。

3. 感应子式无刷交流发电机

感应子式无刷交流发电机的转子由齿轮状钢片叠成，磁场绕组和电枢绕组均安放在定子槽内，如图 1-50 所示。当定子槽内的磁场绕组通入直流电后，在定子铁心中产生固定的磁场。由于转子有突齿和凹槽，当转子转动时，转子与定子突齿之间的气隙就会不断变化，使定子内的磁场呈脉动变化，电枢绕组便产生交变的感应电动势。

感应子式无刷交流发电机的缺点是比功率较低。

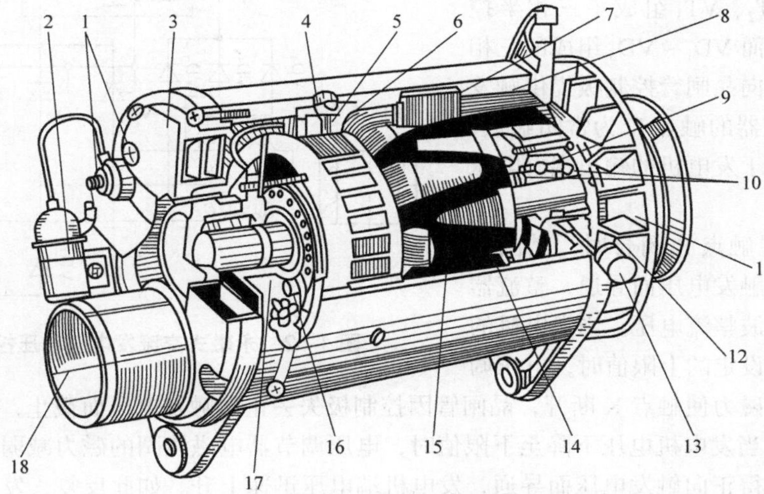

图 1-49　德国波许公司的 T4 型励磁机式无刷交流发电机

1—接线柱　2—抑制电容　3—电子调节器　4—励磁机转子　5—励磁机定子　6—发电机磁场绕组　7—发电机定子铁心　8—发电机电枢绕组　9—驱动端盖　10—油封　11—风扇　12—油道　13—油环　14—发电机转子　15—磁场绕组　16—二极管　17—散热板　18—进风口

4. 永磁式无刷交流发电机

永磁式交流发电机的转子采用永久磁铁，常用的永磁材料有铁氧体、铬镍钴、稀土钴、钕铁硼等。采用钕铁硼永磁材料的永磁转子如图 1-51 所示。具有较高剩磁力和矫顽力的钕铁硼永磁体采用瓦片式结构，用环氧树脂粘在导磁轭上。

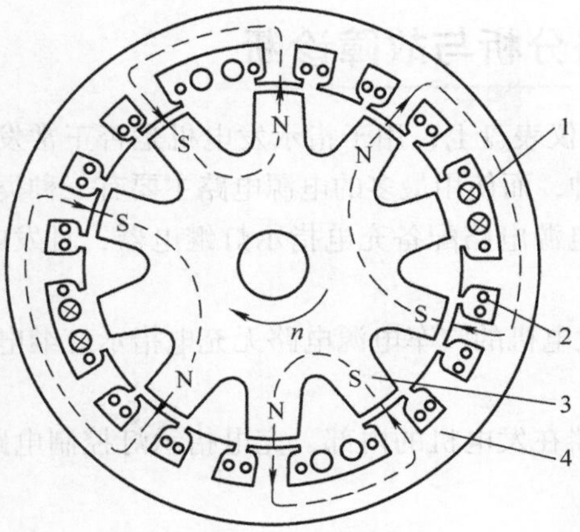

图 1-50　感应子式无刷交流发电机

1—磁场绕组　2—电枢绕组
3—转子　4—定子

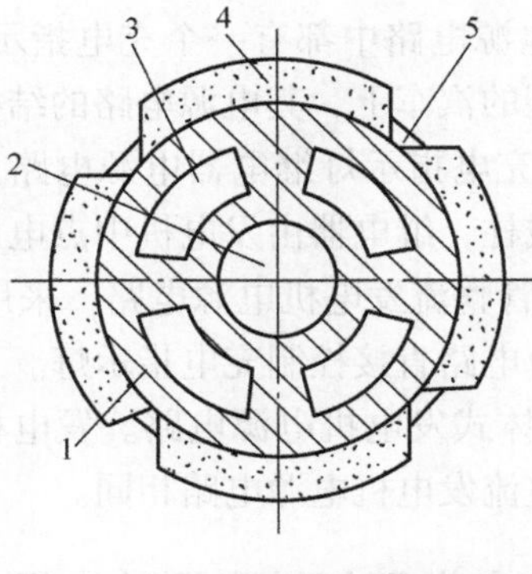

图 1-51　钕铁硼永磁转子结构

1—导磁轭　2—转轴　3—通风口
4—永磁体　5—环氧树脂胶

永磁式交流发电机的磁场强度是固定不变的，因此，不可能通过调节磁场绕组励磁电流的方法来稳定电压。永磁式交流发电机电压控制原理如图 1-52 所示。

三只负极管 VD_1、VD_2、VD_3 与三只晶闸管 VT_1、VT_2、VT_3 组成了三相半控桥式整流电路，而 VD_1 ~ VD_6 组成的三相桥式整流电路则向晶闸管控制极提供触发电压。电压调节器的触点 K 为常闭触点，其电磁线圈并接于发电机的输出端。电压调节原理如下：

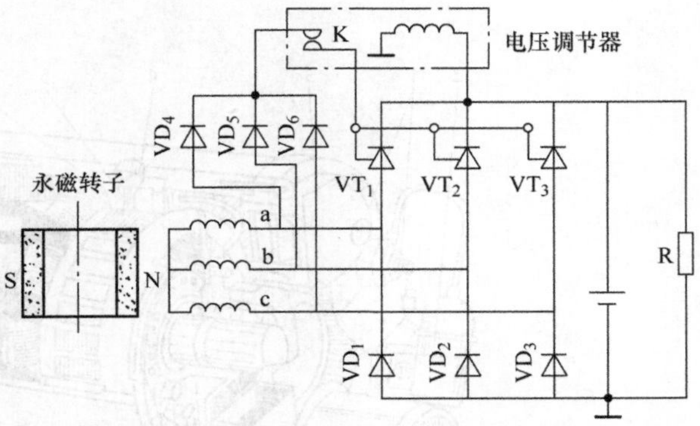

图 1-52　永磁式交流发电机电压控制原理

电压调节器触点 K 闭合时，晶闸管控制极获得正向触发电压而导通，整流器向外输出三相全波整流电压。当发电机的整流电压上升至设定的上限值时，电压调节器电磁线圈的磁力使触点 K 断开，晶闸管因控制极失去正向触发电压而截止，发电机的电压随之迅速下降；当发电机电压下降至下限值时，电压调节器电磁线圈的磁力减弱，触点重新闭合，晶闸管又获得正向触发电压而导通，发电机端电压迅速上升。如此反复，发电机的输出电压在一定的范围内波动，使其平均电压保持稳定。

永磁式无刷交流发电机具有体积小、重量轻、维护方便、比功率大、低速充电性能好等优点，如果永磁材料的性能有更进一步的提高，那么永磁式无刷交流发电机将会得到更多的应用。

阅读提示

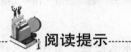

各种无刷交流发电机虽然避免了普通交流发电机电刷与集电环可能产生的接触不良的问题，但都有各自的不足。因此，汽车上广泛使用的仍是普通的有刷交流发电机。

第四节　典型电源电路分析与故障诊断

汽车电源电路中都有一个充电指示灯，安装在仪表盘上，用于指示发电机是否正常发电。在不同类型的汽车上，其电源电路的结构形式有多种，而使用最多的电源电路主要有三种类型：

1）带充电指示灯继电器电源电路。这种汽车电源电路配备充电指示灯继电器，且发电机有中点接线柱，继电器由发电机中点电压控制。

2）九管整流发电机电源电路。采用九管整流发电机的汽车电源电路无充电指示灯继电器，由九管整流电路直接控制充电指示灯。

3）整体式发电机电源电路。发电机电压调节器在发电机的内部，充电指示灯控制电路原理与九管整流发电机电源电路相同。

一、带充电指示灯继电器的电源电路特点分析与故障诊断

用充电指示灯继电器控制充电指示灯的电源电路在一些载货汽车上应用较多，带充电指示灯继电器且用发电机中点电压控制的电源电路原理如图 1-53 所示。

1. 电路特点

带充电指示灯继电器的电源电路，其电路的特点是：

1）发电机有中点接线柱，其电压为发电机端电压的1/2，它连接充电指示灯继电器线圈，用来控制充电指示灯继电器的动作。

2）充电指示灯继电器为常闭触点，串联在充电指示灯电路中，当发电机正常发电时，发电机中点电压加在充电指示灯继电器线圈上，线圈产生的磁力能将触点打开，使充电指示灯断电熄灭。

3）调节器串联在发电机磁场电路中，内搭铁发电机调节器串联在点火开关接线柱"B"与磁场接线柱"F"之间（图1-53a），外搭铁发电机的调节器则是串联于磁场接线柱"F"与搭铁端"E"之间（图1-53b），使得发电机的励磁电流受调节器控制，用以稳定发电机的电压。

4）调节器的搭铁端E与发电机的搭铁接线柱有一根导线连接（图1-53中此导线未画出），以确保调节器的搭铁与发电机的负极连接可靠。

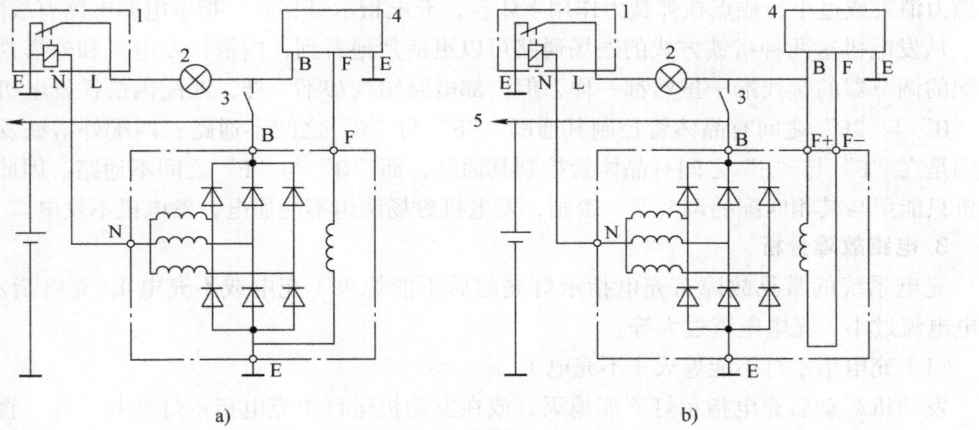

图1-53 带充电指示灯继电器的电源电路

a）内搭铁发电机充电电路 b）外搭铁发电机充电电路

1—充电指示灯继电器 2—充电指示灯 3—点火开关 4—调节器 5—接用电设备

2. 电路工作原理

（1）发动机不工作时

蓄电池与发电机并联相接，这时如果接通用电设备，则由蓄电池向外输出电流。如果接通点火开关（未起动发动机），则充电指示灯电路通路（蓄电池＋→点火开关→充电指示灯→充电指示灯继电器触点→搭铁），充电指示灯亮。这时发电机磁场绕组也形成通路。

内搭铁发电机的励磁电流通路为：蓄电池＋→点火开关→调节器B接线柱→调节器内部开关晶体管→调节器F接线柱→发电机F接线柱→发电机磁场绕组→搭铁。

外搭铁发电机的励磁电流通路为：蓄电池＋→点火开关→发电机F+接线柱→发电机磁场绕组→发电机F−接线柱→调节器F接线柱→调节器内部开关晶体管→调节器E接线柱→搭铁。

专家解读：

发动机未发动，充电指示灯亮，表明点火开关处于接通状态，这时发电机磁场绕组处于通电状态，且电流比发电机工作时的励磁电流大很多。这种通电状态若时间过长，不仅白白消耗蓄电池电能，还容易引起发电机磁场绕组过热而被烧坏。

（2）发动机工作、发电机正常发电时

1）充电指示灯继电器的状态。发电机中点电压使充电指示灯继电器线圈通电，产生磁力将触点吸开，充电指示灯熄灭，指示发电机工作正常。

2）电压调节器的状态。发电机的端电压达到了调节器起作用的电压，调节器开始工作，根据发电机电压变化率控制发电机磁场绕组通断电的比率，使励磁电流随发动机转速的上升而减小，从而使发电机的端电压保持稳定。

3）发电机的状态。发电机的电压高于蓄电池电压，通过电枢接线柱向蓄电池充电、向用电设备供电。

（3）发动机工作，发电机不能正常发电时

这时，发电机无中点电压或中点电压很低，充电指示灯继电器线圈失去电流或电流过小，其磁力消失或过小，触点在弹簧力作用下闭合，充电指示灯亮起，指示电源电路有故障。

从发电机这两种搭铁方式的磁场通路可以更清楚地看到，内搭铁发电机和外搭铁发电机所匹配的调节器的接线端子虽然都一样，但内部电路结构却不一样，匹配内搭铁发电机的调节器在“B”与“F”之间有晶体管控制其通断，“F”与“E”之间不通路；匹配外搭铁发电机的调节则是在“F”与“E”之间有晶体管控制其通断，而“B”与“F”之间不通路。因此，两种发电机只能用与其相匹配的调节器，否则，发电机磁场绕组不能通电，发电机不发电。

3. 电路故障分析

充电系统的常见故障有充电指示灯亮起后不能熄灭（充电或不充电）、充电指示灯不亮、充电电流过小、充电电流过大等。

（1）充电指示灯不能熄灭（不充电）

发动机起动后充电指示灯不能熄灭，或在发动机运行中充电指示灯亮起，并一直点亮，蓄电池会很快亏电。这一故障现象说明充电系统出现了不充电故障。

1）可能的故障原因。不充电常见的故障原因是发电机不发电和调节器出了问题，此外还有线路和机械传动装置有异常。具体的故障原因有：

① 充电系统的线路（充电指示灯至发电机“F”或“F+”接线柱之间）有搭铁故障。

② 发电机有故障，比如：电枢绕组有短路、断路或搭铁；磁场绕组有短路或搭铁；整流二极管有断路或短路等。

③ 调节器有故障，调节器内部电子元件损坏。

④ 机械故障，发电机安装松动或传动带磨损而打滑。

2）故障诊断方法。可按如下方法诊断故障：

① 检查发电机传动带是否松动打滑，如果是，则予以排除；如果不是，则进行下一步。

② 检查有关线路有无搭铁，直观检查有关线路线束无破损，并用万用表进行检查：拆下发电机 B、F 或 F+（外搭铁发电机）接线柱与调节器 B、F 接线柱上的导线，用万用表欧姆档测量导线端子与搭铁之间的电阻，应该不通。如果通路或电阻很小，则说明线路搭铁或有漏电故障，应予以修理或更换；如果确认线路正常，则进行下一步。

③ 检验发电机是否发电，方法是：将调节器短路（内搭铁发电机将 F 接线柱与 B 接线柱连接，外搭铁发电机将 F- 接线柱直接搭铁），并使发动机在中速运转，然后再看充电指示灯是否熄灭。如果此时充电指示灯熄灭，则说明发电机能正常发电，需检查或更换调节器；如果充电指示灯仍然不能熄灭，则说明发电机有故障，应检修或更换发电机。

专家解读：

发动机起动后充电指示灯不能熄灭，但蓄电池不出现亏电现象，则故障可能出自充电指示灯继电器（继电器线圈断路或短路等）或充电指示灯继电器“N”接线柱至发电机“N”接线柱之间的连接导线（线路有断路或连接松脱）。

（2）充电指示灯不亮

接通点火开关时，充电指示灯不亮。

1）可能的故障原因。充电指示灯不亮的故障原因可能有：

① 充电指示灯继电器触点接触不良。

② 充电指示灯电路有断路故障或充电指示灯损坏。

③ 发电机整流二极管（负极通过元件板连接在一起的三个二极管）有短路故障，导致蓄电池正极桩经发电机的电枢接线柱、短路的二极管、电枢绕组、充电指示灯继电器的 N 接线柱与继电器线圈连接，线圈通电产生磁力将触点吸开了。

2）故障诊断方法。故障诊断方法如下：

① 将充电指示继电器的 L 接线柱直接搭铁，接通点火开关时看充电指示灯亮否。如果仍不亮，则应检查充电指示灯及其连接导线；如果能亮，则再进行下一步检查。

② 将充电指示灯继电器 N 接线柱导线拆下，接通点火开关时看充电指示灯亮否。如果仍不亮，则应检修或更换充电指示灯继电器；如果这时充电指示灯能亮起，则说明是发电机内部的整流二极管有短路，需检修发电机整流器二极管或更换发电机。

（3）充电电流过小

充电指示灯能熄灭或在较高的转速下才能熄灭，充足电的蓄电池很容易出现亏电，夜间行车前照灯亮度不够等，这说明发电机充电电流过小。

1）可能的故障原因。充电电流过小的可能原因有：

① 充电线路连接不良，接触电阻过大。

② 发电机有故障：磁场绕组有局部短路；电刷与集电环接触不良；电枢绕组有断路或短路、整流二极管有短路或断路。

③ 调节器不良：调节器内部电子元件性能不良。

④ 发电机传动带打滑。

2）故障诊断方法。故障诊断方法如下：

① 直观检查：首先检查发电机传动带的松紧度与充电线路的连接，如果传动带过松，则将其调整至适当；如果线路连接处有松动，则将其紧固；如果直观检查未发现异常，则进行下一步。

② 检查发电机是否正常发电：将调节器短路（按前面提到过的方法短路），在慢慢提高发动机转速的过程中测量发电机 B 接线柱与搭铁之间的电压。如果电压能随发电机转速的升高而上升至调节电压值（13.5V）以上，则说明发电机正常，应检修或更换调节器；如果发电机转速升高时，电压变化很小，在发动机转速高于怠速转速时也达不到调节电压值，则为发电机故障，应检修或更换发电机。

专家解读：

如果检查发电机、调节器及线路等均无故障，但蓄电池很容易出现亏电，则可能是蓄电池极板硫化，应检查或更换蓄电池。

（4）充电电流过大

充电指示灯能正常熄灭，但汽车各种灯泡易烧，蓄电池电解液消耗过快，装有电流表的汽车其电流表长时间指示 10A 以上的充电电流。

1）可能的故障原因。充电电流过大的可能原因有：

① 调节器故障：电子调节器开关晶体管短路或其他电子元件故障而使开关晶体管不能截止。

② 线路故障：电子调节器线路连接有误或搭铁不良。

2）故障诊断方法：检查调节器与发电机的连接线路是否有误或调节器的搭铁是否良好，如果线路无问题，则应检修或更换调节器。

二、九管整流发电机的电源电路特点分析与故障诊断

采用九管整流式发电机的电源电路不用充电指示灯继电器，这种类型的发电机在汽车上的应用很普遍。典型九管整流发电机的电源电路如图 1-54 所示。

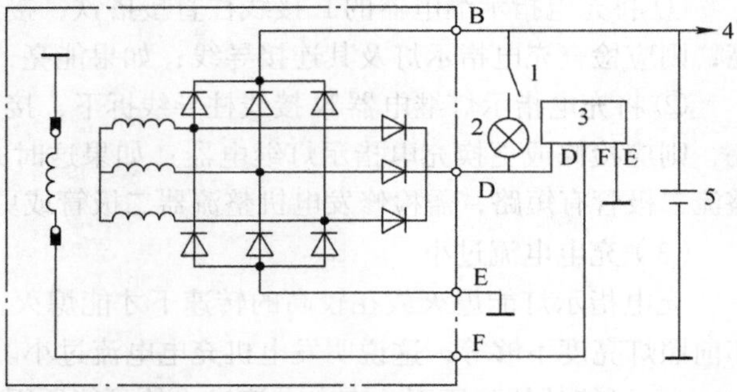

图 1-54　典型九管整流发电机的电源电路

1—点火开关　2—充电指示灯　3—调节器

4—接用电设备　5—蓄电池

1. 电路特点

九管整流发电机电源电路特点如下：

1）发电机无中点接线柱 N，但有 D 接线柱，发电机工作时，D 接线柱电压 U_D 与发电机端电压 U_B 相同。

2）充电指示灯连接在发电机 D、B 两接线柱之间的电路上，这样，充电指示灯由发电机的端电压直接控制。

3）充电指示灯要通过调节器及发动机励磁绕组才与搭铁相通，因此，三者有一个发生断路故障，就会出现充电指示灯不亮，同时也会使发电机没有励磁电流而出现不充电的故障现象。

2. 电路原理

（1）发动机不工作时接通点火开关

接通点火开关时，充电指示灯及发电机磁场绕组通电，其电流通路为：蓄电池 +→点火开关→充电指示灯→调节器 D 接线柱→调节器内部开关晶体管→调节器 F 接线柱→发电机 F 接线柱→发电机磁场绕组→搭铁，充电指示灯通电亮起。

（2）发电机正常发电时

1）充电指示灯工作状态。由于发电机 B、D 两接线柱的电压相同（$U_B = U_D$），使充电指示灯两端的电压为 0，因而充电指示灯熄灭，指示发电机正常工作。

2）电压调节器工作状态。发电机通过 D 接线柱并经调节器向其磁场绕组提供励磁电流，调节器根据发电机的电压控制磁场绕组通断电的比率来调节励磁电流的大小，使发电机的电压

保持稳定。

3）发电机的工作状态。发电机的电压高于蓄电池电压，通过B接线柱向蓄电池充电，同时向用电设备供电。

（3）发电机出现不发电故障时

发电机的B、D接线柱均无电压输出，由于B接线柱端与蓄电池连接，因而充电指示灯连接发电机B接线柱端为蓄电池电压，另一端通过调节器、发电机励磁绕组与搭铁相通。此时，充电指示灯两端施加了蓄电池电压，灯即刻亮起，指示充电电路出现了不充电故障。

3. 故障诊断方法

九管整流发电机电源电路可能的故障也是充电指示灯不能熄灭、充电指示灯不亮、充电电流过小、充电电流过大等。

（1）充电指示灯不能熄灭

发动机在高于怠速的转速下运转时，充电指示灯不能熄灭（装电流表的充电系统，电流表指示放电），说明充电系统出现了不充电故障。

1）可能的故障原因。不充电的可能故障原因有：

① 电源电路的故障：发电机D或F接线柱搭铁；发电机D、F接线柱至调节器D、F接线柱之间线路有搭铁故障。

② 发电机的故障：电枢绕组有短路、断路或搭铁；磁场绕组有短路或搭铁；整流二极管有断路或短路等。

③ 调节器的故障：调节器内部有搭铁故障。

④ 机械故障：发电机安装松动或传动带磨损而打滑。

2）故障诊断方法。可按如下方法诊断故障：

① 检查发电机传动带是否松动而打滑，如果是，则予以排除；如果不是，则进行下一步。

② 检查有关线路有无搭铁，直观检查有关线路线束无破损而搭铁，然后再用万用表进行检查，方法如下：拆下发电机D、F接线柱与调节器D、F接线柱上的连接导线，测量D和F导线端子与地之间的电阻。应为不通，如果电阻为0或很小，则为线路搭铁或有漏电故障，应予以修理或更换；如果检查线路无搭铁，则进行下一步。

③ 检查发电机是否正常发电：拆下调节器F接线柱上的导线并与D接线柱相接（短路调节器），然后使发动机在中速运转，看充电指示灯是否熄灭。如果能熄灭，则说明发电机能正常发电，需检查或更换调节器；如果充电指示灯仍不能熄灭，则为发电机有故障，应对其进行检修或更换。

（2）充电指示灯不亮（不充电）

接通点火开关时，充电指示灯不亮，发动机工作时，充电指示灯仍然不亮，并且蓄电池会很快亏电，这同样是充电系统出现了不充电故障。

1）可能的故障原因。充电指示灯不亮的可能原因有：

① 充电线路的故障：点火开关至发电机F接线柱线路有断路；熔断器熔丝烧断（发电机励磁回路有熔断器保护的电源电路）。

② 发电机的故障：磁场绕组有断路；电刷与集电环因烧蚀、脏污或电刷弹簧失效而接触不良。

③ 调节器的故障：电子调节器内的开关晶体管断路，或内部其他电子元件或电路有故障而使开关晶体管不能导通。

④ 充电指示灯已烧坏。

2）故障诊断方法。可按如下方法诊断故障：

① 检查连接发电机励磁回路的熔断器（如果有的话），如果熔断器熔丝已烧断，则需更换熔断器，并在更换熔断器之前，检查熔断器所保护电路有无搭铁故障。

② 接通点火开关后，测量调节器 D 接线柱对地电压。如果电压为 0V，则应检查调节器 D 接线柱至点火开关的线路有无断路、充电指示灯是否烧坏；如果为蓄电池电压，则进行下一步。

③ 在接通点火开关时，测量调节器 F 接线柱对地电压。如果电压为 0V 或很低，则需检修或更换调节器；如果为蓄电池电压，则进行下一步。

④ 在接通点火开关时，测量发电机 F 接线柱对地电压。如果电压为 0V，则需检修发电机至调节器之间的电路；如果为蓄电池电压，则需检修或更换发电机。

阅读提示

九管整流发电机电源电路充电电流过小、充电电流过大的故障原因及故障诊断方法与带充电指示灯继电器的电源电路相似。

三、整体式发电机的电源电路特点分析与故障诊断

整体式发电机的调节器在发电机的内部，因而其外部电路相对要简单一些。典型的整体式发电机电源电路如图 1-55 所示。

1. 电路特点

整体式发电机由于发电机的电压调节器置于发电机内部，故而发电机无需磁场接线柱和搭铁接线柱，但有一个充电指示灯接线柱 L（或标 D、D+）。L 接线柱在发电机内部连接提供励磁电流的整流器输出端 D，因此，当发电机正常发电时，L 接线柱的电压与 B 接线柱相同。

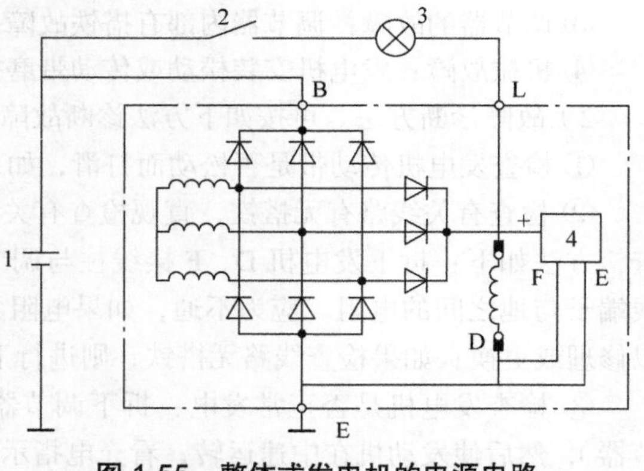

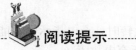

图 1-55　整体式发电机的电源电路

1—蓄电池　2—点火开关　3—充电指示灯　4—电压调节器

2. 电路原理

（1）发动机不工作时

这时接通点火开关，充电指示灯及发电机磁场绕组通电，其电流通路为：蓄电池＋→点火开关→充电指示灯→发电机 L 接线柱→发电机磁场绕组→调节器 F 端子→调节器内部开关晶体管→调节器 E 端子→搭铁。这时，充电指示灯亮起。

（2）发动机工作，发电机正常发电时

发电机 B、L 两接线柱的电压都升高且同电位，使充电指示灯两端的电压为 0，因而充电指示灯熄灭，指示发电机正常工作。

3. 故障诊断方法

（1）充电指示灯不能熄灭

发动机起动后，充电指示灯不能熄灭，或是在发动机正常运转过程中，充电指示灯亮起，

这都说明发电机出现了不充电故障。

1）可能的故障原因。充电指示灯不能熄灭的可能故障有：

① 发电机故障：电枢绕组有短路、断路、搭铁或发电机磁场绕组有短路、搭铁等。

② 调节器故障：发电机内调节器的电子元件损坏而使大功率晶体管不能饱和导通。

③ 发电机传动带松弛：由于传动带打滑，发电机不转或转速过低而不发电。

2）故障诊断方法。首先检查发电机传动带有无打滑，如果正常，则应拆检发电机及调节器。

（2）充电指示灯不亮

接通点火开关时，以及发动机正常运转时，充电指示灯都不亮，这也说明充电系统有充电不良或不充电故障，或充电指示灯及其电路有故障。

1）可能的故障原因。可能的故障原因如下：

① 发电机电刷与集电环接触不良。

② 调节器内部电子元件损坏而使大功率晶体管不导通或大功率晶体管本身断路。

③ 发电机内整流二极管有短路。

④ 充电指示灯电路有断路，如熔断器、充电指示灯、发电机 L 接线柱到点火开关之间的线路连接等有问题。

2）故障诊断方法。故障诊断方法如下：

① 在不接通点火开关时，检测发电机 L 接线柱对地电压。正常情况电压应为 0。如果有蓄电池电压，则说明发电机内整流二极管有短路，应拆修发电机；如果电压为 0，则进行下一步诊断。

② 接通点火开关后再检测发电机 L 接线柱对地电压。正常情况电压应为蓄电池电压。如果电压仍然为 0，则需检查充电指示灯电路和充电指示灯；如果电压正常，则进行下一步诊断。

③ 拆检发电机，解体发电机后，检查电刷与集电环的接触是否良好和磁场绕组有无断路，如果无问题，则需要检修或更换调节器。

（3）蓄电池经常亏电

接通点火开关时充电指示灯能亮，发动机起动后和运转时充电指示灯也能熄灭，但蓄电池会很快出现亏电现象。

1）可能的故障原因。蓄电池经常亏电的可能原因有：

① 发电机发电不良。

② 调节器调节电压过低或内部电路有故障。

③ 发电机至蓄电池的充电线路有接触不良。

④ 蓄电池极板严重硫化。

⑤ 蓄电池有自放电故障或汽车电器和线路有漏电之处。

2）故障诊断方法。可按如下方法检查：

① 用万用表直流电压档检测发电机 B 接线柱对地电压。正常情况电压应为蓄电池电压。如果电压为 0，则说明发电机电枢接线柱至蓄电池之间的线路有断路，应对其进行检修；如果电压正常，则进行下一步检查。

② 起动发动机，并使发动机中速运转，在充电指示灯熄灭时，检测发电机电枢接线柱对地电压。如果电压仍为蓄电池电压，则需检修发电机和调节器；如果电压有所升高，则进行下一步检查。

③ 在发动机中速以上时，检测发电机的输出电流和端电压，如图 1-56 所示。

如果电压在发动机转速升高时能达到 13.8 ~ 14.5V，且电流表指示有较大的充电电流（有电流表的话），则说明发电机及调节器正常，蓄电池很快亏电的原因可能是蓄电池本身的故障或汽车电器设备和线路有漏电故障，应对其进行检查。

如果电压能达到 13.8 ~ 14.5V，但无充电电流或充电电流很小，则应检查发电机电枢接线柱至蓄电池之间的充电线路连接有无接触不良之处，若充电线路正常，则可能是蓄电池极板硫化严重，需检查或更换蓄电池。

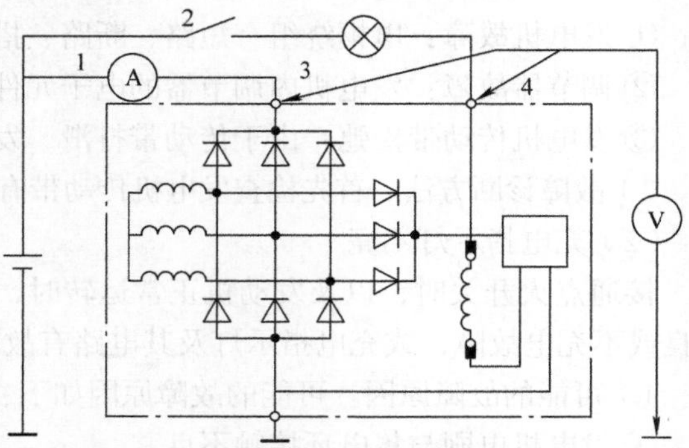

图 1-56　检查发电机及充电线路故障

1—检查发电机充电电流　2—点火开关
3—检查发电机电枢接线柱对地电压
4—检查发电机 L 接线柱对地电压

（4）发电机充电电流过大

汽车运行时灯泡易烧、蓄电池温度过高且其电解液消耗过快，这说明发电机充电电流过大。

1）可能的故障原因。发电机充电电流过大的原因一般是调节器调节电压过高或调节器失效造成的。

2）故障诊断方法。在确认灯泡易烧、蓄电池温度高和电解液消耗过快无其他原因时，应拆解发电机，更换调节器。

四、整体式发电机电压检测方式

发电机电子调节器是根据发电机的电压高低来控制励磁电流，并最终实现发电机电压在设定的范围内波动。根据调节器分压器接入发电机电压的方式不同，整体式发电机可分为发电机电压检测方式（直接引入发电机的端电压）和蓄电池电压检测方式（从蓄电池端引入发电机电压）。

专家解读：

电压检测方式是指电子调节器的分压器是引入蓄电池电压还是发电机的端电压。用一根检测线从蓄电池正极桩处连接到调节器分压器端的即为蓄电池电压检测方式；电子调节器的分压器直接从发电机内部整流器输出端连接到端电压的称为发电机电压检测方式。

1. 发电机电压检测方式

发电机电压检测方式电源电路示例如图 1-57 所示。发电机电压检测方式线路连接简单，发电机上通常只有两个接线柱，B 接线柱连接蓄电池和汽车电路的用电设备，L 接线柱连接仪表盘上的充电指示灯。

发电机电压检测方式的汽车电源电路应用较多。这种电源电路的缺点是当发电机至蓄电池之间的线路出现了接触不良故障时，由于充电电路有较大电压降，会使蓄电池端的电压偏低，从而导致蓄电池充电不足。

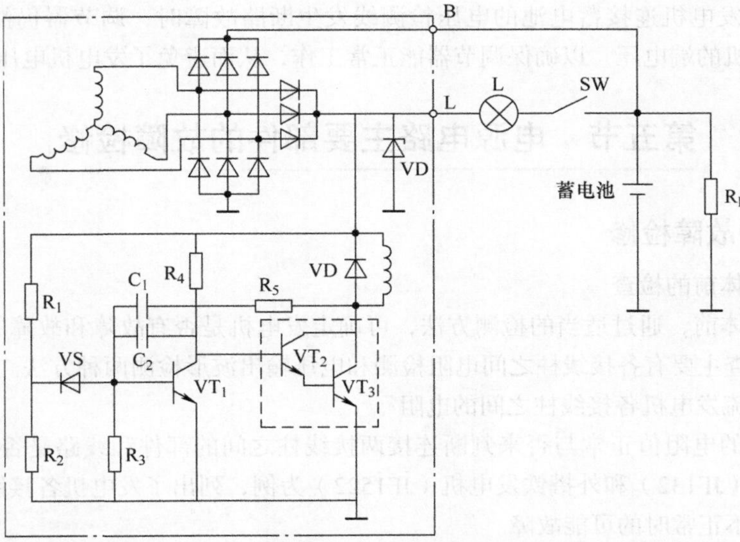

图 1-57 发电机电压检测方式电源电路示例

2. 蓄电池电压检测方式

为解决发电机电压检测方式的这一不足，一些整体式发电机电源电路采用了蓄电池电压检测方式，这种电源电路示例如图 1-58 所示。

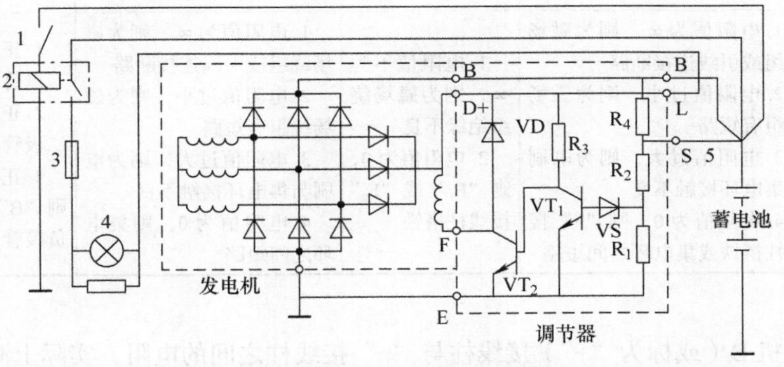

图 1-58 日产蓝鸟轿车集成电路调节器内部电路

1—点火开关 2—充电指示灯继电器 3—熔断器 4—充电指示灯 5—蓄电池电压检测线

蓄电池电压检测方式的电源电路增加了一条连接蓄电池正极和发电机“S”接线柱的电压检测线，将蓄电池电压通过导线连接到发电机内部调节器的分压器（R_2、R_3）。因此，采用蓄电池电压检测方式的整体式发电机，除了向蓄电池充电和向用电设备供电的电枢接线柱“BATT”和连接充电指示灯的“L”接线柱外，还多了一个连接蓄电池正极桩，用于引入蓄电池端电压的“S”接线柱。

蓄电池电压检测方式的不足之处是，如果电压检测线出现了断路故障，发电机内部的调节器就会检测不到蓄电池端的电压，这将会引起发电机电压的失控，导致蓄电池过充电和用电设备容易烧坏。因此，蓄电池电压检测方式的整体式发电机需要有应对电压检测线断路的措施。

本例的应对措施是：将发电机整流器“B”端电压通过调节器的“B”连接点和 R_4 引入分

压器，这样，当发电机连接蓄电池的电压检测线发生断路故障时，调节器仍然可以通过“B”端子检测到发电机的端电压，以确保调节器能正常工作，从而避免了发电机电压失控的危险。

第五节　电源电路主要部件的故障检修

一、发电机的故障检修

1. 发电机解体前的检查

在发电机解体前，通过适当的检测方法，可确定发电机是否有故障和故障的大致部位。发电机解体前的检查主要有各接线柱之间电阻检测和电压输出波形检测两种方法。

（1）检测交流发电机各接线柱之间的电阻

根据所测得的电阻值正常与否来判断连接两接线柱之间的部件和线路是否有故障。表 1-5 以内搭铁发电机（JF132）和外搭铁发电机（JF1522）为例，列出了发电机各接线柱之间的正常电阻参数及测量不正常时的可能故障。

表 1-5　检测 JF132、JF1522 型交流发电机各接线柱之间的电阻

	“F” — “–”	“F_1” 或 “F_2” — “–”	“F_1” — “F_2”	“B” — “–”	
				正向	反向
JF132	6 ~ 8Ω	—	—	40 ~ 50Ω	>1000Ω
JF1522	—	∞	≈ 4Ω		
检测可能的异常情况及故障原因	1. 电阻值为 ∞，则为磁场绕组或引线连接断路 2. 电阻值过小，则为磁场绕组有短路 3. 电阻值过大，则为电刷与集电环接触不良 4. 电阻值为 0，则“F”接线柱搭铁或集电环之间短路	1. 电阻值不为 ∞，则为磁场绕组绝缘不良 2. 电阻值为 0，则 “F_1” 或 “F_2” 接线柱搭铁	1. 电阻值为 ∞，则为磁场绕组或引线连接断路 2. 电阻值过小，则为磁场绕组有短路 3. 电阻值过大，则为电刷与集电环接触不良 4. 电阻值为 0，则集电环之间短路	1. 正向电阻过小，则有二极管短路 2. 正向电阻过大，则有二极管断路 3. 正反向电阻均为 0，则“B”端子搭铁或正、负极管至少各有一只短路	

几点说明：

1）测发电机 B（或标为“+”）接线柱与“–”接线柱之间的电阻，实际上测的是整流二极管的电阻，因而需要测其正、反向电阻。万用表红表笔（+）连接万用表内部电源的负极，黑表笔（–）连接内部电源的正极，因而在测正向电阻时，应该是黑表笔接“–”接线柱，红表笔接 B（或“+”）接线柱，测反向电阻时则反之。

2）由于二极管的电阻呈非线性，同一万用表的不同电阻档位或用不同型号的万用表测量时，由于表内部电源加在二极管上的电压会有所不同，测得的电阻值也会有很大的差别。表 1-5 中 B 接线柱与“–”接线柱之间的正向电阻是用万用表 R × 1Ω 档的测量值。

3）“F”为内搭铁型发电机的磁场接线柱，“F_1”和“F_2”是外搭铁型发电机的磁场接线柱。

（2）检测交流发电机输出电压波形

当发电机内部的二极管或电枢绕组有断路或短路时，发电机的输出电压波形就会异常，因此，可根据示波器显示的发电机输出电压波形来判断发电机内部是否有故障。各种故障的输出电压波形如图 1-59 所示。

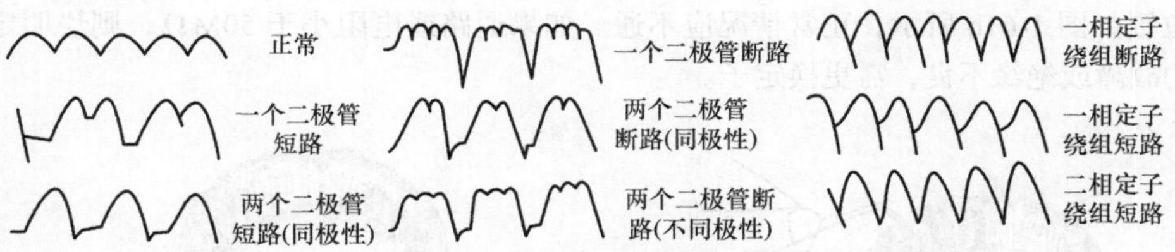

图 1-59　交流发电机各种故障的输出电压波形

2. 发电机解体后的检修

（1）发电机转子的检修

1）发电机转子的常见故障。发电机转子（磁极）可能出现的故障和对发电机的影响如下：

① 集电环表面脏污、烧蚀，使电刷与集电环之间接触不良，发电机励磁电流断流或减小，造成发电机不发电或发电不良。

② 发电机磁场绕组短路、断路或搭铁，转子不能产生电磁场或磁场减弱，造成发电机不发电或发电不良。

2）发电机转子的检修方法。发电机转子的检修方法如下：

① 检查转子集电环表面是否光滑、清洁，若有油污，可用布沾些汽油将其擦净；若有烧伤或划痕等，可用“00”号砂布打磨。

② 检查转子绕组有无断路、短路：用万用表的欧姆档检测转子两集电环之间的电阻，表笔的接触位置如图 1-60a 所示。如果电阻过小，则为转子绕组有短路故障；如果电阻为∞，则说明转子绕组有断路故障，需更换转子总成。

③ 检查转子绕组有无搭铁：检测转子集电环与转子轴之间的电阻，表笔的接触位置如图 1-60b 所示。正常电阻应不通。如果通路，则说明转子绕组或集电环有搭铁的故障，需更换转子总成。

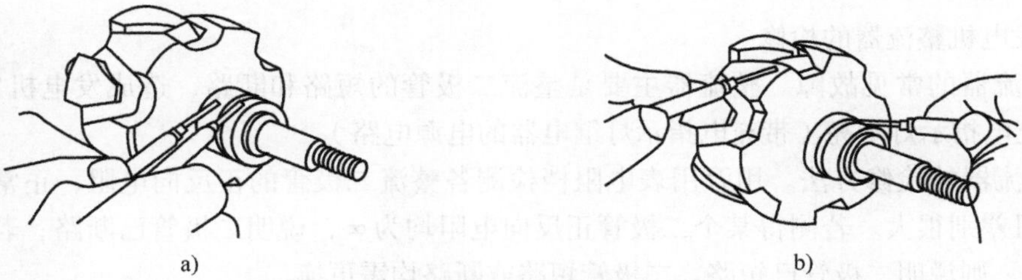

a)　　　　b)

图 1-60　发电机转子绕组的故障检查

a）转子绕组短路 / 断路的检查　b）转子绕组搭铁的检查

（2）发电机定子的检修

1）发电机定子的常见故障。发电机定子（电枢）的常见故障主要是发电机电枢绕组短路、断路或搭铁，造成发电机不发电或发电不良。

2）发电机定子的检修方法。定子的检修方法如下：

① 用万用表欧姆档测量定子绕组线端之间的电阻，以检查定子绕组有无断路，表笔的接触位置如图 1-61a 所示。应为通路，否则说明绕组有断路，需更换定子。

② 用万用表欧姆档测量定子绕组线端与铁心之间的电阻，以检查定子绕组有无搭铁，表笔

的接触位置如图 1-61b 所示，正常情况应不通。如果通路或电阻小于 50MΩ，则说明定子绕组有搭铁的故障或绝缘不良，需更换定子。

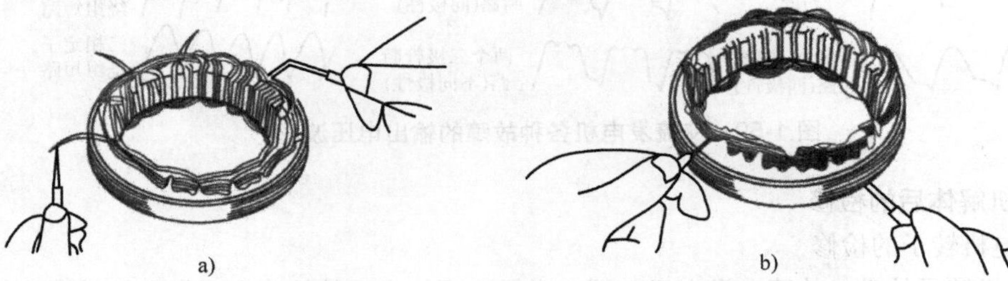

图 1-61　发电机定子（电枢）的检查

a）定子绕组断路检查　b）定子绕组搭铁检查

（3）发电机电刷与刷架

1）电刷与刷架的常见故障。电刷与刷架的常见故障有：

① 电刷过度磨损，使电刷与集电环的接触压力减小而导致接触不良，发电机励磁电流减小或断流，造成发电机发电不良或不发电。

② 电刷架内的弹簧失效，使电刷与集电环的接触压力减小而导致接触不良，发电机励磁电流减小或断流，造成发电机发电不良或不发电。

③ 电刷架变形或刷架槽内有脏污，使电刷卡滞，不能与集电环良好接触，造成发电机不发电或发电不良。

2）电刷与刷架的检修方法。电刷与刷架的检修方法如下：

① 检查电刷的长度，如果电刷已磨损过短，则需更换电刷。

② 检查电刷在电刷架中是否滑动自由，电刷是否具有一定的弹簧压力。若有不良，则需更换。

（4）发电机整流器的检修

1）整流器的常见故障。整流器主要是整流二极管的短路和断路，造成发电机发电不良、不发电或充电指示灯不亮（带充电指示灯继电器的电源电路）。

2）整流器的检修方法。用万用表电阻档检测各整流二极管的正反向电阻，正常情况应为正反向电阻差别很大。若测得某个二极管正反向电阻均为∞，说明二极管已断路；若正反向电阻均为 0Ω，则说明二极管已短路。二极管短路或断路均需更换。

3. 发电机检修中的注意事项

1）在发动机运转时，不能断开蓄电池电缆，以免发电机产生过高的电压烧坏发电机内的整流二极管，或损坏汽车上其他的电子元件。

2）在发电机运转时，不能以刮火的方法来检查发电机是否发电，这也容易烧坏整流二极管。

3）如果用 220V 的交流试灯或兆欧表来检查电枢绕组的绝缘性能，必须先断开整流二极管与电枢绕组的连接，否则，会烧坏整流二极管。

4）在发动机不工作的状态下，不能长时间接通点火开关。因为在点火开关接通时，发电机磁场绕组与电源接通，蓄电池将持续向发电机磁场绕组放电。这不仅白白消耗了蓄电池的电能，时间长了还会烧坏发电机磁场绕组。

专家解读：

用刮火试验法检测发电机是否发电，或某接线端子是否通电，是以前在汽车上检测直流发电机及电路通断情况常用的方法。刮火试验法就是将被检测端子与搭铁之间做瞬间短路（刮碰）时，看其刮碰火花的强弱或有无火花来判断被测对象故障与否。由于现代汽车普遍采用了硅整流的交流发电机，汽车电路系统中又有许多电子设备，刮火试验可能产生的瞬间高电压和大电流脉冲会对发电机整流二极管及汽车电路中其他的电子元件造成损害。因此，现代汽车电路故障检测已不再使用刮火试验法。

二、发电机的性能试验

1. 发电机的空载试验与满载试验

发电机的性能试验是通过专用试验台测出发电机的空载转速和满载转速，以判断发电机性能的好坏，试验电路如图 1-62 所示。

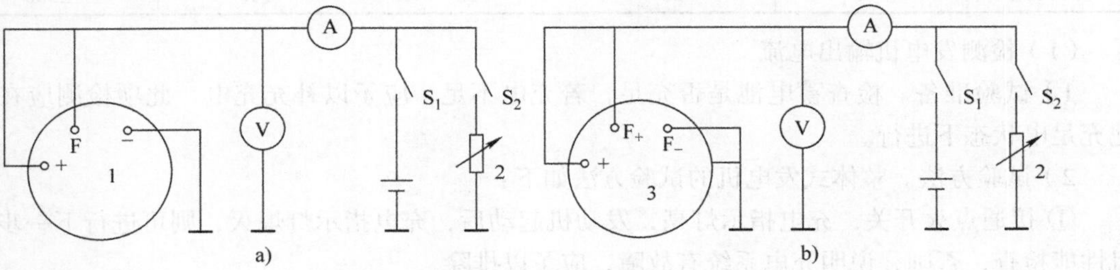

图 1-62　发电机的试验电路

a）内搭铁发电机　b）外搭铁发电机

1—内搭铁发电机　2—变阻器　3—外搭铁发电机

（1）空载试验

将发电机固定于试验台架，并按图 1-62 连接好测试电路，然后闭合 S_1，开启驱动电机并慢慢调速，使发电机转速逐渐升高，当发电机电压稍高于蓄电池电压时，断开 S_1，并继续慢慢提高发电机的转速，直到电压升至发电机的额定电压为止。此时的发电机转速即为空载转速。

（2）满载试验

测得空载转速后，接通 S_2，使发电机连接负载。然后在逐渐增大负载的同时提高发电机的转速，以使发电机的电压保持在额定电压值。当发电机的输出电流达到其额定电流值时，发电机的转速即为满载转速。

部分国产交流发电机的额定参数见表 1-6。如果测得的空载转速、满载转速过高，或在规定的空载转速下达不到额定电压、在规定的满载转速下达不到额定电流，均说明发电机性能不良。

2. 整体式发电机的性能检测

整体式发电机由于调节器安装在发电机内部，通常采用在稳定的转速下测量发电机的输出电流和电压的方法来检验发电机及调节器的性能。本节以雪铁龙系列轿车所使用的发电机为例，说明整体式发电机性能检测方法。

表 1-6 部分国产交流发电机的额定参数

发电机型号	额定功率 /W	额定电压 /V	额定电流 /A	空载转速 / (r/min)	满载转速 / (r/min)
JF1311	350	14	25	1000	2500
JF1313Z	350	14	25	1000	2500
JF13A	350	14	25	1000	2500
JF1314B	350	14	25	1000	2500
JF1512E	500	14	36	1000	2500
JF1518	500	14	36	1100	2500
JF152D	500	14	36	1150	2500
JF1522	500	14	36	1100	2200
JF173	750	14	54	1000	2500
JF2311	350	28	12.5	1000	2500
JF2511Z	500	28	18	1000	2500
JF2511ZB	500	28	18	1000	2500
JF2512	500	28	18	1100	2500
JF2712B	700	28	25	1100	2500

（1）检测发电机输出电流

1）试验准备。检查蓄电池是否充足，若充电不足，应予以补充充电，此项检测应在蓄电池充足电状态下进行。

2）试验方法。整体式发电机的试验方法如下：

① 接通点火开关，充电指示灯亮，发动机起动后，充电指示灯熄灭，则可进行下一步发电机性能检查，否则，说明充电系统有故障，应予以排除。

② 在发电机输出电路中接入电压表、电流表及变阻器，试验电路如图 1-62 所示。

③ 在发动机达到正常的工作温度时，使发动机转速稳定在 2000r/min、3000r/min、4000r/min，在发动机各稳定转速下，调节电阻器，使发电机端电压为 13.5V，并查看此时的输出电流。雪铁龙系列轿车发动机各稳定转速下的发电机输出电流见表 1-7。

表 1-7 发电机端电压为 13.5V 时的电流输出

发动机转速 / (r/min)		2000	3000	4000
发电机端电压 /V		13.5	13.5	13.5
发电机输出电流 /A	8 级	49	62	68
	9 级	62	76	83

如果各稳定转速下发电机的输出电流达不到规定的值，则说明发电机性能不良，需检修发电机。

（2）检查发电机的电压

1）试验准备。检查蓄电池是否充足，并连接好电压表和变阻器（图 1-63），然后将变阻器调至零位（R = ∞），并断开所有的用电设备。

2）试验方法。当发动机达到正常工作温度时，使发动机的转速稳定在 5000r/min，看电压表指示的电压。

如果电压超过 14.7V，则说明调节器性能不良或完全损坏，应予以更换。

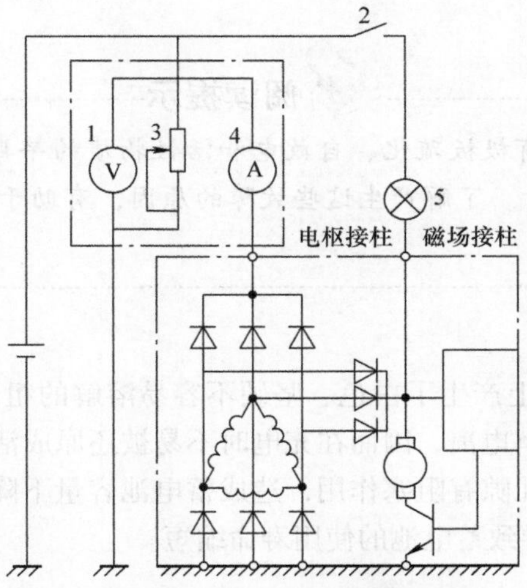

图 1-63 检查发电机与调节器性能

1—电压表 2—点火开关 3—变阻器 4—电流表 5—充电指示灯

三、调节器的故障检测方法

1. 电子调节器的检测原理

电子调节器的性能检测主要是看其在较低的电压下能否导通，在设定的上限电压下能否截止。可通过一个可调电压的直流电源（输出电压 0 ~ 30V，输出电流 3A）和一个试灯（12V 或 24V，20W）对其进行检验，检测电路如图 1-64 所示。

匹配内搭铁发电机的电子调节器 B、F 接线柱之间连接了开关晶体管，因此试灯应连接在 F 与 E 之间；匹配外搭铁发电机的电子调节器 F 与 E 之间连接了开关晶体管，故而试灯连接在 B 与 F 之间。

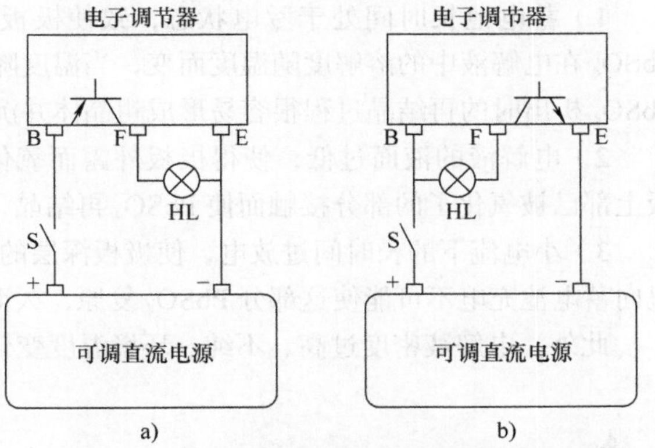

图 1-64 电子调节器检测电路

a）内搭铁发电机用调节器 b）外搭铁发电机用调节器

2. 电子式调节器的检测方法

接通开关 S，然后逐渐提高直流电源电压，观察试灯的亮起和熄灭情况。

如果测试灯 HL 亮起并随着电源电压的升高而增强亮度，但当电压上升至调节器的调节电压值（14V 调节器为 13.5 ~ 14.5V，28V 调节器为 27 ~ 29V）或略高于调节电压值时，测试灯 HL 熄灭，则说明调节器能正常起调节作用。

如果测试灯 HL 不能熄灭或一直不亮，则说明调节器有故障，应予以更换。

四、蓄电池的常见故障原因分析及故障排除

阅读提示

蓄电池常见故障主要有极板硫化、自放电和活性物质的早期脱落。这些都是直接影响蓄电池使用寿命的重要因素。了解产生这些故障的原因，有助于正确地使用与维护蓄电池，延长蓄电池的使用寿命。

1. 极板硫化

所谓极板硫化是指极板上产生了白色、坚硬不容易溶解的粗晶粒 $PbSO_4$。在正常充电时，这种粗晶粒的 $PbSO_4$ 很难溶解电离，因而在充电时不易被还原成活性物质。由于这些 $PbSO_4$ 覆盖在极板的表面，对极板的孔隙有阻塞作用，造成蓄电池容量下降、内阻增大。这些不仅使蓄电池的起动性能下降，还会导致蓄电池的使用寿命缩短。

（1）故障现象

蓄电池极板硫化后，除了其容量和起动性能有明显下降的故障特征外，在充、放电时会有异常现象。比如：放电时蓄电池端电压下降较快；充电时电压和温度升高也快，会过早地出现“沸腾”；充电过程电解液的密度则上升较慢，充电结束时电解液压密度达不到规定的值。

极板硫化严重时，有加液盖的普通蓄电池还可以通过加液孔看到极板上部有白色的霜状物。

（2）故障原因

造成蓄电池极板硫化的常见原因有如下几种。

1）蓄电池长时间处于亏电状态，致使极板上的 $PbSO_4$ 未能及时还原为活性物质。由于 $PbSO_4$ 在电解液中的溶解度随温度而变，当温度降低时，电解液中的 $PbSO_4$ 就会过饱和而析出。$PbSO_4$ 析出时的再结晶过程很容易形成粗晶体并沉附在极板的表面，即极板产生了硫化。

2）电解液的液面过低，使得极板外露而氧化，汽车行驶颠簸时，会使电解液不时地与极板上部已被氧化了的部分接触而使 $PbSO_4$ 再结晶，形成极板硫化。

3）小电流下的长时间过放电，使极板深层的活性物质转变为 $PbSO_4$，在汽车运行中，发电机向蓄电池充电不可能使这部分 $PbSO_4$ 复原，久而久之就会变为粗晶体硫酸铅。

此外，电解液密度过高、不纯、环境温度变化很大等，也会使极板容易硫化。

专家解读：

铅酸蓄电池使用寿命缩短最主要的原因就是极板硫化。在汽车使用过程中，始终使蓄电池保持在充足电状态，可避免蓄电池极板的硫化，这对延长蓄电池使用寿命至关重要。

（3）处理措施

在蓄电池极板硫化还不严重时，可以用去硫化充电法消除硫化；极板硫化严重而导致蓄电池的实际容量不足额定容量 80% 时，则只能报废。

2. 自放电

自放电是指在未接通外电路时，蓄电池电能自行消耗。蓄电池轻微自放电属于正常现象，

但如果每昼夜蓄电池自行放电量大于 2%C_{20}，则属于自放电故障。

（1）故障现象

充足电的蓄电池停放几天或几小时后就呈现存电不足。自放电严重的蓄电池，充电时其端电压和电解液密度上升缓慢，用高率放电计测量单格电池压降时，其端电压会迅速下降。

专家解读：

汽车电路中的线路或开关等有漏电故障时，故障现象与蓄电池自放电故障相似，应注意检查判别。

（2）故障原因

导致蓄电池自放电故障的原因主要有如下几种。

1）蓄电池盖表面有油污、尘土、电解液等，从而造成蓄电池正负极桩之间漏电。

2）壳体底部沉积物过多而造成正负极板之间短路。

3）隔板破裂，造成正负极板短路。

4）电解液不纯，含有过多的金属杂质。

（3）处理措施

根据蓄电池自放电故障的各种不同原因，采取相应的方法排除自放电故障。

1）如果是因蓄电池盖表面脏污而造成自放电（漏电）故障，则清洁蓄电池盖表面，并对已亏电的蓄电池进行补充充电即可重新投入使用。

2）如果是因蓄电池容器底部沉积物太多造成的极板短路（充电时电解液往往会呈现褐色），则应将蓄电池的电解液全部倾出，并用蒸馏水将其壳体内部冲洗干净后重新加注电解液，再将蓄电池充足电。

3）如果蓄电池自放电是其电解液不纯造成的，则应先将蓄电池完全放电或过度放电，然后将电解液全部倾出，再用蒸馏水冲洗壳体内部，最后加注电解液并将蓄电池充足电。

3. 活性物质早期脱落

活性物质早期脱落是指因使用不当而造成蓄电池极板上的活性物质大量脱落。

（1）故障现象

充电时电解液会成为混浊褐色溶液，充电电压上升过快，电解液过早出现“沸腾”现象，而其密度达不到规定的最大值；放电时电压下降过快，容量明显不足。

阅读提示

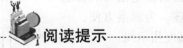

蓄电池极板硫化严重和有大量活性物质脱落的故障现象很相似，要注意区分。对于有加液盖的蓄电池，可以通过打开加液盖仔细观察来区分。如果在极板的顶部有白色的晶体物质，则蓄电池极板严重硫化；如果在充电接近终止时，电解液变得混浊（溶液呈褐色），则一定是极板有大量的活性物质脱落。

（2）故障原因

蓄电池在使用中造成极板活性物质容易脱落的原因有如下几种。

1）充电电流过大或长时间过充电，使大量的水被电解，产生的气体在极板孔隙内产生压力，造成活性物质脱落。大电流充电还易使电解液温度过高，造成极板变形而使活性物质脱落，而过量的充电，还会使栅架过分氧化，造成活性物质与栅架松散剥离。

2）长时间大电流放电，尤其是低温长时间大电流放电，生成的 $PbSO_4$ 容易形成致密层，在充电时，PbO_2 将会以树状的晶体生长，这种树状晶体很容易脱落。

3）过度放电，极板上 $PbSO_4$ 太多而使其体积膨胀，对活性物质产生挤压，造成活性物质脱落。

4）蓄电池极板组安装不良而松旷、蓄电池在车上安装不牢固，使极板组颠簸振动加剧，造成活性物质脱落。

5）冬季蓄电池放电后未及时充电，使电解液密度过低而结冰，对极板产生挤压而导致活性物质脱落。

（3）处理措施

活性物质脱落较少时，可以倾出全部电解液，用蒸馏水冲洗后重新加注电解液，充足电后继续使用。如果活性物质脱落过多，则需更换极板组或报废蓄电池。

4. 其他故障

除了上述常见的故障外，蓄电池还会出现蓄电池外壳破裂、壳体盖封口胶脱裂、连条断裂、极板断裂或松动等故障，应根据实际情况采取适当的修补措施。

五、蓄电池的性能检测方法

1. 蓄电池电解液液面的检查

阅读提示

在蓄电池充电终止时，充电电流会促使电解液中的水电解，并会转变为氢气和氧气。有加液盖的蓄电池，会通过加盖中的通气小孔排出氢气和氧气。因此，蓄电池的电解液会减少。当蓄电池电解液的液面过低时，需要补充蒸馏水！

对于有加液盖的蓄电池，需要定期检查电解液的液面高度，可使用玻璃管检查各单格液面高度，如图 1-65 所示。

采用透明耐酸塑料容器的蓄电池可从蓄电池容器侧面观察液面的高度。为观察方便，一些蓄电池容器侧面有液面高度指示线。

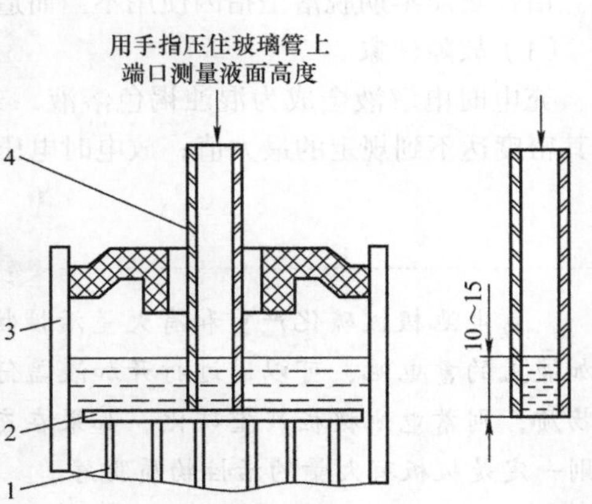

图 1-65　蓄电池电解液液面高度的检查

1—极板　2—极板防护片　3—容器壁　4—玻璃管

2. 放电程度的检查

（1）检测蓄电池电解液的密度

可以通过专用的密度计测量电解液的密度从而得到蓄电池放电程度的估计值。一般密度每下降 $0.01g/cm^3$，相当于蓄电池放电 6%。

为确保测量结果准确，测量电解液密度时应注意：

1）刚进行了大电流放电或刚加注了蒸馏水的蓄电池不可立即测量电解液的密度。

2）在测量密度时，还应同时测量电解液的温度，并把实测的密度值换算成25℃时的密度。换算公式为

$$r_{25℃} = r_t + 0.00075(T - 25)$$

式中 $r_{25℃}$——温度为25℃时的电解液密度（g/cm^3）；

r_t——实际测得的电解液密度（g/cm^3）；

T——实际测得的电解液温度（℃）。

（2）检测蓄电池的放电电压

对于分体式容器盖的蓄电池，由于单格电池的极桩外露，可以用高率放电计，通过测量单格电池电压的方法来检验蓄电池的放电程度，并可检验单格电池是否有故障。高率放电计由一块量程为3V的电压表并接一个定值电阻构成，如图1-66a所示。

高率放电计测量单格电池电压实际上是模拟起动机空载状态的电流负载来检查蓄电池的放电程度，所测得的单格电池电压与放电程度的关系见表1-8。测量时，将放电叉紧压在单格电池的极桩上，时间不超过5s。单格电池的电压在1.5V以上，并在5s内保持稳定，说明此单格电池良好；如果某一单格电池在5s内电压迅速下降或其电压低于其他单格0.1V以上，则说明此单格电池有故障。

表1-8 高率放电计测得的单格电池电压与放电程度的关系

单格电池电压/V	放电程度（%）	单格电池电压/V	放电程度（%）
1.7～1.8	0	1.4～1.5	75
1.6～1.7	25	1.2～1.4	100
1.5～1.6	50		

整体式盖板的蓄电池需用如图1-66b所示的高率放电计测出蓄电池的端电压，根据蓄电池大电流放电时端电压的高低来判断蓄电池的状态。国际电池协会（BCI）规定，在常温下以1/2的额定冷起动电流值进行放电15s，如果蓄电池的电压在9.6V以下，则该蓄电池容量不足，需要更换。

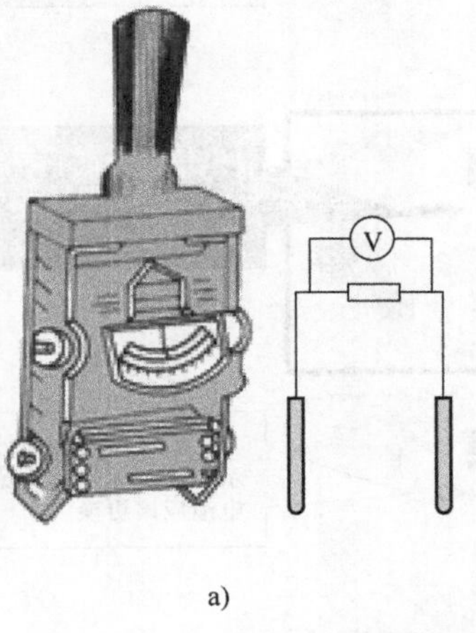

a)

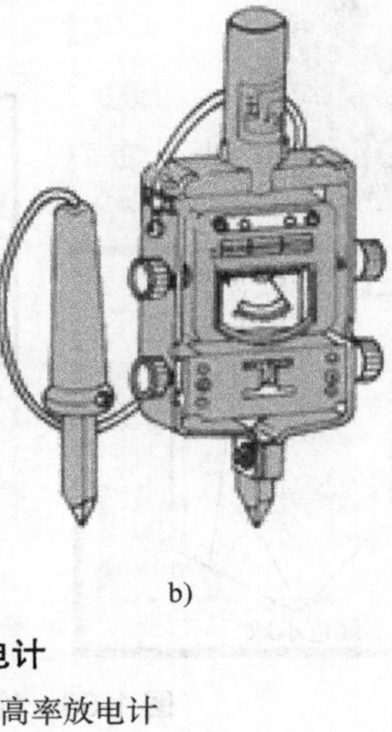

b)

图1-66 高率放电计

a）3V高率放电计 b）12V高率放电计

（3）检测蓄电池的电导值

新的蓄电池状态测量方法是用电导仪测得蓄电池的电导值来判断蓄电池的技术状态。铅酸蓄电池的电导值与电池容量有较好的线性关系，蓄电池电导测量仪是将已知频率和振幅的交流电压加到蓄电池的两端，根据其产生电流的大小测得交流电导值。交流电导值就是与交流电压同相的交流电流分量与交流电压的比值。如果测量值与标准值差异在允许的范围之内，则说明蓄电池能继续使用，否则（下降大于 20%）就必须更换蓄电池。

蓄电池电导仪如图 1-67 所示。蓄电池电导仪的核心部件是单片机，它具有存储和数据处理功能。仪表通过在线监测单体电池的电压和电导，将监测得的数据进行存储和处理，精确有效地判别电池的优良状况，并可对蓄电池的故障进行报警。仪表还可对测试数据进行保存、查询和删除。

图 1-67　蓄电池电导仪

（4）观察检视孔颜色

现在汽车上广泛使用免维护蓄电池，但大多数免维护蓄电池还未完全达到无需维护的要求。这些免维护蓄电池在使用一段时间后（一般每年或行驶 30000km）应对其进行一次检查和维护。由于无加液孔，不能用常规的方法来检查蓄电池电解液的液面和密度，但一些免维护蓄电池在其顶部通常设有一个检视孔（被称为电眼或蓄电池状态显示器），检视孔内部有一个小的密度计，可根据电解液的密度和液位的不同、密度计上下位置的改变而使检视孔呈现不同的颜色（图 1-68）。因此，设有检视孔的免维护蓄电池可通过观察检视孔的颜色来判断蓄电池的技术状况（图 1-69）。

1）绿色，表示蓄电池状况良好，可继续使用。

2）深绿色或黑色，表示电解液密度偏低，应对蓄电池进行补充充电。

3）浅黄色或无色，则表示电解液液面过低，蓄电池已不能继续使用。

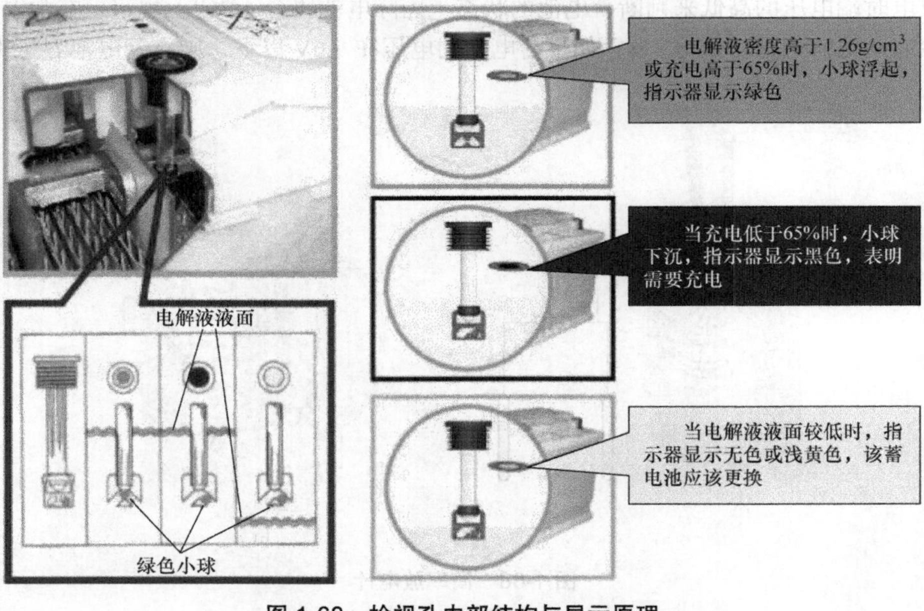

图 1-68　检视孔内部结构与显示原理

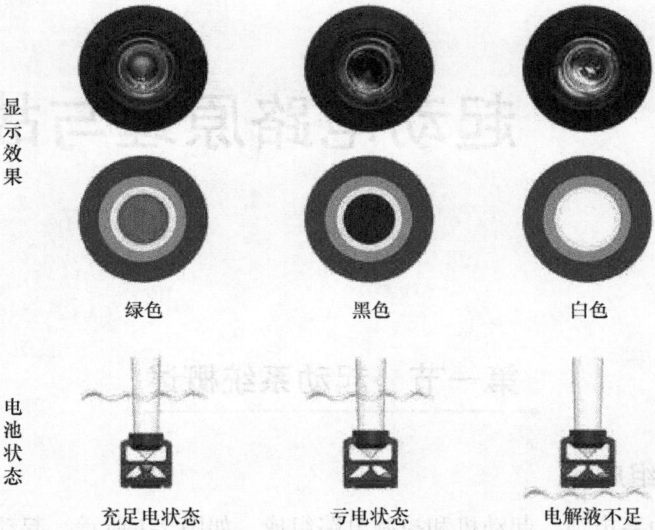

图 1-69 免维护蓄电池的状态检测

第二章 起动电路原理与故障检修

第一节　起动系统概述

一、起动电路的组成

起动电路主要由蓄电池、起动机和控制电路组成，如图 2-1 所示。起动机在起动发动机时工作，将蓄电池的电能转换为使发动机转动的机械能，起动发动机。

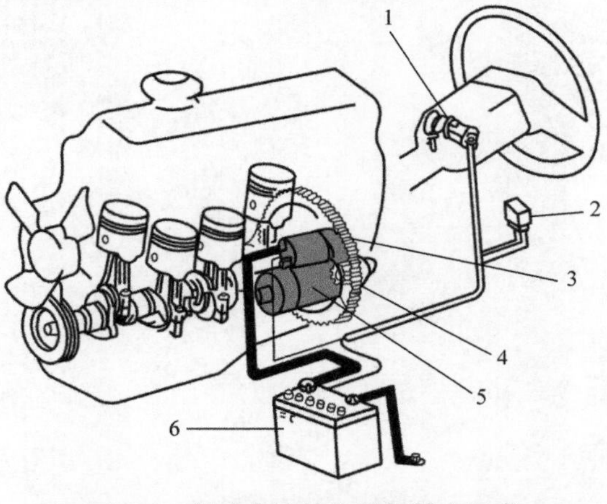

图 2-1　起动电路的作用与基本组成

1—点火开关　2—起动继电器　3—飞轮齿圈　4—起动机驱动齿轮　5—起动机　6—蓄电池

1. 起动机

起动机的作用是将蓄电池的电能转变为机械运动，驱动发动机转动而使发动机起动工作。汽车上使用的起动机种类较多，但使用最多的是电磁操纵强制啮合式起动机（图 2-2）。

图 2-2　电磁操纵强制啮合式起动机

2. 点火开关

点火开关是一个复合开关（图 2-3），用于控制起动电路的是点火开关中的起动档（即起动开关），起动开关为手动开关，用于直接或间接通断起动机电磁开关电路。

3. 起动继电器

起动继电器（图 2-4）用于实现起动电路的间接控制，以减小起动开关的工作电流，延长开关的使用寿命。一些汽车上的起动继电器还配合充电指示灯继电器起着自动控制的作用，可控制起动机在发动机起动后立刻自动停止工作。

图 2-3　点火开关

图 2-4　起动继电器

4. 蓄电池

蓄电池是起动电源，其作用是在起动时，向起动机和点火系统（汽油发动机有点火系统）提供起动电流，使起动机产生电磁转矩而带动发动机旋转，以起动发动机。

阅读提示

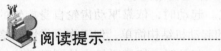

带点火档和起动档的复合式点火开关只是在汽油发动机上使用，柴油发动机无点火系统，其起动电路中使用的“点火开关”就是起动开关。一些柴油车的起动电路也使用复合开关，通常是起动开关和进气预热开关组合的复合式开关。

二、起动机的组成与类型

1. 起动机的组成

起动机主要由直流串激式电动机、传动机构和电磁开关三大部分组成，如图 2-5 所示。

1）直流串励式电动机：其作用是将从蓄电池输入的电能转换为驱动发动机转动的机械能（电磁转矩）。汽车起动机均采用直流串励式电动机。

2）传动机构：其作用是将电动机所产生的电磁转矩传递给发动机飞轮，并在发动机起动后自动断开发动机向起动机的逆向动力传递。

3）电磁开关：其作用是控制起动机的驱动齿轮轴向移动，使之与发动机飞轮啮合（起动时）与分离（起动后），与此同时，控制电动机电路的通断。

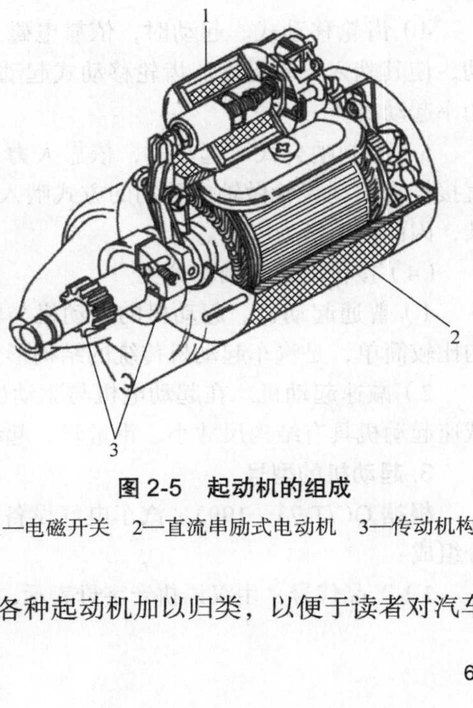

图 2-5　起动机的组成

1—电磁开关　2—直流串励式电动机　3—传动机构

2. 起动机的类型

起动机有多种结构型式，现以不同的分类方法将各种起动机加以归类，以便于读者对汽车用起动机有一个整体的了解。

（1）按电动机磁极磁场产生的方式分类

1）励磁式起动机。励磁式起动机中，直流电动机的磁极磁场由磁极绕组通入电流后产生，这种起动机在汽车上还占有多数。

2）永磁式起动机。永磁式起动机所采用的直流电动机的磁极为永久磁铁，相比于励磁式起动机，由于磁极无励磁绕组，因而其结构尺寸相对较小。永磁式起动机的功率较小，主要是在一些小轿车上使用。

（2）按起动时起动机的操纵方式分类

1）直接操纵式起动机。起动时，由驾驶人通过脚踏起动踏板或手拉起动拉杆的方式，直接操纵拨叉而使起动机驱动齿轮轴向移动，以使驱动齿轮啮入飞轮齿圈，并通过操纵杆上顶压螺钉推动推杆及接触盘接通电动机电路。直接操纵式起动机结构简单，但使发动机的布置受到局限，并且驾驶人的起动操作比较麻烦，因而早已被淘汰。

2）电磁操纵式起动机。起动时，由驾驶人通过操纵起动开关使电磁开关通电，电磁开关通电后，其产生的电磁力控制驱动齿轮啮入飞轮齿圈，并接通电动机电路。电磁操纵式起动机可使发动机的布置不受局限，且工作可靠、操纵简单，现已被普遍采用。

（3）按驱动齿轮啮入方式分类

1）惯性啮合式。起动时，依靠驱动齿轮自身旋转的惯性力产生轴向移动，并啮入飞轮齿圈。惯性啮合方式的起动机结构简单，但工作可靠性较差，现已很少采用。

2）电枢移动式。起动时，依靠磁极中的副励磁绕组通电后产生的电磁力吸引电枢做轴向移动，并带动轴向固定于电枢轴的驱动齿轮一起轴向移动而啮入飞轮齿圈。电枢移动式起动机的结构较为复杂，曾在欧洲国家生产的柴油车上有较多的应用。

3）磁极移动式。起动时，依靠磁极绕组通电产生的磁力使其中的活动铁心移动，拨动驱动齿轮啮入飞轮齿圈。磁极移动式起动机的磁极结构较为复杂，采用此种结构形式的起动机较为少见。

4）齿轮移动式。起动时，依靠电磁开关推动电枢轴孔内的啮合杆而带动驱动齿轮轴向移动，使其啮入飞轮齿圈。齿轮移动式起动机的结构也比较复杂，采用此种结构的通常是一些大功率起动机。

5）强制啮合式。起动时，依靠人力（现已被淘汰）或电磁力（已普遍采用）通过拨叉或直接推动驱动齿轮做轴向移动的方式啮入飞轮齿圈。强制啮合式起动机工作可靠、结构也不复杂，因而使用最为广泛。

（4）按传动机构结构分类

1）普通起动机。起动机的电动机与驱动齿轮之间主要是通过单向离合器连接，其传动机构比较简单，是汽车起动机传统的结构形式。

2）减速起动机。在起动电机与驱动齿轮之间除有单向离合器外，还增设了一个减速机构。减速起动机具有结构尺寸小、重量轻、起动可靠等优点，在轿车上已广泛应用。

3. 起动机的型号

根据QC/T 73—1993《汽车电气设备产品型号编制方法》规定，国产起动机的型号由五部分组成：

1）产品代号：由汉语拼音字母表示，QD—起动机；QDJ—减速起动机；QDY—永磁起动机。

2）电压等级代号：由阿位伯数字表示，1—12V；2—24V。

3）功率等级代号：由阿位伯数字表示，其含义见表 2-1。

4）设计序号。

5）变型代号。

表 2-1 起动机功率等级

功率等级代号	1	2	3	4	5	6	7	8	9
功率 /kW	<1	1～2	2～3	3～4	4～5	5～6	6～7	7～8	>8

第二节 起动机的结构与工作原理

目前使用最多的电磁操纵强制啮合式起动机的结构如图 2-6 所示。

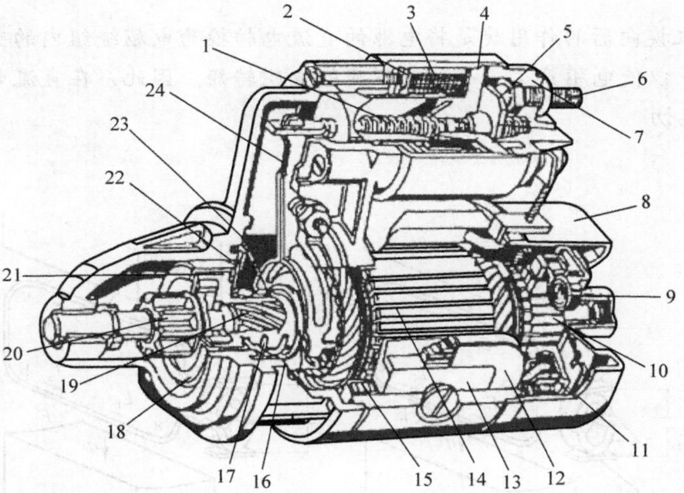

图 2-6 强制啮合式起动机的结构

1—回位弹簧 2—保持线圈 3—吸引线圈 4—电磁开关壳体 5—触点 6—接线柱 7—接触盘 8—后端盖 9—电刷弹簧 10—换向器 11—电刷 12—磁极 13—磁极铁心 14—电枢 15—磁场绕组 16—移动衬套 17—缓冲弹簧 18—单向离合器 19—电枢轴花键 20—驱动齿轮 21—罩盖 22—制动盘 23—传动套筒 24—拨叉

一、直流电动机的结构与工作原理

阅读提示

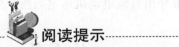

直流电动机的结构形式与以前在汽车上使用的直流发电机完全一样，其基本组成除了磁极和电枢外，还有一个交 / 直流电转换的装置，在发电机中习惯将其称为整流器，用于将电枢绕组的交流电变为直流电输出；在直流电动机中则把这个交 / 直流转换装置称为换向器，用于将电源的直流电转变为电枢绕组的交流电。在电动机中，用于产生电磁转矩的称为电枢；在发电机中，电枢用于产生感应电动势。

1. 直流电动机的工作原理

（1）电磁转矩的产生

直流电动机依靠带电导体在磁场中受磁场力的作用而产生电磁转矩，本节以单匝线圈的电动机为例，说明直流电动机工作原理（图 2-7）。

电源的直流电通过电刷和换向器铜片被引入电枢绕组，电枢绕组电流的方向为：a → b → c → d，电枢绕组的两匝边受磁场力 F 的作用而形成电磁转矩 M（图 2-7a）。在 M 的作用下，电枢绕组转动起来；当 ab 匝边转到下半平面、cd 匝边转到上半平面时，a 端换向片与 d 端换向片交换所接触的电刷，使电枢绕组的电流换向（d → c → b → a），电枢绕组两匝边受磁场力 F 作用所形成的电磁转矩 M 的方向则保持不变（图 2-7b）。在方向不变的电磁转矩 M 作用下，电枢便可持续转动。

专家解读：

直流电动机换向器的作用就是将电源的直流电转换为电枢绕组内的交流电，使电枢电流及时换向，以使电枢产生一个方向不变的电磁转矩。因此，在直流电动机中，称其为换向器更为贴切。

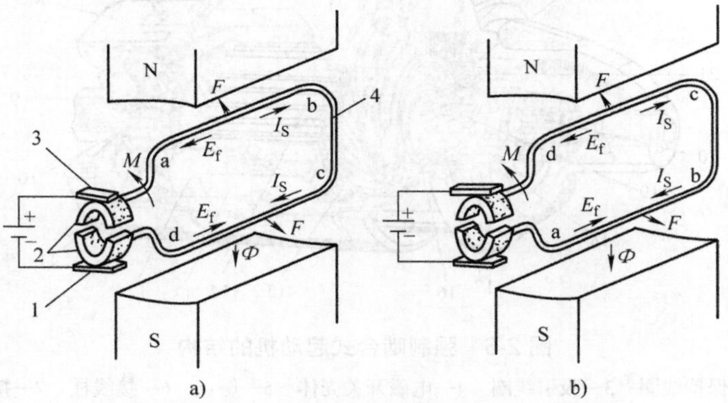

图 2-7　直流电动机工作原理

1—负极电刷　2—换向器铜片　3—正极电刷　4—电枢绕组

实际的直流电动机为了能产生足够大而稳定的电磁转矩，其电枢采用多匝绕组串联而成，并由多片换向铜片组成换向器。

根据安培定律，可以推导出直流电动机通电后所产生的电磁转矩 M 与磁极的磁通量 Φ 与电枢电流 I_S 之间的关系

$$M = C_m \Phi I_S$$

式中　C_m——电动机的结构常数，它与电动机磁极对数 P、电枢绕组导线总根数 Z 及电枢绕组电路的支路对数 a 等有关（$C_m = PZ/2\pi a$）。

（2）直流电动机的工作过程

通电直流电动机的电枢在电磁转矩 M 的作用下转动起来时，电枢绕组就因切割磁力线而产

生电动势 E_f，此电动势与电枢电流 I_S 的方向相反（图 2-7），故称其为反电动势。E_f 与磁极的磁通量 Φ 和电枢的转速 n 成正比

$$E_f = C_e \Phi n$$

式中　C_e——电机结构常数（$C_e = PZ/60a$）。

因此，当直流电动机转动起来之后，其电枢回路（图 2-8）的电压平衡方程为

$$U = E_f + I_S R_S$$

式中　R_S——电枢回路的电阻，它包括电枢绕组的电阻和电刷与换向器的接触电阻。

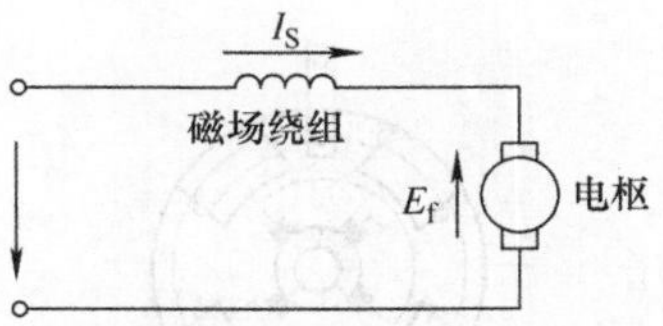

图 2-8　电枢回路

在直流电动机刚接通电源的瞬间，电枢转速 n 为 0，E_f 也为 0，此时电枢绕组通过最大电流（$I_{sm} = U/R_S$），并产生最大的电磁转矩 M_{max}，M_{max} 大于电动机的阻力矩 M_Z，于是电枢便在 M_{max} 的作用下开始转动并加速。随着电枢转速的上升，E_f 增大，电枢电流 I_S 便开始下降，电磁转矩 M 也就随之下降。当 M 下降至与 M_Z 相平衡（$M = M_Z$）时，电枢就在此转速下稳定运转。

（3）直流电动机自动调节转矩原理

如果直流电动机在稳定运转状态下负载突然增大，就有 $M < M_Z$，这时就会出现如下的变化：$n\downarrow \rightarrow E_f\downarrow \rightarrow I_S\uparrow \rightarrow M\uparrow \rightarrow M = M_Z$，于是，电动机又会在新的转速下稳定运转；

如果直流电动机的工作负载突然减小，就有 $M > M_Z$，电动机就会出现如下的变化：$n\uparrow \rightarrow E_f\uparrow \rightarrow I_S\downarrow \rightarrow M\downarrow \rightarrow M = M_Z$，电动机又会在新的转速下稳定运转。

可见，直流电动机具有自动调节转矩功能，工作时当负载突然变化时，可通过转速、电流和转矩的自动变化来平衡负载的变化，使之又能在新的转速下稳定运转。

2. 直流电动机的构造

电动机的作用是通入电流后产生电磁转矩，将蓄电池输出的电能转变为旋转运动（机械能）。直流电动机主要由定子（磁极）、转子（电枢）、换向器、电刷与刷架及其他附件组成，如图 2-9 所示。

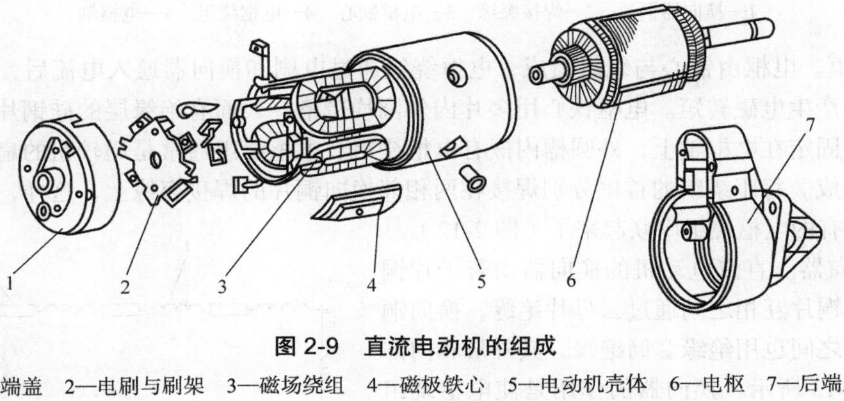

图 2-9　直流电动机的组成

1—端盖　2—电刷与刷架　3—磁场绕组　4—磁极铁心　5—电动机壳体　6—电枢　7—后端盖

（1）磁极

磁极由固定在电动机壳体上的铁心和磁场绕组所组成，其作用是通入电流产生磁场。起动用直流电动机的磁极一般有 2 对（4 个磁极），有的大功率起动机的电动机为增大电动机的电磁转矩，配有 3 对（6 个磁极）磁极。

电动机内部 2 对磁极的磁场绕组通常采用两种连接方式，一种是 4 个绕组串联，另一种是 4 个绕组两两串联后并联，如图 2-10 所示。

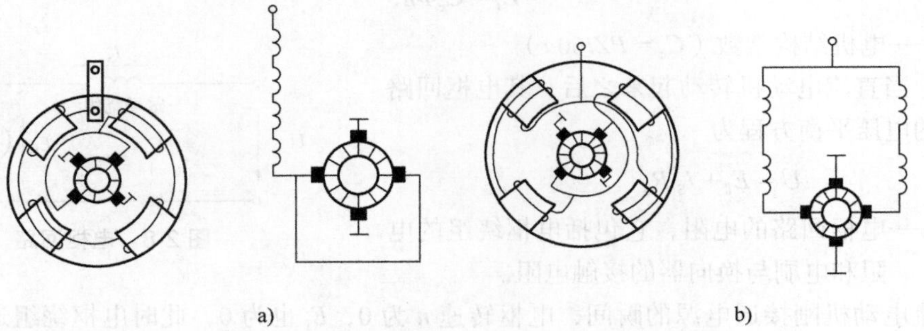

图 2-10　磁场绕组的连接方式

a）4 个磁场绕组串联　b）磁场绕组两两串联后再并联

（2）电枢总成

电枢总成包括电枢和换向器，其结构外形如图 2-11 所示。电枢总成的作用是通入电流后，在磁极磁场的作用下产生一个方向不变的电磁转矩。

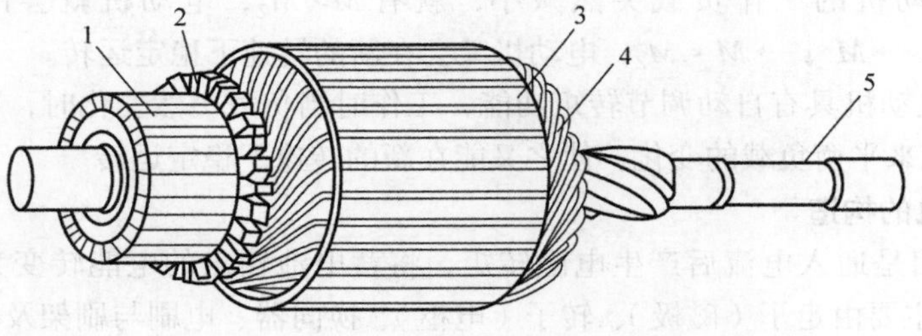

图 2-11　电枢总成

1—换向器铜片　2—焊接突缘　3—电枢铁心　4—电枢绕组　5—电枢轴

1）电枢。电枢由铁心与绕组组成，电枢绕组通过电刷和换向器通入电流后，在磁极磁场力的作用下产生电磁转矩。电枢铁心用多片内外圆均带槽、表面有绝缘层的硅钢片叠成，通过内圆花键槽固定在电枢轴上，外圆槽内嵌有电枢绕组；电枢绕组通常是用较粗的扁铜线采用波绕法绕制而成。每匝绕组的首尾分别焊接在两相邻换向铜片的焊接突缘上，这样，通过换向器铜片就将所有的电枢绕组串联起来了（图 2-12）。

2）换向器。直流电动机的换向器由若干片铜片组成，各铜片互相之间通过云母片绝缘，换向铜片与电枢轴之间也用绝缘套筒绝缘，其外形和内部结构如图 2-13 所示。换向器的作用是使电枢绕组的电流及时换向，以使电枢各绕组受磁场力作用后，产生方向不变的电磁转矩，使电枢能够转动起来，并输出电磁转矩。

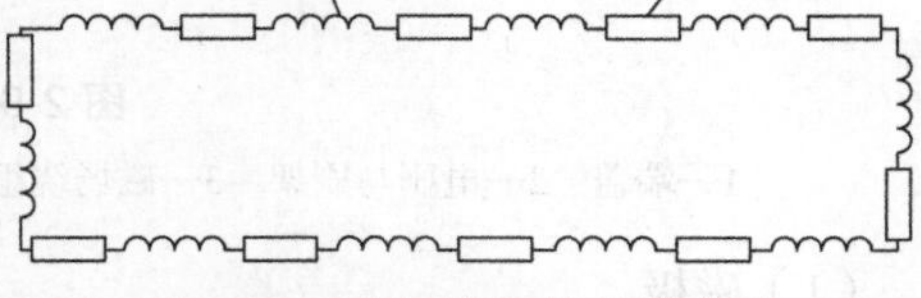

图 2-12　电枢绕组的连接方式

1—电枢绕组　2—换向器铜片

根据电刷材质的不同，换向器铜片之间的云母片有低于铜片和与铜片平齐两种。对于电刷硬度高于换向器铜片的直流电动机，其换向器中云母片低于铜片，这是为了避免铜片磨损后，云母片外突而造成电刷与换向器接触不良；对于电刷较软的直流电动机，云母片与铜片平齐则主要是防止电刷粉末落入铜片之间的槽中而造成短路。

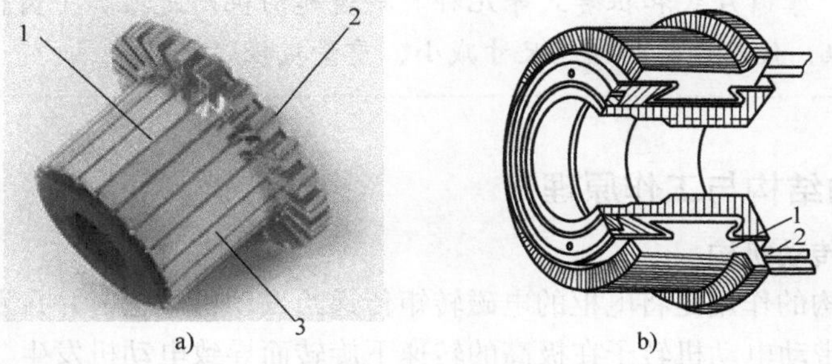

图 2-13　换向器

a）换向器外形　b）换向器内部结构

1—绝缘云母片　2—焊接突缘　3—换向器铜片

阅读提示

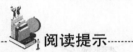

国产起动机的直流电动机电刷较软，换向器云母片一般不低于铜片，但许多进口汽车起动机的直流电动机电刷较硬，换向器云母片通常是低于铜片的。

（3）电刷与刷架

起动机的电刷由石墨加铜粉压制而成，通过电刷架及弹簧将其紧压在换向器铜片上（图 2-14），用以将电源的电流引入电枢绕组。4 个磁极的直流电动机有 2 对电刷，通常是其中一对电刷通过其刷架搭铁，另一对则与搭铁绝缘，并连接磁场绕组。

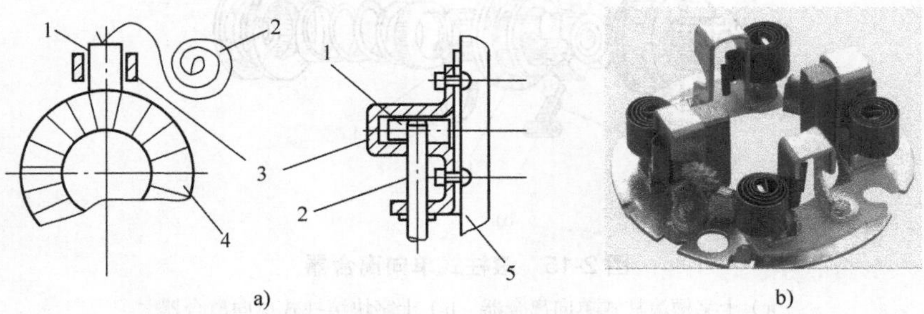

图 2-14　电刷与刷架

a）安装图　b）外形图

1—电刷　2—盘形弹簧　3—电刷架　4—换向器铜片　5—起动机前端盖

（4）轴承与端盖

电动机轴承安装于前后端盖上，端盖与机壳用螺栓固定。普通起动机的电动机一般采用青铜石墨滑动轴承或铁基含油滑动轴承，减速起动机由于其电枢的转速很高，电动机轴承一般采用滚柱轴承或滚珠轴承。

阅读提示

普通起动机传动机构的主要部件就是单向离合器，用以实现单向动力传递。单向离合器主要有滚柱式、摩擦片式和扭簧式等几种。减速起动机则是增加了齿轮减速机构，以便于采用高速电动机，使起动机的结构尺寸减小、重量减轻。

二、传动机构的结构与工作原理

1. 普通起动机传动机构

起动机传动机构的作用是将电枢的电磁转矩传递给发动机飞轮，并在发动机起动后自动打滑，以防止发动机带动电动机转子在极高的转速下旋转而导致电动机发生“飞散”事故。普通的强制啮合式起动机的传动机构主要由传动套筒、单向离合器和驱动齿轮等组成。

（1）滚柱式单向离合器

滚柱式单向离合器有两种结构形式，如图 2-15 所示。

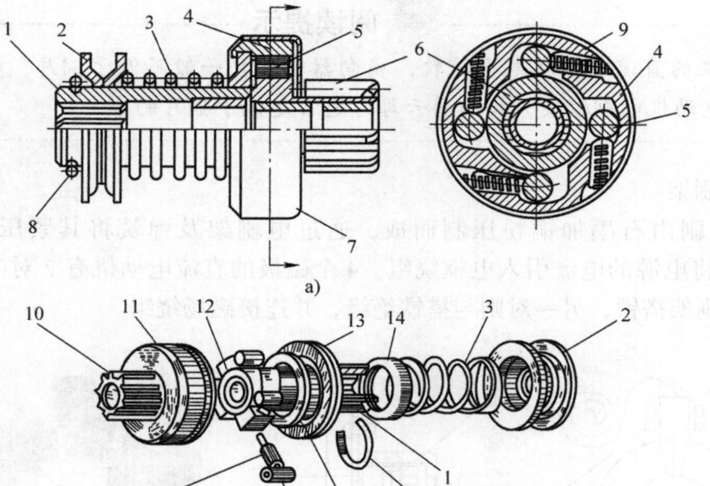

图 2-15　滚柱式单向离合器

a）十字槽滚柱式单向离合器　b）十字块滚柱式单向离合器

1—传动套筒　2—移动衬套　3—缓冲弹簧　4—带十字空腔座圈　5—滚柱　6—带柄驱动齿轮　7—罩壳　8—卡簧　9—弹簧及活柱　10—驱动齿轮　11—单向离合器外壳　12—十字块　13—护盖　14—弹簧座　15—垫圈

图 2-15a 所示的滚柱式单向离合器是由带十字空腔的座圈与驱动齿轮柄装配后形成 4 个楔形槽，而图 2-15b 所示的滚柱式单向离合器则是由十字块与离合器外壳装配后形成 4 个楔形槽，两种形式的滚柱式单向离合器工作原理相同。下面以十字块滚柱式单向离合器为例，说明这种单向离合器的结构特点与工作原理。

1）结构特点。十字块式滚柱式单向离合器的外壳与驱动齿轮连为一体，外壳和十字块装配后形成 4 个楔形槽，置于槽中的 4 个滚柱直径比槽窄端大、比槽宽端小。十字块小孔内的小弹簧通过活柱将滚柱推向槽窄端，使得滚柱与十字块及外壳表面有较小的摩擦力。十字块与传动套筒刚性连接，传动套筒安装在电枢轴花键部位，使单向离合器总成可随电枢轴转动，并可做轴向移动。

2）工作原理。滚柱式单向离合器工作原理如图 2-16 所示。

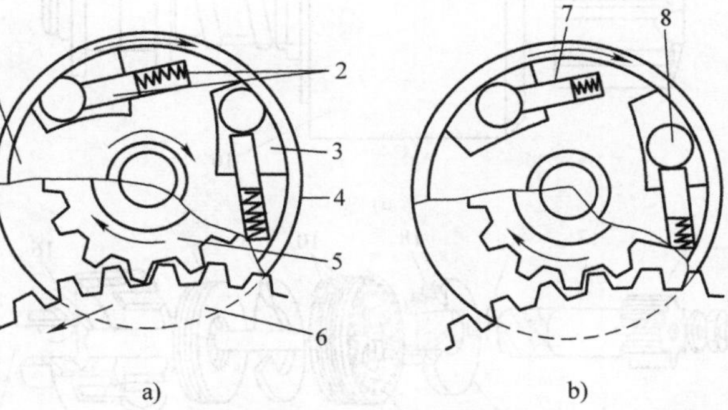

图 2-16　滚柱式单向离合器工作原理

a）起动时传递电磁转矩　b）起动后打滑

1—十字块　2—弹簧及活柱　3—楔形槽　4—单向离合器外壳　5—驱动齿轮　6—飞轮　7—活柱　8—滚柱

起动时，直流电动机电枢转动，通过其花键带动传动套筒转动，使得随传动套筒一起旋转的十字块相对于离合器外壳做顺时针转动，4 个滚柱在小摩擦力的作用下滚向槽窄的一端而被卡紧（图 2-16a），离合器外壳就随十字块一起转动，将直流电动机电枢所产生的电磁转矩传递给与发动机飞轮啮合的驱动齿轮。

起动后，发动机飞轮带动驱动齿轮旋转，使离合器外壳的转速高于十字块，十字块相对于外壳逆时针转动而使滚柱滚向槽宽的一端（图 2-16b）。此时单向离合器便处于打滑状态，从而避免了发动机飞轮带动起动机电枢高速旋转而造成“飞散”事故的危险。

滚柱式单向离合器结构简单、紧凑，在中小功率的起动机上被广泛采用，但在传递较大转矩时，滚柱容易变形而被卡死。因此，较大功率的起动机一般采用磨擦片式或扭簧式单向离合器。

（2）摩擦片式单向离合器

摩擦片式单向离合器也有两种结构形式（图 2-17），其工作原理也相同。以外接合鼓驱动式为例（图 2-17a）来说明摩擦片式单向离合器的结构特点与工作原理。

1）结构特点。传动套筒 13 安装在电枢轴右螺旋花键部位，其外圆则通过三线螺旋花键与内接合鼓 11 连接，当内接合鼓与传动套筒之间有相对转动时，内接合鼓就会产生轴向移动；内接合鼓外圆上有凹槽，凹槽与主动摩擦片 10 的内突齿相配合；从动摩擦片有外突齿，插入外接合鼓 16 的槽中，外接合鼓与驱动齿轮 3 连为一体；传动套筒自左向右还装有弹性垫圈 5、压环 6 和调整垫圈 7，端部用限位螺母 4 轴向固定。

2）工作原理。起动时，起动机电枢带动传动套筒转动，内接合鼓的惯性作用使其与传动套筒之间产生相对转动，由于二者之间是三线螺旋花键连接方式，就使得内接合鼓在与传动套筒做相对转动的同时产生轴向左移，将主从动摩擦片压紧。这时，电动机的电磁转矩就通过单向离合器传递给驱动齿轮。

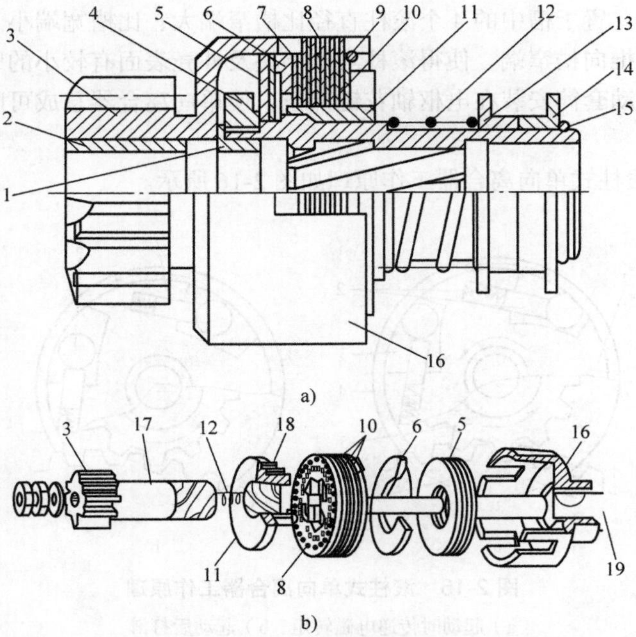

图 2-17　摩擦片式单向离合器

a）外接合鼓驱动式　b）齿轮柄驱动式

1—限位套　2—衬套　3—驱动齿轮　4—限位螺母　5—弹性垫圈　6—压环　7—调整垫圈　8—从动摩擦片　9、15—卡环　10—主动摩擦片　11—内接合鼓　12—缓冲弹簧　13—传动套筒　14—移动衬套　16—外接合鼓　17—驱动齿轮柄　18—小弹簧　19—电枢轴

发动机一旦发动，发动机飞轮带动驱动齿轮高速旋转，使内接合鼓的转速高于传动套筒的转速，内接合鼓与传动套筒之间产生了与起动时相反的相对转动，使内接合鼓产生轴向右移，这样就使主、从动摩擦片间的压力消失而打滑，从而避免了起动机电枢被发动机带动而超速旋转，造成“飞散”事故的危险。

在起动时，如果因发动机起动阻力矩过大而使驱动齿轮未能带动发动机飞轮转动时，就会因内接合鼓与传动套筒之间仍存在的相对转动而使内接合鼓继续左移，使摩擦片的压紧力继续增大，导致弹性垫圈在压环凸缘的压迫下弯曲；当弹性垫圈弯曲到一定程度时，内接合鼓的左端顶到了弹性垫圈上而不能再左移，使主从动摩擦片的压力不再增加，传递的转矩也就不再继续增大，从而避免了电动机因负载过大而被烧坏的危险。

摩擦片式单向离合器可以传递较大的转矩，用于功率较大的起动机。摩擦片式单向离合器所传递的最大转矩会因摩擦片的磨损（使弹性垫圈的最大变形量减小）而降低，因此，在使用中需要经常进行检修和调整，其结构也比较复杂。

（3）扭簧式单向离合器

扭簧式单向离合器的结构如图 2-18 所示。

1）结构特点。传动套筒 8 与起动机电枢以螺旋花键连接，驱动齿轮柄松套在传动套筒上，月形圈 4 限制驱动齿轮和传动套筒之间的轴向相对移动，但不妨碍其相对转动。扭力弹簧包在驱动齿轮柄和传动套筒的外圆表面，弹簧的两端各有 1/4 圈内径较小，分别箍紧在驱动齿轮柄和传动套筒上。

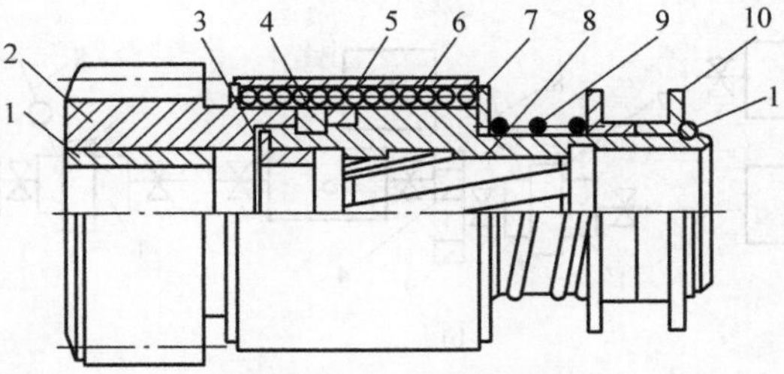

图 2-18　扭簧式单向离合器的结构

1—衬套　2—带柄的驱动齿轮　3—挡圈　4—月形圈　5—扭力弹簧　6—护套　7—垫圈　8—传动套筒　9—缓冲弹簧　10—移动衬套　11—卡簧

2）工作原理。起动时，扭力弹簧在其两端摩擦力的作用下被扭紧，整个弹簧紧箍在驱动齿轮柄和传动套筒上而传递转矩。发动机发动后，由于驱动齿轮转速高于电枢的转速，扭力弹簧被放松，使驱动齿轮在传动套筒上滑转。

扭簧式单向离合器结构简单，使用寿命长，但由于扭力弹簧的轴向尺寸较大，故不宜在小型起动机上装用。

专家解读：

小功率起动机，其单向离合器一般都是滚柱式的；大功率起动机，较粗且较短的一定是摩擦片式单向离合器，较尖且较长的一定是扭簧式单向离合器。

2. 减速起动机传动机构

（1）减速起动机的结构与性能特点

1）减速起动机的结构特点。减速起动机与普通起动机的区别是在电枢轴与驱动齿轮之间增设了一个传动比为 3～4 的减速机构。

2）减速起动机的性能特点。减速起动机的传动机构增设了减速齿轮后，就可使用高转速、低转矩的电动机，这使得起动机的整体结构尺寸减小、重量减轻而便于安装，其起动性能也有所提高。

减速起动机所具有的这些性能特点使得其在轿车上得到了广泛的应用。

专家解读：

起动机驱动齿轮的转速（起动转速）是由发动机的起动性能决定的，起动机传动机构中增设了一套减速齿轮后，电动机的转速就可相应地提高。也就是说，减速起动机可以使用体积小、重量轻的高速电动机，因而使整个起动机的结构尺寸减小、重量减轻。

（2）减速起动机的结构类型

减速起动机按减速齿轮的结构形式不同，可分为外啮合式、内啮合式和行星齿轮啮合式三种，如图 2-19 所示。

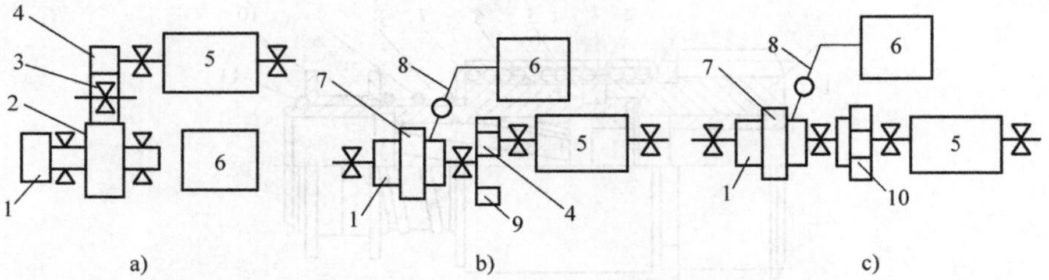

图 2-19 减速起动机的类型

a）外啮合式 b）内啮合式 c）行星齿轮啮合式

1—驱动齿轮 2—带从动齿轮的单向离合器 3—惰轮 4—减速主动齿轮 5—电枢 6—电磁开关 7—单向离合器 8—拨叉 9—减速从动齿轮（齿圈） 10—行星齿轮机构

1）外啮合式减速机构。外啮合式减速起动机的中心距较大，受起动机结构的限制，其减速比不能太大，因此，一般只在小功率的起动机上应用。由于电枢与驱动齿轮同轴心，所以不需要拨叉，但减速主动齿轮与从动齿轮之间需要加一个惰轮，而减速机构的从动齿轮通常是在单向离合器的外壳上，如图 2-20 所示。

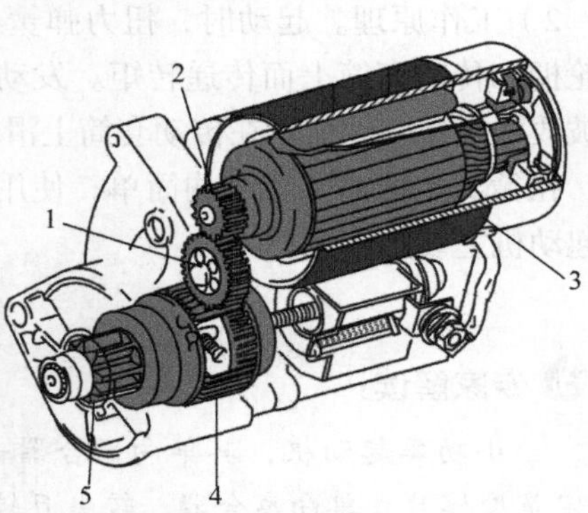

图 2-20 外啮合式减速起动机

1—惰轮 2—主动齿轮 3—电动机 4—单向离合器 5—驱动齿轮

这种外啮合式减速起动机工作时，通过电磁开关铁心的轴向移动直接推动驱动齿轮与发动机飞轮啮合，其外形与普通起动机差别很大。还有一种无惰轮的外啮合式起动机，由于其电枢与驱动齿轮采用不同轴心布置，所以仍然需要拨叉（图 2-21）。

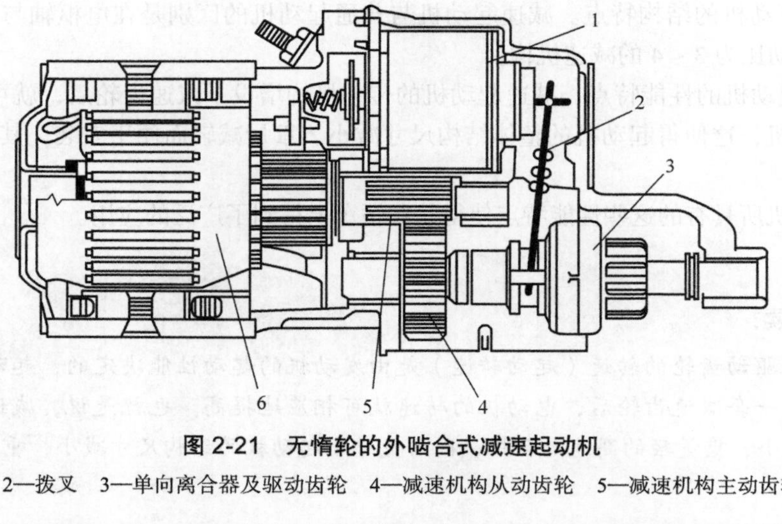

图 2-21 无惰轮的外啮合式减速起动机

1—电磁开关 2—拨叉 3—单向离合器及驱动齿轮 4—减速机构从动齿轮 5—减速机构主动齿轮 6—电动机

2）内啮合式减速机构。内啮合式减速机构传动中心距小，可以有较大的减速比，故可适用于较大功率的起动机。内啮合式减速起动机（图 2-22）的驱动齿轮轴向移动需用拨叉拨动，因此，内啮合式减速起动机的外形与普通起动机相似。

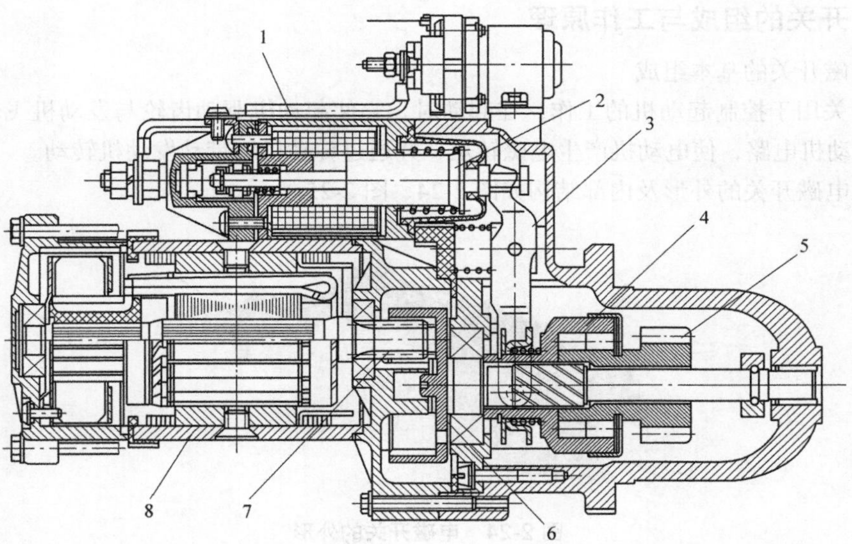

图 2-22 内啮合式减速起动机

1—电磁开关 2—活动铁心 3—拨叉 4—单向离合器 5—驱动齿轮 6—齿圈 7—主动齿轮 8—电动机

3）行星齿轮啮合式减速机构。行星齿轮传动具有结构紧凑、传动比大、效率高的特点。行星齿轮啮合式起动机由于输出轴与电枢轴同心、同旋向，电枢轴无径向载荷，可使整机尺寸减小；除了增加行星齿轮减速机构的差别，行星齿轮式减速起动机轴向位置上的结构与普通起动机相同，因此，这些配件是可以通用的。行星齿轮啮合式减速起动机如图 2-23 所示。

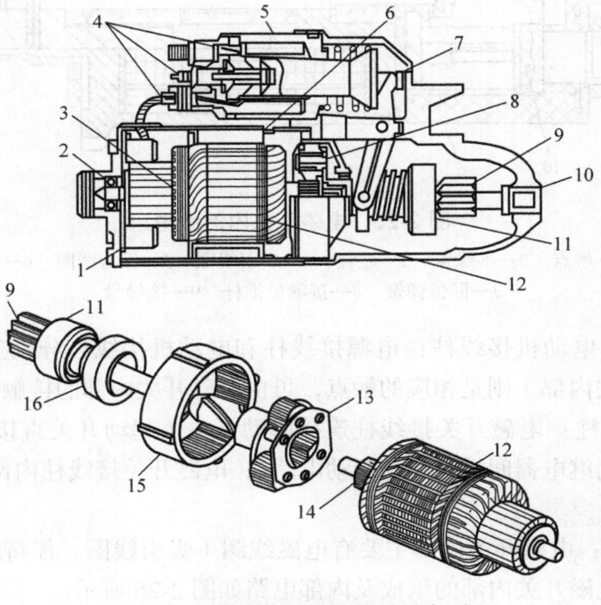

图 2-23 行星齿轮啮合式减速起动机

1—电刷 2—滚珠轴承 3—换向器 4—导线插头 5—电磁开关 6—永久磁铁磁极 7—拨叉 8—行星齿轮减速器 9—驱动齿轮 10—轴承 11—单向离合器 12—电枢总成 13—行星齿轮 14—主动齿轮（太阳轮） 15—齿圈 16—拨叉环

三、电磁开关的组成与工作原理

（1）电磁开关的基本组成

电磁开关用于控制起动机的工作，在起动时，它使起动机驱动齿轮与发动机飞轮啮合的同时，接通电动机电路，使电动机产生电磁转矩，并通过传动机构带动发动机转动。

起动机电磁开关的外形及内部结构如图 2-24、图 2-25 所示。

图 2-24　电磁开关的外形

1—电动机接线柱　2—电源接线柱　3—电磁开关接线柱　4—活动铁心及回位弹簧

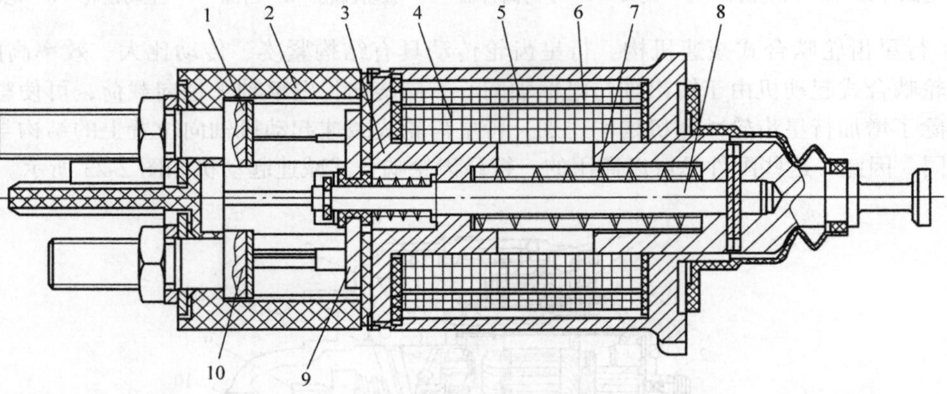

图 2-25　电磁开关内部结构

1、10—触点　2—绝缘盖　3—磁轭　4—吸引线圈　5—保持线圈　6—绝缘层
7—回位弹簧　8—接触盘推杆　9—接触盘

1）电源接线柱与电动机接线柱：电源接线柱和电动机接线柱分别连接蓄电池和电动机，而其另一端（电磁开关内部）则是相应的触点，可由电磁开关内部的接触盘将两触点接通。

2）电磁开关接线柱：电磁开关接线柱连接起动开关（起动开关直接控制的起动电路）或起动继电器触点（起动继电器间接控制的起动电路）；电磁开关接线柱内部与吸引线圈和保持线圈相连接。

3）电磁开关内部：电磁开关内部主要有电磁线圈（吸引线圈、保持线圈）、活动铁心、接触盘及触点等部件。电磁开关内部的组成及内部电路如图 2-26 所示。

4）电磁开关活动铁心右端通过拉杆连接拨叉，左端与接触盘的推杆相邻（与推杆保持一定的间隙）。电磁开关的吸引线圈与电动机串联，保持线圈与电动机并联；当电磁开关的吸引线圈和保持线圈通电时，其磁力就会吸动活动铁心左移，从而带动拨叉和接触盘动作。

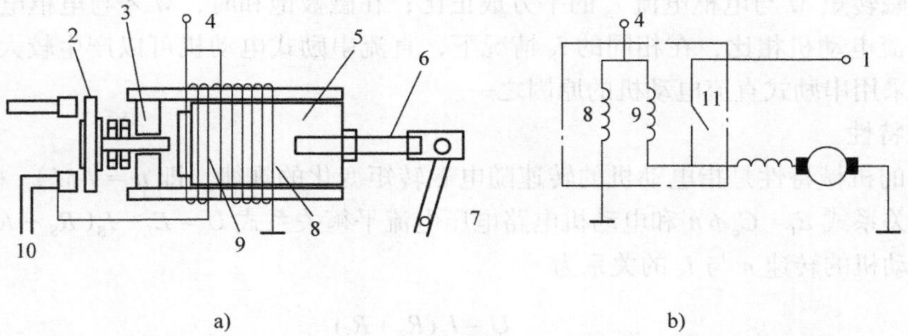

图 2-26　电磁开关的内部组成与内部电路

a）内部组成　b）内部电路

1—电源接线柱　2—接触盘　3—磁轭　4—电磁开关接线柱　5—活动铁心　6—拉杆　7—拨叉　8—保持线圈　9—吸引线圈　10—接电动机　11—触点

（2）电磁开关的工作原理

起动时，电磁开关接线柱接通电源，吸引线圈和保持线圈同时通电，两线圈产生的磁力使活动铁心克服回位弹簧力而左移，带动拨叉和接触盘动作，将驱动齿轮拨向飞轮齿圈，在驱动齿轮与发动机飞轮啮合的同时，接触盘接通电动机电路。于是，电动机产生的电磁转矩通过传动机构传递给驱动齿轮，驱动发动机转动。

在电动机通电工作时，吸引线圈已被接触盘短路，这时保持线圈继续保持通电，其产生的磁力使铁心保持在移动的位置，使起动机保持在起动工作状态。

发动机起动后，断开起动开关的瞬间，接触盘还未回位，电源通过接触盘使电磁开关两线圈仍然通电，但此时吸引线圈的电流反向流动，所产生的磁力与保持线圈的磁力互相抵消，活动铁心便在回位弹簧力的作用下退回，使驱动齿轮和接触盘退回原处，电动机断电，起动机停止工作。

专家解读：

这种电磁开关适用于强制啮合式起动机，一些起动机采用其他方式来拨动驱动齿轮，其电磁开关的结构形式也有所不同。比如，一些大功率的起动机，其驱动齿轮的移动采用了电枢移动式和磁极移动式，即电磁开关工作时通过电枢移动或磁极移动的方式来拨动驱动齿轮。

四、起动机的工作特性

1.转矩特性

起动机的转矩特性是指电动机所产生的电磁转矩 M 与其电枢电流 I_s 的关系，即 $M=f(I_S)$。从直流电动机的工作原理中，我们已知电动机产生的电磁转矩与电枢电流和磁极磁通量成正比（$M=C_mI_S\phi$）。对于串励式电动机，磁场绕组的励磁电流 I_j 就是电枢电流 I_S（$I_j=I_S$），而磁极磁通量 ϕ 在磁极未饱和时与励磁电流也成正比关系（$\phi=CI_j$），于是就有

$$M=C_mI_SCI_j=C''I_S^2$$

直流串励式电动机的转矩特性曲线如图 2-27 所示。在磁极未饱和的情况下，串励式直流

电动机的电磁转矩 M 与电枢电流 I_S 的平方成正比；在磁极饱和时，M 才与电枢电流 I_S 成正比。与并励式直流电动机相比，在相同的 I_S 情况下，直流串励式电动机可以产生较大的电磁转矩，这是起动机采用串励式直流电动机的原因之一。

2. 机械特性

起动机的机械特性是指电动机的转速随电磁转矩变化的规律，即 $n=f(M)$。根据电枢绕组反电动势的关系式 $E_f=C_e\phi n$ 和电动机电路电压电流平衡关系式 $U=E_f+I_S(R_S+R_j)$，可得到直流串励式电动机的转速 n 与 I_S 的关系为

$$n=\frac{U-I_S(R_S+R_j)}{C_e\phi}$$

串励式电动机在磁极未饱时，ϕ 将随 I_S 的增大而增大，同时 $I_S(R_S+R_j)$ 也增大，因此，电枢转速 n 随 $I_S(M)$ 的增大下降较快。根据 n 与 I_S 的关系得到机械特性曲线如图 2-28 所示。

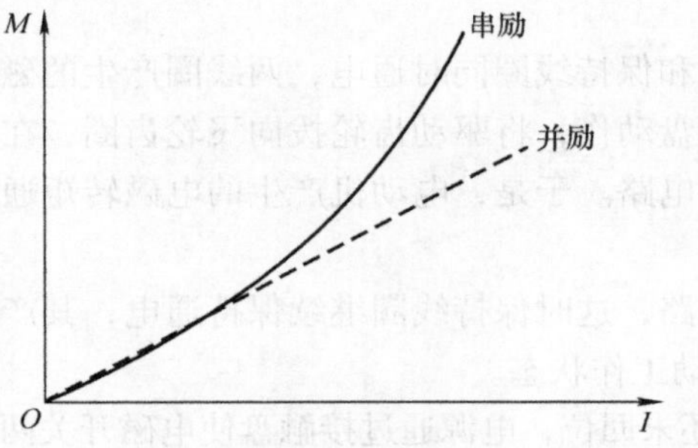

图 2-27　直流串励式电动机的转矩特性曲线

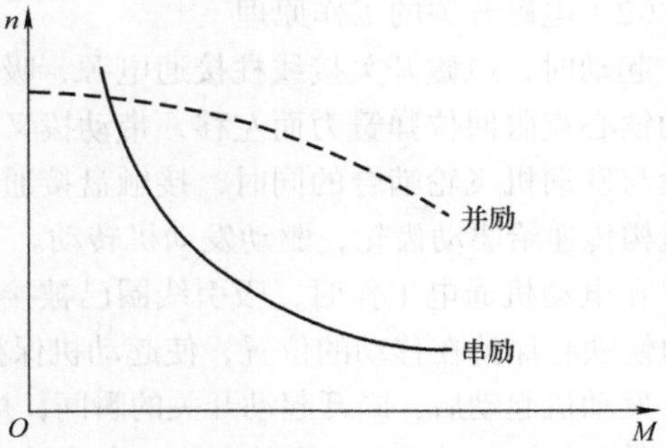

图 2-28　直流串励式电动机机械特性曲线

从机械特性看出，直流串励式电动机具有轻载转速高、重载转速低的特点。重载转速低，可以保证电动机在起动（重载）时不会超出允许的功率而烧毁，使起动安全可靠。这是起动机采用串励式直流电动机的主要原因。串励式直流电动机在轻载或空载时转速很高，容易造成“飞散”事故，因此，对于功率较大的串励式直流电动机，不允许在轻载或空载下运行。

3. 起动机的功率及其影响因素

（1）起动机的功率

起动机的功率 P（kW）可由下式确定

$$P=\frac{M_S n_S}{9550}$$

式中　M_S——起动机输出转矩（N·m）；

n_S——起动机的转速（r/min）。

由上式和串励式直流电动机的转矩特性曲线及机械特性曲线，可得起动机特性曲线如图 2-29 所示。

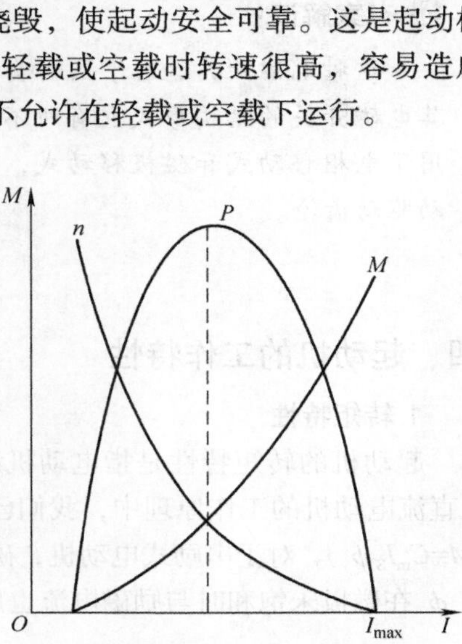

图 2-29　起动机特性曲线

起动机在全制动（$n_S=0$）和空载（$M_S=0$）时，其功率均为0，而在 I_S 接近全制动电流一半时，

其输出功率最大。起动机工作时间短暂，允许在最大的功率状态下工作，因此，起动机在起动时的输出功率就是电动机的最大功率或接近于最大功率。

专家解读：

由于在起动发动机时，起动机的电动机工作在接近最大功率状态，工作时间稍长就容易过热烧坏，因而应避免使起动机较长时间连续工作。比如，在遇到发动机起动困难时，一次起动的时间不能过长（一般不超过 5s）；在汽车检修过程中需要由起动机带动发动机运转时，起动机电机的运转时间同样不能过长。

（2）影响起动机功率的因素

起动机的工作电流很大，起动电路电阻增大的诸多因素均会对电动机的输出功率有很大的影响。

1）接触电阻和导线电阻。接触电阻包括起动线路的线夹与蓄电池极桩、起动机接线柱与电缆线接头，以及电动机内电刷与换向器等的接触电阻。起动线路中的接触电阻大、导线截面积小或过长（导线电阻大），都会造成较大的电压降而使起动机功率下降。

2）蓄电池容量。蓄电池的容量小，其内阻较大，起动时，加在电动机上的端电压就较低，因而会使起动机的功率下降。

3）环境温度。温度低时，蓄电池的容量下降，内阻增大，故而也会使起动机的功率下降。

汽车使用过程中，起动电路连接松动、接触表面脏污、蓄电池亏电或硫化等，均会引起起动电流减小，造成起动机功率下降，并最终导致起动转速过低而使发动机起动困难或不能发动。

五、其他类型的起动机简介

1. 电枢移动式起动机

（1）结构特点

电枢移动式起动机的结构与工作方式与电磁操纵强制啮合式起动机有如下不同。

1）电枢移动式起动机的电枢可做轴向移动，起动机不工作时，通过回位弹簧力使电枢与磁极错开一定的距离，可通过磁极的电磁力使其轴向移动至与磁极对齐的位置。

2）驱动齿轮固定在电枢轴上，即驱动齿轮本身不能在电枢轴上做相对轴向移动，其轴向移动是通过电枢的移动实现的。

3）磁极除有主磁场绕组外，还有两个导线较细但匝数较多、电阻较大的副磁场绕组，其作用类似于电磁操纵强制啮合式起动机电磁开关中的吸引线圈和保持线圈。两副绕组一个与电动机并联，起吸引电枢轴向移动和保持电枢在移动位置的作用；另一个与电动机的电枢绕组串联，主要用于吸引电枢轴向移动。

（2）工作原理

电枢移动式起动机的工作原理如图 2-30 所示。

起动时，接通起动开关 1，电磁线圈 2 通电后产生的磁力吸引接触桥 4 左移，但由于扣爪 9 顶住了挡片 8，使得接触桥只是单边接触，接通了两个副磁场绕组（图 2-30b）。

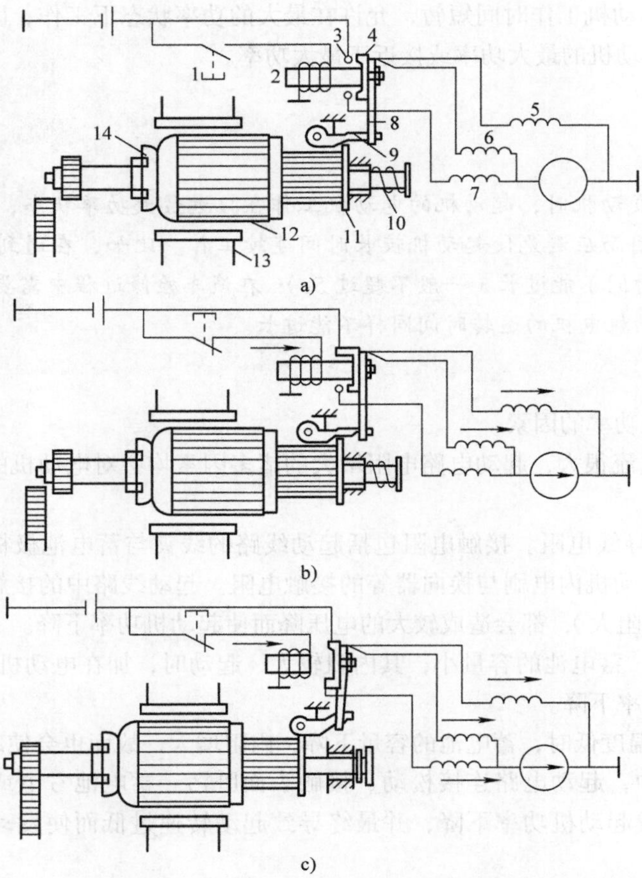

图 2-30 电枢移动式起动机的工作原理

a）起动机未工作时 b）起动机进入工作过程 c）起动机工作时

1—起动开关 2—电磁线圈 3—触点 4—接触桥 5—并联副磁场绕组 6—串联副磁场绕组 7—主磁场绕组 8—挡片 9—扣爪 10—电枢回位弹簧 11—换向器端面突缘 12—电枢 13—磁极 14—摩擦片式单向离合器

两个副磁场绕组通电后，使磁极产生的电磁力吸引电枢轴向左移。由于这时电枢已经有较小的电流通过而开始低速转动，使得驱动齿轮在慢慢转动中与飞轮齿圈啮合，从而避免了顶齿和冲击。当电枢移动至使驱动齿轮与飞轮完全啮合时，换向器端面突缘 11 将爪扣顶起，使挡片 8 脱扣，接触桥下边也接触，于是起动机的主电路接通（图 2-30c），电动机产生正常的电磁转矩，并通过传动机构驱动发动机转动。此时，串联副磁场绕组 6 被短路（主磁场绕组 7 的电阻很小，可以忽略），由并联副磁场绕组及主磁场绕组的电磁力保持电枢在移动后的位置。

发动机起动后，摩擦片式单向离合器打滑，电动机空载运行，电枢转速上升，电枢绕组产生的反电动势增大，使电枢及主磁场绕组电流减小，磁极磁力减弱。当磁力减弱至小于电枢回位弹簧力时，电枢就在回位弹簧力的作用下右移回位，驱动齿轮与飞轮齿圈脱离，而扣爪也回到锁止位置。

关闭起动开关后，起动机便停止转动。

电枢移动式起动机的结构较为复杂，在大功率的起动机上有所使用。这种类型的起动机不宜在倾斜度较大的场合下工作。

2. 磁极移动式起动机

（1）结构特点

磁极移动式起动机的最大特点是其中一个磁极铁心是活动的，铁心上除了一组磁场绕组外，还有一个保持线圈 5，通电时用来吸动活动铁心并保持活动铁心移动后的位置。活动磁极铁心移动时可使磁场绕组中的一个常闭触点打开，以改变磁场绕组的连接方式；同时，通过与之连接的拨叉推动驱动齿轮轴向移动。美国摩托克拉夫（Motocraft）公司生产的磁极移动式起动机如图 2-31 所示。

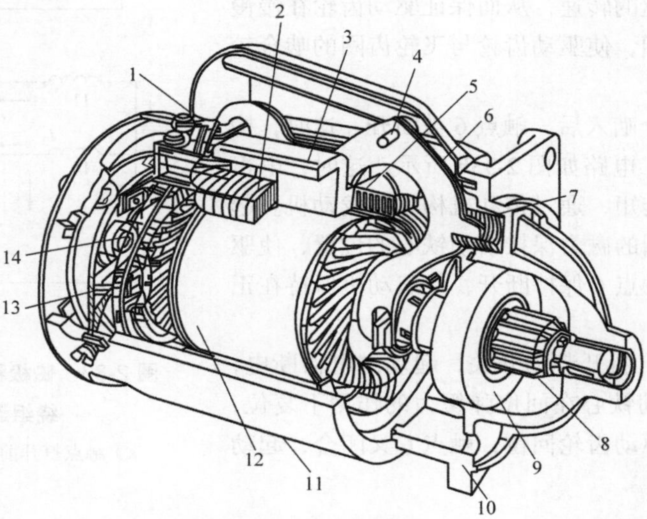

图 2-31　磁极移动式起动机

1—触点　2—磁场绕组　3—磁极活动铁心　4—拨叉销轴　5—保持线圈　6—拨叉　7—复位弹簧　8—驱动齿轮　9—单向离合器　10—端盖　11—起动机壳体　12—电枢总成　13—电刷　14—电刷弹簧

（2）工作原理

磁极移动式起动机电路原理如图 2-32 所示。

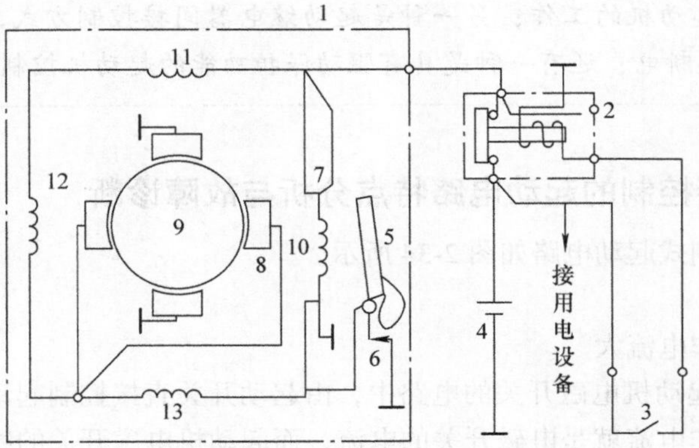

图 2-32　磁极移动式起动机电路原理

1—起动机　2—起动继电器　3—起动开关　4—蓄电池　5—磁极活动铁心　6—触点　7—保持线圈　8—电刷　9—电枢　10～13—磁场绕组

起动时，接通起动开关，起动继电器触点闭合，使起动机内部通电。磁场绕组 10 和保持线圈 7 产生的磁力使活动铁心移动，通过拨叉将驱动齿轮推向飞轮齿圈。在驱动齿轮完全啮合前，触点 6 处于闭合状态，电动机内部电路如图 2-33a 所示，构成复励式电动机。串接的磁场绕组 11、12 的电流较小，而并接的磁场绕组 10 电流较大，因此转速较低，加之磁场绕组 13 产生相反方向的磁场，使电枢转动受到一个阻力，更进一步降低了电枢的转速，从而保证驱动齿轮在慢慢转动中啮入飞轮齿圈，使驱动齿轮与飞轮齿圈的啮合较为容易且比较柔和。

当驱动齿轮完全啮入后，触点 6 被断开，这时，构成了串励式电动机，电路如图 2-33b 所示。这时，电枢便产生正常的电磁转矩，通过传动机构驱动发动机。起动过程中，保持线圈的磁力保持活动铁心的位置，使驱动齿轮保持啮合、触点 6 保持断开，使起动机保持在正常工作状态。

发动机发动后，断开起动开关，起动继电器断电，起动机也断电，活动铁心在回位弹簧力的作用下复位，带动单向离合器和驱动齿轮回位，触点 6 又闭合，起动机停止工作。

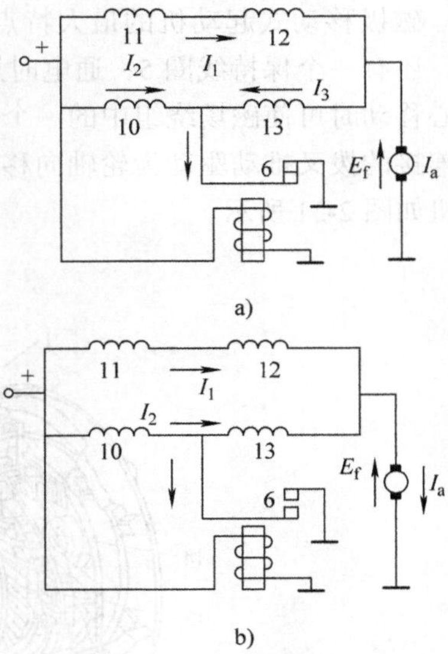

图 2-33　磁极移动式起动机磁场绕组连接方式

a）触点打开前　b）触点打开后

第三节　典型起动电路分析与故障诊断

阅读提示

起动机的控制电路大致可分为三种形式，一种是用起动开关直接控制起动机电磁开关的通断电，以控制起动机的工作；另一种是起动继电器间接控制方式，起动开关只是控制起动继电器线圈的通断电；还有一种是具有驱动保护功能的起动机控制电路。

一、起动开关直接控制的起动电路特点分析与故障诊断

起动开关直接控制式起动电路如图 2-34 所示。

1. 电路特点

（1）起动开关工作电流大

起动开关串联在起动机电磁开关的电路中，由起动开关直接控制起动机电磁开关线圈的通断电，起动开关的工作电流就是电磁开关的电流，而起动机电磁开关的线圈的工作电流高达数十安培。

起动开关直接控制电磁开关工作电流的问题是：

1）起动机电磁开关内的吸引线圈和保持线圈的电阻不能太小，否则起动开关的工作电流

太大而容易烧坏。

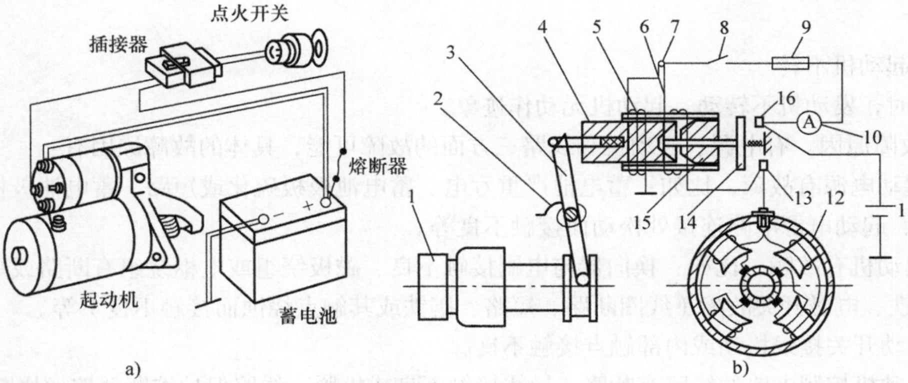

图 2-34　起动开关直接控制式起动电路

a）接线图　b）电路原理图

1—驱动齿轮　2—回位弹簧　3—拨叉　4—活动铁心　5—保持线圈　6—吸引线圈　7—电磁开关接柱　8—起动开关　9—熔断器　10—电流表　11—蓄电池　12—电动机　13、16—触点及接线柱　14—接触盘　15—磁轭

2）起动开关直接控制较大的电磁开关电流，因而对起动开关触点的要求较高。

（2）起动机驱动齿轮在慢慢转动中与飞轮齿圈啮合

由于电磁开关中的吸引线圈与电动机串联相接，这可使电动机在接通起动开关的瞬间就已经有一较小的电流通过，使电动机开始转动起来，这可使驱动齿轮在慢慢转动过程中与飞轮齿圈啮合，避免了驱动齿轮在啮合过程中产生顶齿的可能，使驱动齿轮较容易啮入飞轮齿圈。

2.电路原理

（1）起动时

起动发动机时，接通起动开关，电磁开关的吸引线圈和保持线圈通电，其电流通路为：

蓄电池＋→电源接线柱→起动开关→电磁开关接线柱→吸引线圈→电动机接线柱→电动机→搭铁
└→保持线圈 ——————————————————↑

此时，吸引线圈与保持线圈产生的合成磁力吸动铁心右移，带动拨叉转动，将驱动齿轮推向发动机飞轮齿圈；与此同时，接触盘被右移的铁心顶向触点，并在驱动齿轮与飞轮齿圈啮合时将触点接通，使电动机通电。电动机通电后便产生正常的电磁转矩，通过传动机构带动发动机转动。

在接触盘接通触点时，吸引线圈被接触盘短路，这时，由保持线圈所产生的磁力使铁心保持在移动后的位置。

（2）起动后

发动机起动后，在断开起动开关的瞬间，接触盘还未退回，这时电磁开关线圈仍有电流，电流通路为：

蓄电池＋→电源接线柱→接触盘→电动机接线柱→吸引线圈→保持线圈→搭铁

这时吸引线圈的电流与起动时反向，产生的磁力与保持线圈的相反，两线圈的磁力相互抵消，活动铁心便在回位弹簧力的作用下回位，驱动齿轮和接触盘退回，电动机断电，起动机停止工作。

3. 故障诊断方法

起动系统可能出现的故障有起动机不转动、起动转速低、空转、打齿、电磁开关吸合不牢等。

（1）起动机不转

起动时，发动机不转动，起动机无动作迹象。

1）故障原因。有电源、起动机和线路三方面的故障可能，具体的故障原因有：

① 起动电源有故障，比如：蓄电池严重亏电、蓄电池极板硫化或短路、蓄电池极桩与线夹接触不良、起动电源电路连接处松动而接触不良等。

② 起动机有故障，比如：换向器与电刷接触不良、磁极绕组或电枢绕组有断路或短路、绝缘电刷搭铁、电磁开关故障（线圈断路、短路、搭铁或其触点烧蚀而接触不良）等。

③ 起动开关接线松动或内部触点接触不良。

④ 起动机控制电路的线路有断路、导线接触不良或松脱、线路保护熔断器熔丝烧断等。

2）故障诊断方法。针对上述可能的故障，可按如下方法诊断故障：

① 检查起动电源：按喇叭或开前照灯，如果喇叭声音小或不响，灯光比平时暗淡，则说明电源有问题，应先检查蓄电池极桩与线夹、起动电源电路电缆接头处是否有松动，若线路连接无问题，则应检查蓄电池是否亏电或蓄电池极板硫化严重等；如果检查起动电源无问题，则进行下一步检查。

② 检查起动机：用起子或较粗的导线将起动机电磁开关接线柱与起动机电源接线柱（图 2-34b 中的 7 与 16）直接连接，看起动机是否工作。如果起动机能正常工作，则说明起动机正常，是起动机控制电路有断路故障，应检查熔断器、起动开关及相关的连接线路；如果此时起动机不转，则说明是起动机有故障，可通过③检查是电磁开关故障，还是电动机的故障。

③ 检查起动机电动机：用起子将起动机连接蓄电池和电动机的两接线柱（图 2-34b 中的 13、16）直接相连，看起动机是否转动。如果起动机电动机仍然不转动，则说明起动机的电动机有故障，应拆检起动机；如果起动机的电动机能高速转动，则是起动机电磁开关的故障，应拆修或更换起动机电磁开关。

专家解读：

一般情况下，进行前 2 步故障诊断，将正常的起动电源与电磁开关接线柱直接连接时，起动机不转，则说明起动机有故障。故障诊断已有结果，更换起动机就可以排除电路故障。进行 3 步诊断的目的是为了区分起动机的故障是在电动机还是电磁开关，以便于起动机的拆检修理。

（2）起动机运转无力

起动时，驱动齿轮能与飞轮齿圈啮合，但起动转速很低甚至停转。

1）故障原因。起动机运转无力的可能原因主要有：

① 电源的故障：蓄电池亏电或极板硫化、短路，起动电源电缆连接处接触不良等。

② 起动机故障：换向器与电刷接触不良，电磁开关接触盘和触点接触不良，电动机磁极绕组或电枢绕组有局部短路等。

2）故障诊断方法。起动机运转无力时，首先通过按喇叭、开前照灯等方法检查起动机电源是否正常。如果感觉电源有问题，则应首先检查蓄电池极桩上的线夹连接是否良好、线夹与导线连接有无异常等，若线路连接正常，则可能是蓄电池亏电或蓄电池故障；如果起动电源无问题，则应拆检或更换起动机。

专家解读：

检查起动电源连接线路时，如果蓄电池极桩上线夹连接牢固，但用手摸时有发热的感觉，则说明线夹与极桩的接触不良，应拆下线夹后清洁线夹内表面和极桩的外表面。

（3）起动机空转

起动时，可感觉到起动机驱动齿轮已移动且高速空转，但发动机不转。

1）故障原因。起动机空转的可能原因主要有两个：

① 单向离合器打滑。

② 飞轮齿圈的某一部分严重缺损。

2）故障诊断方法。起动时若出现起动机空转，可将发动机飞轮转一个角度，如果故障会随之消失（但以后还会再现），则为飞轮齿圈有缺损，应更换飞轮（整体式）或飞轮齿圈（镶嵌式）；如果转动飞轮后起动机仍然空转，则需检修单向离合器。

（4）驱动齿轮打齿

起动时，可听到驱动齿轮与飞轮齿圈发生撞击的“嗒、嗒、嗒”声响，驱动齿轮不能啮入，发动机不转动。

1）故障原因。可能的故障原因主要是：

① 电磁开关触点接通的时间过早，在驱动齿轮啮入以前就已高速旋转起来。

② 飞轮齿圈磨损严重或驱动齿轮磨损严重。

2）故障诊断方法。首先适当地调晚电磁开关触点的接通时间（参见“第四节 起动电路主要部件故障检修”），看打齿现象是否能消失；如果打齿现象不能消失，则应拆检起动机驱动齿轮和飞轮齿圈。

（5）电磁开关吸合不牢

起动时发动机不转，但可听到驱动齿轮轴向来回窜动的“咔嗒、咔嗒”声响。

1）故障原因。引起起动机驱动齿轮轴向来回窜动可能的原因主要有：

① 蓄电池亏电或起动机电源线路有接触不良之处，这是这种故障现象最为常见的故障原因。

② 电磁开关保持线圈断路、短路或搭铁，这种故障出现的概率很低。

2）故障诊断方法。首先检查起动电源线路连接是否良好，若无问题，则应对蓄电池进行补充充电。如果蓄电池充足电后故障仍不能消除，则为起动机电磁开关有故障，应予以检修或更换。

专家解读：

为什么蓄电池亏电时会导致驱动齿轮轴向来回窜动？因为蓄电池亏电时，其电动势较低、内阻较大。起动时，如果电磁开关两线圈通电后尚能吸动活动铁心移动，能将起动机驱动齿轮拨向飞轮齿圈，那么就可能出现驱动齿轮轴向来回窜动：当接触盘将电动机电路接通时，已亏电的蓄电池因其输出电流突然增大而端电压会急剧下降，导致电磁开关保持线圈电流突然减小而其磁力下降，活动铁心便在回位弹簧力作用下回位，使驱动齿轮退出，电动机断电。电动机断电后，蓄电池的输出电流减小，其端电压得以回升，电磁开关两线圈的磁力又吸引活动铁心移动……如此循环，从而导致起动机驱动齿轮轴向来回窜动。

二、带起动继电器的起动电路特点分析与故障诊断

为解决起动开关直接控制方式的触点因电流过大而容易烧坏的问题，一些汽车的起动电路中设置了起动继电器，这种带起动继电器的起动机控制电路典型示例如图 2-35 所示。

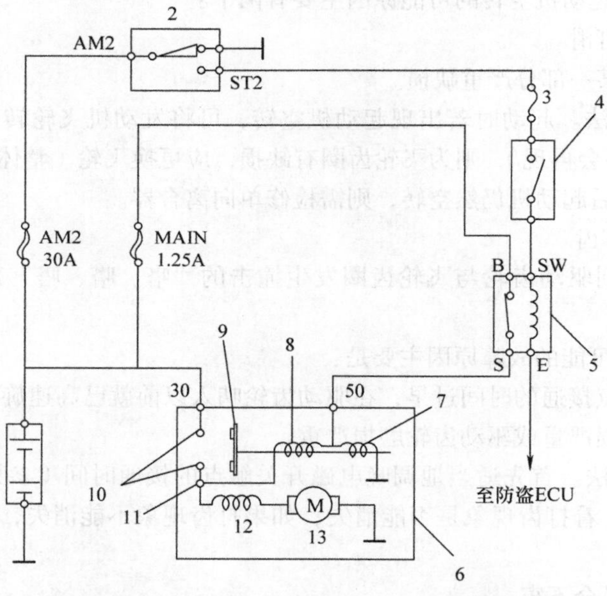

图 2-35　丰田皇冠 3.0 轿车 2JZ—GE 型发动机起动电路

1—蓄电池　2—点火线圈　3—熔断器　4—空档起动开关　5—起动继电器　6—起动机　7—保持线圈　8—吸引线圈　9—接触盘　10—电磁开关内触点　11—电动机接线柱　12—磁场绕组　13—电枢　30—电源接线柱　50—电磁开关接线柱

1. 电路特点

相比于起动开关直接控制的起动电路，增设了起动继电器后的起动电路特点如下。

1）起动电磁开关电路串联的是起动继电器的触点，该触点常开，在继电器线圈通电时触点闭合，接通电磁开关电路。

2）起动继电器线圈电路中串联了起动开关（点火开关的起动档），由起动开关控制起动继电器线圈的通断电。

带起动继电器的起动控制电路使较大的电磁开关电流（达 35~45A）由起动继电器触点控

制，点火开关起动档只是控制较小的继电器线圈电流，因此，点火开关触点不容易烧蚀，延长了点火开关的使用寿命。

专家解读：

该起动电路设置了自动变速器起动安全保护和电子防盗功能。

液力传动的自动变速器（AT），其起动继电器线圈电路中串联了空档起动开关，在自动变速器挂入P位或N位时，空档起动开关闭合，点火开关的起动档可接通起动继电器线圈电路，起动机可通电工作。当自动变速器在行车档位时，空档起动开关处于断开状态，即使接通起动开关，起动继电器线圈也不会通电工作，从而确保了这种自动变速器汽车的起动安全。

起动继电器线圈搭铁电路中串联了防盗ECU，正常情况下，防盗ECU接通了起动继电器线圈的搭铁，起动机能正常起动；当防盗ECU判断汽车遇盗时，将起动继电器线圈电路的搭铁使电路断开，起动机不能通电工作，起到了电子防盗的作用。

2.电路原理

以无自动变速器起动安全保护（无空档起动开关）和无电子防盗功能（起动继电器线圈直接搭铁）的带起动继电器的起动电路为例，分析其电路原理。

（1）起动时

1）起动继电器线圈通电。起动发动机时，将点火开关转动至起动档，起动继电器线圈通电，其电流通路为：蓄电池＋→ 30A熔断器→点火开关（起动触点）→熔断器→起动继电器SW接线柱→起动继电器线圈→起动继电器E接线柱→搭铁→蓄电池－。

2）起动机电磁开关通电。起动继电器线圈产生电磁力将触点吸合，起动机电磁开关通电。起动机电磁开关的电流通路为：蓄电池＋→ 1.25A熔断器→起动继电器B接线柱→起动继电器触点→起动继电器S接线柱→电磁开关接线柱→吸引线圈→电动机接线柱→电动机→搭铁。

└──────→ 保持线圈 ──────────────↑

3）起动机工作。电磁开关通电动作后，起动机便开始工作。起动机电动机的通路为：蓄电池＋→电源接线柱→接触盘→电动机→搭铁→蓄电池－。

（2）起动后

发动机起动后，在断开起动开关的瞬间，接触盘还未退回，这时电磁开关线圈仍有电流，电流通路为：蓄电池＋→电源接线柱→接触盘→电动机接线柱→吸引线圈→保持线圈→搭铁

这时吸引线圈的电流与起动时反向，产生的磁力与保持线圈的相反，两线圈的磁力相互抵消，活动铁心便在回位弹簧力的作用下回位，驱动齿轮和接触盘退回，电动机断电，起动机停止工作。

3.故障诊断方法

无自动变速器起动安全保护（无空档起动开关）和无电子防盗功能（起动继电器线圈直接搭铁）的带起动继电器的起动电路，在各种可能出现的故障现象中，起动机运转无力、起动机空转、驱动齿轮打齿等均与起动继电器无关，这些故障现象的可能故障原因和故障诊断方法请参见起动开关直接控制电路的相关内容。起动机不转和起动机驱动齿轮吸合不牢则是起动继电

器有故障，其故障可能的原因与故障诊断方法如下。

（1）起动机不转

1）故障原因。主要有如下可能的原因：

① 起动电源不良：蓄电池严重亏电、蓄电池极板硫化或短路、蓄电池极桩与线夹接触不良、起动电源电路连接处松动而接触不良等。

② 起动机有故障：换向器与电刷接触不良、磁极绕组或电枢绕组有断路或短路、绝缘电刷搭铁、电磁开关故障（线圈断路、短路、搭铁或其触点烧蚀而接触不良）等。

③ 起动继电器不良：起动继电器线圈断路、短路、搭铁或其触点接触点不良。

④ 点火开关接线松动或内部开关触点接触不良。

⑤ 起动机控制电路的线路有断路、导线接触不良或松脱等。

2）故障诊断方法。相比于起动开关直接控制的起动电路，增加了起动继电器的检查及起动继电器连接线路的检查，具体故障诊断方法如下：

① 检查起动电源：按喇叭或开前照灯等检查电源是否正常。如果喇叭声音嘶哑或不响、灯光比平时暗淡，则应先检查蓄电池极桩与线夹、起动电源电路电缆接头处是否有松动，若线路连接无问题，则应检查蓄电池是否已存电不足；如果检查电源正常，则进行下一步故障诊断。

② 检查起动机：用起子将电磁开关接线柱与起动机电源接线柱直接相连，看起动机是否工作。如果起动机仍不工作，则说明起动机有故障，应拆检起动机；如果起动机运转正常，则说明故障在起动继电器或有关的线路，进行下一步故障诊断。

③ 检查起动继电器与起动机之间线路：用起子将起动继电器上连接蓄电池的 B 接线柱与连接起动机电磁开关接线柱的 S 接线柱直接相连，看起动机是否转动。如果起动机不转，则应检修连接这两个接线柱的连接导线；如果起动机能正常运转，则再作下一步故障诊断。

④ 检查起动继电器：将起动继电器上连接蓄电池的 B 接线柱与连接点火开关的 SW 接线柱直接相连，看起动机是否转动。如果起动机不转，则说明是起动继电器不良，应拆修或更换起动继电器；如果起动机能正常运转，则故障在起动继电器至点火开关的导线或点火开关，应对其进行检修。

（2）电磁开关吸合不牢

1）故障原因。具体的故障原因有：

① 蓄电池亏电或起动机电源线路有接触不良之处。

② 起动继电器的断开电压过高。

③ 电磁开关保持线圈断路、短路或搭铁。

2）故障诊断方法。诊断方法如下：

① 检查起动电源线路：检查起动电源线路各连接有无松动，触摸各连接处有无发热（接触不良）等。如果起动电源线路连接有问题，则予以修理；如果线连接良好，则进行下一步故障诊断。

② 检查起动继电器：将起动继电器连接蓄电池的 B 接线柱和连接起动机的 S 接线柱直接短接，看起动机是否能带动发动机正常转动。如果此时能正常起动，则为起动继电器断开电压过高，应予以调整或更换；如果故障仍然出现，则应对蓄电池进行补充充电，若蓄电池充足电后故障仍不能消除，则为起动机电磁开关有故障，应予以检修或更换。

阅读提示

对于丰田皇冠 3.0 轿车 2JZ—GE 型发动机起动电路，由于在起动继电器线圈中串联了空档起动开关和防盗 ECU，起动时起动机不工作的可能原因还包括空档起动开关及连接线路、电子防盗 ECU 及线路。因此，遇起动机不工作，按上述方法不能找到故障原因时，要注意检查空档起动开关及电路，如果仍然不能找到故障原因，就应检查电子防盗系统是否有故障。

三、具有驱动保护作用的起动电路特点分析与故障诊断

专家解读：

起动机的驱动保护是指：

① 起动时，一旦发动机发动，起动机便立刻自动停止工作。这是为了避免在发动机起动后，起动机仍然通电高速空转。发动机起动后，起动机电动机的高速空转不仅使起动机传动装置磨损加剧，也造成了蓄电池电能的白白消耗。

② 在发动机工作时，即使误接通起动开关，起动机也不会工作。这是为了防止在发动机运转时，因误接通起动开关而使起动机通电工作，其驱动齿轮与发动机飞轮齿圈发生碰撞，造成驱动齿轮或飞轮齿圈的损坏。

一些汽车通过增设安全继电器或利用充电指示灯继电器使起动机控制电路具有驱动保护作用。通过充电指示灯继电器实现驱动保护作用的起动电路示例如图 2-36 所示。

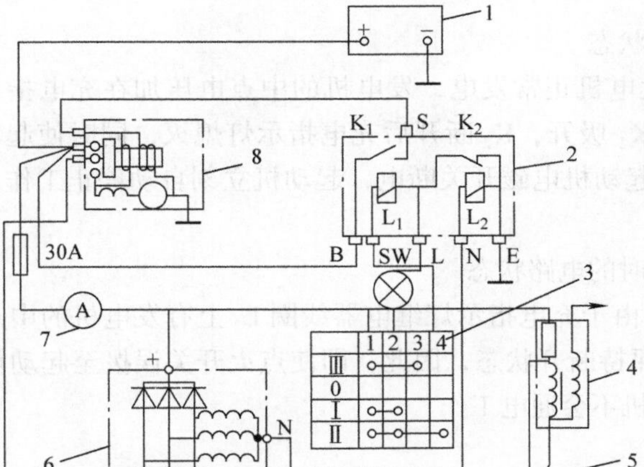

图 2-36　解放 CA1091 汽车起动电路

1—蓄电池　2—组合继电器　3—点火开关　4—点火线圈　5—断电器触点　6—发电机　7—电流表　8—起动机

1. 电路特点

采用了由充电指示灯继电器和起动继电器组成的组合继电器，电路的特点如下：

1）起动继电器触点串联在电磁开关电路中。与起动继电器间接控制的起动电路一样，起动继电器触点 K_1（常开）串联在起动机电磁开关电路中，当起动继电器触点 K_1 闭合时，起动机电磁开关通电，起动机工作。

2）起动继电器线圈电路串入了充电指示灯继电器的触点。起动继电器线圈 L_1 通过充电指示灯继电器常闭触点 K_2 搭铁，使充电指示灯继电器在控制充电指示灯的同时，也控制了起动继电器线圈 L_1 的通断电。

3）充电指示灯继电器线圈 L_2 的通断电由发电机的中点电压控制。当发电机正常发电时，充电指示灯继电器线圈 L_2 的通电电流所产生磁力可将 K_2 断开。

充电指示灯继电器的触点 K_2 串联在起动继电器的线圈电路后，使得起动继电器线圈 L_1 在如下两种情况下处于断电状态：

① 发动机起动后，发电机正常发电，充电指示灯继电器触点 K_2 断开，L_1 立刻断电，这使得发动机一旦起动，起动机就立刻自动停止工作。

② 发动机在运转状态下，发电机正常发电，充电指示灯继电器触点 K_2 保持在断开状态，使 L_1 始终处于断电状态，即使误接通起动开关，起动机也不会工作。

也就是说，将充电指示灯继电器的触点串联于起动继电器的线圈搭铁电路后，该起动电路就具有了起动机驱动保护功能。

2. 电路原理

（1）起动时的电路状态

起动时，点火开关拨至Ⅱ档（起动档），点火开关的 1 号与 4 号接线柱接通，使组合继电器中的起动继电器线圈 L_1 通电，其电流通路为：蓄电池正极→起动机电源接线柱→ 30A 熔断器→电流表→点火开关→组合继电器 SW 接线柱→ L_1 → K_2 →组合继电器 E 接线柱（搭铁）→蓄电池负极。起动继电器线圈 L_1 通电后产生磁力吸合触点 K_1，接通了起动机电磁开关电路，使起动机通电工作。

（2）起动后的电路状态

发动机起动后，发电机正常发电，发电机的中点电压加在充电指示灯继电器线圈 L_2 上，使 L_2 通电产生磁力将 K_2 吸开，K_2 断开后充电指示灯熄灭，同时使起动继电器线圈 L_1 断电，触点 K_1 随即断开，使起动机电磁开关断电，起动机立刻自动停止工作（即使点火开关仍然在起动档）。

（3）发动机在工作时的电路状态

在发动机工作时，由于充电指示灯继电器线圈 L_2 上有发电机的中点电压，L_2 通电所产生的电磁力使其触点 K_2 保持断开状态，因此，即使点火开关误拨至起动档，起动继电器线圈 L_1 也不会通电，因此起动机不会通电工作。

专家解读：

如果发生了发电机不发电或发电不良故障，充电指示灯继电器线圈 L_2 上就没有发电机中点电压或电压太低，充电指示灯继电器的触点 K_2 就会闭合，使充电指示灯亮起以指示充电系统出现不充电故障。此时，该起动电路就会失去起动机驱动保护功能。即：发动机起动后起动机不会自动停止工作；在发动机工作时，如果误接通起动开关，就会出现起动机驱动齿轮与飞轮齿圈撞击所发出的打齿声。

3.故障诊断方法

起动机控制电路中增加了充电指示灯继电器，因此，起动机不转有充电指示灯亮和不亮两种故障现象。起动机运转无力、起动机空转、驱动齿轮打齿等故障现象的可能故障原因和故障诊断方法请参见起动开关直接控制的起动电路；对于起动机驱动齿轮吸合不牢的故障现象，其可能的故障原因和故障诊断方法请参见带起动继电器的起动电路。

（1）起动机不转（充电指示灯亮）

接通点火开关时（点火开关拨至Ⅰ档），充电指示灯能亮，起动时（点火开关拨至Ⅱ档），起动机不转动。

1）故障原因。与带起动继电器的起动电路相似，主要有：

① 起动电源不良：蓄电池严重亏电、蓄电池极板硫化或短路、蓄电池极桩与线夹接触不良、起动电源电路连接处松动而接触不良等。

② 起动机有故障：换向器与电刷接触不良、磁极绕组或电枢绕组有断路或短路、绝缘电刷搭铁、电磁开关故障（线圈断路、短路、搭铁或其触点烧蚀而接触不良）等。

③ 组合继电器不良：组合继电器中的起动继电器线圈断路、短路、搭铁或其触点接触点不良。

④ 点火开关接线松动或内部起动触点接触不良。

⑤ 起动机控制电路的线路（组合继电器与起动机电磁开关之间的连接导线）有断路、导线接触不良或松脱等。

2）故障诊断方法。故障诊断方法如下：

① 检查起动电源：通过按喇叭或开前照灯等检查电源是否正常。如果喇叭声音嘶哑或不响、灯光比平时暗淡，则应先检查蓄电池极桩与线夹、起动电源电路接头处是否有松动，若线路连接无问题，则应检查蓄电池是否已存电不足；如果检查电源正常，则进行下一步故障诊断。

② 检查起动机：用起子将电磁开关接线柱与起动机电源接线柱直接相连，看起动机是否转动。如果起动机仍不转动，则说明起动机有故障，应拆检起动机；如果起动机运转正常，则说明故障在起动继电器或有关的线路，进行下一步故障诊断。

③ 检查起动继电器与起动机之间线路：用起子将组合继电器上连接蓄电池的 B 接线柱与连接起动机的 S 接线柱直接相连，看起动机是否转动。如果起动机不转，则应检修连接这两个接线柱的导线；如果起动机能正常运转，则再进行下一步故障诊断。

④ 检查起动继电器：将组合继电器上连接蓄电池的 B 接线柱与连接点火开关的 SW 接线柱直接相连，看起动机是否转动。如果起动机不转，则说明是起动继电器不良，应拆修或更换组合继电器；如果起动机能正常运转，则故障在组合继电器至点火开关的导线或点火开关，应对其进行检修。

（2）起动机不转（充电指示灯不亮）

接通点火开关时（点火开关拨至Ⅰ档），充电指示灯不亮，起动时（点火开关拨至Ⅱ档），起动机不转动。

1）故障原因。这种故障现象的可能原因有：

① 起动电源电路连接有断脱或接触不良。

② 组合继电器中的充电指示灯继电器触点接触不良。

③ 起动机控制电路（起动机电源接线柱至点火开关的1号接线柱之间）的线路连接有松动、断脱，30A熔断器熔丝烧断等。

④ 发电机元件板上的整流二极管有反向击穿短路，导致电源电压经电枢绕组加在了充电指示灯继电器线圈上，使充电指示灯继电器触点始终处于断开状态。相比于前面①～③种故障可能原因，④出现的概率较低，但这也是导致充电指示灯不亮且起动机不转的原因之一。

2）故障诊断方法。对于①～③种可能的故障原因，其故障诊断的方法如下：

① 检查电源线路：通过按喇叭或开前照灯等检查电源线路。如果喇叭不响、灯光暗淡或不亮，则应检查蓄电池极桩与线夹、起动电源电路接头处是否有松动；如果检查电源线路正常，则进行下一步故障诊断。

② 检查30A熔断器：打开熔断器盒盖，检查30A熔断器熔丝是否烧断。如果熔丝已烧断，更换新的熔断器，并检查相关电路有无短路；如果熔断器正常，则进行下一步故障诊断。

③ 检查组合继电器：将组合继电器上的L接线柱直接搭铁，看故障能否消除。如果故障现象消除，则为组合继电器中的充电指示灯继电器触点接触不良，需予以修理或更换；如果故障现象依旧，则为起动机电源接线柱至点火开关的1号接线柱之间的线路连接有松动或断脱，需检修线路。

专家解读：

点火开关拨至点火档充电指示灯不亮，拨至起动档时起动机不工作，故障可能性最大的就是组合继电器中的充电指示灯继电器触点接触不良，通常更换组合继电器后故障即可排除。如果更换组合继电器后，故障现象依旧，则不要忘记发电机内整流二极管有短路也会导致点火开关拨至点火档（ON）时充电指示灯不亮，以及点火开关拨至起动档（ST）时起动机不工作这样的故障现象。

如果上述故障诊断不能找到故障的原因，对于车上有电流表的汽车，可在进行故障诊断之前，先观察一下电流表，如果电流表指针偏向于放电一侧，则拆下组合继电器N接线柱连接导线，若电流表立刻停止放电，且接通点火开关（ON）后充电指示灯即可亮起，就可以确认是发电机内的整流二极管有反向击穿短路。

第四节 起动电路主要部件故障检修

一、起动机的故障检修

起动机的故障检修包括起动机解体前的故障检测和解体后的部件检修。

1. 起动机解体前的故障检测

起动机解体前，可通过相应的检测判断起动机是否有故障，并确定故障的部位。

（1）起动机的动作检查

1）检查起动机。利用蓄电池检查起动机，如图 2-37 所示。用带线夹的电缆将蓄电池的负极桩与起动机的壳体连接，用另一带线夹的电缆将蓄电池的正极桩与起动机的电源接线柱 B 连接，在用短电缆线夹将电源接线柱与电磁开关接线柱连接时，观察起动机动作情况。正常情况是起动机驱动齿轮迅速伸出，且电动机运转有力。

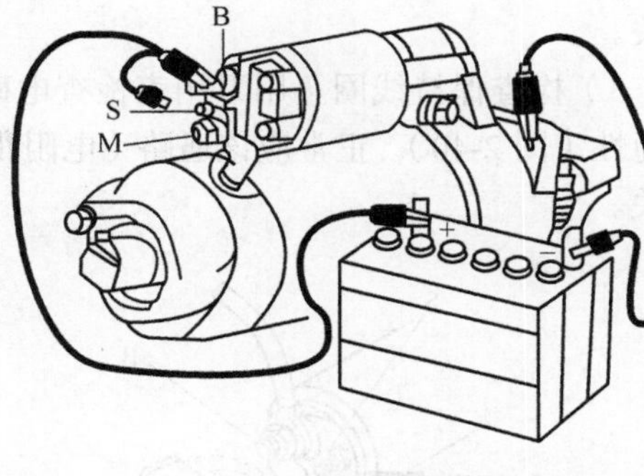

图 2-37　起动机动作检查

如果起动机驱动齿轮伸出且电动机运转正常，则说明起动机的电动机和电磁开关无故障；如果驱动齿轮能伸出，但不转动或运转无力，则说明电动机有故障；如果起动机无任何反应，则为起动机的电磁开关或电动机有故障。

阅读提示

起动机动作检查就是通过带线夹的导线将蓄电池的电压加在起动机的电源接线柱上，再使起动机电磁开关通电，看起动机通电后的运转是否正常，以检验起动机是否有故障。

2）检查起动机的电动机。如图 2-37 所示，用短线夹将起动机电源接线柱 B 和电动机接线柱 M 相连接，观察电动机是否转动。正常情况是电动机运转有力。

如果电动机能正常运转，则说明起动机不能工作的故障在电磁开关；如果电动机不转或运转无力，则说明电动机有故障。

阅读提示

检查起动机的电动机就是在上步检查发现起动机有故障的情况下，观察电动机单独通电时能否正常转动，以区分起动故障是出自电磁开关还是电动机，以便于起动机解体后的维修。

（2）电磁开关的检查

1）检查电磁开关动作。拆下起动机上的电动机接线柱 M 上的电动机连接线端（图 2-38），用带夹电缆将起动机 M 端子和电磁开关壳体与蓄电池负极连接。用带夹电缆将起动机 S 端子与蓄电池正极连接，使电磁开关单独通电，此时驱动齿轮应迅速伸出。

如果驱动齿轮不动，则可以判定电磁开关有故障，需要更换电磁开关。

2）检查吸引线圈。用万用表检查电磁开关上的电磁开关接线柱 S 与电动机接线柱 M 之间的

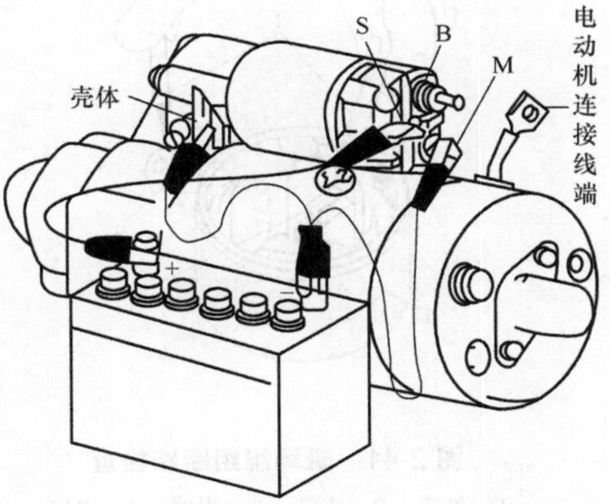

图 2-38　电磁开关检查

导通性（图 2-39），正常应该通路（电阻很小）。如果不通，则说明吸引线圈断路，需更换电磁开关。

3）检查保持线圈。用万用表检查电磁开关上的电磁开关接线柱 S 与电磁开关壳体之间的导通性（图 2-40），正常应该通路（电阻很小）。如果不通，则说明保持线圈断路，需更换电磁开关。

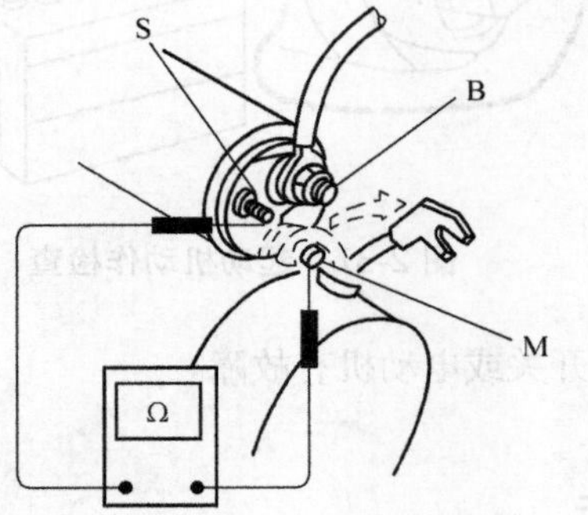

图 2-39　检查电磁开关的吸引线圈

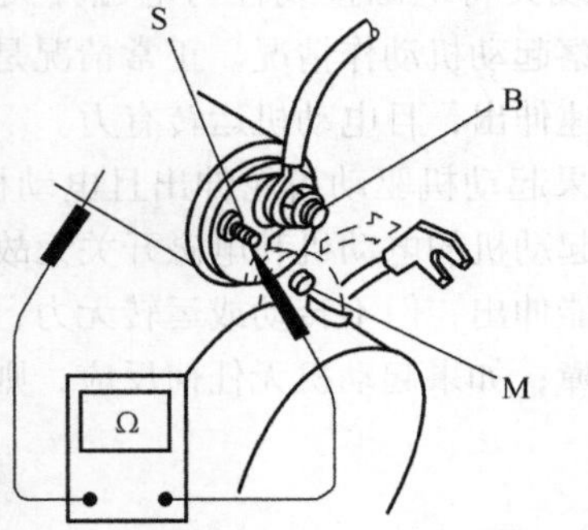

图 2-40　检查电磁开关的保持线圈

2. 起动机解体后的部件检修

（1）磁极绕组的检修

磁极绕组的常见故障是接头脱焊、绝缘破损而使磁极绕组匝间短路或搭铁等，造成起动机不工作或运转无力等。磁极绕组的检修方法如下：

1）将起动机解体后，直观检查磁极绕组接头是否松脱、有无破损。如果检查发现磁极绕组连接脱焊可重新施焊；绕组连接端有破损，需予以修理。

2）用万用表的电阻档测量磁极绕组两端子之间的电阻（图 2-41），应为通路。如果不通，则说明磁极绕组有断路故障，应重点检查磁极绕组与电刷、接线端子的连接处是否有断脱。

3）用万用表的电阻档测量绕组端子与外壳之间的电阻（图 2-42），应为不通。如果电阻较小或为 0，则说明磁极绕组有搭铁的故障，需检修或更换磁极绕组。

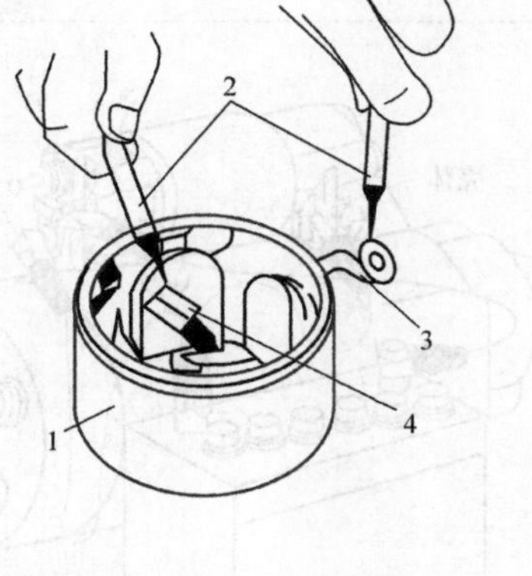

图 2-41　磁场绕组断路检查

1—外壳　2—表笔　3—引线　4—电刷

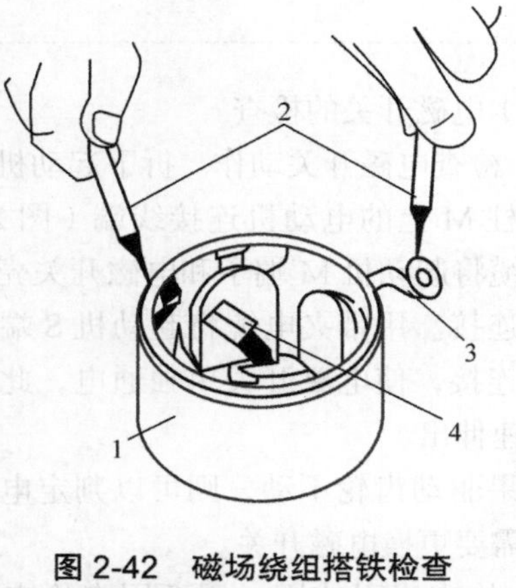

图 2-42　磁场绕组搭铁检查

1—外壳　2—表笔　3—引线　4—电刷

4）用电枢检验仪检查磁极绕组有无匝间短路，检查方法如图 2-43 所示。电枢检验仪通电 5min 后若绕组发热，则说明绕组有匝间短路，需拆除旧的绝缘层重新包扎后再浸漆烘干处理，或更换磁极绕组。

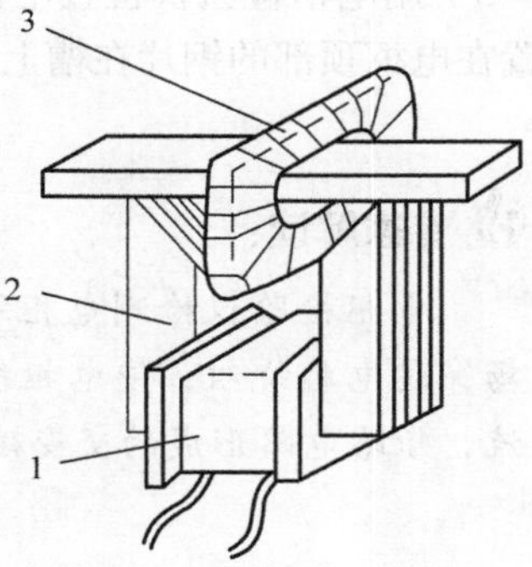

图 2-43 用电枢检验仪检查磁极绕组有无匝间短路

1—感应线圈 2—U 形铁心 3—被检磁极绕组

专家解读：

电枢检验仪检测磁场绕组匝间短路原理。电枢检验仪的感应线圈通入 220V 交流电后，产生一个交变的磁场，该交变的磁场穿过被测的磁场绕组，使磁场绕组产生感应电动势。如果磁场绕组有匝间短路，就会形成短路电流，并使磁场绕组发热。

（2）电枢总成的检修

电枢总成的常见故障是电枢绕组绝缘破损而使匝间短路或搭铁、绕组接头与换向器铜片脱焊、换向器铜片烧蚀或磨损、电枢轴弯曲等，造成起动机不转或运转无力等。电枢总成的检修方法如下：

1）直观检查换向器表面是否烧蚀、云母片有无凸出等。如果换向器铜片轻微烧蚀，则可用“00”号砂纸打磨修复（图 2-44）；若严重烧蚀、失圆（径向圆跳动 >0.05mm）、云母片高于铜片，则应精车加工，但加工后换向器铜片厚度不得少于 2mm。

专家解读：

换向器铜片之间的云母片是否低于铜片还要看具体的起动机。进口汽车的起动机云母片通常低于铜片，检修时，若换向器铜片间槽的深度小于 0.2mm，就需用锯片将云母片割低至规定的深度；国产起动机的云母片和铜片应该是平齐的，检修时无需割低。

2）用万用表欧姆档检测换向铜片和电枢轴之间的电阻（图 2-45），检查绕组是否搭铁。正常应为不通，否则说明电枢绕组有搭铁的故障，需修理（重新绕制，并浸漆、烘干）或更换电枢总成。

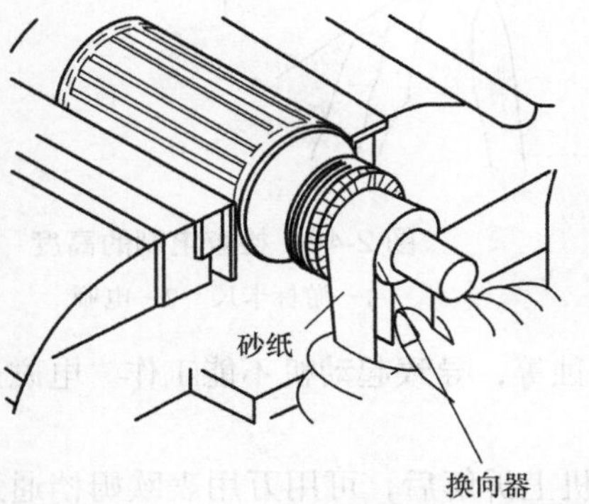

图 2-44 换向器修理

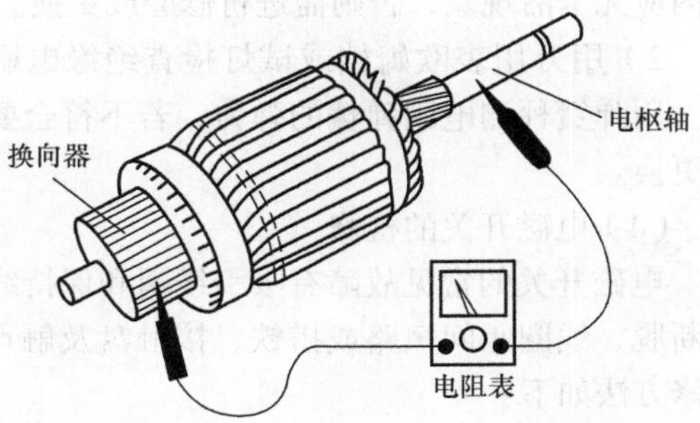

图 2-45 检查电枢绕组有无搭铁

3）用电枢检验仪检查电枢绕组有无匝间短路，如图2-46所示。电枢检验仪通电后，如果放置在电枢顶部的钢片在槽上跳动，就说明电枢绕组有短路，需修理或更换电枢总成。

专家解读：

电枢检验仪检测电枢绕组匝间短路原理。电枢检验仪的感应线圈通电后，交变的磁场穿过电枢绕组，使电枢绕组产生感应电动势。如果电枢有匝间短路，就会形成短路电流，短路电路形成的交变磁场会使放置在顶部的钢片跳动。

4）用电枢检验仪检测电枢轴和换向器径向跳动，如图2-47所示。电枢轴的径向跳动应不大于0.15mm。电枢轴若有弯曲，可通过冷校校直。

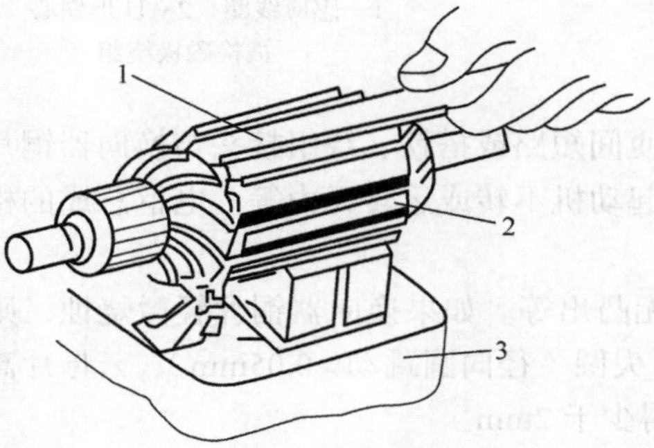

图2-46　用电枢检验仪检查电枢绕组有无匝间短路

1—钢片　2—被检电枢　3—电枢检验仪

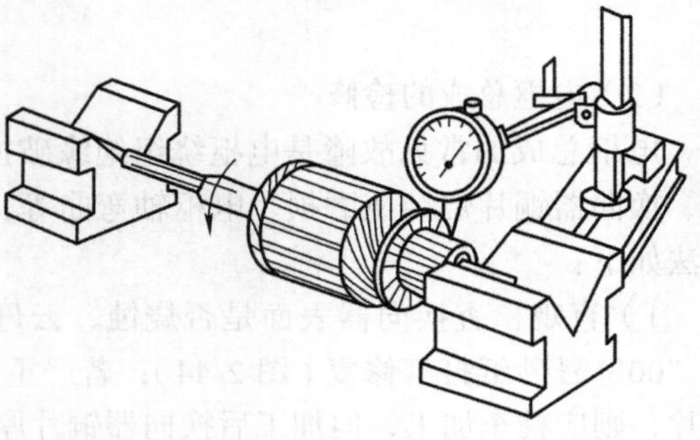

图2-47　检测电枢轴和换向器径向跳动

（3）电刷与刷架的检修

电刷的常见故障是电刷过度磨损、电刷在电刷架中卡滞、绝缘电刷架漏电等，导致起动机不转或运转无力等。电刷与刷架的检修方法如下：

1）检查电刷的高度（图2-48），一般不应低于标准的2/3，电刷的接触面积不少于75%，电刷在电刷架内应无卡滞现象，否则需进行修磨或更换。

2）用万用表欧姆档或试灯检查绝缘电刷架绝缘性。用弹簧秤测电刷弹簧的弹力，若不符合要求应予以更换。

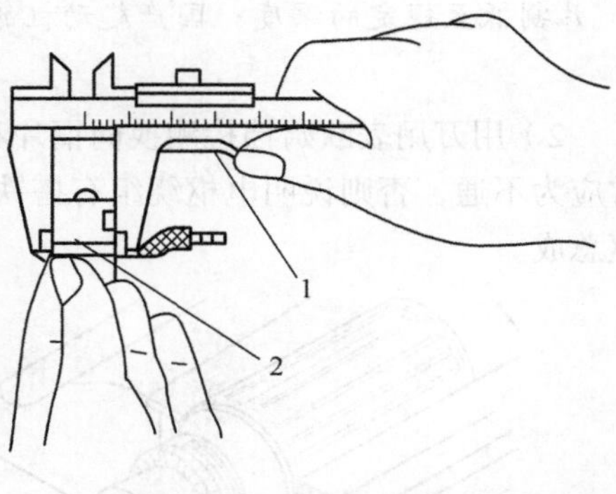

图2-48　检查电刷的高度

1—游标卡尺　2—电刷

（4）电磁开关的检修

电磁开关的常见故障有吸引线圈和保持线圈连接处断脱、线圈匝间短路或搭铁、接触盘及触点表面烧蚀等，导致起动机不能工作。电磁开关的检修方法如下：

1）电磁开关线圈的断路检查。电磁开关从起动机上拆解后，可用万用表欧姆档通过检测电磁开关接线柱与电动机接线柱、电磁开关接线柱之间的电阻来检查线圈是否有断路，吸引线圈和保持线圈的检查如图 2-49 所示。

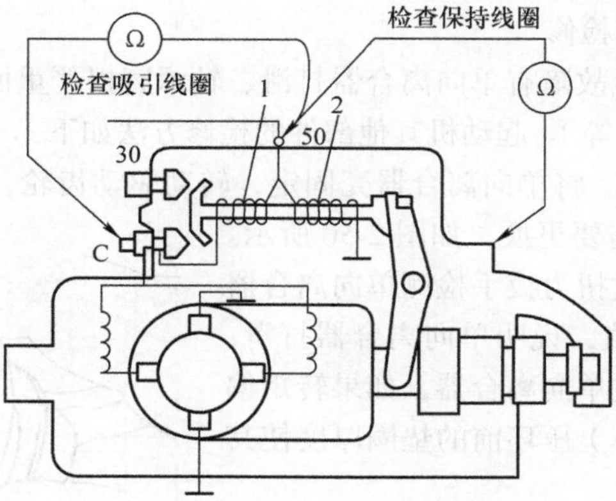

图 2-49 电磁开关线圈的检查

1—吸引线圈 2—保持线圈 30—电源接柱 50—电磁开关接柱 C—电动机接柱

如果上述检测有不通路之处，则说明电磁开关吸线圈或保持线圈有断路。

2）电磁开关线圈搭铁检查：检查电磁开关接线柱与壳体之间的电阻。如果电磁开关接线柱与搭铁之间的电阻为 0，则为电磁开关线圈有搭铁故障。

专家解读：

起动机电磁开关两线圈的电阻很小，电磁开关接线柱与壳体之间连接着保持线圈。用万用表电路通断检测档来检测其通断性，检测结果一定为通路，如果以此来判断电磁开关线圈有搭铁故障，则可能会得到错误的检测结果。因此，电磁开关线圈搭铁检查应用万用表电阻档检测。

电磁开关线圈有故障时，需重绕或更换电磁开关。部分国产起动机电磁开关线圈参数见表 2-2。

表 2-2 部分国产起动机电磁开关线圈参数

起动机型号	线圈名称	导线 /mm	匝数	线圈电阻（20℃时）/Ω
ST614	吸引线圈	QZ/ϕ 0.83/0.92	250 ± 5	0.83~0.85
	保持线圈	QZ/ϕ 0.83/0.92	250 ± 5	1.07~1.14
321	吸引线圈	ϕ 0.90	235 ± 5	0.55~0.65
	保持线圈	ϕ 0.83	245 ± 3	0.87~1.07
QD124	吸引线圈	ϕ 0.90	235 ± 5	0.55~0.65
	保持线圈	ϕ 0.83	245 ± 3	0.87~1.07
QD124A	吸引线圈	ϕ 1.25	200 ± 4	0.30~0.36
	保持线圈	ϕ 0.75	200 ± 4	1.17~1.41

3）直观检查接触盘及触点表面烧蚀情况、回位弹簧是否失效等。电磁开关触点或接触盘可以用锉刀或砂布轻微地修整；回位弹簧过弱应予以更换。

（5）起动机其他部件的检修

起动机其他部件的常见故障有单向离合器打滑、轴承磨损严重而造成松旷等，导致起动机工作异常（空转、啮合不良等）。起动机其他部件的检修方法如下：

1）单向离合器的检修。将单向离合器壳固定，转动驱动齿轮，如果两边都能转动，则说明单向离合器已经失效，需要更换，如图 2-50 所示。单向离合器的检修还可通过扭力扳手检测单向离合器的转矩，若转矩小于规定值，说明单向离合器打滑，应予以更换。对于摩擦片式单向离合器，如果转矩偏小，则可以通过调整（减小）压环前的垫圈厚度使其达到要求。

2）轴承的检修。检查各轴承有无松旷，若有则需更换轴套。轴套压好后再铰销轴套内孔，使之与轴颈的配合符合要求。

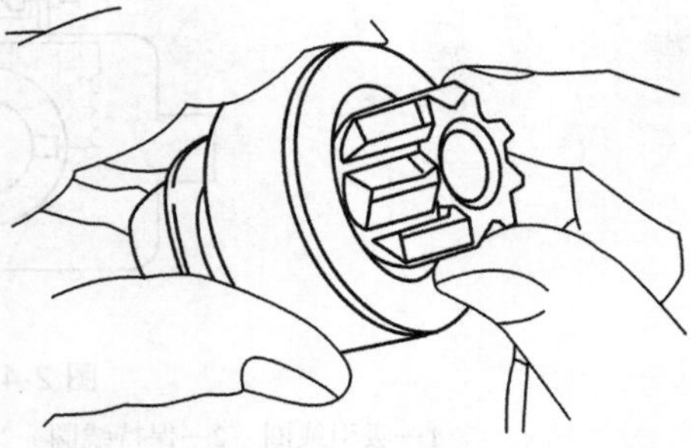

图 2-50　单向离合器的检修

二、起动机的性能试验与调整

经修理后的起动机在装车前，应通过起动机试验来检验起动机性能是否良好，以避免重复装卸起动机，增加维修工作量。

阅读提示

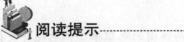

起动机的性能是通过空载试验和全制动试验来检验的。空载试验是检测起动机通电后没有负载的情况下，其转速和电流是否正常；全制动试验则是检测起动机在通电不转动（制动）情况下的最大转矩和制动电流是否正常。

1. 起动机的空载试验与全制动试验

（1）空载试验

做空载试验时，首先将起动机放在夹具上并将其夹紧，然后接上电源（图 2-51），观察起动机的运转情况和空载电流。空载试验时，被测起动机应运转均匀、电刷无较强火花，其电流、电压和转速应符合表 2-3 规定的值。

如果电流大而转速低，则可能是起动机装配过紧，电枢绕组、磁极绕组有短路或搭铁故障；如果电流和转速都低，则说明起动机内部电路有接触不良之处。

（2）全制动试验

全制动试验是在空载试验正常的情况下，为进一步检验起动机的性能而进行的测试，全制动试验是在起动机通电且驱动齿轮不转的情况下，测出起动机的最大转矩（制动转矩）及最大电流，以确定起动机的性能良好与否。起动机全制动试验如图 2-52 所示。起动机接通电源后，应迅速记下电流表、转矩测试仪和电压表的示值，其全制动电流和制动转矩应符合表 2-3 规定的值。

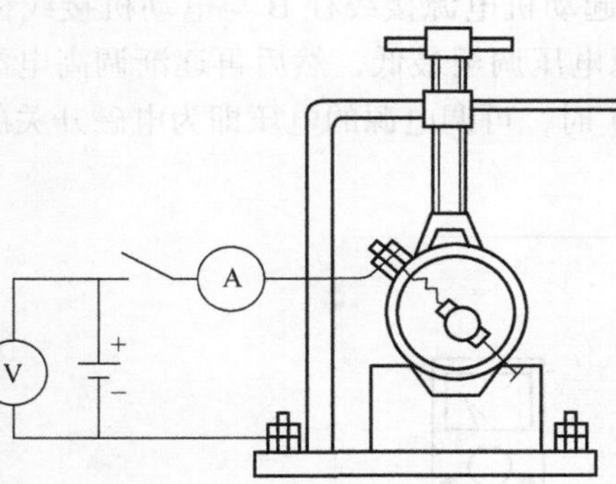

图 2-51 起动机的空载试验

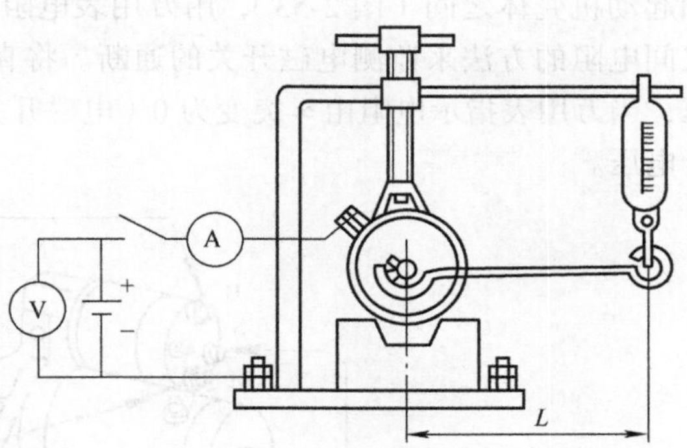

图 2-52 起动机全制动试验

如果电流大而转矩小，则表明磁极绕组或电枢绕组有短路或搭铁不良故障；如果转矩和电流都小，则表明起动机内接触电阻过大；如果试验过程中电枢轴转动，则说明单向离合器打滑。

专家解读：

起动机空载试验每次不要超过 1min，以免起动机过热。全制动试验要动作迅速，一次试验时间不要超过 5s，以免烧坏电动机和对蓄电池使用寿命造成不利影响。

表 2-3 部分国产起动机的性能参数

型号	规格		空载特性		全制动特性			电刷	驱动齿轮		适用车型
	额定电压/V	额定功率/kW	最大电流/A	最小转速/(r/min)	电压/V	最大电流/A	最小转矩/N·m	弹簧压力/N	齿数	齿轮行程/mm	
QD124A	12	1.85	95	5000	8	600	24	—	9	20	解放 CA1091
QD124H	12	1.47	90	5000	8	650	29.4	2~15	—	—	解放 CA1091
QD124F	12	1.47	90	5000	8	650	29.4	8~13	11	—	东风 EQ1090
QD1211	12	1.8	90	5000	7.5	750	34	12~15	11	—	东风 EQ1090
321	12	1.1	100	5000	6	525	15.7	12~15	9	20	北京 2020N
QD1225	12	0.96	45	6000	7	480	13	—	9	—	上海桑塔纳
QD142A	12	3	90	5000	7	650	25	12~15	9	—	南京依维柯
DW1.4	12	1.4	67	2900	9.6	160	13	—	9	—	北京切诺基
D6RA37	12	0.57	220	1000	—	350	85	—	9	—	神龙富康
QD25	24	3.5	90	6000	9	900	34.3	—	9	—	跃进 NJ1061
QD27E	24	8.08	120	6000	12	1700	142	—	11	—	五十铃 TD50AD

2. 起动机电磁开关检验

为确保起动工作可靠，装车前还应对起动机电磁开关进行检验。电磁开关的性能良好与否是通过检测电磁开关的闭合电压与释放电压、断电能力来检验的。

（1）检测电磁开关的闭合电压与释放电压

1）检测电磁开关的闭合电压。将一可调直流电源（0 ~ 20V）连接于电磁开关接线柱 S

和起动机壳体之间（图 2-53），用万用表电阻档检测起动机电源接线柱 B 与电动机接线柱 M 之间电阻的方法来监测电磁开关的通断。将直流电源电压调至最低，然后再逐渐调高电源电压，当万用表指示电阻由∞突变为 0（电磁开关闭合）时，可调电源的电压即为电磁开关的闭合电压。

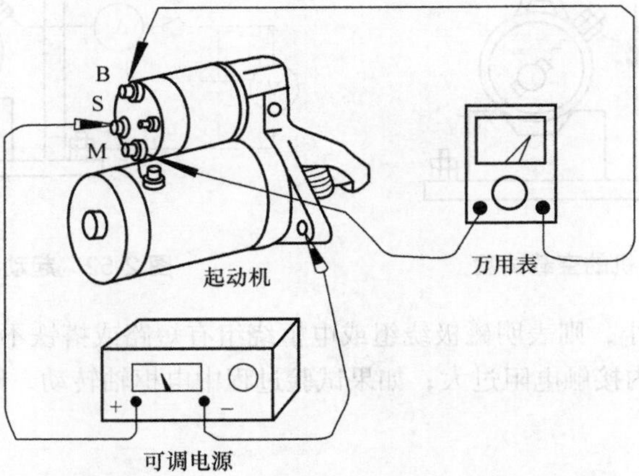

图 2-53　检测电磁开关的闭合电压与释放电压

2）检测电磁开关的释放电压。记下电磁开关的闭合电压后，再逐渐调低可调电源的电压，当万用表指示电阻由 0 突变为∞（电磁开关释放）时，可调电源的电压即为电磁开关的释放电压。

如果没有可调电源，也可用蓄电池加一个变阻器及万用表来检测电磁开关的闭合电压和释放电压，用试灯监测电磁开关通断，检测电路如图 2-54 所示。

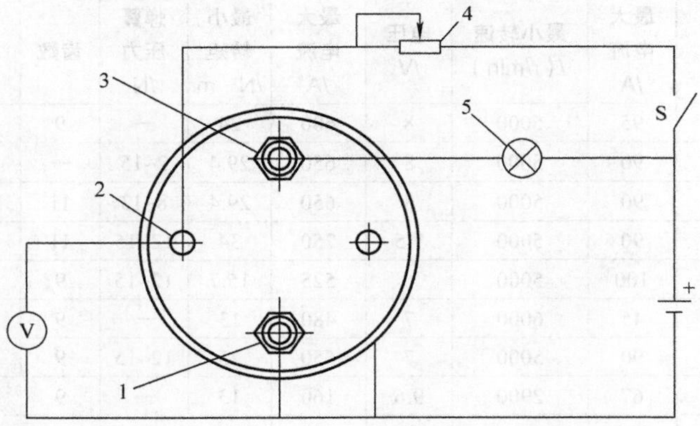

图 2-54　电磁开关闭合电压与释放电压检测

1—电动机接线柱　2—电磁开关接线柱　3—电源接线柱　4—变阻器　5—试灯

先将变阻器电阻调至最大，接通电源开关 S 后，再逐渐调节变阻器，使加在电磁开关接线柱 2 的电压逐渐升高。当试灯 5 亮起时，电压表显示的电压即为电磁开关的闭合电压。

记下电磁开关的闭合电压后，再逐渐调节变阻器，使加在电磁开关接线柱 2 的电压逐渐降低。当试灯 5 熄灭时，电压表显示的电压即为电磁开关的释放电压。

诊断标准

电磁开关的闭合电压值应不高于起动机额定电压的 75%，释放电压不应高于额定电压的 40%。否则需予以检修或更换。

（2）检测电磁开关的断电能力

起动机电源接线柱连接电源，再使起动机电磁开关通电，并使起动机处于制动状态，然后断开电磁开关电源，看电磁开关主触点能否断开。如果电磁开关不能可靠地断开，则说明电磁开关性能不良，需检修或更换电磁开关。

3.起动机的调整

（1）驱动齿轮前端面与端盖突缘间距的调整

起动机不工作时，起动机驱动齿轮前端面与端盖突缘的间距应符合标准，如果间距不当，应通过定位螺钉进行调整，如图 2-55 所示。一些起动机无定位螺钉，则需通过修理（如加减垫圈）的方法使驱动齿轮的位置适当。

部分车型起动机驱动齿轮前端面与端盖突缘间距见表 2-4。

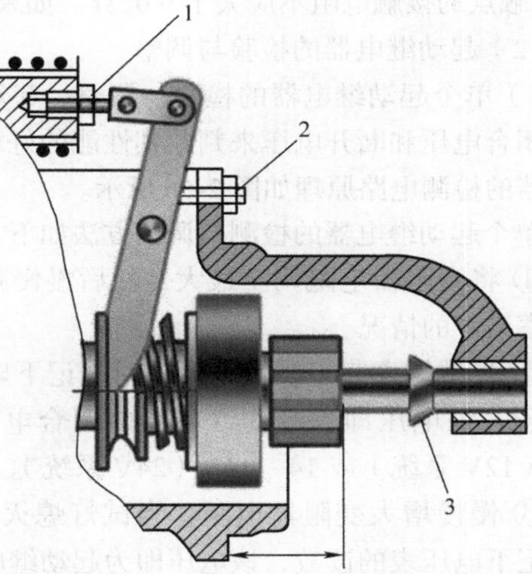

图 2-55 起动机驱动齿轮前端面与端盖突缘间距的调整

1—调节螺杆 2—定位螺钉 3—限位螺母

（2）电磁开关接通时间的调整

当电磁开关接触盘与触点接触时，驱动齿轮与限位螺母的间距应为 4.5mm ± 1mm，如果此间距不当，则说明电磁开关接通时间过早或过迟，需进行调整。需要调整时，将调节螺杆的锁紧螺母松开（图 2-55），旋入调节螺杆可将间距调小，旋出调节螺杆可调大间距。

表 2-4 起动机驱动齿轮前端面与端盖突缘间距

车型	EQ1090 系列汽车	BJ2020N 汽车	CA1091 系列汽车
间距 /mm	29 ~ 32	32.5 ~ 34	31 ~ 32

三、起动继电器的故障检修

1.起动继电器的常见故障

起动继电器及组合式继电器中充电指示灯继电器的常见故障及影响见表 2-5。

2.起动继电器的检修与调整

（1）起动继电器的检修方法

1）检查起动继电器触点有无烧蚀、氧化。触点轻微烧蚀，可用“00”号砂纸打磨并清洁后继续使用，烧蚀比较严重则应更换起动继电器。

表 2-5 起动继电器及组合式继电器中充电指示灯继电器的常见故障及影响

起动继电器类别	常见的故障	对起动机工作的影响
起动继电器	触点接触不良	起动发动机时因不能接通起动机电磁开关电路而导致起动机不工作
	线圈断路、短路	
	触点间隙失调	继电器的闭合电压、断开电压不适当，使起动机工作不正常
	弹簧拉力不当	
组合继电器中的充电指示灯继电器	触点接触不良	充电指示灯不亮，起动机不工作
	线圈断路、短路	起动机失去驱动保护作用

2）检查起动继电器线圈的电阻（测继电器 S、B 接线柱之间的电阻），起动继电器线圈的电阻一般在 10 ~ 15Ω。如果起动继电器线圈有断路、短路，则应更换继电器。

3）检查起动继电器触点的接触电阻（在触点闭合时，测继电器 SW、搭铁端子之间的电阻），触点的接触电阻不应大于 0.05Ω。如果触点的接触电阻过大，应予以修理或更换。

（2）起动继电器的检验与调整

1）单个起动继电器的检验与调整。起动继电器通过检测闭合电压和断开电压来判断其性能的好坏。单个起动继电器的检测电路原理如图 2-56 所示。

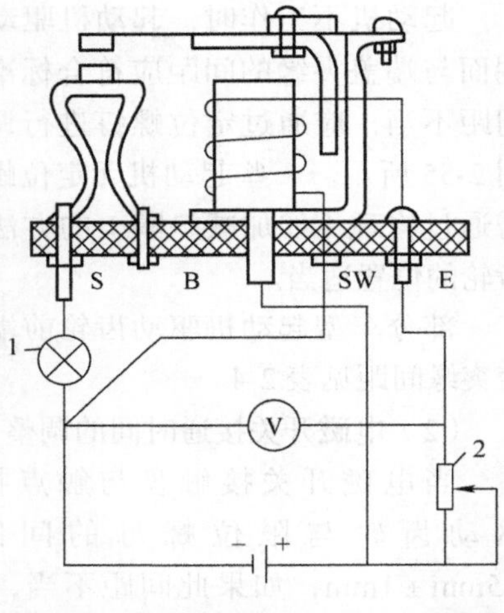

图 2-56 单个起动继电器的检测电路原理

1—试灯 2—变阻器

单个起动继电器的检测与调整方法如下：

① 将变阻器电阻调至最大，然后慢慢减小电阻，注意观察试灯的情况。

② 当试灯亮起（触点闭合）时，记下电压表所指示的电压，该电压即为起动继电器的闭合电压，应为 6 ~ 7.6V（12V 系统）或 14 ~ 16V（24V 系统）。

③ 慢慢增大变阻器电阻，当试灯熄灭（触点断开）时，记下电压表的读数，该电压即为起动继电器的断开电压，应为 3 ~ 5.5V（12V 系统）或 4.5 ~ 8V（24V 系统）。

如果起动继电器的闭合电压或断开电压不在正常范围以内，则可通过改变继电器触点间隙、弹簧的拉力及铁心与衔铁之间的气隙来调整。

2）组合继电器的检验与调整。组合继电器（图 2-57）不仅要检测其起动继电器的闭合电压和断开电压，还需检测其充电指示灯继电器的动作电压和释放电压。组合继电器的检测电路原理如图 2-58 所示。

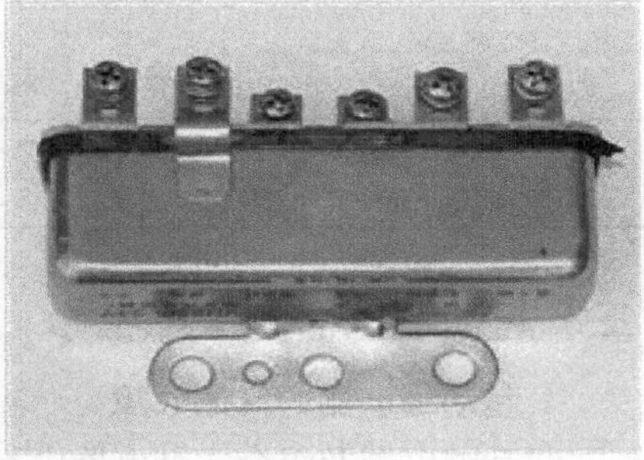

图 2-57 组合继电器

组合继电器中起动继电器的检测方法参照单个起动继电器检测方法进行，充电指示灯继电器的检测方法如下：

① 将变阻器电阻调至最大，并接通开关，使试灯亮起。

② 慢慢减小变阻器电阻，并注意观察试灯的情况，当试灯熄灭（触点断开）时，记下电压表所指示的电压，该电压即为充电指示灯继电器的动作电压。

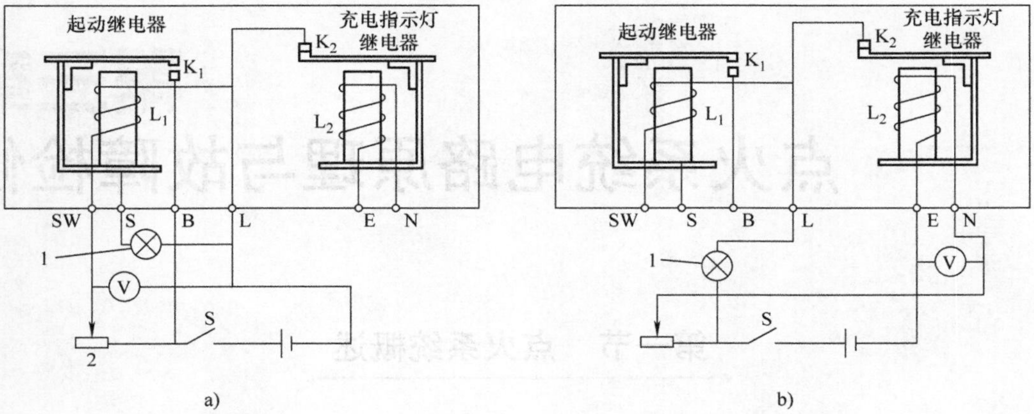

图 2-58 组合继电器的检测电路原理

a）起动继电器的测试 b）充电指示灯继电器的测试

1—试灯 2—变阻器

③ 慢慢增大变阻器电阻，当试灯又亮起（触点闭合）时，记下电压表的读数，该电压即为充电指示灯继电器的释放电压。

国产组合继电器的性能检测参数见表 2-6。如果组合继电器的检测结果不在正常范围以内，则可通过改变继电器触点间隙、弹簧的拉力及铁心与衔铁之间的气隙来调整。

表 2-6 国产组合继电器的性能检测参数

型号	额定电压 /V	起动继电器		充电指示灯继电器		适用车型
		闭合电压 /V	断开电压 /V	动作电压 /V	释放电压 /V	
JD136	12	5 ~ 6.6	≤ 3	4.5 ~ 5.5	≤ 3	EQ1090F
JD236	24	10 ~ 13.2	≤ 6	9 ~ 11	≤ 3	
JD171	12	≤ 7	≤ 1.5	4.5 ~ 5.5	≤ 2	CA1091
JD271	24	≤ 14	≤ 5	9 ~ 11	≤ 4	—

第三章 点火系统电路原理与故障检修

第一节　点火系统概述

一、点火系统基本要求

阅读提示

汽油发动机在压缩行程终止时，其可燃混合气还未达到自燃点，需要一个外加的火源将其点燃。点火系统的功能就是将车载低压电源转变为能使火花塞电极跳火的高压电，通过火花塞适时地产生电火花，点燃混合气，以使汽油发动机能正常工作。

为确保发动机稳定可靠地工作，对点火系统有如下三个基本要求。

（1）足够高的次级电压

在点火系统中，用于点燃混合气的火花塞电极伸入发动机气缸燃烧室内，通过电极之间气体的电离作用产生电弧放电（跳火），以点燃混合气。火花塞电极之间的气体压力很高，要使其发生电离而形成电弧放电（电火花），必须要有足够高的电压。使火花塞电极之间的气体电离（跳火）所需的电压称为击穿电压 U_j（或点火电压），U_j 的高低与发动机工况及火花塞的状况有关。

1）发动机工况与 U_j 的关系。气缸内的混合气压力高、温度低时，气体的密度相对较大，气体电离所需的电场力较大，所需的击穿电压也较高。发动机在不同工况下，其压缩终止的混合气压力和温度是不同的，因此，当发动机的转速和负荷改变时，火花塞的击穿电压也会随之而变。

2）火花塞电极的温度和极性与 U_j 的关系。当火花塞电极的温度超过周围混合气温度时，击穿电压可降低 30% ~ 50%。这是因为电极在温度高时，其周围的气体密度相对较小，故而容易被击穿。由于火花塞中心电极的温度相对较高，因此，火花塞的中心电极为负时，火花塞电极的击穿电压可降低 20% 左右。

3）火花塞的间隙和形状与 U_j 的关系。火花塞电极的间隙增大，在同样的电压下其电场较弱，因此，必须提高电极间的电压才能达到气体电离所需的电场强度。也就是说，火花塞电极间隙越大，其击穿电压就越高。火花塞电极较细或电极表面有沟棱时，在同样的电压下其电场的最强处要大于较粗、表面平的电极，因此，所需的击穿电压可降低。

此外，火花塞电极上积油、积炭时，其击穿电压会相应升高。

点火系统所能产生的电压称为最高次级电压(U_{2m})。要使火花塞在发动机任何工况、状态下都能可靠跳火，就必须满足 $U_{2m}>U_{jm}$。即发动机工作过程中点火系统所能产生的最高次级电压 U_{2m} 始终要高于最高的击穿电压 U_{jm}。为确保汽油发动机点火的可靠性，通常要求 U_{2m} 在 20kV 以上。

专家解读：

最高次级电压是指点火系统所能达到的最高电压，最高次级电压的高低，实际上反映了点火系统所具有的“能力”大小；击穿电压是指火花塞电极跳火所需的电压，也称其为点火电压，击穿电压的高低，实际上就是点火系统工作时所需承受的“负荷”的大小。

(2) 足够的点火能量

火花塞跳火后能确保可燃混合气迅速燃烧，还必须要有足够的点火能量。发动机正常工作时，由于混合气压缩终止的温度已接近自燃温度，因而所需的火花能量很小。但是发动机在起动、怠速及急加速等工况下运行时，由于混合气的温度较低或混合气过浓、过稀等原因，需要有较高的点火能量才能保证混合气可靠地燃烧起来。

点火能量不足时，会使发动机起动困难、点燃率下降，发动机的动力性下降、油耗和排污增加，并可能导致发动机不能起动。

点火系统所具有的点火能量必须大于最不利于点火时所需的火花能量，这样才能确保 100% 的点燃率。

(3) 适当的点火时间

点火系统火花塞是在压缩终止前的某一个时刻开始跳火，某一缸火花塞开始点火到活塞运行到压缩行程上止点曲轴所转过的角度称为点火提前角。最适当的点火时间（最佳的点火提前角）可使混合气燃烧及时而且充分，使发动机的功率达到最大，同时保证发动机的排气污染最小。

点火提前角过大，压缩行程活塞上行的阻力增大，导致发动机功率下降、油耗增加，且发动机容易产生爆燃。

点火提前角过小，混合气燃烧产生的最高压力和温度下降，也导致发动机功率下降、油耗增加，且容易引起发动机过热、排气管放炮等故障。

发动机在不同的转速和负荷下，其点火提前角度应是不同的。点火系统应能根据发动机的转速和负荷变化情况，及时调整点火时间，以确保混合气的燃烧及时、完全。

专家解读：

最佳点火提前角是指该点火时刻可使发动机气缸内的混合气及时、迅速且充分地燃烧，最高压力出现在压缩终止上止点后 10° ~ 15° 的曲轴转角，此时可使混合气燃烧所转换的机械功率达到最大。

二、点火系统的发展概况

随着汽车的发展，汽油发动机的点火技术也逐步得到了提高。

1886 年，第一辆以四冲程内燃机为动力的汽车使用的是磁电机点火装置。磁电机点火装置的点火能量有限，只适用于单缸或双缸发动机，因而在汽车上很早就被淘汰了，而在一些用来起动大型柴油机的小型汽油发动机上和一些摩托车上，由于这些汽油发动机的气缸数较少，磁电机点火装置还有少量应用。

1907 年，美国人首先在汽车上使用了蓄电池点火装置，这种由蓄电池和发电机提供电能的点火系统采用了点火线圈，通过断电器触点来控制点火线圈初级电流的通断，使次级产生高压。

最初使用的蓄电池点火系统无点火提前角自动调节装置，一直到 1931 年，美国人才首先使用了能根据发动机负荷和转速自动调节点火提前角的真空、离心点火提前调节装置。此后，这种触点式点火装置逐步得到完善，在汽车上得到了广泛应用，并被称为“传统点火系统”（图 3-1a）。

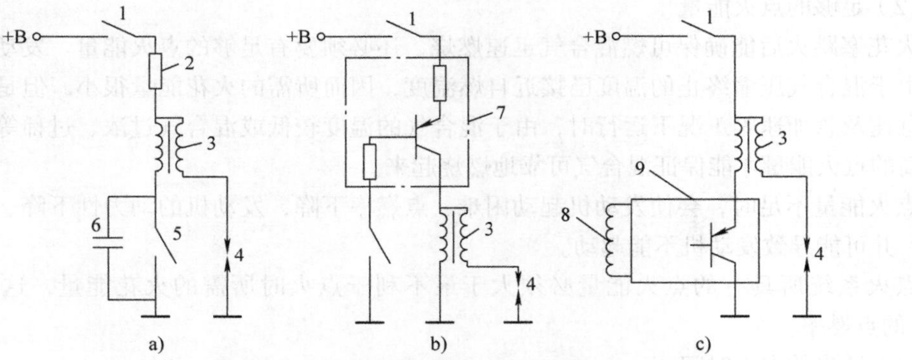

图 3-1　各种点火系统基本组成示意图

a）传统点火系统　b）晶体管辅助点火系统　c）无触点电子点火系统
1—点火开关　2—点火线圈附加电阻　3—点火线圈　4—火花塞　5—断电器触点　6—电容器
7—晶体管放大器　8—点火信号发生器　9—电子点火器

随着人们对汽车发动机动力性、经济性及排放控制要求的日益提高，传统点火系统因其触点本身所固有的缺陷也越来越显现出来。20 世纪 60 年代初期，出现了一种晶体管辅助点火系统，这种点火系统增加了一个电子放大器（图 3-1b），使得点火性能得到了较大的提高。

晶体管辅助点火系统还保留了触点，不能完全消除由触点本身所造成的一些缺点，因此，很快就被无触点电子点火系统（图 3-1c）所取代。无触点电子点火系统从 20 世纪 60 年代末期开始推广应用之后，在汽车上得到了广泛的应用，而传统点火系统则已经被淘汰。

1976 年，美国通用公司首次将微处理器应用于点火时刻控制，此后，采用微处理器控制的电子点火系统的应用日渐增多，并与汽油喷射、怠速控制等发动机的其他电子控制系统组合在一起，实现了发动机的集中电子控制。随着微型计算机技术及电子控制理论的不断完善，以微处理器为控制核心的电子点火系统在汽车上已得到了普遍的应用。

三、点火系统的类型

本节以不同的分类方式，将各种点火系统的特点及目前使用情况加以概括。

1. 按点火系统的电源不同分类

根据点火系统电能的来源不同，可分为磁电机点火系统和蓄电池点火系统两大类。

（1）磁电机点火系统

磁电机点火系统由磁电机本身产生点火所需的电能，由于结构的局限性，磁电机点火系统的点火能量有限，仅适用于单缸或双缸的汽油发动机。磁电机点火系统在汽车上早已不使用，但在某些摩托车上还有少量应用。

（2）蓄电池点火系统

蓄电池点火系的电源是蓄电池和发电机，适用于多缸发动机，目前汽车上使用的都属于此类点火系统。

2. 按点火系统储存的点火能量的方式不同分类

按点火系统产生电火花前储存点火能量的方式不同，可分为电感储能式和电容储能式两种形式。

（1）电感储能式

点火系统从电源获取的能量以电感线圈建立磁场能量的方式储存点火能量（图 3-2a）。电感线圈储存初级点火能量 W_L 的大小与线圈的电感量 L 和线圈所形成电流 I 的平方成正比

$$W_L = \frac{1}{2}LI^2$$

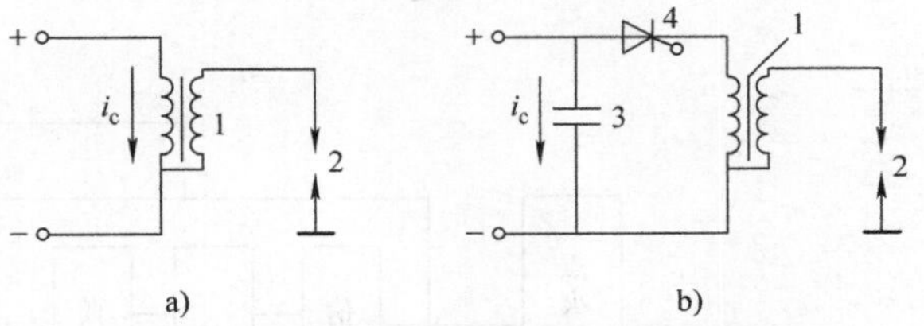

图 3-2　点火系统能量储存方式示例

a）电感储能式　b）电容储能式

1—电感线圈　2—火花塞　3—储能电容　4—晶闸管

到目前为止，在普通的汽油车上使用的基本上都是电感储能式点火系统。

（2）电容储能式

点火系统从电源获取的电能以电容器建立电场能量的方式储存（图 3-2b）。能量的大小与电容器的电容量 C 和电压 U 的平方成正比

$$W_C = \frac{1}{2}CU^2$$

电容储能式点火系统由于电火花持续时间太短，很难在普通的汽油发动机上使用。

四、点火系统的基本组成与工作原理

点火系统有触点式和电子式两种，其基本组成与工作方式如图 3-3 所示。

1. 点火系统的工作方式

（1）传统的触点式点火系统

传统的触点式点火系统通过触点的开闭来通断点火线圈初级电流，使次级产生高压。这种触点式的点火系统在工作时会产生触点火花，其故障率高，点火能量小，已经被淘汰。

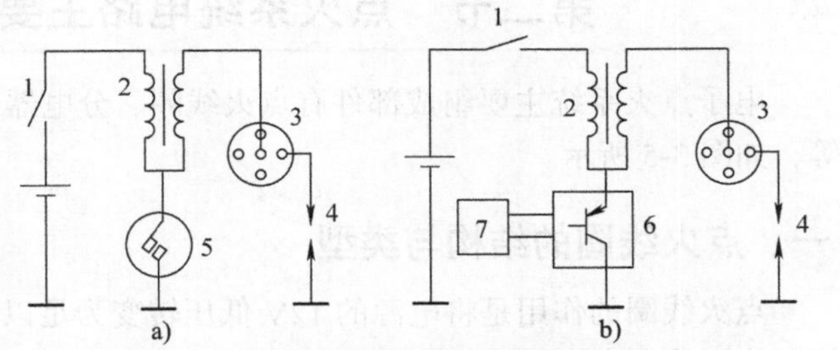

图 3-3　点火系统的基本组成与工作方式

a）触点式　b）电子式

1—点火开关　2—点火线圈　3—配电器　4—火花塞　5—断电器
6—电子点火器　7—点火信号发生器或电子控制器

（2）电子点火系统

电子式点火系统通过电子点火器（或称点火控制模块）中的大功率开关晶体管的导通与截止来通断点火线圈的初级电流，而晶体管导通和截止的控制信号则有点火信号发生器触发和电子控制器控制两种形式。

1）点火信号发生器触发式。点火时间由真空、离心点火提前调节器控制的电子点火系统，其点火信号是由安装在分电器内的点火信号发生器产生的，点火信号输入电子点火器后，触发电子点火器中的开关晶体管适时地导通和截止，从而实现点火线圈初级电流的通路和断路控制。

2）电子控制器控制式。电子控制器控制式电子点火系统，其点火时间是由电子控制器根据反映发动机工况与状态的传感器信号以及设定的控制程序进行综合分析处理后，输出点火脉冲信号，控制电子点火器工作，使点火线圈初级电流适时地通断。

2. 电子点火系统的基本工作原理

非电子控制器控制的电子点火系统的基本组成与工作原理如图 3-4 所示。

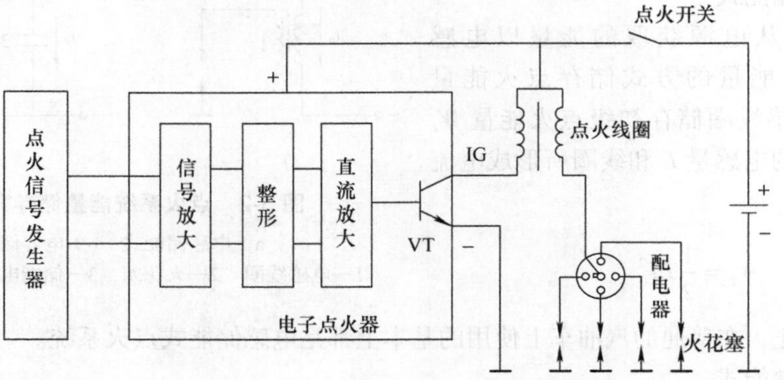

图 3-4　电子点火系统的基本组成与工作原理

安装在分电器内的点火信号发生器产生一个与曲轴位置相对应的电压脉冲信号，并输入电子点火器，触发电子点火器内部电路工作，控制开关晶体管的导通与截止，适时地通断点火线圈初级回路，使点火线圈次级产生高压。点火线圈次级的高压电由配电器按各缸点火的顺序送到各缸火花塞，点燃混合气，使发动机工作。

第二节　点火系统电路主要部件的组成与原理

电子点火系统主要组成部件有点火线圈、分电器、点火信号发生器、电子点火器、火花塞等，如图 3-5 所示。

一、点火线圈的结构与类型

点火线圈的作用是将电源的 12V 低压转变为足以使火花塞跳火的高压。不同类型的点火系统所使用的点火线圈其结构形式会有所不同，但基本工作原理相同。

1. 点火线圈的原理

点火线圈实际上是一个自耦变压器，其电路原理如图 3-6 所示。

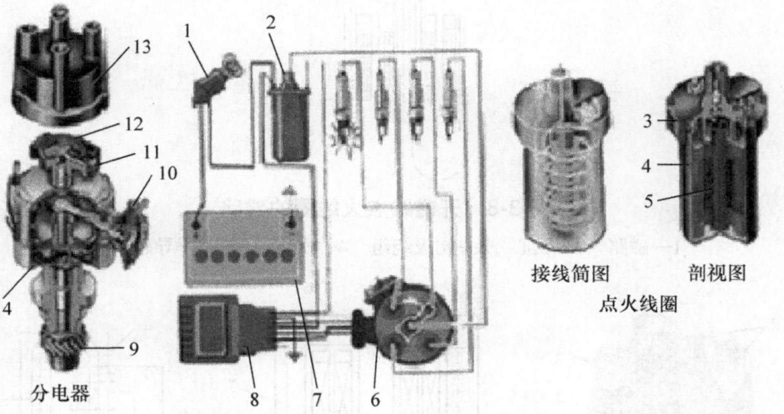

图 3-5 电子点火系统组成部件

1—点火开关 2—点火线圈 3—点火线圈绝缘盖 4—初级绕组 5—次级绕组 6—分电器 7—蓄电池 8—电子点火器 9—分电器驱动齿轮 10—真空点火提前调节器 11—接触电刷 12—分火头 13—分电器盖 14— 离心点火提前调节器

点火线圈的次级绕组/初级绕组的匝数比很大，点火电路通过控制点火线圈初级绕组适时地通断电，使其内部产生变化的磁场，使得匝数比初级绕组多得多的次级绕组产生很高的互感电动势。

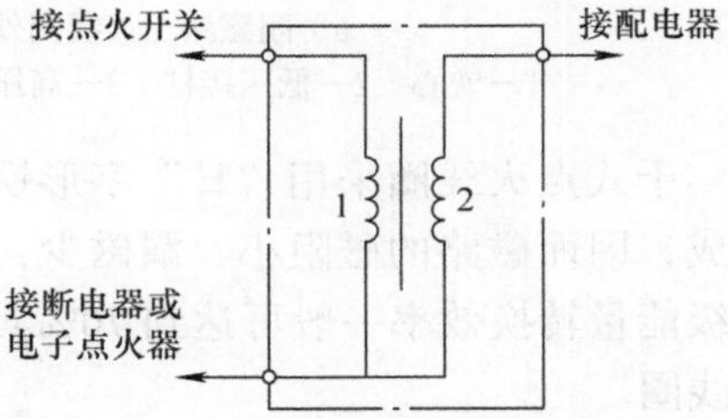

图 3-6 点火线圈的电路原理

1—点火线圈初级绕组 2—点火线圈次级绕组

2. 点火线圈的结构

点火线圈有多种结构形式，按其内部形成磁路的结构不同，可分为开磁路点火线圈和闭磁路点火线圈两大类。

（1）开磁路点火线圈

开磁路点火线圈的结构如图 3-7 所示，内部通常充满绝缘油或沥青，用于提高内部的绝缘性，并起到防止潮气侵入和提高散热效果的作用。这种内部有绝缘油或沥青的点火线圈也被称为湿式点火线圈。湿式点火线圈的初、次级绕组均绕在棒形的铁心上，由于初级绕组通过的电流较大，产生的热量较多，故将其绕在外面，以利于散热。

开磁路点火线圈通过导磁钢套导磁，但导磁钢套两端与铁心之间则是由空气构成磁路（图 3-8），因而其磁路的磁阻大，漏磁损失较多，初、次级能量转换效率只有 60% 左右。

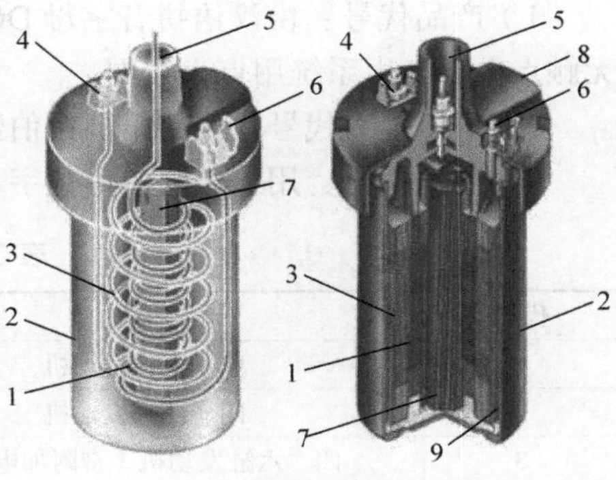

图 3-7 开磁路点火线圈

1—次级绕组 2—外壳 3—初级绕组 4—低压接柱（-） 5—高压接柱 6—低压接柱（+） 7—铁心 8—胶木盖 9—导磁钢套

（2）闭磁路点火线圈

闭磁路点火线圈也称干式点火线圈，其结构与磁路如图 3-9 所示。

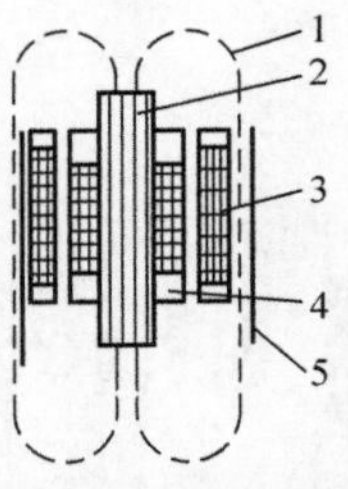

图 3-8　开磁路点火线圈的磁路

1—磁路　2—铁心　3—初级绕组　4—次级绕组　5—导磁钢套

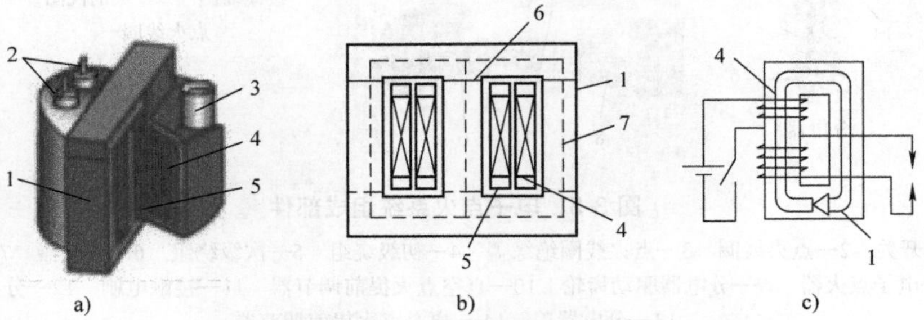

图 3-9　闭磁路点火线圈

a）闭磁路点火线圈外形　b）日字形铁心磁路　c）口字形铁心磁路

1—铁心　2—低压接柱　3—高压接柱　4—初级绕组　5—次级绕组　6—空气隙　7—磁路

干式点火线圈采用“日”字形铁心或“口”字形铁心，其磁通路均由磁导率极高的铁心构成，因而磁路的磁阻小、漏磁少，点火线圈初次级能量转换效率高。闭磁路点火线圈的初次级能量转换效率一般可达到 70% 或更高，现代汽车上的电子点火系统已广泛采用闭磁路点火线圈。

一些闭磁路点火线圈的铁心中留有一个较小的空气间隙，用以减小铁心的磁滞作用。

3. 点火线圈的型号

根据 QC/T 73—1993《汽车电气产品型号编制方法》的规定，点火线圈的型号由如下 5 部分组成：

1）产品代号：由汉语拼音字母 DQ 表示，而“DQG”“DQD”则分别表示干式点火线圈和无触点电子点火系统用点火线圈。

2）电压等级代号：用一位阿拉伯数字表示，1 表示 12V、2 表示 24V、6 表示 6V。

3）用途代号：用一位阿拉伯数字表示，各代号的含义见表 3-1。

表 3-1　点火线圈用途代号

代号	用途	代号	用途
1	单、双缸发动机	6	八缸以上发动机
2	四、六缸发动机	7	无触点分电器
3	四、六缸发动机（带附加电阻）	8	高能
4	六、八缸发动机（带附加电阻）	9	其他
5	六、八缸发动机		

4）设计序号：用阿拉伯数字表示产品设计的先后次序。

5）变型代号：以大写的汉语拼音字母 A、B、C……顺序表示（不用 O 和 I）。

二、分电器总成的构成与工作原理

阅读提示

传统的触点式点火系统所用的分电器包括适时通断点火线圈初级回路的断电器，将点火线圈产生的高压按点火顺序送至各缸火花塞的配电器，根据发动机转速与负荷的变化对点火提前进行调整的离心式和真空式点火提前调节装置，用于减小断电器触点火花并提高点火绕圈次级电压的电容器。电子点火系统采用无触点分电器，由点火信号发生器和电子点火器替代了有触点分电器中的断电器。

非电子控制器控制的电子点火系统所用的是无触点分电器，分电器内无断电器。无触点分电器如图 3-10 所示。

无触点分电器总成主要由配电器、点火信号发生器（曲轴位置传感器）、真空点火提前调节器、离心点火提前调节器等部件组成。无触点分电器的组成如图 3-11 所示。分电器轴由凸轮轴通过驱动齿轮驱动，当分电器轴转动时，配电器、点火信号发生器及离心点火提前调节器随即进入工作状态。

图 3-10　无触点分电器

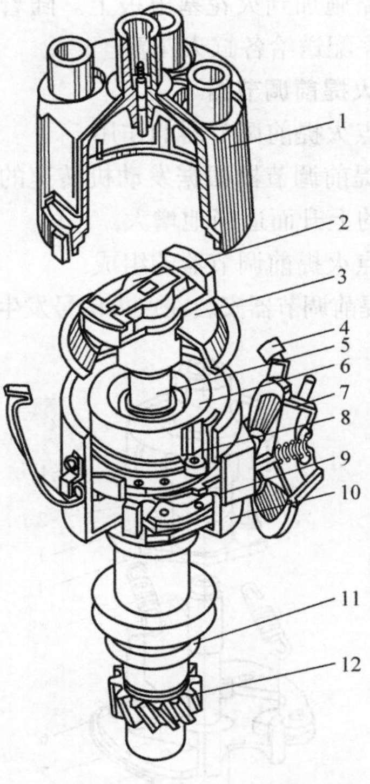

图 3-11　无触点分电器的组成

1—分电器盖　2—分火头　3—防尘罩　4—分电器盖弹簧夹
5—分电器轴　6—点火信号触发转子　7—真空点火提前调节器
8—点火信号发生器定子及托架　9—离心点火提前调节器电子点火器
10—分电器外壳　11—密封圈　12—驱动斜齿轮

1. 配电器

（1）配电器的作用与组成

配电器由随分电器轴转动的分火头和分电器盖等组成（图 3-12），其作用是将点火线圈次级产生的高压按点火顺序送至各缸火花塞。分电器盖的中央插孔内有一个小弹簧和一个接触电刷（小炭柱），接触电刷靠小弹簧压在分火头的导电片上。分电器盖中央插孔的周围均布有与气缸数一致的旁插孔，旁插孔内连接着旁电极，通过插入其中的高压分线与各缸火花塞相连。

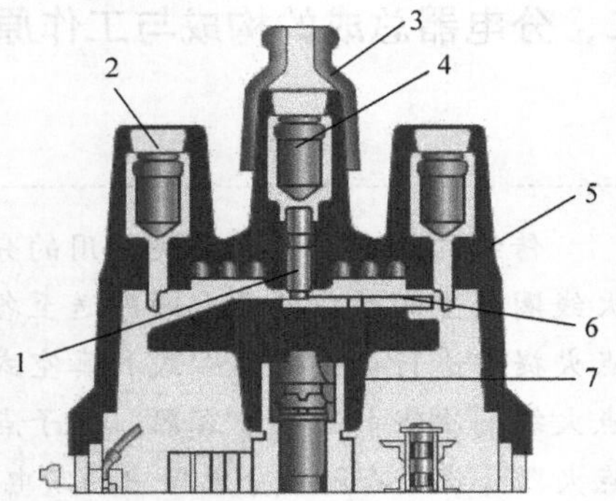

图 3-12　配电器的组成

1—接触电刷　2—旁插孔　3—防尘罩　4—中央插孔　5—分电器盖　6—分火头导电片　7—分火头

（2）配电器的工作原理

工作时，分火头和点火信号发生器的信号触发转子一起旋转，当点火信号发生器产生的点火信号输入电子点火器，电子点火器的开关晶体管断开点火线圈初级回路，点火线圈次级产生高压时，分火头正好对着分电器盖内的一个旁电极（图 3-12），该旁电极通过高压分线与需要点火缸火花塞相连，于是，点火线圈的次级高压就经中央高压线、分火头导电片、旁电极、高压分线等组成的高压回路施加到火花塞电极上。随着分电器轴的转动，配电器将点火线圈产生的高压按各缸点火的顺序配送给各缸火花塞。

2. 离心点火提前调节器

（1）离心点火提前调节器的作用

离心点火提前调节器根据发动机转速的变化自动对点火提前角进行调整，使点火提前角会随发动机转速的上升而适当地增大。

（2）离心点火提前调节器的组成

离心点火提前调节器安装在点火信号发生器信号触发转子的下面，其组成部件如图 3-13 所示。

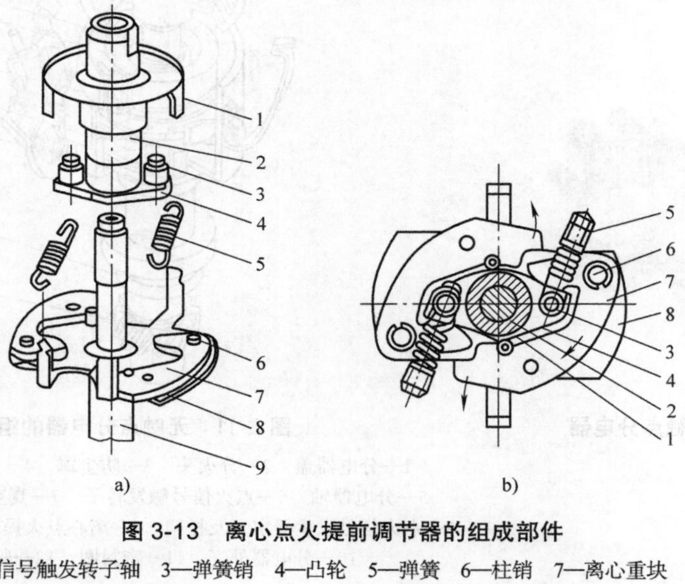

图 3-13　离心点火提前调节器的组成部件

1—信号触发转子　2—信号触发转子轴　3—弹簧销　4—凸轮　5—弹簧　6—柱销　7—离心重块　8—托板　9—分电器轴

信号触发转子、中空的转子轴及凸轮为一整体（图 3-13 中的 1、2、3、4），松套在分电器轴上端，使信号触发转子可相对分电器轴转动。安装后凸轮与重块的位置如图 3-13b 所示，凸轮通过两侧弹簧的拉力使其紧靠在重块上。重块通过柱销与托板连接，托板与分电器轴为一体。

（3）离心点火提前调节器的工作原理

工作时，发动机凸轮轴带动分电器轴转动，通过托板、柱销、重块、凸轮及信号触发转子轴使信号触发转子随分电器轴转动。

在发动机转速提高时，重块因离心力增大而向外张开，重块的张力推动凸轮克服弹簧力而相对分电器轴转动一个角度，也就是信号触发转子顺着分电器轴旋转方向转动了一个角度，这使得点火信号电压脉冲适当提前（点火时间适当提前）。

在发动机转速下降时，重块的离心力下降而向内收缩，凸轮在弹簧力的作用下逆着分电器轴旋转方向转动一个角度，使点火信号电压脉冲适当滞后（点火时间适当推迟）。

3. 真空点火提前调节器

（1）真空点火提前调节器的作用

真空点火提前调节器根据发动机负荷的变化自动调节点火提前角，它使点火提前角会随着发动机的负荷增减而适当地减小或增大。

（2）真空点火提前调节器的组成及工作原理

真空点火提前调节器装在分电器壳体的外侧，其内部的主要组成部件及工作原理如图 3-14 所示。真空点火提前调节器内部膜片的左侧通大气，右侧通过一根真空管与节气门上方的小孔相通。

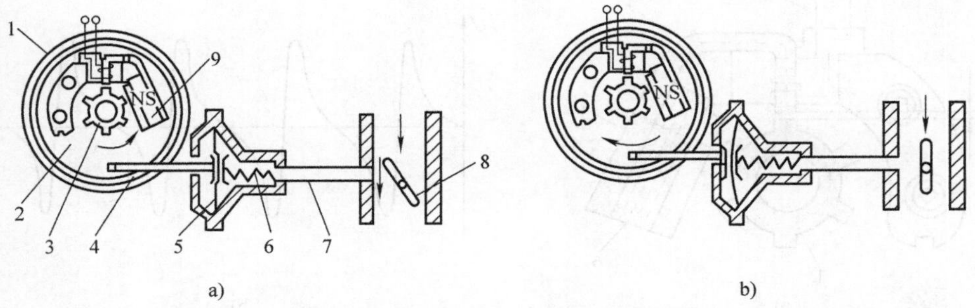

图 3-14 真空点火提前调节器主要组成部件及工作原理

a）小负荷时 b）大负荷时

1—分电器壳 2—底板 3—信号触发转子 4—拉杆 5—膜片 6—弹簧 7—真空管 8—节气门 9—信号触发开关

当发动机的负荷增大时，节气门开度增大，节气门小孔处的真空度减小，使作用于膜片弹簧侧的真空吸力减小，膜片在弹簧力的作用下向左拱，带动拉杆拉动信号触发开关顺着信号触发转子转动方向转动了一个角度，使产生点火信号脉冲的时间（点火时间）适当延迟。

发动机处于怠速工况时，节气门关闭，节气门上方的真空度很小，膜片在弹簧力的作用下向左拱至极限位置，此时的点火提前角最小，满足了发动机在怠速工况时的点火提前角要小的要求。

4. 分电器的型号

根据 QC/T 73—1993《汽车电气产品型号编制方法》的规定，分电器的型号由如下 5 部分组成：

1）产品代号：由汉语拼音字母“FD”表示，“FDW”则表示无触点分电器。

2）气缸数代号：以发动机气缸数表示，分别以 2、4、6、8、9 代表 2 缸、4 缸、6 缸、8 缸及 8 缸以上。

3）结构代号：以阿拉伯数字表示，各结构代号见表 3-2。

4）设计序号：与点火线圈相同。

5）变型代号：与点火线圈相同。

表 3-2　分电器结构代号

代号	1	2	3	4	5	6	7
结构形式	无离心调节	无真空调节	拉偏心	拉同心	拉外壳	无触点	特殊结构

三、点火信号发生器结构类型与工作原理

点火信号发生器用于产生与发动机曲轴位置相对应的电压脉冲信号，并通过电子点火器适时通断点火线圈初级回路，使点火线圈次级产生高压。点火信号发生器由信号触发转子和产生信号的信号触发开关组成。常见的点火信号发生器有磁感应式、光电式和霍尔效应式。

1. 磁感应式点火信号发生器

磁感应式点火信号发生器的结构原理及工作波形如图 3-15 所示。

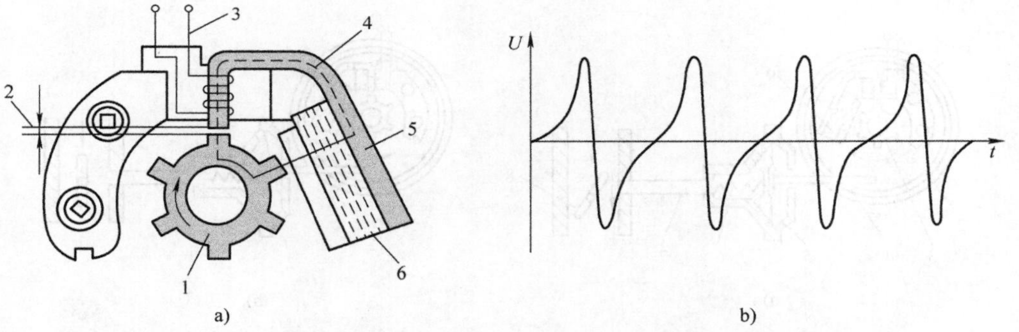

图 3-15　磁感应式点火信号发生器

a）结构原理　b）工作波形

1—导磁转子　2—空气隙　3—感应线圈　4—磁路　5—导磁铁心　6—永久磁铁

导磁转子是信号触发转子，转子的叶片与发动机气缸数相同；产生信号的定子部分由永久磁铁、导磁铁心、感应线圈等组成。

由永久磁铁产生磁动势，经导磁铁心、空气隙和导磁转子构成磁路。分电器轴转动时，通过离心点火提前调节器驱动导磁转子转动，使导磁转子与铁心之间的气隙发生变化，磁路的磁阻随之改变，致使通过感应线圈的磁通量发生变化而产生感应电压，该电压脉冲与发动机曲轴位置相对应，用于触发电子点火器工作。

图 3-16 所示的是磁感应式点火信号发生器的另一种结构形式，不同结构形式的磁感应式点火信号发生器的主要组成部件及工作原理均相同。

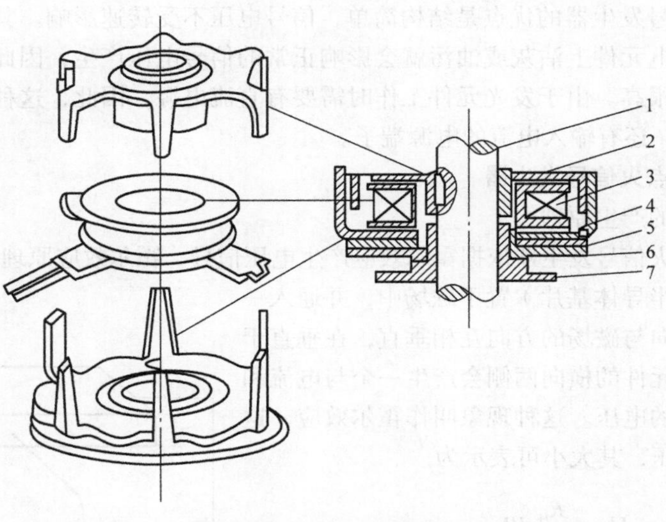

图 3-16 盘形永久磁铁的磁感应式点火信号发生器

1—分电器轴 2—导磁转子 3—感应线圈 4—信号触发开关（导磁铁心及感应线圈）
5—永久磁铁 6—活动底板 7—固定底板

磁感应式点火信号发生器结构简单、工作可靠，但其信号电压会随发动机转速的变化而变化。因此，在磁感应式点火信号发生器结构参数和电子点火器电路设计时，需要兼顾发动机低速时能有足够强的信号电压，而在发动机高速时不会因信号电压过高而损坏电子点火器中的电子元件。

2. 光电式点火信号发生器

光电式点火信号发生器的结构简图及原理简图如图 3-17 所示。光电式点火信号发生器的信号触发转子是遮光转子，遮光转子有与气缸数相对应的缺口；产生电压信号的信号触发开关部分主要由发光元件、光电元件和相应的电子电路组成。

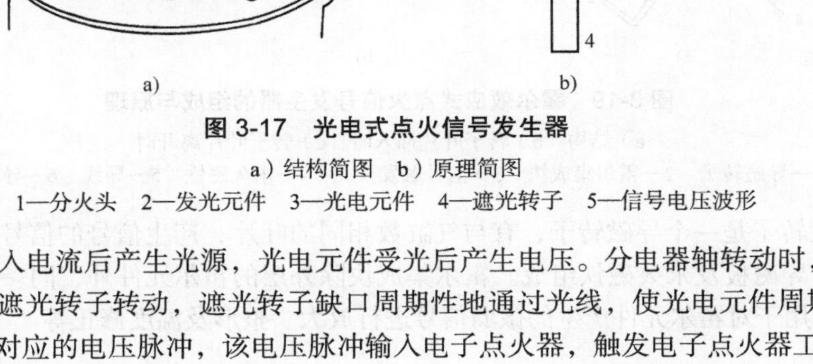

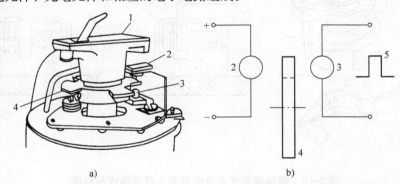

图 3-17 光电式点火信号发生器

a）结构简图 b）原理简图

1—分火头 2—发光元件 3—光电元件 4—遮光转子 5—信号电压波形

发光元件通入电流后产生光源，光电元件受光后产生电压。分电器轴转动时，通过离心点火提前装置驱动遮光转子转动，遮光转子缺口周期性地通过光线，使光电元件周期性受光而产生与曲轴位置相对应的电压脉冲，该电压脉冲输入电子点火器，触发电子点火器工作。

光电式点火信号发生器的优点是结构简单，信号电压不受转速影响。其缺点是抗污能力较差，发光元件和光电元件上沾灰或油污就会影响正常的信号电压产生，因此，光电式无触点分电器的密封性要求很高。由于发光元件工作时需要有直流电源，因此，这种分电器的低压插接器中除信号端子外，还有输入电流的电源端子。

3. 霍尔效应式点火信号发生器

（1）霍尔电压的产生原理

霍尔效应式点火信号发生器依据霍尔效应产生电压信号。霍尔效应原理如图 3-18 所示。

将霍尔元件（半导体基片）置于磁场中，并通入一定电流，电流的方向与磁场的方向互相垂直，在垂直于电流和磁场的霍尔元件的横向两侧会产生一个与电流和磁感应强度成正比的电压。这种现象叫作霍尔效应，这个电压即为霍尔电压，其大小可表示为

$$U_{\mathrm{H}}=\frac{R_{\mathrm{H}}}{d}IB$$

式中 R_{H}——霍尔系数（m^3/C）；

d——半导体基片的厚度（m）；

I——通过霍尔元件的电流（A）；

B——磁感应强度（T）。

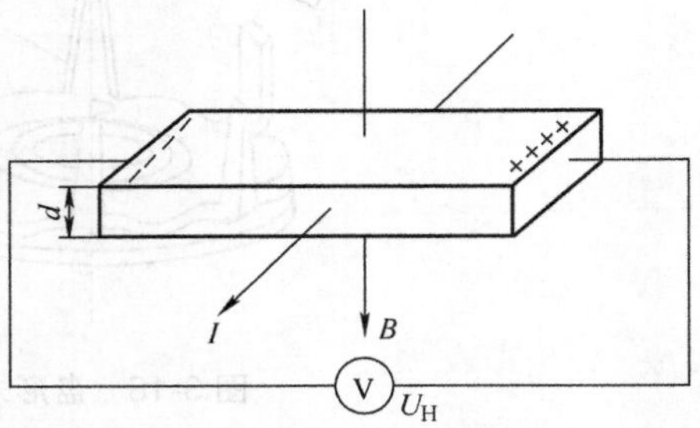

图 3-18 霍尔效应原理

I—通过霍尔元件的电流 B—磁感应强度

U_{H}—霍尔电压 d—霍尔元件基片厚度

（2）霍尔效应式点火信号发生器的工作原理

霍尔效应式点火信号发生器将流过霍尔元件的电流 I 固定不变，通过磁感应强度 B 随分电器轴转动而周期性地变化来产生脉动电压。霍尔效应式点火信号发生器的组成与原理如图 3-19 所示。

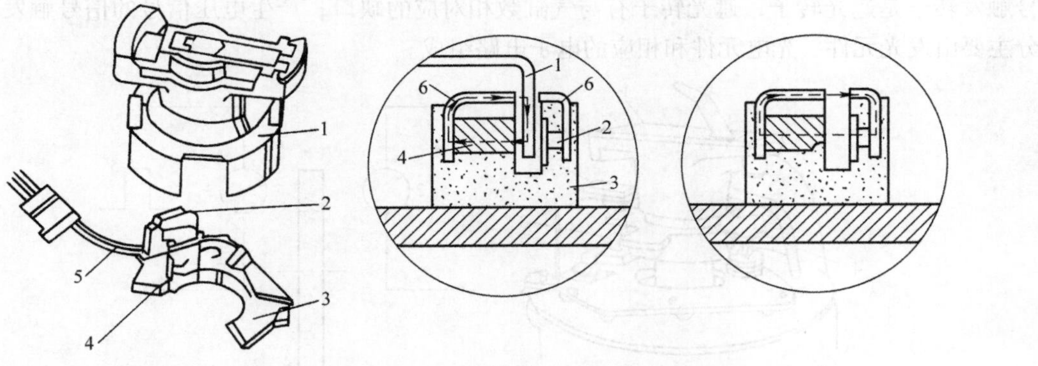

图 3-19 霍尔效应式点火信号发生器的组成与原理

a）结构 b）转子叶片插入时 c）转子叶片离开时

1—导磁转子 2—霍尔集成块 3—信号触发开关 4—永久磁铁 5—导线 6—导磁板

信号触发转子是一个导磁转子，有与气缸数相同的叶片；产生信号的信号触发开关部分由霍尔集成块、导磁板及永久磁铁组成。霍尔集成块除外层的霍尔元件外，同一基层的其他部分为集成电路，用于对霍尔元件产生的微弱信号进行放大、整形及温度修正等。

接通点火开关时，就有一个定值电流通过霍尔元件。当导磁转子随分电器轴转动，其导磁转子的叶片插入信号触发开关的缝隙时，以永久磁铁为磁动势的磁路经导磁叶片形成磁路（即经霍尔元件的磁路被导磁叶片短路），霍尔元件因无磁通量而不产生霍尔电压；当导磁转子的缺口通过缝隙（叶片离开）时，磁路经空气隙、导磁板、霍尔元件形成闭合回路，霍尔元件上有较强的磁通量而产生霍尔电压。这一脉动的霍尔电压经集成电路的整形、放大后，输出与霍尔电压反相、电压幅值增大很多的矩形波电压脉冲信号，这个与发动机曲轴位置相对应的脉冲信号即为点火信号。

霍尔式点火信号发生器的优点是精度高、耐久性好、信号电压稳定；霍尔式点火信号发生器结构稍显复杂，并与光电式点火信号发生器一样，也需要电源。

专家解读：

各类点火信号发生器用于产生一个与发动机曲轴位置相对应的电压脉冲，直接用于触发电子点火器工作，以适时地通断点火线圈初级电流，使次级产生高压。因此，在非计算机控制的电子点火系统中，这个用于产生曲轴位置相对应的脉冲信号的装置叫作“点火信号发生器”。在电子控制系统中，用于产生曲轴位置信号的装置叫作“曲轴位置传感器”，产生的脉冲信号输入电子控制器，电子控制器以此信号来判断发动机曲轴位置，并根据其他相关传感器的信号来识别发动机的工况与状态，按设定的控制程序进行点火线圈的通断电控制。

四、电子点火器的功能和工作原理

电子点火器的作用是按照点火信号发生器的信号进行工作，及时、可靠地通断点火线圈初级电流，使点火线圈次级适时地产生高压。此外，电子点火器通常还具有闭合角可控、初级回路电阻可控、停车断电保护、过电压断电保护、低速推迟点火等功能。

1. 电子点火器的基本控制原理

不同点火信号发生器配用的电子点火器电路结构会有较大的差别，所配置的功能不尽相同，各功能电路的工作方式也会有所不同。现以图 3-20 所示的典型电子点火器电路原理为例，说明电子点火器点火控制的基本原理。

在该电子点火器的电路中，VT_1 为触发管，VT_2 起放大作用，复合管 VT_3 为大功率开关晶体管，用于通断初级电流。电子点火器控制点火的原理如下：

当点火信号负脉冲输入时，信号电流流经 VD_3、R_2、VD_2、R_1，VD_3 的正向导通电压降使 VT_1 处于反向偏压而截止。VT_1 截止时，其集电极端 P 点处于高电位，使 VT_2 正向偏压而导通。VT_2 导通后又给 VT_3 提供了正向偏压，使 VT_3 导通，于是，点火线圈初级通路，初级电流逐渐增长。

当点火信号正脉冲输入时，信号电流流经 R_1、VD_1、R_2、VT_1 发射结，使得 VT_1 有正向偏压而导通，信号电流经 R_1、VD_1、R_2、VT_1 发射结形成通路。VT_1 导通后使 P 点的电位下降，致使 VT_2 失去正向偏压而截止。VT_2 截止后，VT_3 便无正向偏压而截止，使点火线圈初级断流，次级产生高压。

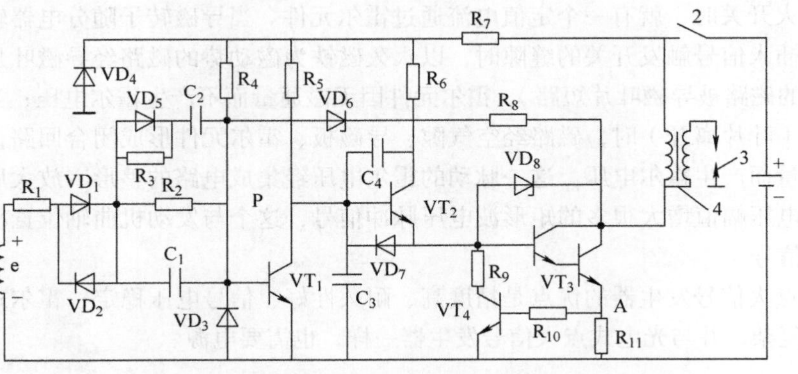

图 3-20 典型电子点火器电路原理

1—点火信号发生器感应线圈 2—点火开关 3—火花塞 4—点火线圈

2. 电子点火器其他功能

该电子点火器匹配磁感应式点火信号发生器，根据点火信号电压适时地控制点火线圈初级回路的通断，此外，还设有闭合角可控、发动机停转断电保护、初级电流稳定控制等功能电路。

（1）闭合角可控电路原理

1）闭合角可控的作用。在电子点火系统中，闭合角是指点火线圈初级通路的相对时间（初级通路时间 / 初级通断周期）。闭合角可控是要使点火线圈初级通路的相对时间随发动机转速的升高而增大（图 3-21），以保证发动机在高速时点火线圈初级绕组仍有足够的时间形成足够大的初级电流。

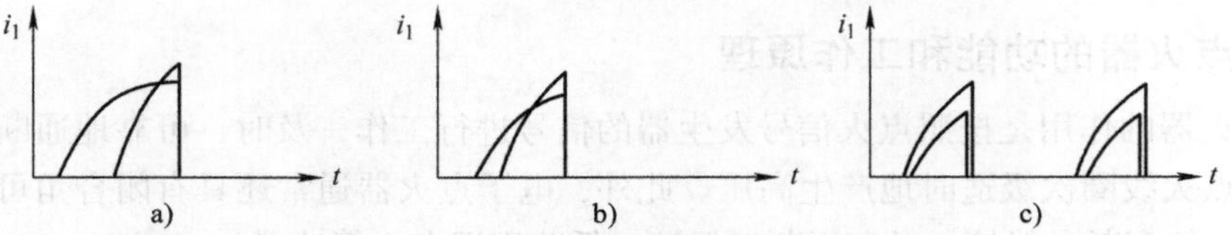

图 3-21 闭合角控制的效果示意图

a) 1000r/min b) 2000r/min c) 3000r/min

2）电路组成与工作原理。闭合角可控电路由 VD_5、C_2、R_3 组成。在点火信号正脉冲时，信号电流同时对电容 C_2 充电，充电电路为 e + → R_1 → VD_1 → VD_5 → C_2 → VT_1 发射结→ e−。而当信号正脉冲消失时，C_2 放电，放电电路为 C_2 + → R_3 → VD_2 → R_1 →点火信号发生器感应线圈→ VD_3 → C_2−。C_2 放电时，VD_3 的正向电压降使 VT_1 反向偏压而保持截止，VT_2 和 VT_3 保持导通，使初级线圈保持通路。

发动机转速升高时，磁感应式点火信号发生器输出的信号正脉冲电压随之升高，C_2 的充电电压也相应升高，使得正信号脉冲消失后 C_2 的放电时间延长，这就使 VT_1 的截止时间与 VT_2 和 VT_3 保持导通的时间相对增加，也即增加了点火线圈初级通路的相对时间。

（2）发动机停转断电保护

1）发动机停转断电保护的作用。当发动机停转而点火开关在接通位置时，电子点火器会处于导通状态，点火线圈初级绕组就会有持续稳定的大电流通过，这不仅白白消耗了蓄电池的电能，还会导致点火线圈及晶体管的温度过高而被烧坏。

2）保护电路的工作原理。当发动机熄火时，如果点火开关仍然接通，那么电源通过 R_4 向 VT_1 提供正向偏压而使 VT_1 导通，VT_2、VT_3 截止，于是，点火线圈初级处于断路状态，这就避免了发动机未运转的情况下，点火开关未断开而导致蓄电池向点火线圈初级绕组持续放电的可能。

（3）初级电流稳定控制

1）初级电流稳定控制的作用。在工作中，蓄电池的电压波动很大，在起动时会低至 8~9V，在充电状态下可达 14V。初级回路的电阻、电感参数设计必需保证在蓄电池电压较低时能有足够大的初级电流，但同时必须要有在蓄电池电压较高时的初级电流限制措施，否则在蓄电池电压高时，将导致点火线圈初级电流过大，致使点火线圈的温度过高而影响其正常工作。

2）电路组成与工作原理。由 R_8、VD_6 组成的反馈电路起着初级电流的稳定控制作用。当电源电压上升时，VT_3 在截止状态下的集电极电位也随之升高，通过 R_8、VD_6 的反馈，就增加了 VT_1 的饱和导通深度，使得信号负脉冲时 VT_1 由导通转向截止变得迟缓了，即减少了 VT_1 截止的相对时间，也就是减少了 VT_3 的相对导通时间，实现了点火线圈初级电流不随电源电压的上升而增大的控制。

（4）初级回路电阻可变控制

1）初级回路电阻可变控制的作用。初级回路的等效电阻可变控制也是用来实现初级电流的稳定，它与闭合角可控电路结合，可实现初级电流恒定控制。

2）电路组成与工作原理。初级回路等效电阻可变控制电路由 VT_4、R_8、R_9 组成。当点火线圈初级电流增大到某一限定值时，A 点的电位上升至使 VT_4 导通，VT_4 导通后使 VT_3 的基极电位下降，其基极电流减小，集电极电流（即点火线圈初级电流）就受到了一定的限制。初级电流越大，A 点的电位就越高，VT_4 的导通深度就增加，致使 VT_3 的基极电流下降就更多，对初级电流的限制作用也就更大。

3. 电子点火器的类型

电子点火器具体的电路组成与形式多种多样，但从电子点火器的电子元件与电路的结构形式分类，则有分立元件和集成电路两种类型。

（1）分立元件电子点火器

分立元件电子点火器是将所需的电子元器件焊接在印制电路板上构成电子点火器电路板，通常用罩壳将电子点火器电路板封装起来。早期电子点火电路多为分立元件电子点火器，这种电子点火器的缺点是体积相对较大，稳定性较差，故障率相对较高，现已经很少采用。

（2）集成电路电子点火器

集成电路电子点火器是将大功率晶体管以外的电子电路用专门设计的集成模块代替，配以所需的外围电路组成电子点火器。这种专用的点火集成模块一般功能较全，性能良好，工作可靠性好，且体积小，价格较低，现已广泛应用。

电子点火器的安装方式大致有独立安装方式、与分电器一体安装方式和与点火线圈一体安装方式等三种。

五、火花塞的结构类型与特性

火花塞的作用是将点火线圈产生的高压引入气缸燃烧室中，通过其电极电弧放电的方式产生电火花，点燃气缸中的可燃混合气。

1. 火花塞的结构与类型

火花塞主要由中心电极、侧电极、钢壳、瓷绝缘玻璃等组成，使用较为广泛的绝缘体突出型火花塞的结构如图 3-22 所示。

在火花塞钢质壳体的内部是绝缘体，绝缘体的中心孔装有金属杆和中心电极，金属杆和中心电极之间用导体玻璃密封。铜制内垫圈起密封和导热作用，壳体的下端是弯曲的旁电极。当点火线圈产生的高压加在火花塞电极上时，电极之间形成很强的电场，并最终使电极间的气体电离，产生电弧放电，并将热量传递给周围的混合气，使气缸内的混合气迅速燃烧起来。

火花塞电极火焰核的形成与热传导如图 3-23 所示。实际上，火焰传递给混合气使其温度升高并燃烧起来的这部分热量才是有效的点火能量，而火焰传递给中心电极和旁电极的热量是无效点火能量。火花塞电极吸收的那部分热量实际上是热传导损失，它降低了火焰的温度，因而也将其称为“冷焰作用”。

电子点火系统所用的火花塞，其电极间隙一般为 0.8～1.2mm。火花塞电极间隙过大，跳火所需的击穿电压就高，火花塞的跳火可靠性相对较差，易发生断火现象，并容易使点火系统高压线路承受的电压加大而出现故障。火花塞电极间隙过小，火花塞电极放电时的火焰核小（图 3-24），传给混合气的有效热量相对较少，而电极吸热（热传导损失）相对较多，这会导致有效的点火能量减少，使火花塞点燃混合气的可靠性降低。

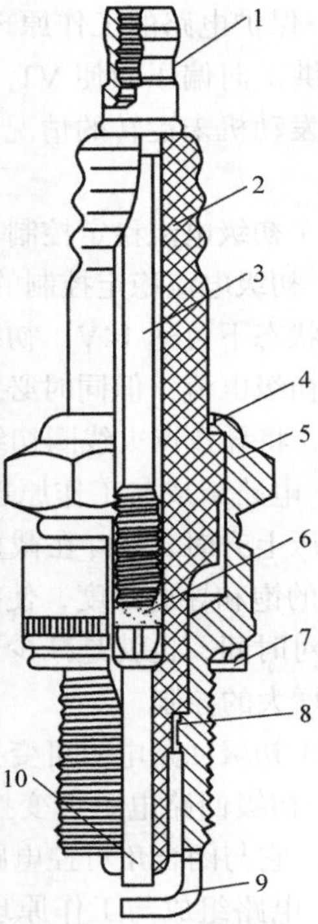

图 3-22　绝缘体突出型火花塞的结构

1—插线螺母　2—绝缘瓷体　3—金属杆
4、8—内垫圈　5—壳体　6—导体玻璃
7—密封垫圈　9—旁电极　10—中心电极

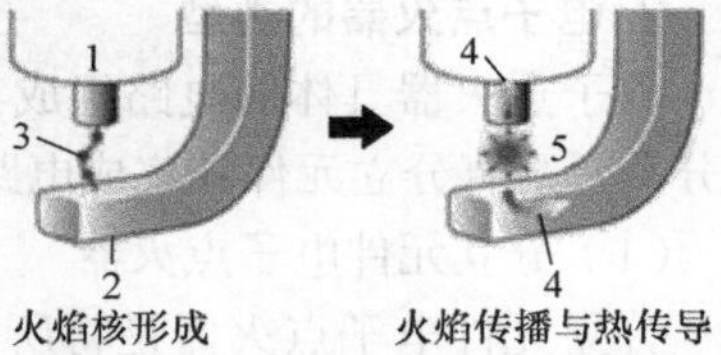

图 3-23　火焰核的形成与热传导

1—中心电极　2—旁电极　3—火焰核
4—热量传导　5—火焰传播

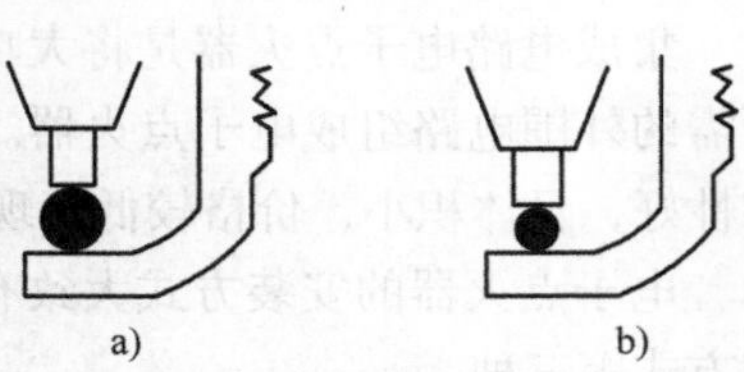

图 3-24　火花塞电极间隙与火花强度

a）间隙大，火花强　b）间隙小，火花弱

专家解读：

火花塞的电极间隙小，跳火可靠性增强，但火花的能量相对较低，这会导致点燃率下降。适当地增大火花塞的电极间隙，可有效提高火花塞的点火能量，对提高点火性能是有帮助的。但“点火电压越高越好”的说法是错误的，因为点火电压（即火花塞电极的击穿电压）高，火花塞电极跳火的可靠性会下降。

火花塞的结构形式有多种，各种结构形式的火花塞都有其不同的特点，用以满足不同的点火性能要求或适应不同类型的发动机。图 3-25 所示为火花塞常用的结构形式。

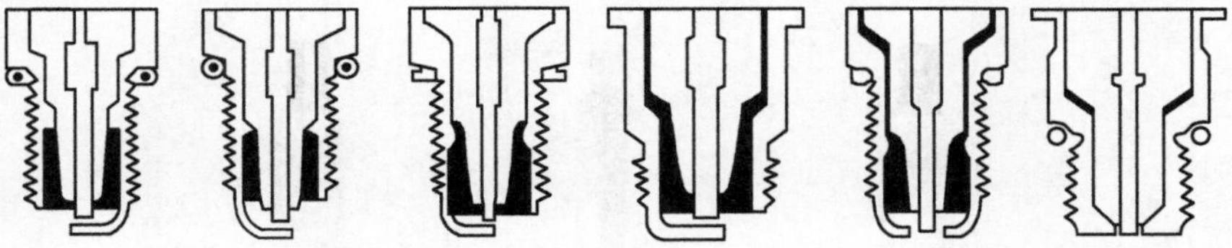

图 3-25　火花塞常用的结构形式

a) 标准型　b) 绝缘体突出型　c) 细电极型　d) 锥座型　e) 多极型　f) 沿面跳火型

1）标准型：绝缘体裙部略缩入壳体下端面，这种形式的火花塞最为常见。

2）绝缘体突出型：绝缘体裙部突出壳体端面，其特点是抗污能力较强，又不容易引起炽热点火，因此，这种火花塞的热适应能力强。

3）细电极型：电极较细，可降低跳火电压，同样的跳火电压则可增加电极的间隙，这种火花塞的突出特点是火花较强，有较强的点火能力。

4）锥座型：壳体及旋入螺纹部分成锥形，因而不加垫圈就可保持良好的密封性，可减小火花塞的安装体积。

5）多极型：侧电极有两个或两个以上，其特点是点火较为可靠，间隙不用经常调整。

6）沿面跳火型：与中心电极组成一对电极的是壳体下端内侧的圆突面，这种火花塞通常与电容储能式点火系统（通过储能电容储存点火能量，在电容向点火线圈初级绕组放电时，次级绕组产生点火所需的高压）配合使用，其优点是可完全避免炽热点火、抗污能力强；缺点是稀混合气下的点燃率低、中心电极容易烧蚀。

为抑制点火系统对无线电的干扰，现代汽车上出现了电阻型和屏蔽型火花塞。电阻型火花塞是在火花塞内串联了 5 ~ 10kΩ 的电阻，屏蔽型火花塞则是利用金属壳体将整个火花塞屏蔽密封起来。屏蔽型火花塞还适用于需防水、防爆的场合。

2. 火花塞的热特性

火花塞的热特性是指其绝缘体裙部（内垫圈以下部分绝缘体）表面的温度与火花塞点火性能之间的关系。

（1）火花塞绝缘体裙部的长度与热特性

1）裙部长度与热特性关系。火花塞绝缘体裙部长度与热特性如图 3-26 所示。火花塞绝缘体的温度取决于它的受热情况和散热条件。绝缘体裙部较长，受热面积就大，吸热容易，传热距离相对较长而散热困难，因而火花塞的裙部温度容易升高，此类火花塞为“热型”火花塞。火花塞绝缘体裙部较短，其受热面积小，吸热少，传热距离相对较短而散热容易，因而火花塞的裙部温度不易升高，这种类型的火花塞为“冷型”火花塞。介于热型和冷型之间的为“中型”火花塞。

2）绝缘体温度对点火性能的影响。发动机工作时，如果火花塞绝缘体裙部的温度过低，粘上去的汽油粒或机油不能自行烧掉，就容易形成积炭而漏电，导致点火不良或不点火；绝缘体温度如果过高，则容易点燃周围的可燃混合气（即产生炽热点火）。

3）火花塞的自洁温度。如果火花塞绝缘体上的温度保持在 500 ~ 700℃，则落在绝缘体上的油粒能自行烧掉，又不会引起炽热点火，这个温度叫作火花塞的自洁温度。

热型火花塞适用于压缩比小、转速低、功率小的发动机，因为这些发动机的燃烧室温度较低；冷型火花塞则适用于高压缩比、高转速、大功率的发动机，这些发动机的燃烧室温度较高。

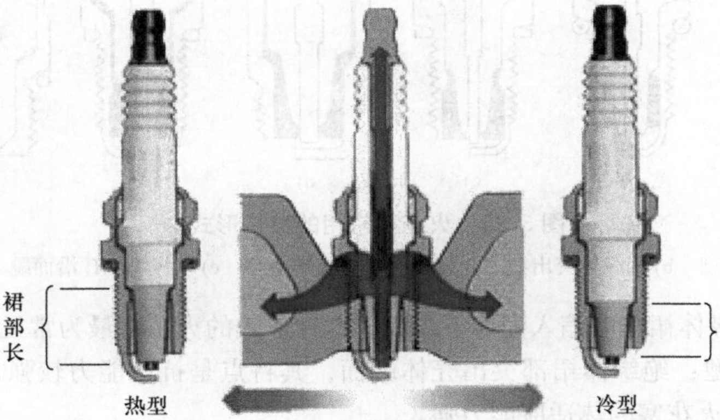

图 3-26　火花塞绝缘体裙部长度与热特性

不同类型的发动机应该配用其热特性相适应的火花塞，其目的就是为了在发动机工作时，火花塞绝缘体表面保持在 500~700℃的自洁温度，否则发动机就不能正常工作。

专家解读：

在用其他型号的火花塞替代时，应注意其热特性的匹配。如果燃烧室温度较低的发动机错用了偏冷型的火花塞，火花塞就会因为其绝缘体的温度过低而容易积炭；而燃烧室温度高的发动机如果装用了偏热型的火花塞，则容易使绝缘体的温度过高而造成炽热点火，并会引起发动机爆燃。

（2）火花塞热特性与热值

我国生产的火花塞热特性是以绝缘体裙部长度来标定的，并分别用热值（3 ~ 9 的自然数）来表示，见表 3-3。

表 3-3　火花塞裙部长度与热值

裙部长度 /mm	16.5	13.5	11.5	9.5	7.5	5.5	3.5
热值	3	4	5	6	7	8	9
热特性	热 ←						→ 冷

注意：热型火花塞的热值小，而冷型火花塞的热值大！

（3）火花塞型号

根据 QC/T 430—2014《道路车辆　火花塞产品型号编制方法》的规定，火花塞型号由三部分组成：

1）为单个或两个汉语拼音字母，表示火花塞的结构类型及主要形式尺寸，各字母的含义见表 3-4。

2）为阿拉伯数字，表示火花塞的热值。

3）为汉语拼音字母，表示火花塞的派生产品、结构特征、材料特性及特殊技术要求。在同一产品型号中，需用两个以上字母来表示时，按表 3-5 所列顺序排列。代表电极材料的字母连用，则前面的字母表示中心电极，后面的字母表示侧电极。对用户有特殊要求的产品允许在末位加小写字母或小写字母和阿拉伯数字连用的下标作为标记。

表 3-4 火花塞结构类型代号

代号	螺纹规格	安装座形式	螺纹旋合长度 /mm	壳体六角对边 /mm
I	M8×1	平座	19	16
W	M9×1	平座	19	16
A	M10×1	平座	12.7	16
B	M10×1	平座	19	16
CZ	M12×1.25	锥座	11.2	16
DZ	M12×1.25	锥座	17.5	16
C	M12×1.25	平座	12.7	17.5
D	M12×1.25	平座	19	17.5
CH	M12×1.25	平座	26.5	17.5
DE	M12×1.25	平座	12.7	16
DF DK	M12×1.25	平座	19	16
DH	M12×1.25	平座	26.5	16
VH	M12×1.25	平座	26.5	14
E	M14×1.25	平座	12.7	20.8
F	M14×1.25	平座	19	20.8
FH	M14×1.25	平座	26.5	20.8
H	M14×1.25	平座	11	20.8
KE	M14×1.25	平座	12.7	16
K	M14×1.25	平座	19	16
KH	M14×1.25	平座	26.5	16
G	M14×1.25	平座	9.5	20.8
GL	M14×1.25	矮型平座	9.5	20.8
L	M14×1.25	矮型平座	9.5	19
Z	M14×1.25	平座	11	19
M	M14×1.25	矮型平座	11	19
N	M14×1.25	矮型平座	7.8	19
P	M14×1.25	锥座	11.2	16
Q	M14×1.25	锥座	17.5	16
QH	M14×1.25	锥座	25	16
R	M18×1.5	平座	12	26
RF	M18×1.5	平座	19	26
RH	M18×1.5	平座	26.5	26
SE	M18×1.5	平座	12.7	20.8
S	M18×1.5	平座	19	20.8
SH	M18×1.5	平座	26.5	20.8
T	M18×1.5	锥座	10.9	20.8
TF	M18×1.5	锥座	17.5	20.8
TH	M18×1.5	锥座	25	20.8

表 3-5 火花塞特征代号及字母排列顺序

特征代号	结构特征	特征代号	结构特征
R	电阻型火花塞	N	钛金电极火花塞
B	半导体型火花塞	S	银电极火花塞
H	环状电极火花塞	V	V 型槽中心电极火花塞
Y	沿面跳火型火花塞	U	U 型槽侧电极火花塞
F	半螺纹	X	电极间隙 1.1mm 及以上
E	绝缘体突出型点火位置 3mm	0	加强的中心电极
L	绝缘体突出型点火位置 4mm	1	细电极
K	绝缘体突出型点火位置 5mm	2	快热结构
Z	绝缘体突出型点火位置 7mm	3	瓷绝缘体涂硅胶
T	绝缘体突出型点火位置 3mm 以下	4	整体接线螺杆
D	双侧电极火花塞	5	—
J	三侧电极火花塞	6	—
Q	四侧电极火花塞	7	—
C	镍铜复合电极火花塞	8	—
P	铂金电极火花塞	9	—
G	钇金电极火花塞	—	—

例如，“F5TC”型火花塞，表示螺纹规格为 M14×1.25、旋入长度为 19mm、壳体六角对边为 20.8mm 的突出型平座火花塞，火花塞的电极为镍铜复合材料。“DF7REC2”型火花塞，表示螺纹规格为 M12×1.25、旋合长度为 19mm、壳体六角对边为 16mm 的带电阻、镍铜复合电极、快热结构、绝缘体突出型点火位置为 3mm 的平座火花塞。

六、电容储能式电子点火系统简介

1. 电容储能式电子点火系统的组成

相比于电感储能式电子点火系统，电容储能式电子点火系统增加了直流升压器、储能电容器、晶闸管及晶闸管触发电路。电容储能式电子点火系统的基本组成如图 3-27 所示。

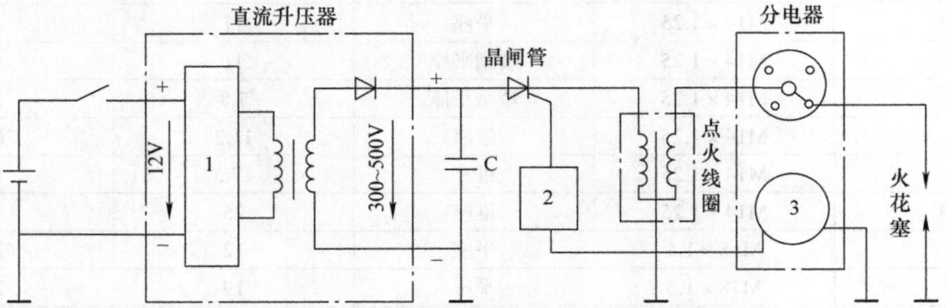

图 3-27 电容储能式电子点火系统的基本组成

1—振荡器 2—晶闸管触发电路 3—点火信号发生器 C—储能电容

（1）直流升压器

直流升压器由振荡器、变压器、整流器三部分组成，用于将电源的低压直流电转变成 400V 左右的直流电。其中，振荡器用于将电源 12V 的直流电转变成交流电；变压器则将振荡器产生的低压交流电升压为 300~500V 的交流电；整流器将变压器输出的交流变为 400V 左右的直流电，并向储能电容充电。

（2）储能电容

储能电容用于储存点火能量，并在需要点火时向点火线圈初级绕组放电，使点火线圈次级产生高压。

（3）晶闸管

晶闸管的作用是在非点火时间里隔断储能电容与点火线圈的连接，以使直流升压器能迅速将电容充足；在点火触发信号输入时，则迅速导通，让储能电容及时向点火线圈初级绕组放电，使点火线圈次级产生高压。

（4）晶闸管触发电路

晶闸管触发电路的作用是根据点火信号发生器的点火信号产生触发脉冲，使晶闸管能迅速导通，而在非点火时间，则保持晶闸管的控制极为零电位或负电位。

2. 电容储能式电子点火系统的基本工作原理

（1）点火线圈储能过程

接通点火开关，振荡器便开始工作，将电源的低压直流转变为变压器初级的低压交流，经变压器升压，变压器的次级输出 400V 左右的交流电，再经整流器整流后，成为 400V 左右的直流电，并向储能电容充电。这就是电容储能式点火系统的储能过程，只要接通点火开关，储能过程便不停地进行，不受点火信号的控制。

（2）点火线圈次级产生高压过程

当点火信号输入时，触发电路便产生一个触发脉冲，使晶闸管迅速导通，储能电容瞬间向点火线圈初级绕组放电。在点火线圈初级通路，初级电流迅速增长的同时，点火线圈次级绕组产生很高的互感电势，并使火花塞电极两端的电压迅速升高直到跳火。

专家解读：

与电感储能式点火系统不同的是，其储能过程是随时进行的，在点火开关接通后，只要储能电容充电不足，就立刻对其充电，将其充足；其次级高压是在点火线圈初级绕组通电，初级电流迅速增长的瞬间产生的，而电感储能式点火系统则是在点火线圈初级绕组断电的瞬间产生次级高压的。

3. 电容储能式电子点火系统的特点

相比于电感储能式点火系统，电容储能方式点火具有如下特点。

（1）最高次级电压稳定

储能电容的充电电压高，充足电的时间极短，晶闸管的导通速率又极高，因此，次级电压几乎不受发动机转速的影响。这一特性使得电容储能式点火系统特别适用于高速发动机。

（2）对火花塞积炭不敏感

次级电压上升速率高，一般在 3 ~ 20μs，因此，次级回路有漏电对最高次级电压的影响很小。也就是说，电容储能式点火系统对火花塞积炭不敏感，在火花塞有积炭、高压回路有漏电（不是很严重）的情况下，仍能保持良好的点火性能。

（3）点火线圈的工作温度低

由于电容储能方式只是在点火的瞬间有较大的电流通过点火线圈初级绕组，而在其他时间里点火线圈初级绕组没有电流通过，因此，点火线圈的平均电流小，其工作温度低，使用寿命长。

（4）低速时点火系统能耗低

电容储能方式中，电能的消耗随发动机转速的增加而增加，而在发动机怠速时电能消耗最少。这一特点对蓄电池极为有利，因为在发动机怠速时，往往需要蓄电池提供电能。

（5）能量损失小

整个储能过程能量损失小，点火线圈的能量转换效率高。

（6）火花的持续时间短

电容储能式电子点火系统的火花持续时间一般为 1~50μs（电感储能式为 1 ~ 2ms）。太短的点火时间会造成在发动机起动和低速时电火花难以点燃混合气，使发动机不能正常工作，甚至于熄火。这一缺点使得电容储能式点火系统不能在普通发动机上使用。

第三节　典型点火系统电路分析与故障诊断

一、磁电式电子点火系统电路特点分析与故障诊断

东风 EQ1092 汽车电子点火系统采用磁感应式点火信号发生器，其电子点火电路原理如图 3-28 所示。

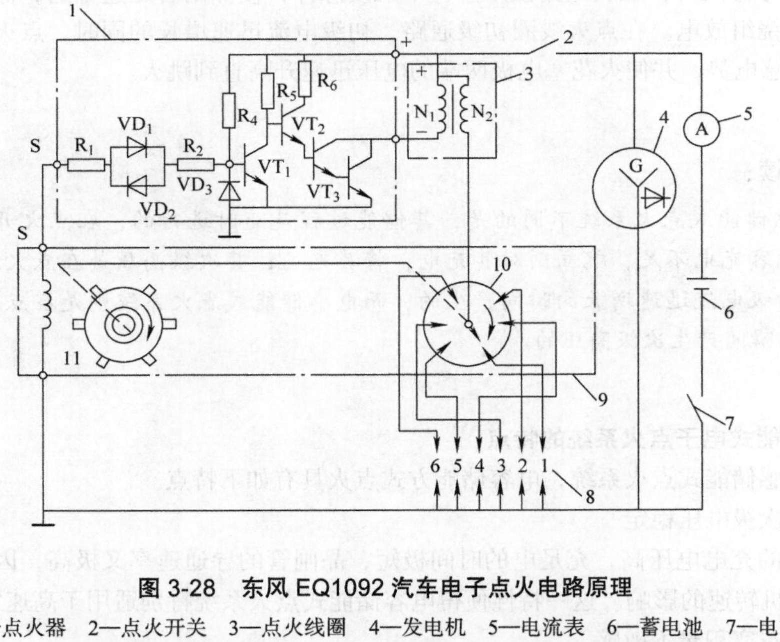

图 3-28　东风 EQ1092 汽车电子点火电路原理

1—电子点火器　2—点火开关　3—点火线圈　4—发电机　5—电流表　6—蓄电池　7—电源开关　8—火花塞　9—分电器　10—配电器　11—磁感应式点火信号发生器

1. 电路特点分析

（1）点火信号电路

由于采用磁电式点火信号发生器，分电器上低压电路插接器只有信号端子，无电源端子。

点火信号脉冲从分电器的信号端子输出，连接电子点火器的 S 和搭铁端。

（2）点火线圈初级绕组电路

点火线圈的初级回路通过电子点火器搭铁，即点火线圈初级电流的通断由电子点火器内部的大功率开关晶体管 VT_3（复合型晶体管）的导通和截止控制。

（3）电子点火器的连接端子

电子点火器有 4 个线路连接端子：

1）电源端子：连接点火线圈的“+”接线柱，接通点火开关时，该端子即与车载电源相通。

2）输出端子：连接点火线圈的“−”接线柱，使点火线圈初级绕组与其内部的大功率开关晶体管 VT_3 串联。

3）信号端子：连接分电器的磁感应式信号发生器的信号输出端。

4）搭铁端子：使电子点火器与电源、信号源均形成电路回路。

2. 电路原理

工作时，分电器轴转动，磁感应式点火信号发生器产生交变的电压信号，并输入电子点火器，控制大功率晶体管 VT_3 适时地导通和截止。

（1）点火线圈初级电流通路，储存初级点火能量过程

当电子点火器的信号输入端为信号电压负时，VT_1 截止、VT_2 及 VT_3 导通，点火线圈初级回路通路。此时为点火线圈储存点火能量过程，初级电流的通路为：蓄电池 + → 电流表 → 点火开关 → 点火线圈初级绕组（N_1）→ 电子点火器的 VT_3 → 搭铁 → 蓄电池 −。这时，点火线圈初级绕组的电流逐渐增大。

（2）点火线圈初级电流断路，次级产生高压过程

当电子点火器的信号输入端转变为信号电压正时，VT_1 导通、VT_2 及 VT_3 截止，点火线圈初级回路断路，点火线圈次级绕组产生很高的互感电动势，并使火花塞电极两端的电压迅速上升。当火花塞电极之间的电压上升到击穿电压时，电极间气体瞬间电离，产生电弧放电（跳火），将发动机气缸内的可燃混合气点燃。

3. 故障诊断方法

发动机常见故障现象、磁感应式电子点火系统可能的故障部位见表 3-6。

表 3-6　发动机常见故障现象、磁感应式电子点火系统可能的故障部位

点火系统可能的故障部位		发动机故障现象						
		发动机不能起动	起动后立即熄火	发动机怠速不稳	发动机加速不良	发动机化油器回火	发动机排气管放炮	发动机爆燃
配电器	分火头烧损、漏电	○					○	
	分电器盖脏污、破损而漏电	○		○			○	
高压导线	高压导线破损漏电、松脱或断裂	○		○			○	
	高压导线插错	○		○		○	○	
点火提前调节器	真空点火提前装置不良						○	
	离心点火提前装置不良				○		○	○
点火线圈	初、次级绕组有断路、短路	○		○	○		○	
火花塞	火花塞积炭	○		○	○		○	
	火花塞电极烧损或间隙过大	○		○	○		○	

（续）

点火系统可能的故障部位		发动机故障现象						
		发动机不能起动	起动后立即熄火	发动机怠速不稳	发动机加速不良	发动机化油器回火	发动机排气管放炮	发动机爆燃
点火信号发生器	点火信号发生器有故障	○						
	信号发生器连接线路接触不良	○						
电子点火器	电子点火器内部电路或元件有故障	○					○	
	电子点火器接地不良	○						
开关与线路	点火开关不良	○	○					
	点火线圈初级电路有断路、短路	○						
点火正时	基本点火提前角过小						○	
	基本点火提前角过大	○		○	○			○

（1）发动机不能起动

点火系统不点火、火花太弱等，均有可导致发动机不能起动。磁感应式电子点火电路导致发动机不能起动的可能故障部位参见表3-6，故障诊断方法可按如下：

1）外观检查。首先检查点火线圈和分电器上的高压导线、低压线路有无松脱等。如果有，则排除故障后再起动发动机，看能否起动；如果外观检查未发现问题，则进行下一步故障诊断。

2）中央高压线试火。拔出分电器上中央高压线，插入一个放电器（或备用火花塞）并将放电器（火花塞）搭铁，然后接通起动开关，在转动发动机时观察放电器（火花塞）电极间的跳火情况。有三种可能的情况：火花很强、火花很弱或不跳火。

① 中央高压线试火若火花很强说明点火系统低压电路和点火线圈等基本正常，故障在高压回路或火花塞，进行高压分线试火即第3）步，以找到故障确切部位。

② 中央高压线试火若火花很弱，则可能是电子点火器、点火线圈等部件有故障或低压线路连接不良所造成。可按第4）步进行进一步的诊断。

③ 中央高压线试火若无火花，可能的故障有点火信号发生器及信号线路、电子点火器、点火线圈有断路或短路、点火开关和点火线圈低压线路有接触不良处等，可按第5）进行进一步的故障诊断。

3）高压分线试火。插回中央高压线，拔出火花塞上的高压分线试火（与中央高压线试火方法相同）。如果此时不跳火或火花很弱，则说明是分电器盖、分火头或高压分线漏电或断路，需检修这些部件；如果火花仍然很强，则需拆下火花塞进行检查，如果火花塞均良好，则应检查油路、点火正时以及其他可能导致发动机不能起动的可能性。

4）用导线将点火线圈“–”接线柱瞬间搭铁的方法做中央高压线跳火试验，观察放电器（火花塞）电极的跳火是否变强。如果火花变强，则需检查或更换电子点火器;如果火花仍然弱，则需检查或更换点火线圈。

5）用导线将点火线圈“–”接线柱瞬间搭铁，观察是否跳火。如果跳火，则需检修信号发生器、电子点火器及其连接线路。如果仍然不跳火，则要注意看在瞬间搭铁刮碰时有无火花，若刮碰处无火花，则应检查点火系统低压回路有无断路、点火线圈初级绕组是否有断路；若刮碰时有火花，则要检查点火线圈次级绕组是否有断路或短路故障、中央高压线有无断路等。

（2）发动机怠速不稳

磁感应式电子点火电路致使发动机怠速不稳的可能故障部位见表3-6，可按如下方法诊断故障：

1）检查发动机各缸的工作情况。在发动机怠速运转时，采用逐缸断火法（将被检测气缸高压分线短路，使该缸断火），观察发动机的运转变化情况。

如果发动机转速无变化或变化不明显，则说明该气缸不工作或工作不良，按第 3）步进行进一步的故障诊断；如果发动机转速明显下降，则说明该气缸工作基本正常，再依次检查其他各缸，若各缸断火时发动机转速均有下降，则进行下一步故障诊断。

2）高压分线试火。拔出高压分线做跳火试验，观察火花强弱程度。

如果火花强，则需检查和调整点火正时，若点火正时正确或调整点火正时后发动机的怠速仍然不稳，则需检查或调整油路；如果火花弱，则应检查点火线圈、分火头等。

3）高压分线试火。拔出该气缸高压分线做跳火试验，观察是否跳火。

如果不跳火，则需检查分电器盖、高压分线；如果跳火，则需检修或更换火花塞。

二、霍尔效应式电子点火系统电路特点分析与故障诊断

奥迪、桑塔纳等轿车均采用霍尔效应式点火信号发生器，其电子点火电路如图 3-29 所示。

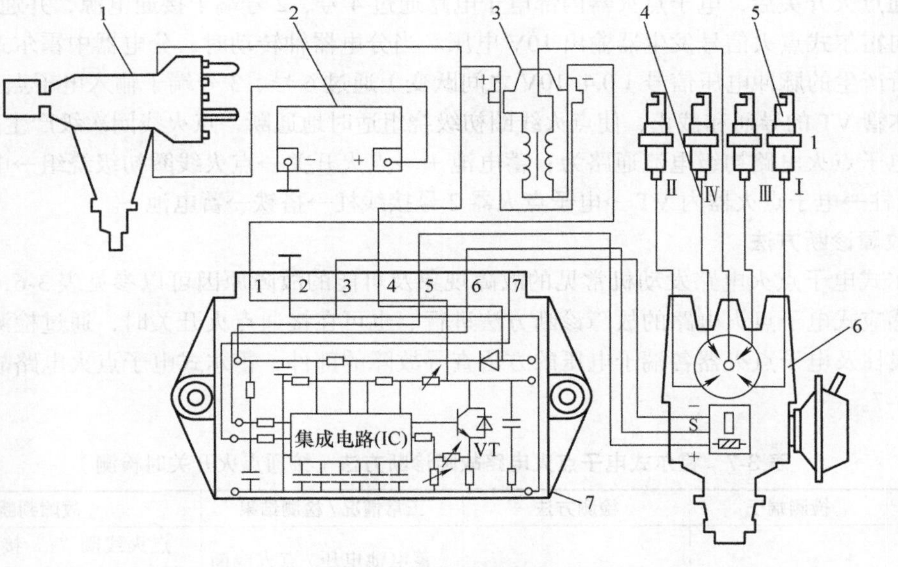

图 3-29 奥迪、桑塔纳等轿车电子点火电路

1—点火开关 2—蓄电池 3—点火线圈 4—高压分线 5—火花塞 6—分电器 7—电子点火器

1. 电路特点分析

（1）点火信号电路

霍尔效应式点火信号发生器需要有电源，因而分电器上有电源端子和信号端子。三个端子“+”“S”“－”中，“+”和“－”为电源端子，“S”和“－”为信号端子，信号发生器的电源由电子点火器的 5 号和 3 号端子提供。

（2）点火线圈初级绕组电路

点火线圈的初级回路通过电子点火器搭铁，即点火线圈初级电流的通断由电子点火器内部的大功率开关晶体管 VT 的导通和截止控制。

（3）电子点火器的连接端子

电子点火器由集成电路、大功率开关晶体管及相应的电路构成，电子点火器的 7 个线路连接端子分别为：

1）1 号端子，电子点火器的输出端子，连接点火线圈“－”接线柱，其内部经大功率晶体管 VT 与搭铁（2 号端子）相连接。

2）2 号端子，电子点火器的搭铁端子，当电子点火器内部晶体管 VT 导通时，点火线圈初级绕组通过 2 号端子与搭铁相通。

3）3 号、5 号端子，电子点火器向霍尔式点火信号发生器输出的电源端子，工作时向点火信号发生器提供 10V 的稳定电压；3 号端子同时也是霍尔式点火信号发生器信号电压的负极端子。

4）4 号端子，电子点火器的电源端子，连接点火线圈的“+”接线柱，在点火开关接通时通电。

5）6 号端子，霍尔式点火信号发生器向电子点火器输出的信号电压（正极）端子。

6）7 号端子，该电子点火电路 7 号端子未使用。

2. 电路原理

接通点火开关后，电子点火器内部电子电路通过 4 号、2 号端子接通电源，并通过 5 号、3 号端子向霍尔式点火信号发生器输出 10V 电压。当分电器轴转动时，分电器中霍尔式点火信号发生器所产生的脉冲电压信号（0.4~10V 之间跃变）通过 6 号、3 号端子输入电子点火器的 IC，控制晶体管 VT 的导通和截止，使点火线圈初级绕组适时地通断，点火线圈次级产生高压。

该电子点火电路初级电流通路为：蓄电池 + →点火开关→点火线圈初级绕组→电子点火器 1 号接线柱→电子点火器内 VT →电子点火器 2 号接线柱→搭铁→蓄电池 −。

3. 故障诊断方法

霍尔式电子点火电路发动机常见的故障现象及可能的故障原因可以参见表 3-6，故障诊断可按磁感应式电子点火电路的故障诊断方法进行。也可在接通点火开关时，通过检测点火线圈低压接线柱及电子点火器各端子电压的方法查寻故障的部件，霍尔式电子点火电路故障诊断方法见表 3-7。

表 3-7　霍尔式电子点火电路故障诊断方法（接通点火开关时检测）

检测顺序	检测端子	检测方法	正常情况 / 检测结果	故障判断
1	点火线圈低压接线柱	测量点火线圈两低压接线柱“+”“－”对地电压	蓄电池电压 / 点火线圈“+”接线柱无蓄电池电压	点火线圈“+”接线柱至点火开关及点火开关至起动机电源接线柱之间的线路有断路
			蓄电池电压 / 只是“－”接线柱无蓄电池电压	点火线圈初级绕组断路、电子点火器有故障
2	电子点火器 4 号端子	测量 4 号端子对地电压	蓄电池电压 / 无蓄电池电压	4 号端子与点火线圈之间的线路连接有断路
3	电子点火器 2 号、3 号端子	测量 2 号、3 号端子与搭铁之间的电压	低于 0.5V/ 电压偏高	电子点火器的搭铁不良
4	电子点火器 5 号端子	测量 5 号端子与搭铁之间的电压	约为 10V/ 电压低或无	电子点火器有故障
5	电子点火器 6 号端子	慢慢转动分电器，测量 6 号、3 号端子之间的电压	在 0.4~9V 之间跃变 / 无电压或电压无变化	电子点火器与分电器之间的线路有断路或点火信号发生器不良

（续）

检测顺序	检测端子	检测方法	正常情况 / 检测结果	故障判断
6	电子点火器 1 号端子	6 号端子 0~0.4V 电压时，测量 1 号端子与搭铁之间的电压	蓄电池电压 / 无蓄电池电压（点火线圈“－”接线柱电压正常）	电子点火器 1 号端子与点火线圈之间的连接线路有断路
		6 号端子有约 9V 电压时，测量 1 号端子与搭铁之间的电压	接近于 0V / 电压仍为蓄电池电压或电压较高	电子点火器有故障

第四节　点火系统电路主要部件故障检修

一、点火线圈的检修

1. 点火线圈的故障检修

（1）点火线圈的常见故障

点火线圈常见的故障主要有：

1）初级绕组或次级绕组断路、短路、搭铁，造成最高次级电压下降或不产生次级电压。

2）绝缘盖破裂漏电而使最高次级电压下降或不产生次级电压。

（2）点火线圈的检修方法

1）直观检查。查看点火线圈的绝缘盖有无脏污破裂，接线柱是否松动锈蚀（图 3-30）。如果有脏污锈蚀，则予以清洁后做进一步检查；如果绝缘盖有破损，则应更换点火线圈。

图 3-30　点火线圈外观检查

2）检查点火线圈初、次级绕组。用万用表的电阻档测量点火线圈低压接线柱之间的电阻、高压接线柱（插孔）与低压接线柱“+”之间的电阻（图 3-31），并与该型点火线圈的标准值比较。如果电阻过小或无穷大，则说明点火线圈内部的绕组有短路和断路，需更换点火线圈。

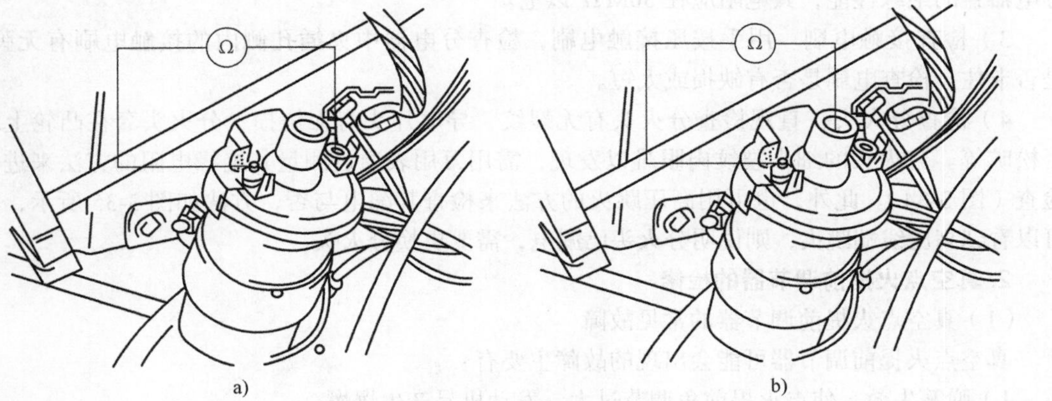

图 3-31　点火线圈初、次级绕组的检测

a）初级绕组电阻测量　b）次级绕组电阻测量

3）检查点火线圈绕组的绝缘性。用万用表的电阻档测量点火线圈任意一个接线柱与外壳之间的电阻，其值应不小于 50MΩ，否则说明点火线圈绝缘不良，应更换点火线圈。

2. 点火线圈的性能检验

点火线圈的性能检测需要用专用的电器试验台，检测方法是将点火线圈的高压接于一个可调间隙的三针放电器，测定跳过规定间隙时的分电器转速是否达到要求。跳过规定间隙时的最高转速低或在规定的转速下能够不间断跳火的间隙小，都说明点火线圈性能不良，应更换点火线圈。

二、分电器总成的检修

1. 配电器的检修

（1）配电器的常见故障

配电器要承受点火高压，常见的故障有：

1）分电器盖脏污、破损漏电，造成火花减弱或不点火、窜缸等。

2）分电器中央插孔内接触电刷弹簧失效或电刷卡住，使接触电刷不能与分火头导电片接触，此处增加的间隙，会造成点火电压升高和点火能量的损失，使点火的可靠性下降。

3）分火头绝缘部分有裂纹、积污而漏电，使点火线圈的点火能量通过漏电而损失或点火线圈的高压不能送入各缸火花塞，造成火花减弱或不点火。

（2）配电器的检修方法

配电器的检查内容与检修方法如下：

1）分电器盖的外观检查。直观检查分电器盖内外表面是否脏污、有无裂纹、炭迹和磨损等（图 3-32）。如果分电器盖有脏污，则应予以清洁；如果分电器盖能看到裂纹，则需要更换分电器盖。

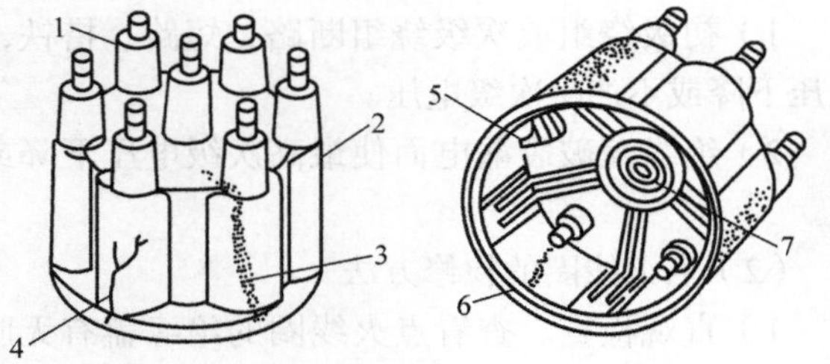

图 3-32　直观检查分电器盖

1—破裂　2—分电器盖　3、6—炭迹　4—裂纹　5—烧蚀　7—接触电刷磨损

2）检查分电器盖绝缘性能。用万用表测量分电器盖各插孔之间的电阻（图 3-33），以检验分电器盖的绝缘性能，其电阻应在 50MΩ 以上。

3）检查接触电刷。用手按压接触电刷，检查分电器中央插孔侧内的接触电刷有无弹性、是否卡住，检查电刷是否有缺损或太短。

4）检查分火头：直观检查分火头有无裂纹、导电片头有无烧损、分火头套在凸轮上端是否松旷等。分火头的细小裂纹肉眼难以发现，需用万用表通过测量其绝缘电阻的方法来进一步检查（图 3-34）。此外，也可用高压跳火的方法来检查其漏电与否，方法如图 3-35 所示，如果可以看到高压线端跳火，则说明分火头已漏电，需要更换分火头。

2. 真空点火提前调节器的检修

（1）真空点火提前调节器的常见故障

真空点火提前调节器可能会出现的故障主要有：

1）弹簧失效，使点火提前角调节过大，发动机易产生爆燃。

2）内部膜片破裂漏气，使点火提前角调节过小或真空点火提前调节器不起作用。

3）分电器内的点火提前机构发卡，使点火提前调节过小或真空点火提前调节器不起作用。

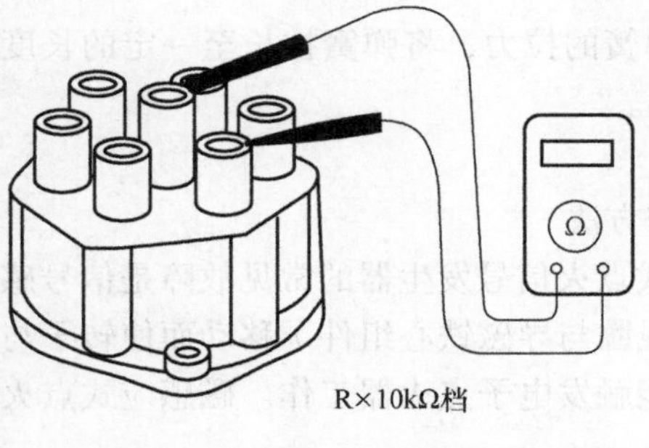

图 3-33 检查分电器盖绝缘性

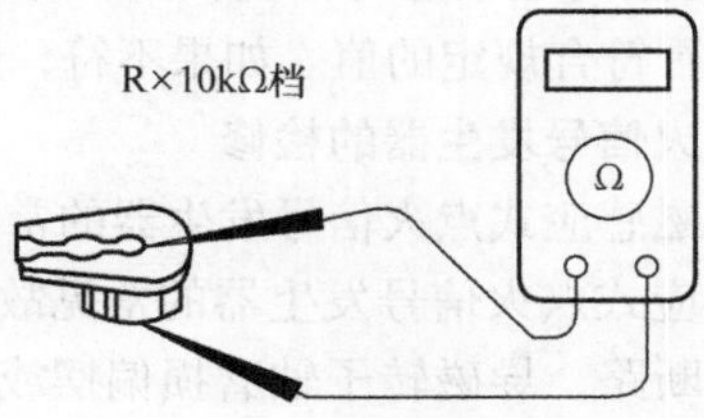

图 3-34 检查分火头绝缘性

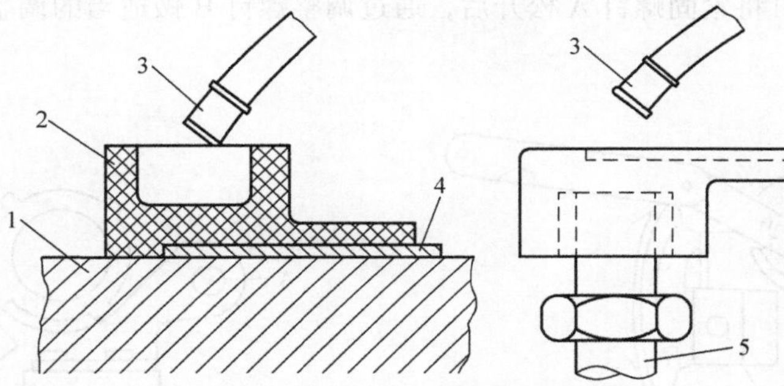

图 3-35 跳火法检查分火头是否漏电

1—缸体（搭铁） 2—分火头 3—中央高压线 4—分火头导电片 5—螺栓（搭铁）

（2）真空点火提前调节器的检修方法

真空点火提前调节器的检修方法如下：

1）检查真空点火提前调节器弹簧。使真空点火提前调节器壳体不动，用手拨动信号触发开关，应感到有阻力，手放松后能迅速回位，否则，说明真空点火提前调节器弹簧失效，需更换分电器总成。

2）检查真空点火提前调节器膜片。在真空点火提前调节器的真空管接口处吹气或吸气检查真空点火提前调节器内部膜有无漏气，若有漏气则需更换分电器总成。

3. 离心点火提前调节器的检修

（1）离心点火提前调节器的常见故障

离心点火提前调节器可能会出现的故障主要有：

1）弹簧失效，导致离心点火提前调节过大。

2）拨板槽与重块上销钉磨损而松旷，使点火提前角变化偏小。

3）拨板与销钉卡死而使离心点火提前调节器不起作用。

（2）离心点火提前调节器的检修方法

离心点火提前调节器的检修方法如下：

1）检查离心装置是否正常。使分电器轴不动，用手转动信号触发转子，应感到有阻力，手放松后转子应迅速回位。手转动时感觉很松或很紧都为不正常，需解体后做进一步的检查。

2）拆开检查。打开底板，查看离心点火提前调节器有无锈死，弹簧有无断脱。若有，予以修理或更换。

3）检查离心装置的弹簧拉力。用弹簧称测量弹簧的拉力，将弹簧拉长至一定的长度，看其张力是否符合规定的值。如果不符，则需予以更换。

4.点火信号发生器的检修

（1）磁感应式点火信号发生器的常见故障与检修方法

磁感应式点火信号发生器的常见故障有磁感应式点火信号发生器的常见故障是信号感应线圈短路或断路、导磁转子轴磨损偏摆或定子（感应线圈与导磁铁心组件）移动而使转子与铁心之间的气隙不当，造成信号过弱或无信号输出而不能触发电子点火器工作。磁感应式点火信号发生器的故障检修方法如下：

1）用厚薄规检查导磁转子与铁心之间的气隙（图 3-36），一般车型的气隙为 0.2 ~ 0.4mm。气隙过大或过小时，可将紧固螺钉 A 松开后，通过调整螺钉 B 做适当的调整（图 3-37），然后再拧紧紧固螺钉 A。

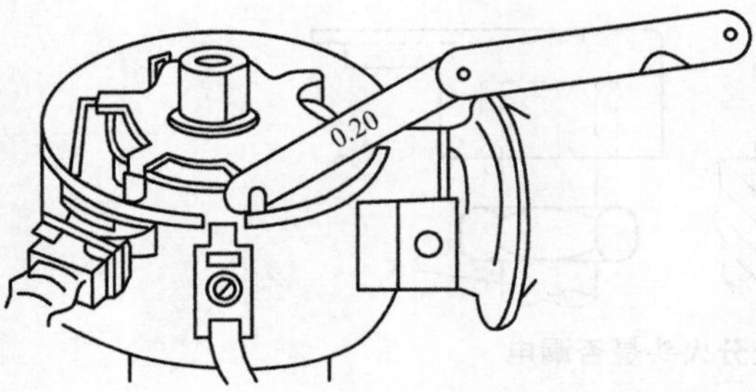

图 3-36　检查导磁转子与铁心之间的气隙

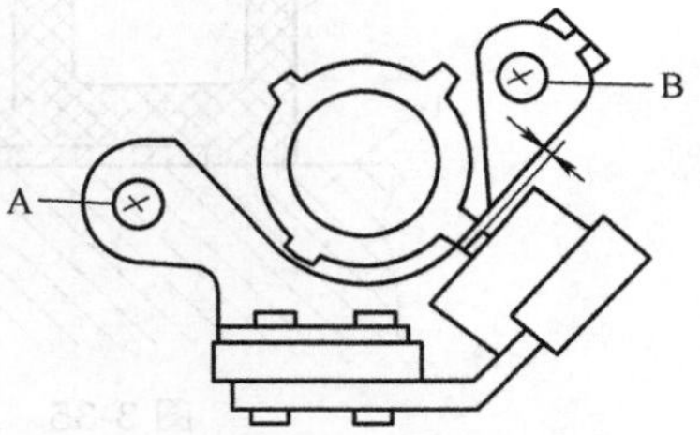

图 3-37　调整铁心与导磁转子之间的气隙

A—紧固螺钉　B—调整螺钉

专家解读：

许多分电器磁转子与铁心之间的气隙是不可调的，若气隙不合适则只能更换分电器总成。

2）检查感应线圈的电阻。用万用表的电阻档测量分电器信号输出端子（感应线圈）的电阻，若与规定的不符，则需更换点火信号发生器或分电器总成。部分车型点火信号发生器感应线圈的电阻见表 3-8。

表 3-8　部分车型点火信号发生器感应线圈的电阻参数

汽车厂牌 / 型号	线圈电阻 /Ω	汽车厂牌 / 型号	线圈电阻 /Ω	汽车厂牌 / 型号	线圈电阻 /Ω
丰田	140~180	本田	600~800	切诺基	400~800
日产	140~180	克莱斯勒	920~1120	CA1091	600~800
三菱	500~700	富康	385	JFD667 分电器	500~600

（2）光电式点火信号发生器的检修

光电式点火信号发生器的常见故障有发光元件或光电元件脏污或损坏、内部电路断路或接触不良，这些故障使点火信号发生器信号过弱或无信号产生。光电式点火信号发生器的故障检修方法如下：

1）外观检查。打开分电器盖，检查发光、光电元件表面是否有脏污，线路连接是否良好。

2）检查电源电压。拔开分电器低压线路插接器，在接通点火开关时，用万用表直流电压档检测插接器（线束侧）两电源端子之间的电压（图 3-38），正常电压应为 12V（蓄电池电压）。如果电压无或不正常，则是电源线路有断路或接触不良故障；如果电源电压正常，再通过检测信号电压的方法来检验点火信号发生器是否正常。

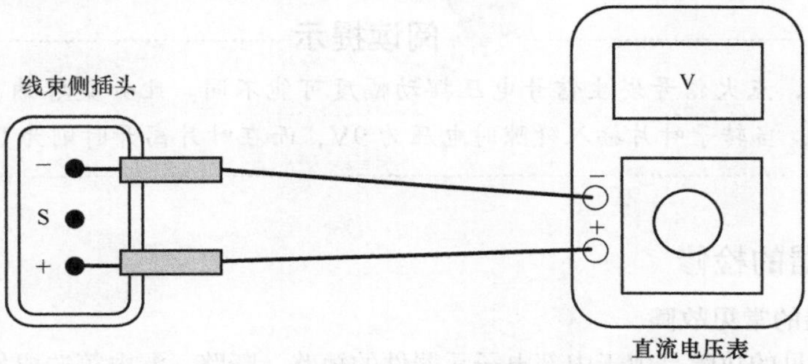

图 3-38 光电式点火信号发生器电源检查

3）检测信号电压。如图 3-39 所示，将分电器线路插接器的电源端子之间加 12V 电压，然后慢慢转动分电器轴，用万用表的直流电压档测量插接器的信号输出端子的电压。如果电压在 0～1V 之间摆动（不同的车型，电压摆动幅度可能不同），则说明信号发生良好，否则，需更换分电器。

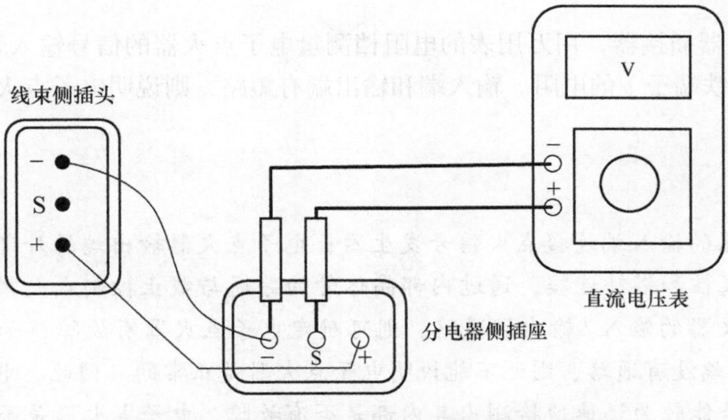

图 3-39 光电式点火信号发生器信号电压检查

（3）霍尔效应式点火信号发生器的检修

霍尔效应式点火信号发生器的常见故障有霍尔效应式点火信号发生器的常见故障有内部集成块烧坏、线路断脱或接触不良等，造成点火信号发生器信号过弱或无信号输出。霍尔效应式点火信号发生器的故障检修方法如下：

1）外观检查。检查线路连接是否有松动，导线是否有破损等。

2）检查电源电压。拔开分电器低压线路插接器，在接通点火开关时，用万用表直流电压档检测插接器（线束侧）两电源端子之间的电压（图 3-38）。如果电压无或不正常，则是电源线路有故障或提供电源的电子点火器有故障；如果电源电压正常，再通过检测信号电压的方法来检验点火信号发生器是否正常。

3）检测信号电压。将分电器线路插接器的电源端子之间与电源相连接（图 3-39），然后慢慢转动分电器轴，用万用表的直流电压档测量插接器的信号输出端子的电压，正常情况电压应该在某一范围摆动（不同的车型，电压摆动幅度可能不同）。如果电压正常摆动，则说明信号发生良好，否则，需更换分电器。

阅读提示

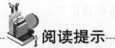

不同的车型，点火信号发生信号电压摆动幅度可能不同。比如桑塔纳、捷达等轿车的点火信号发生器，当转子叶片插入缝隙时电压为 9V，而在叶片离开时则为 0.4V 左右。

三、电子点火器的检修

1. 电子点火器的常见故障

电子点火器常见的故障是由于内部电子元器件的短路、断路、漏电等造成如下的几种情况：

1）功率晶体管不能导通，使点火线圈初级不能通路而不点火。

2）功率晶体管不能截止，使点火线圈初级不能断路而不点火。

3）功率晶体管不能工作在开关状态，即不能饱和导通和完全截止，使点火线圈初级电流减小或断流不彻底，造成火花减弱或不能点火。

2. 电子点火器的故障检修方法

（1）测电阻法

拔下电子点火器插接器，用万用表的电阻档测量电子点火器的信号输入端和输出端（接点火线圈端子和接搭铁端子）的电阻。输入端和输出端有短路，则说明电子点火器已经损坏。

专家解读：

电子点火器的输入端连接点火信号发生器；电子点火器输出端的外部分别与点火线圈的“–”接线柱和搭铁连接，通过内部晶体管的导通与截止控制点火线圈初级电流的通断。电子点火器的输入 / 输出端通路，则可确定电子点火器有故障；如果检测电子点火器输入 / 输出端没有通路，则还不能说明电子点火器是正常的。因此，电子点火器的这种检测方法只是能较为迅速地检测出其内部是否有故障，电子点火器是否正常还需要其他检测方法来检验。

（2）模拟点火信号法检查

与磁感应式点火信号发生器相配的电子点火器，可用一节 1.5V 的干电池来模拟点火信号电压。将干电池分别正接和反接于电子点火器的信号输入端，同时测点火线圈“–”接线柱对地电压，如图 3-40 所示。根据两次测得的电压值来判断其好坏。正常情况应该是一次是 0（或 < 2V），另一次为蓄电池电压。下述情况则为电子点火器有故障：

1）两次测得的电压均高（12V 左右），则说明电子点火器有不能导通的故障。

2）两次测得的电压均低，则说明电子点火器有不能截止的故障。

3）如果两次测得的结果都是在 2 ~ 12V 之间，则说明电子点火器有不能饱和导通和完全截止的故障。

（3）高压试火法检查

在已确定点火信号发生器、点火线圈均良好的情况下，还可用高压试火的方法来检验点火器是否良好。高压试火的方法有如下几种：

1）将分电器中央高压线拔出，使高压线端距离发动机缸体 5mm 左右，或将高压线端插入放电器（或备用火花塞）并使其搭铁，起动发动机，观察是否跳火。如果跳火且火花强，则说明电子点火器良好，否则，说明电子点火器有故障。

2）如果是磁感应式点火信号发生器，可打开分电器盖，用起子将导磁转子与铁心做瞬间短路，观察高压线端（或放电器）是否跳火（图 3-41）。如果跳火，则说明电子点火器良好。

3）若为光电式或霍尔效应式点火信号发生器，则可在拆下分电器后用手转动分电器轴，观察高压线端的跳火情况来判断点火器是否良好。

（4）替换法

用一个确认无故障的电子点火器替代被测电子点火器，如果故障消除，则为原电子点火器已损坏，需要更换。

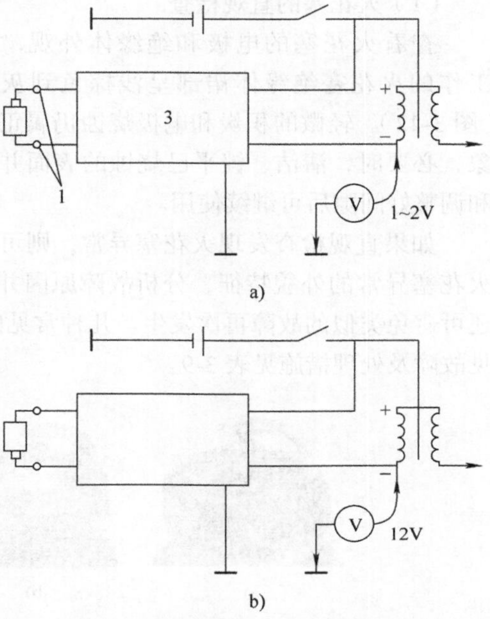

图 3-40　模拟点火信号法检查电子点火器

a）正接（使初级通路）检查情况

b）反接（使初级断路）检查情况

1—信号输入端　2—1.5V 干电池　3—电子点火器

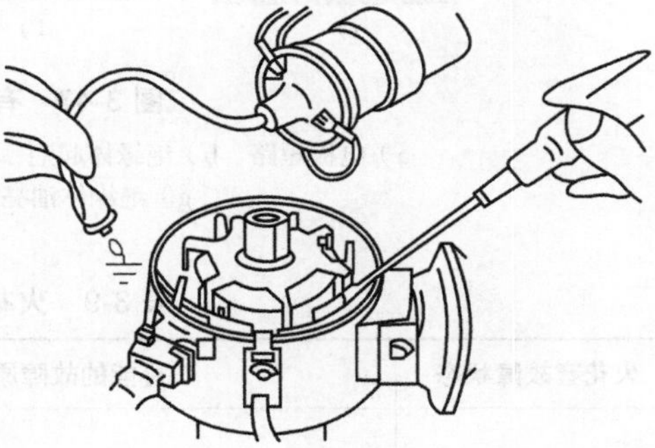

图 3-41　跳火试验法检查电子点火器

（磁感应式点火信号发生器）

四、火花塞的检修

1. 火花塞的常见故障

火花塞是在高温、高压下工作，并且还要承受燃油中化学添加剂对其的腐蚀，工作环境极为恶劣，因此，其故障率较高。火花塞的常见故障有：

1）火花塞烧损，如火花塞绝缘体起皱、破裂、电极烧蚀、熔化等，使火花塞击穿电压升高，从而导致发动机缺火或不能工作。

2）火花塞有沉积物，火花塞的沉积物有积炭、积油、积灰等，使火花塞漏电或击穿电压升高，从而导致发动机缺火或不能工作。

3）火花塞间隙过大或过小，使点火性能下降或断火。

2. 火花塞的检修

（1）火花塞的直观检查

查看火花塞的电极和绝缘体外观，正常工作的火花塞绝缘体裙部呈浅棕色到灰白色（图 3-42）。轻微的积炭和电极烧蚀仍属正常现象，必要时，清洁、锉平已烧蚀的表面并检查和调整好间隙后可继续使用。

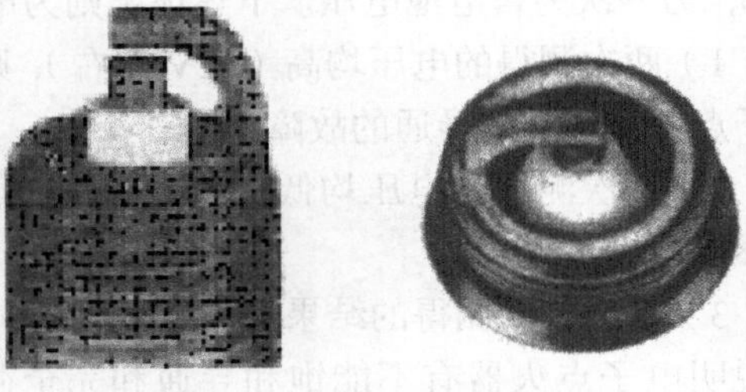

图 3-42　正常火花塞的外貌特征

如果直观检查发现火花塞异常，则可根据火花塞异常的外貌特征，分析故障原因并予以解决，这样，不仅可使发动机的工作恢复正常，还可避免类似的故障再次发生。几种常见的有故障火花塞的外貌特征如图 3-43 所示，火花塞常见故障及处理措施见表 3-9。

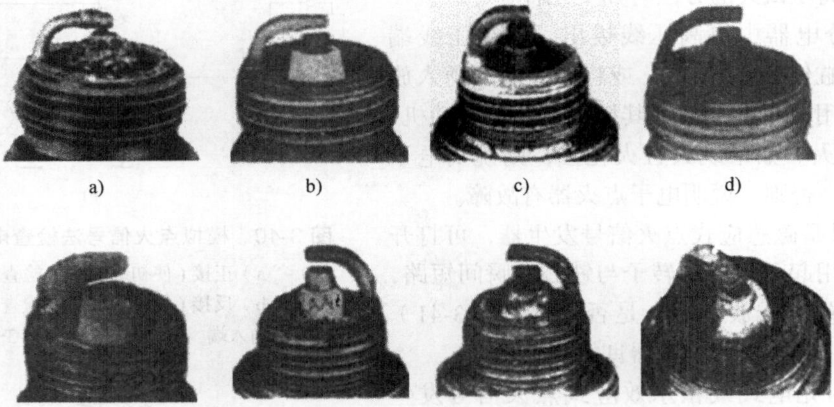

图 3-43　有故障火花塞的外貌特征

a）电极短路　b）绝缘体起疤　c）积油　d）积炭　e）积灰　f）分散的积污　g）绝缘体油亮沉积物　h）绝缘体顶端破裂

表 3-9　火花塞常见故障及处理措施

火花塞故障状态	可能的故障原因	故障处理措施
电极短路	电极上因机油或炭等沉积物太多而将电极短路	沉积物不多时可清除沉积物后再用，沉积物太多则更换火花塞
绝缘体呈白色，电极熔化	燃烧室积炭过多、排气不畅、冷却系统不良等引起燃烧室的温度过高，火花塞未拧紧而导致火花塞电极散热困难	更换火花塞，并检查与排除引起火花塞电极温度过高的原因
绝缘体顶端起皱疤、电极烧损	火花塞的热值过低而引起早燃，点火时间过早、冷却系统不良而引起早燃	更换火花塞，并检查冷却系、点火提前角
绝缘体顶端破裂	因点火时间过早、燃烧室温度过高、混合气过稀而导致发动机爆燃燃烧	更换火花塞，并检查和排除可能导致发动机爆燃燃烧的原因

（续）

火花塞故障状态	可能的故障原因	故障处理措施
积炭	火花塞的热值过大、混合气过浓、缸壁间隙过大、空气滤清器堵塞、点火系统性能不良、点火时间过迟等	积炭不严重时，清除积炭后可继续使用；积炭严重的则更换火花塞，并检查与排除容易积炭的原因
积油	气缸壁间隙过大或气门导管处间隙过大而窜机油、曲轴箱通风堵塞或机油过多而窜机油	清除机油后可继续使用，但若积油情况依旧，则需检修发动机
积灰	汽油中含有添加剂	清除积灰、检查并调整电极间隙后可继续使用
绝缘体油亮积层	混合气燃烧产生的沉渣来不及排除，熔化在高温的火花塞绝缘体表面	更换火花塞，若故障依旧，则应更换热值低一些的火花塞

（2）检查、调整火花塞电极间隙

用圆形塞尺检查火花塞电极间隙，其值应符合规定，电子点火系统的火花塞电极的间隙一般为 0.7~0.9mm，有些汽车的火花塞电极间隙达到 1.2mm。测量时，用规定厚度的塞尺插入火花塞电极间隙稍有阻力即为适当，否则需用专用工具（图 3-44）通过弯曲火花塞旁电极来调整间隙。

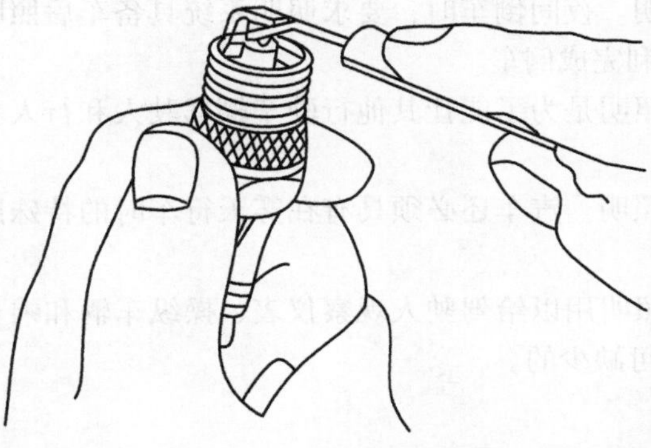

图 3-44　专用工具调整火花塞电极间隙

第四章 照明系统电路原理与故障检修

第一节 照明系统概述

一、照明系统的基本要求

汽车照明是汽车夜间行车所必需的，为保证汽车在夜间及能见度低的情况下安全行驶，对汽车照明设备有如下要求。

1）汽车行车时的道路照明。道路照明是汽车夜间安全行车的必备条件，由于现代汽车车速快，要求照明的距离也较远。现代汽车要求照明设备能提供车前100m以上明亮而又均匀的道路照明，并且不会对迎面来车驾驶人造成眩目。

2）汽车倒车时的照明。夜间倒车时，要求照明系统具备车后照明功能，让驾驶人能看清楚车后场地的情况，以顺利完成倒车。

3）牌照照明。牌照照明是为了能让其他行驶车辆驾驶人和行人看清车辆的牌号，以便于交通安全管理。

4）雾天行车的特殊照明。汽车还必须具有在雾天行车时的特殊照明，用以确保雾天行车的安全性。

5）车内照明。车内照明用以给驾驶人观察仪表、操纵车辆和乘员上下车等提供照明，这也是现代汽车夜间行车不可缺少的。

二、照明系统的组成

根据对汽车照明的要求，汽车上通常配有如下照明灯具。

1）前照灯，用于夜间行车的道路照明，有两灯制和四灯制两种配置。

2）倒车灯，用作夜晚倒车时车后的场地照明，白天倒车灯则用作倒车信号。倒车灯通常采用发光强度为32cd左右的照明灯泡。

3）牌照灯，用以照明车牌号码，采用发白色光的小型灯泡。

4）雾灯，用于雾天、下雪天、暴雨或尘埃弥漫时行车的道路照明和提供信号。灯泡为单丝，发出黄色光。

此外还有仪表灯、顶灯、车厢灯、开关灯、踏步灯等，分别用于夜间行车的仪表、驾驶室、车厢、操纵及车厢乘员的上下车照明；有的汽车上还装有工作灯及工作灯插座，用于夜间车辆维修或其他工作的照明。

各种安装在所需照明位置的照明灯具配以相应的控制开关、线路及熔断器等组成了汽车照明系统。

第二节 前 照 灯

一、前照灯的结构

1. 前照灯的光学组件

前照灯由灯泡、反射镜和配光镜三个光学组件构成。

（1）灯泡

灯泡是前照灯的光源，主要由泡壳和灯丝组成。到目前为止，在汽车上大量使用的灯泡是卤钨灯泡，而普通的充气灯泡则已很少见，近年来，又出现了氙气灯、LED 灯等新的前照灯光源。

充气灯泡和卤钨灯泡的组成结构与外形如图 4-1 所示。充气灯泡和卤钨灯泡的主要组成部件是灯丝和泡壳，但有一些全封闭式汽车前照灯则没有泡壳，这些前照灯是将灯丝直接焊在反射镜底座上。

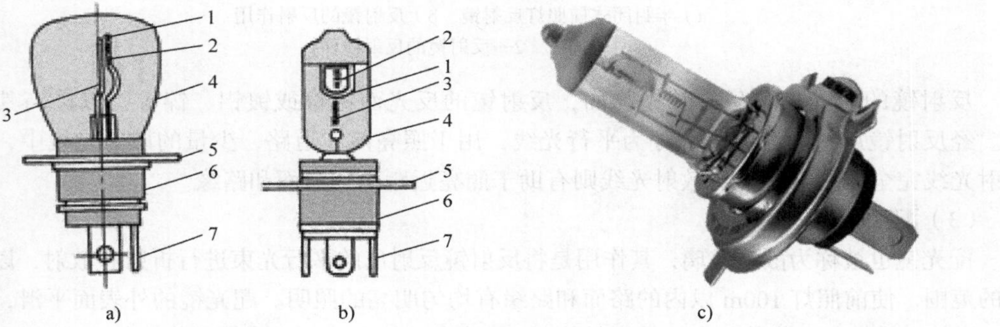

图 4-1 前照灯灯泡

a）充气灯泡 b）卤钨灯泡 c）灯泡外形

1—配光屏 2—近光灯丝 3—远光灯丝 4—泡壳 5—定焦盘 6—灯头 7—插片

1）充气灯泡。充气灯泡用钨丝作为灯丝，灯泡内充满了氩和氮的混合惰性气体，充气的目的是在灯泡工作时，通过这些惰性气体的受热膨胀，使泡壳内产生较高的压力，以减少灯丝钨的蒸发，延长灯泡的使用寿命，并且可提高灯丝的温度，增加发光效率。

阅读提示

汽车夜间行车对道路照明的要求很高，不仅要求照明距离足够远，而且路面和路缘都要有均匀明亮的照明。此外，还要求不会对迎面来车的驾驶人造成眩目。相比于其他的照明灯具，前照灯的结构较为复杂。

2）卤钨灯泡。卤钨灯泡实际上也是一种充气灯泡，只不过充入的气体中掺有某种卤族元素（如碘、溴、氯、氟等）。这种灯泡在工作时，其内部会形成卤钨再生循环反应，使灯丝上蒸发了的钨又回到灯丝上，可避免灯丝上蒸发的钨沉积在泡壳上而使灯泡发黑，进一步延长了灯泡的使用寿命。

（2）反射镜

反射镜的作用是使灯泡的光线聚合并导向前方，将灯泡的光亮度增强几百倍甚至上千倍，用以增加前照灯的照明距离。反射镜的结构及反射作用如图 4-2 所示。

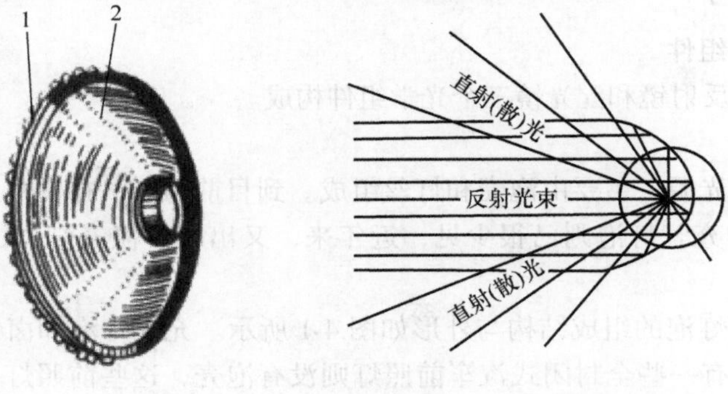

图 4-2　反射镜的结构及反射作用

a）半封闭式前照灯反射镜　b）反射镜的反射作用

1—边齿　2—反射镜的反射镜面

反射镜的表面形状呈旋转抛物面，反射镜的反光面镀银或镀铝、镍等，以提高其反射能力。经反射镜反射的光线大部分为平行光线，用于照亮前方道路，少量的散射光线中，朝上的散射光线完全无用，朝下的散射光线则有助于照亮近距离的路面和路缘。

（3）配光镜

配光镜也被称为散光玻璃，其作用是将反射镜反射出的平行光束进行折射和散射，以扩大光照的范围，使前照灯 100m 以内的路面和路缘有均匀明亮的照明。配光镜的外表面平滑，内侧则是凸透镜和棱镜的组合体。配光镜的结构与原理如图 4-3 所示，配光镜的作用如图 4-4 所示。

专家解读：

前照灯如果没有配光镜，发出的是一个如探照灯一样的光柱，虽然可以照得很远，但照明的范围很小，驾驶人无法得到行车前方道路的照明。配光镜的凸透镜和棱镜将部分光线散射和折射，将光照的范围扩大到了路面和路缘，才使前照灯有了良好的道路照明功能。

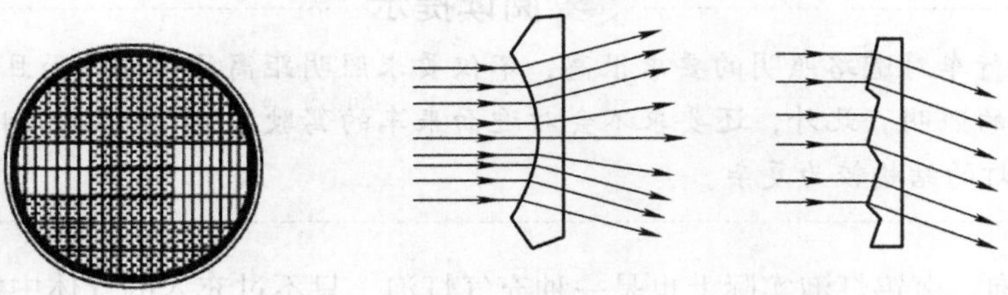

图 4-3　配光镜的结构与原理

a）配光镜结构　b) 水平部分（散射）　c) 垂直部分（折射）

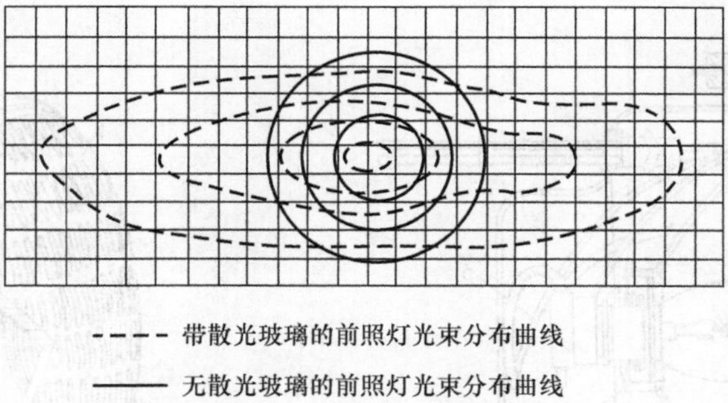

图 4-4 配光镜的作用

2. 前照灯的结构与类型

前照灯的核心部件是光学组件，配以灯壳、灯罩、插脚等附件，组成多种形式的前照灯。前照灯的结构型式有可拆式、半封闭式和全封闭式等几种。

（1）可拆式前照灯

可拆式前照灯的光学组件及附件均可拆解，因而其密封性差，反射镜容易受湿气、灰尘的污染而导致其反射能力下降。在现代汽车上这种可拆式前照灯已被淘汰。

（2）半封闭式前照灯

半封闭式前照灯如图 4-5 所示，其配光镜是靠卷曲在反射镜边缘上的牙齿紧固在反射镜上，并用橡胶圈密封，再用螺钉固定。灯泡是从反射镜的后面装入，因此，更换灯泡不必拆开配光镜。半封闭式前照灯在现代汽车上还有少量使用。

（3）全封闭式前照灯

全封闭式前照灯将配光镜和反光镜制成一个整体，灯丝直接焊在反射镜底座上，通过插片与电路连接。一种圆形全封闭式前照灯如图 4-6 所示。全封闭结构型式可避免反射镜受湿气和灰尘等污染，反光镜可保持高的反光效率，并且延长了前照灯的使用寿命，因此，其在汽车上的使用日渐广泛。

二、前照灯的防眩目

夜间行车时，如果前照灯光线照射到对向汽车驾驶人的眼睛，就会使驾驶人因强光直射而眩目。当驾驶人在行车中发生了眩目，就会看不清前方道路情况，极易引发交通事故。为此，汽车前照灯均设有防眩目功能。

专家解读：

眩目是指人的眼睛突然受到强光照射时，由于视觉神经受刺激而失去对眼睛的控制，本能地闭上眼睛或看不清暗处物体的生理现象。在夜间会车时，驾驶人发生眩目是极其危险的，因此，前照灯必须要有防眩目的措施。

汽车上普遍采用具有远光灯丝和近光灯丝的双丝灯泡，用以避免前照灯在使用中造成眩目，即在无迎面来车时采用远光灯，使前照灯照射距离较远，以满足高速行驶的道路照明需要；在会车时则用照射距离较近但不会产生眩光的近光灯。

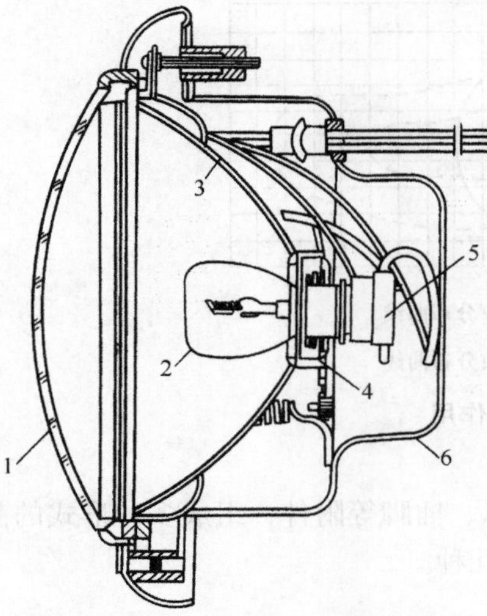

图 4-5 半封闭式前照灯

1—配光镜 2—灯泡 3—反射镜 4—插座 5—接线盒 6—灯壳

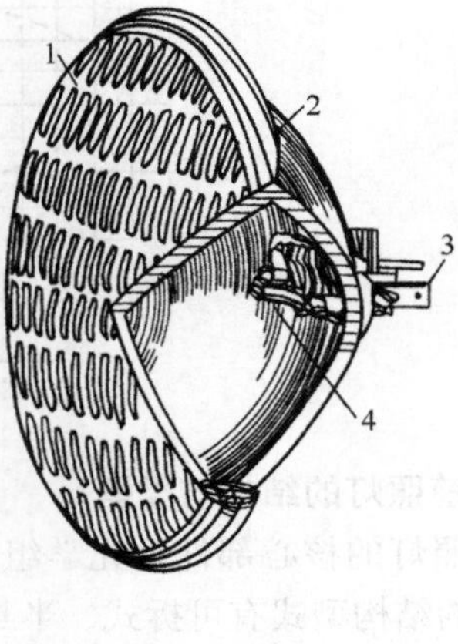

图 4-6 全封闭式前照灯

1—配光镜 2—反射镜 3—插片 4—灯丝

1. 普通双丝灯泡

普通双丝灯泡的工作情况如图 4-7 所示。双丝灯泡中的远光灯丝位于反光镜旋转抛物面的焦点，并与光轴平行，其光线由反射镜反射后与光轴平行，射向远方，远光灯丝发出的光线可获得较远的照射距离和较小的散射光束；近光灯丝位于反光镜旋转抛物面焦点的前上方，其光线经反射镜反射的主光束倾向于路面，从而避免了光线直射迎面来车驾驶人的眼睛。

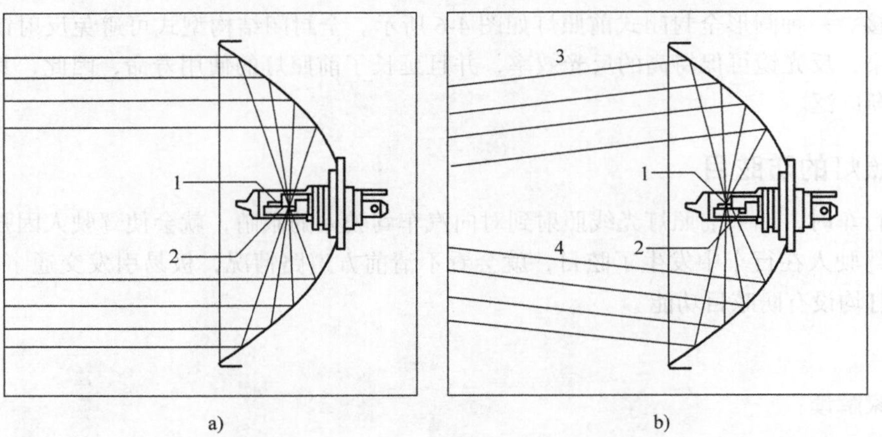

a) b)

图 4-7 普通双丝灯泡的工作情况

a）远光灯光束 b）近光灯光束

1—近光灯丝位置 2—远光灯丝位置 3—近光灯向下光线 4—近光灯向上反射光线

2. 具有配光屏的双丝灯泡

普通双丝灯泡的近光灯丝在工作时会有一部分光线偏上照射（图 4-7b），因而其防眩目的效果不是最佳。将置于焦点前上方的近光灯丝下方装一个配光屏，将近光灯丝射向反射镜下半部的光线挡住，用以消除向上的反射光线，如图 4-8 所示。这种设有配光屏的双丝灯泡具有更好的防眩目效果。

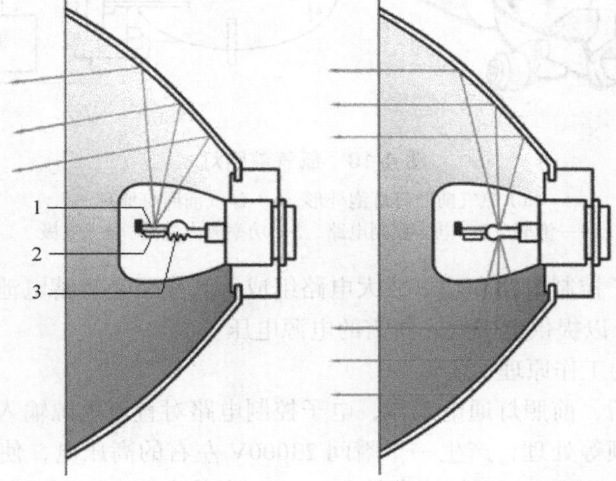

图 4-8　具有配光屏的双丝灯泡

a）近光灯光束　b）远光灯光束

1—近光灯丝　2—配光屏　3—远光灯丝

将配光屏单边倾斜 15°，就可使近光灯既有良好的防眩目效果，又有较远的照明距离。这种形式的配光屏可使近光灯发出的光线形成 L 形非对称近光的光形（图 4-9b）。这种配光符合联合国经济委员会制定的 ECE 标准，被称为 ECE 形配光，是一种较为理想的光形。我国前照灯采用的就是 ECE 形配光。近年来，在国外出现了另一种被称为 Z 形配光的非对称型配光（图 4-9c），它不仅可以避免迎面汽车驾驶人眩目，还可以对车辆右边的行人和非机动车辆使用人员形成防眩目的作用。

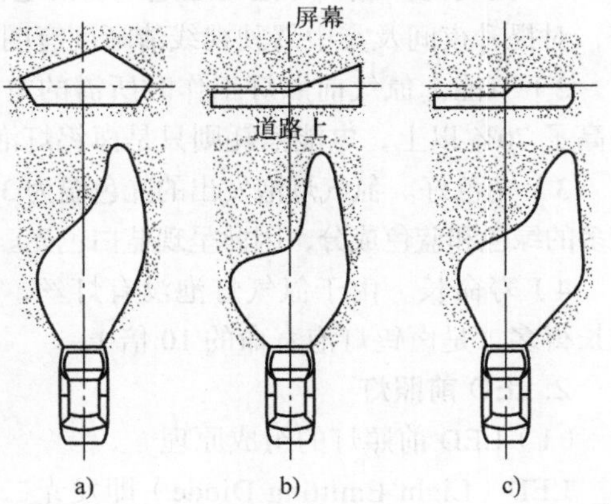

图 4-9　近光灯光形

a）对称光形　b）L 形非对称光形　c）Z 形非对称光形

三、前照灯新型光源

1. 氙气前照灯

（1）氙气前照灯的结构

氙气前照灯的全称是高强度气体放电灯（High Intensity Discharge Lamp，HID 灯），是近些年在汽车上出现的新型前照灯。氙气前照灯的光源部分主要由灯头、电子镇流器（也称稳压器）和相应的附件组成，如图 4-10 所示。

氙气前照灯在其石英泡壳内充有高压惰性气体——氙气（Xenon），氙气前照灯的灯头是两个电极，没有灯丝，依靠电极间的电弧放电发光。在两电极上涂有水银和碳素化合物，将电极施以高压，电极间的氙气电离，通过电弧放电发光。

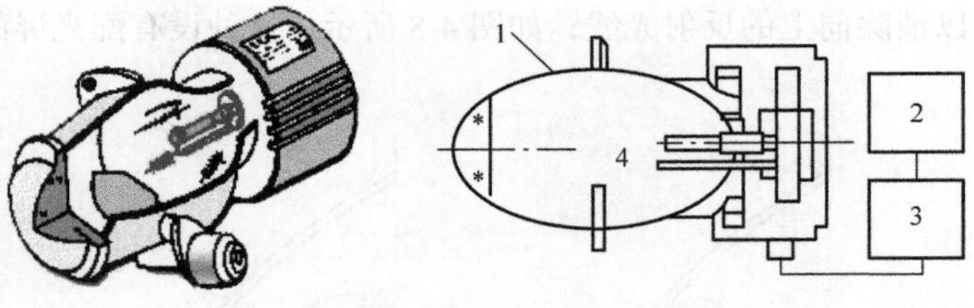

图 4-10　氙气前照灯

a）氙气前照灯灯泡外形　b）氙气前照灯原理

1—泡壳　2—电子控制电路　3—功率放大电路　4—电极

电子镇流器由电子控制电路和功率放大电路组成，其作用是将蓄电池或发电机的直流电压进行升压及功率放大，以提供电极发光所需的电源电压。

（2）氙气前照灯的工作原理

接通前照灯开关后，前照灯通电工作，电子控制电路对直流电源输入的电流进行转换、控制、保护、升压、变频等处理，产生一个瞬间 23000V 左右的高压电，使灯头电极之间的气体电离而产生电弧放电。此后，电子镇流器输出 35V 左右的交流电压，以维持灯头电极的电弧放电，使灯头持续发光。

（3）氙气前照灯的特点

与普通的卤钨灯泡相比，氙气灯泡具有如下特点：

1）亮度高。氙气灯泡是通过电极的电弧放电发出超强的电弧光，亮度是传统卤钨灯泡的 3 倍，对提升夜间及雾中驾驶视线清晰度有明显的效果。

2）节能。氙气前照灯工作时所需的电流仅为 3.5A，电能转化为光能的效率也比卤钨灯泡提高了 70% 以上，电能消耗则只是卤钨灯泡 2/3。

3）光色好。氙气灯泡发出的光色温为 3000 ~ 12000K, 其中 6000K 的色温与太阳光相似，但含较多的绿色和蓝色成分，因此呈现蓝白色光。这种蓝白色光大幅提高了道路标志和指示牌的亮度。

4）寿命长。由于氙气灯泡没有灯丝，不存在灯丝烧断而报废的问题，使用寿命比卤钨灯泡长得多（是卤钨灯泡寿命的 10 倍）。

2. LED 前照灯

（1）LED 前照灯的组成原理

LED（Light Emitting Diode）即发光二极管，LED 是一种固态的半导体器件，它可以直接把电转化为光。LED 前照灯是由多个 LED 组装在一起形成前照灯光源，LED 灯泡和 LED 前照灯外形如图 4-11 所示。

（2）LED 前照灯的特点

LED 是冷光源，与白炽灯相比，节电效率可以达到 90% 以上。在同样亮度下，耗电量仅为普通白炽灯的 1/10，荧光灯管的 1/2。LED 灯泡在人们的日常生活和生产中应用已较为普遍，而 LED 前照灯在汽车上的应用也已逐渐增多。

四、前照灯电路的自动控制功能

为提高汽车的使用性能，现代汽车前照灯设置了多种自动控制功能。典型的前照灯电路的自动控制包括车灯开关未关警告、前照灯延时关灯、前照灯自动变光及自适应前照灯等控制功能。

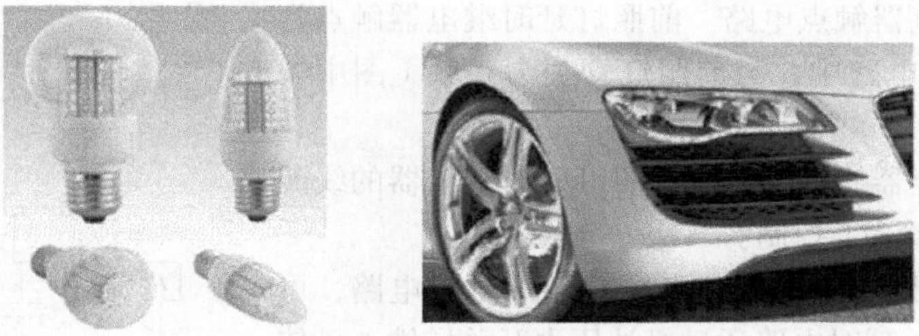

图 4-11　LED 前照灯

a）LED 灯泡　b）LED 前照灯外形

1. 车灯开关未关警告电路

（1）电路的作用

部分汽车在照明系统电路中设置了车灯开关未关警告电路，其作用是在关闭点火开关时，如果车灯开关未关，则可通过控制警告灯亮起和蜂鸣器鸣响的方式发出警告，以提醒驾驶人不要忘记关闭车灯开关。

（2）电路特点分析

不同车型车灯开关未关警告电路的具体电路结构形式可能有所差别，但基本电路原理相似。现以图 4-12 所示的车灯开关未关警告电路为例，分析车灯未关警告电路的特点。

1）蜂鸣器电路。蜂鸣器及蜂鸣器控制器电路串联了晶体管 VT，即该电路由晶体管 VT 控制车灯未关警告蜂鸣器工作。

2）VT 控制电路。VT 为 PNP 型晶体管，在车灯开关接通（前照灯或示廓灯）时，VT 的发射极通过 VD_1 或 VD_2 连接汽车电源，而 VT 的基极通过偏置电阻 R_1 连接点火开关。因此，在点火开关接通时，VT 的基极和发射极是等电位的，故而 VT 保持在截止状态。

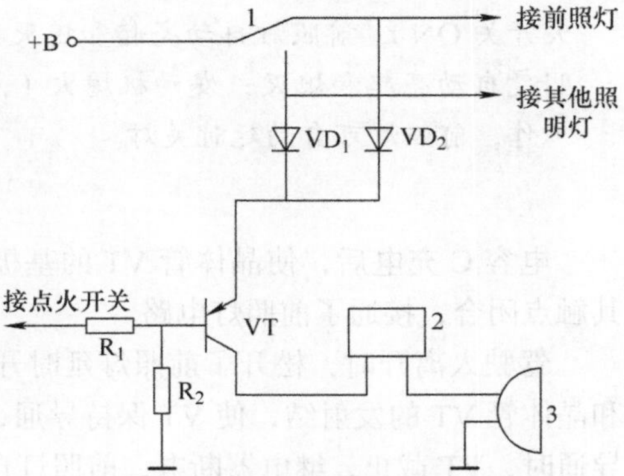

图 4-12　车灯开关未关警告电路

1—灯开关　2—蜂鸣器控制器　3—蜂鸣器

（3）电路工作原理

当驾驶人关闭点火开关时，晶体管 VT 的基极电位就会迅速下降，如果此时车灯未关，那么 VT 的发射极就是蓄电池电压，VT 的发射极和基极之间就有了正向导通电压，VT 立刻饱和导通，使蜂鸣器电路通电工作，用以提醒驾驶人灯关掉车灯开关。

2. 前照灯延时关灯控制电路

（1）电路的作用

前照灯延时控制电路的作用是在夜间停车时，驾驶人在关闭了点火开关和车灯开关后，前照灯仍然能继续亮一段时间，然后自动熄灭，用以给驾驶人离开黑暗的停车场所提供一段时间的照明。

（2）电路特点分析

现以图 4-13 所示的前照灯延时控制电路为例，分析该电路的特点。

1）前照灯继电器触点电路。前照灯延时继电器触点常开，串联在前照灯电路中，与前照灯开关为并联（图中未画出）关系。

2）前照灯继电器线圈电路。前照灯延时继电器的线圈电路的通断由晶体管 VT 控制。

3）VT 输入电路。电阻 R 和电容 C 组成延时电路，可控制 VT 延时截止；延时电路通过机油压力开关搭铁，可使该控制电路只是在发动机熄火（停车）时起作用。

（3）电路工作原理

当发动机熄火时，机油压力开关闭合，前照灯延时关灯控制电路的搭铁电路被接通。如果需要前照灯延时关灯，那么驾驶人只需在离车前按一下仪表板上的前照灯延时按钮，电源就开始对电容 C 充电，充电电路为：蓄电池 + → 延时按钮 → C → 机油压力开关 → 搭铁 → 蓄电池 −。

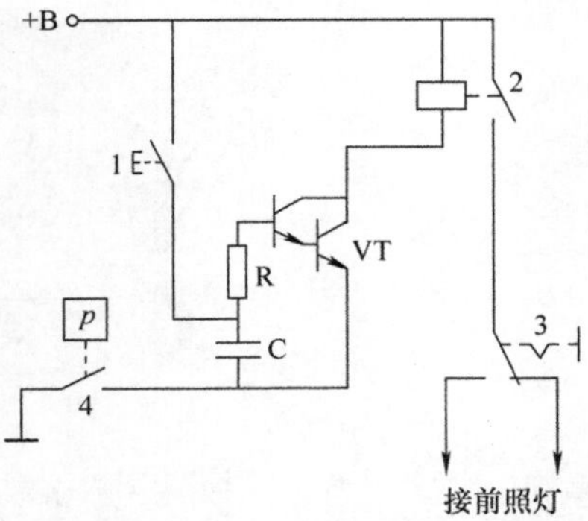

图 4-13　前照灯延时控制电路

1—前照灯延时按钮　2—延时继电器
3—变光开关　4—机油压力开关

专家解读：

一些汽车上设有前照灯自动开关，此开关在 ON 状态下的功能有发动机运转时（点火开关 ON），前照灯自动亮起和熄灭控制电路处于通电工作状态，前照灯可根据环境照明度自动亮起和熄灭；发动机熄火（点火开关 OFF）时，前照灯延时关灯控制电路通电工作，前照灯可自动延时关灯。

电容 C 充电后，使晶体管 VT 的基极有较高的电位而导通，前照灯延时继电器线圈通电，其触点闭合，接通了前照灯电路。

驾驶人离开时，松开了前照灯延时开关按钮，电容 C 开始放电，C 的放电电流经过电阻 R 和晶体管 VT 的发射结，使 VT 保持导通，前照灯继续通电点亮。当 C 电压下降至不能维持 VT 导通时，VT 截止，继电器断电，前照灯自动熄灭。

前照灯延时关灯的时间取决于电容 C 的放电时间，调整延时电路中的 C、R 参数，就可改变前照灯延时关闭的时间。

现代汽车上专门设置延时开关的已很少见，其延时关灯控制功能由前照灯自动开关承担。当驾驶人将车灯开关拨至自动档时，前照灯会根据环境的照明度自动亮起或熄灭，而在点火开关关闭时，前照灯的延时关灯功能电路就进入工作状态，控制前照灯延时熄灭。

3. 前照灯自动变光控制电路

（1）电路的作用

前照灯自动变光控制电路的作用是在会车时能将前照灯自动变为近光，这可避免下述不安全因素：

1）夜间会车时，驾驶人通过手或脚操纵变光开关容易分散驾驶人的注意力。

2）驾驶人忘记变光或变光不及而造成对方驾驶人眩目。

3）一些不文明驾驶人为抢道或高速行驶而强行用远光会车。

（2）电路特点分析

前照灯自动变光控制电路如图 4-14 所示。

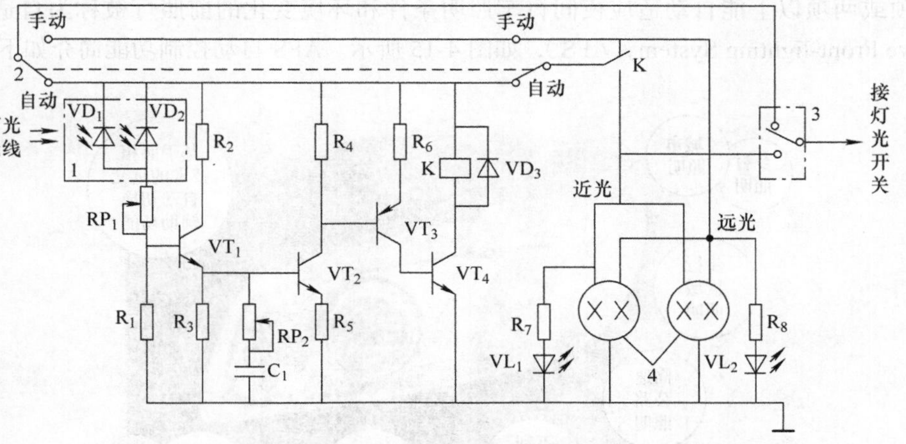

图 4-14　前照灯自动变光控制电路

1—灯光传感器　2—手动／自动变光转换开关　3—变光开关　4—前照灯　K—变光继电器

1）变光继电器电路。变光继电器有一个常闭触点和一个常开触点。常闭触点连通远光灯，常开触点连接近光灯，因此，在继电器线圈不通电时，远光灯处于接通状态。继电器线圈由 VT_1、VT_2、VT_3、VT_4 等元器件组成的放大电路控制其通断电。

2）光电控制电路。VD_1、VD_2 为光电二极管，安装在汽车风窗玻璃左上角，其电阻值与感光强度成反比，连接于晶体管 VT_1 的偏置电路，使 VT_1、VT_2、VT_3、VT_4 等元器件组成的放大电路的工作受风窗玻璃处的光照强度控制。

3）自动／手动转换开关。该开关可以让驾驶人选择自动或手动变光，在自动变光器失效的情况下，通过此开关仍可以实现人工操纵变光。

（3）电路工作原理

1）无会车时。在夜间行车无迎面来车灯光照射时，感光器（VD_1、VD_2）内阻较大，使得 VT_1 基极没有获得导通所需的正向电压而截止，于是 VT_2、VT_3、VT_4 的基极也都因无正向导通电压而截止，变光继电器线圈不通电，其常闭触点接通远光灯。

2）会车时。当有迎面来车或道路有较好的照明度时，VD_1、VD_2 的电阻下降，这使得 VT_1 基极电位升高而导通，VT_2、VT_3、VT_4 的基极也随之有了正向偏置而导通，使继电器线圈通电，其常闭触点打开，常开触点闭合，前照灯由远光自动切换为近光。

3）远光灯延时恢复。会车结束后，VD_1、VD_2 因无强光照射而电阻增大，使 VT_1 又截止。此时，由于 C 的放电，使 VT_2、VT_3、VT_4 仍保持导通，1 ~ 5s 后，电容 C 放电至 VT_2 不能维持导通状态时，继电器线圈因 VT_2 截止而断电，这时，前照灯才恢复远光照明。

专家解读：

设置延时恢复远光是为了避免会车过程中由于光照强度的突变而引起频繁变光，以提高汽车近光会车的可靠性。延时的时间可通过电位器 RP_2 来调整。

4. 自适应前照灯

为满足汽车夜间行车道路照明更高的要求，一些汽车设置了更多前照灯自动控制功能。具有两项或两项以上能自动适应夜间行车照明条件和环境变化的前照灯被称为自适应前照灯（Adaptive Front-lighting System，AFS），如图 4-15 所示。AFS 自动控制功能简介如下。

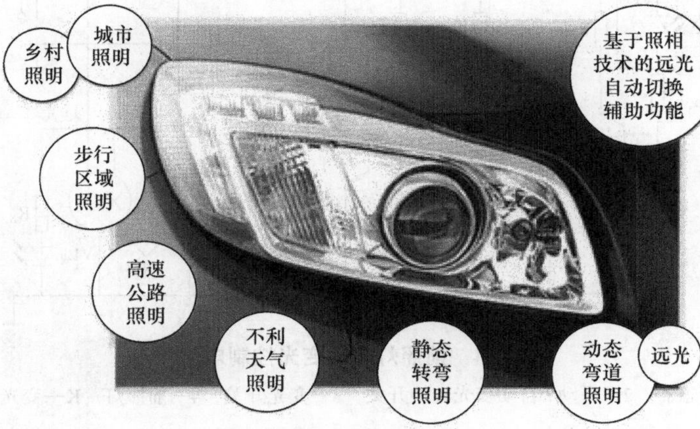

图 4-15　自适应前照灯

（1）前照灯自动亮 / 灭控制功能

前照灯自动亮 / 灭控制功能可根据车辆周围环境光照亮度自动控制前照灯的亮起和熄灭，既可使驾驶人在光线较暗的情况下能及时得到照明，又可避免光线变强后因忘记及时关闭前照灯而白白浪费电能。

驾驶人将车灯开关拨至自动（AUTO）档时，该控制功能随即启动，由光照度传感器提供环境亮度信号，通过电子控制器控制前照灯电路的通断，实现前照灯的亮起与熄灭自动控制。

（2）前照灯随动转向控制功能

前照灯随动转向控制功能电路可使前照灯随转向盘的转动而转向，使驾驶人在夜间行车过程中，克服转弯时的照明盲区，以确保行车安全。

当夜间行车打开了前照灯时，只要驾驶人转动转向盘，该控制功能随即启动，转向盘转角传感器信号输入 AFS 电子控制器，电子控制器根据传感器的信号及设定的控制程序确定前照灯的转动角度和转动方向，并输出控制信号，控制执行器（水平方向转动驱动电动机）工作，使左右前照灯在水平方向转动相应的角度。前照灯随动转向控制功能效果如图 4-16 所示。

（3）前照灯垂直照射角度控制功能

前照灯垂直照射角度控制可使前照灯有两种自适应功能，一是可实现汽车载质量变化时的前照灯垂直照射角度控制，二是行驶在乡村道路起伏路面时的前照灯垂直照射角度控制。通过及时调整前照灯垂直照射角度，既可防止前照灯光线偏上照射而对迎面来车驾驶人造成眩目，又可避免前照灯光线偏下照射而使照明距离缩短，影响车辆的行驶速度和行车安全。

当汽车的载质量发生变化时，AFS 控制器根据汽车前后轴重传感器的信号进行分析计算，确定前照灯垂直照射角度是否需要调整。如果需要调整就立即输出控制信号，控制执行器（垂直方向转动驱动电动机）工作，使左右前照灯在垂直方向转动相应的角度。

a)　　b)

图 4-16　前照灯随动转向控制功能效果

a）汽车转向时的照明盲区　b）前照灯随动转向照明效果

当车辆夜间行驶在路面凹凸不平、起伏不定的乡村道路上时，AFS 控制器根据汽车前后轴重传感器的信号使前照灯立刻进入乡村道路照明模式，并根据前轴和后轴高度差的变化量来自动调整前照灯的投射俯仰角度。

（4）前照灯高速公路照明模式控制功能

前照灯高速公路照明模式控制功能电路可根据汽车行驶的速度，自动控制前照灯的照射高度和前雾灯的亮起，以增加照明距离，确保汽车高速行驶时驾驶人能看清安全制动距离之内的障碍物。

当车辆在夜间行驶于高速公路上时，AFS 根据车速传感器的信号启动前照灯高速公路照明模式控制功能，其控制功能效果如图 4-17 所示。

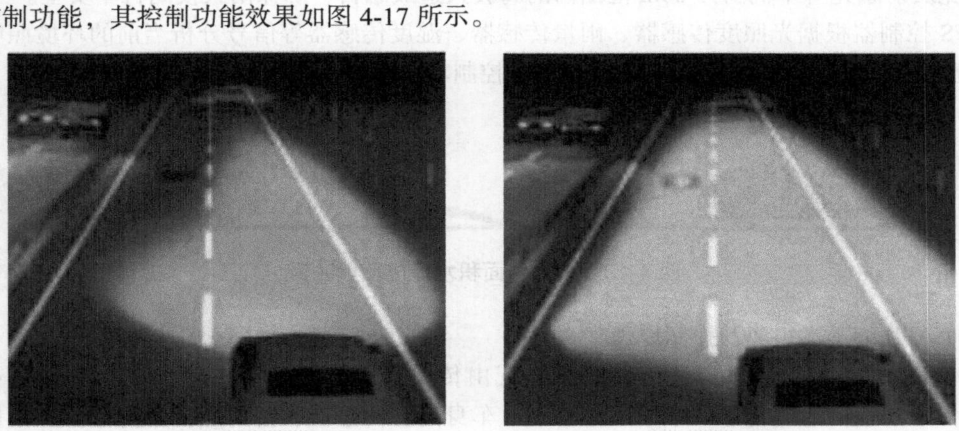

a)　　b)

图 4-17　前照灯照明距离控制

a）普通的前照灯照明距离　b）照明距离控制效果

（5）前照灯城市照明模式控制功能

前照灯城市照明模式控制功能可在车辆行驶速度不高、车外照明度较差的情况下起作用，可以自动控制两边的角灯亮起，用于扩大光照范围，可有效地避免岔路中突然出现行人或车辆而引发交通事故。

当汽车行驶在照明度较差或无照明的居民小区或城市街道时，AFS 控制器根据车速传感器和光照度传感器的信号，自动启动前照灯城市照明模式，控制左右角灯亮起。前照灯城市照明模式控制功能的效果如图 4-18 所示。

a)

b)

图 4-18　前照灯照明范围控制

a）普通的前照灯照明范围　b）照明范围控制效果

（6）阴雨天照明模式控制功能

夜间行车遇阴雨天气时，由于雨天路面积水而容易造成光线反射，使相向行驶车辆驾驶人眩目（图 4-19）。AFS 控制电路起作用时，使前照灯进入阴雨天照明模式，根据雨量的大小适当降低前照灯的高度，对汽车前面距离为 5 ~ 25m 的路面（有积水）范围内的照度进行限制，从而避免反射眩光对车辆前方 60m 范围内的驾驶人造成眩目，确保雨天夜间行车安全。

AFS 控制器根据光照度传感器、雨量传感器、湿度传感器等信号分析当前的环境照明度及天气情况，需要时，立即启动阴雨天照明模式控制功能。

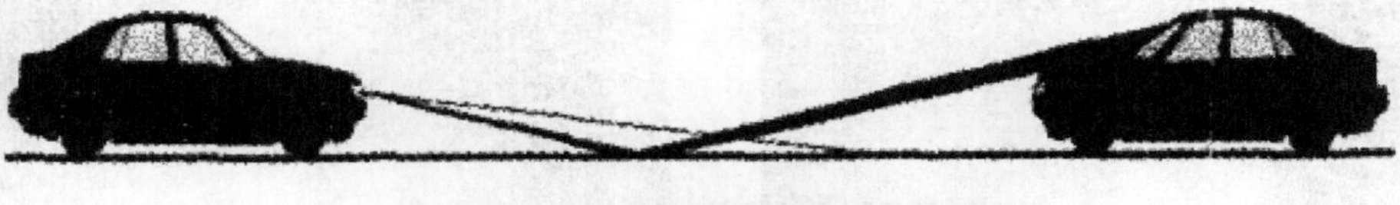

图 4-19　雨天路面积水造成反射眩目

（7）AFS 的基本组成与控制原理

1）AFS 的基本组成。自适应前照灯系统由传感器、控制器和执行机构组成（图 4-20）。AFS 的传感器包括光电传感器、车速传感器、车身高度传感器、转向盘转角传感器、雨量传感器、雾传感器、风速传感器、颗粒物传感器、汽车位置传感器（GPS 信号）。AFS 选择控制器局域网络（Controller Area Network，CAN）总线作为传输通道，执行机构是由一组电机和光学机构组成的。一般有投射式前照灯、对前照灯上下角度进行调整的调高电机、对前照灯左右角度进行调整的旋转电机、对基本光型进行调整的可移动光栅，此外还有一些附加灯，如角灯等。

2）AFS 的控制原理（图 4-21）。AFS 相关传感器的信号通过 CAN 总线送入 AFS 控制器，AFS 控制器根据传感器的信号和相关的控制程序，通过中央微处理器分析计算后产生相应的控制信号输出，控制旋转电机对前照灯进行左右旋转角度，控制调高电机旋转，经由传动装置驱动前照灯上下移动。

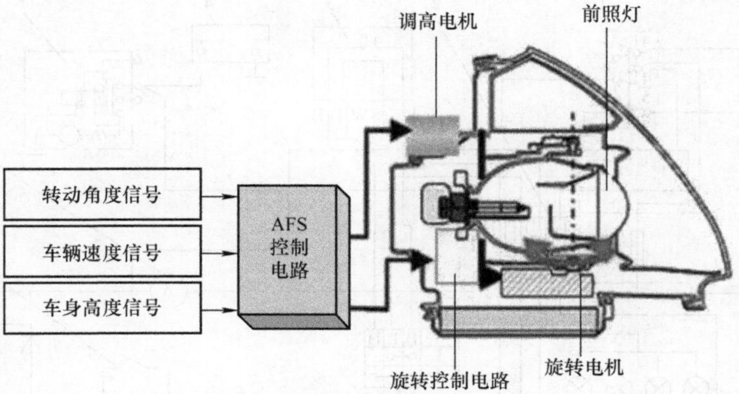

图 4-20 具有随动转向和高速照明距离控制功能 AFS 的基本组成

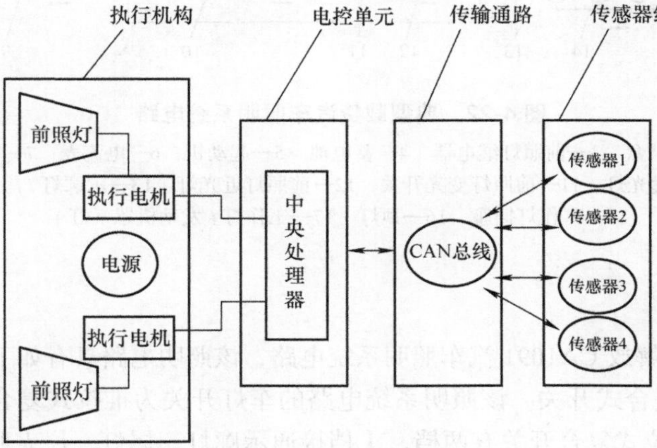

图 4-21 AFS 的控制原理

第三节 典型照明系统电路分析与故障诊断

一、典型载货汽车照明系统电路特点分析与故障诊断

驾驶人需要通过相应的开关来控制相应的灯具，以实现相应的照明需求，因而各照明电路中设有相应的开关。此外，照明电路中还设置了继电器和熔断器等器件，以实现相应的开关和电路保护。典型载货汽车照明系统电路如图 4-22 所示。

阅读提示

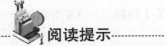

前照灯电路中设置前照灯继电器的原因与起动电路中设置起动继电器的原因相似，前照灯的工作电流较大，设置前照灯继电器后，车灯开关只控制继电器线圈电路的通断，其工作电流大幅减小。

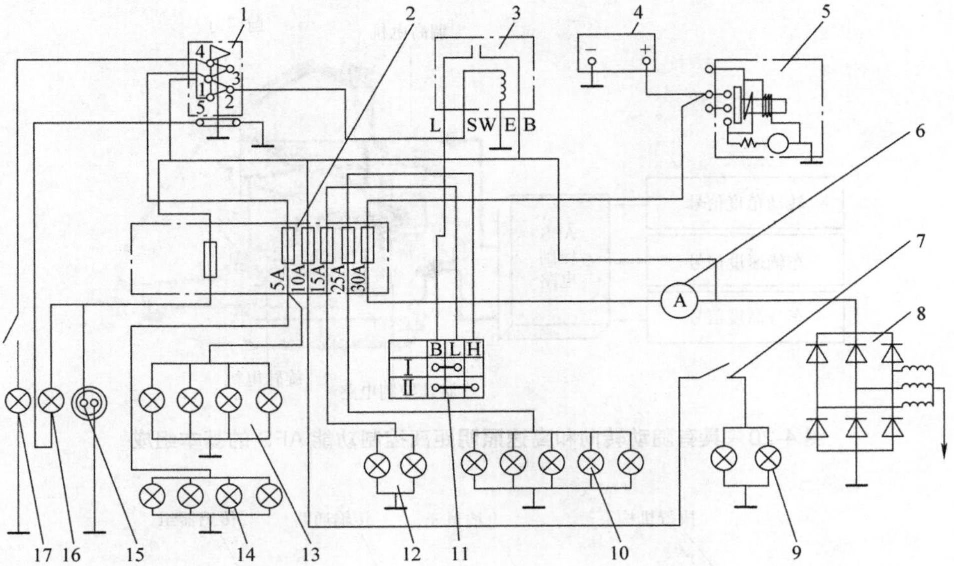

图 4-22　典型载货汽车照明系统电路

1—车灯开关　2—熔断器盒　3—前照灯继电器　4—蓄电池　5—起动机　6—电流表　7—雾灯开关　8—发电机　9—雾灯　10—前照灯远光灯　11—前照灯变光开关　12—前照灯近光灯　13—示廓灯 / 尾灯　14—仪表照明灯　15—工作灯插座　16—顶灯　17—工作灯（发动机罩下灯）

1. 电路特点

图 4-22 所示的是解放 CA1091 汽车照明系统电路，该照明电路具有如下特点。

1）车灯开关为组合式开关。该照明系统电路的车灯开关为推拉式复合开关和旋钮开关组成的组合式开关。推拉式复合开关有两档，Ⅰ档接通示廓灯、尾灯、仪表照明灯等，Ⅱ档则同时接通前照灯；旋钮开关（在车灯开关未拉出时旋转拉钮）接通顶灯。

2）配有前照灯继电器。前照灯电路中设置了前照灯继电器，以避免前照灯开关直接控制较大的前照灯电路电流。前照灯开关（车灯开关Ⅱ档）只是用来控制前照灯继电器线圈的通断电，车灯开关的电流小。前照灯继电器触点为常开，在继电器线圈通电时闭合，接通前照灯电路。

3）脚操纵式变光开关。用脚踩的机械式变光开关用于前照灯的远光和近光切换，开关按压一次，前照灯就切换一次远近光。

2. 电路原理

（1）车灯开关电路原理

车灯开关拉至Ⅰ档时，示廓灯、尾灯、仪表照明灯等通电亮起，其电流通路为：蓄电池 +→30A 熔断器→电流表→车灯开关Ⅰ档触点→ 5A 熔断器→示廓灯 / 尾灯、仪表照明灯→搭铁→蓄电池 -。

车灯开关拉至Ⅱ档时，前照灯继电器线圈同时通电，其电流通路为：蓄电池 +→ 30A 熔断器→电流表→车灯开关Ⅱ档触点→前照灯继电器线圈→搭铁→蓄电池 -。

前照灯继电器线圈通电后，其触点闭合，接通了前照灯电路，前照灯亮起，其电流通路为：蓄电池 + → 30A 熔断器→电流表→前照灯继电器接线柱 B →前照灯继电器触点→前照灯继电器接线柱 L →前照灯变光开关→前照灯远光灯或近光灯→搭铁→蓄电池 -。

在发动机工作、发电机正常发电时，上述电流通路的电源是发电机。由发电机供电时的前照灯电流通路为：发电机 + →前照灯继电器接线柱 B →前照灯继电器触点→前照灯继电器接线柱 L →前照灯变光开关→前照灯远光灯或近光灯→搭铁→发电机 -。

（2）雾灯开关电路原理

接通雾灯开关时，雾灯电路通电，雾灯亮起，其电流通路为：蓄电池 + → 30A 熔断器→电流表→ 10A 熔断器→雾灯开关→雾灯→搭铁→蓄电池 -。

3. 电路故障诊断方法

照明系统电路可能出现的故障是前照灯不亮、示廓灯及仪表照明灯不亮等。

（1）前照灯远光、近光灯均不亮

车灯开关在Ⅰ档时，示廓灯及仪表灯均能亮。将车灯开关拉至Ⅱ档位置时，前照灯不亮，操纵变光开关，前照灯仍然不亮。根据故障现象和前照灯电路构成进行故障分析，前照灯远光灯和近光灯均不亮的可能原因主要有：

1）车灯开关内部Ⅱ档触点接触不良。

2）变光开关触点接触不良。

3）前照灯继电器故障，如继电器线圈有短路或断路、触点烧蚀、继电器搭铁不良等。

4）前照灯线路有连接不良。

5）远光灯及近光灯熔断器熔丝均熔断。

6）前照灯灯泡均已烧坏。

阅读提示

对于有多个工作器件的电气系统，如果出现了单个、多个或全部器件不工作或工作不良故障时，可根据其电路的结构特点和电路工作原理，分析该故障现象可能的故障原因，并对可能的故障部位进行诊断操作，准确、迅速地找到故障部位。本例故障现象是示廓灯及仪表灯均能亮，而照灯远光灯和近光灯均不亮，分析故障可能的原因及进行相关的故障诊断操作时，可排除示廓灯及仪表灯电路的故障可能，只需在与前照灯相关的电路中去找故障原因即可。可见，熟悉汽车电路的结构特点与工作原理，在根据故障现象进行故障分析及故障诊断时，就会思路清晰，方法得当。

针对上述故障原因，可按如下方法与步骤诊断故障：

1）打开熔断器盒，检查前照灯熔断器熔丝（15A、25A）是否已熔断。如果熔丝已熔断，则更换熔断器，并检查前照灯及连接线路有无搭铁故障；如果前照灯熔断器正常，则进行下一步故障诊断。

2）将车灯开关拉至Ⅱ档，检测前照灯继电器 L 接线柱的对地电压。如果为蓄电池电压，则说明灯开关、继电器、相关的连接线路均良好，故障在继电器 L 接线柱之后的变光开关、前照灯及其连接线路，需按第 4）步进一步诊断；如果无电压，则进行下一步诊断。

3）保持车灯开关在Ⅱ档位置，检测前照灯继电器SW、B接线柱的对地电压。如果均有蓄电池电压，则说明前照灯继电器有故障，需拆修或更换前照灯继电器；如果只是B接线柱没有电压，则检查B接线柱的连接导线；如果只是SW接线柱没有电压，则说明车灯开关不良或灯开关与前照灯继电器之间的线路有断路，需检查线路或更换车灯开关。

4）车灯开关在Ⅱ档时检测变光开关三个接柱的对地电压。如果B接线柱没有电压，则需检修变光开关至前照灯继电器之间的连接线路；如果B接柱有蓄电池电压，而L、H接线柱均无电压，则需更换变光开关；如果L、H接线柱有蓄电池电压（无电压时，踏一次变光开关就有电压），则需检修远光灯和近光灯相关的连接线路、检查或更换前照灯。

（2）前照灯只有远光或只有近光

接通前照灯开关时，只有远光灯或近光灯能亮，可能的故障原因主要有：

1）变光开关至近光灯或远光灯的连接线路有断路。

2）近光灯或远光灯熔断器的熔丝熔断。

3）变光开关连接近光灯或远光灯的触点接触不良。

4）近光灯或远光灯灯泡已烧坏。

故障诊断方法与步骤如下：

1）检查近光灯熔断器或远光灯熔断器。如果熔断器熔丝熔断，则更换熔断器，并检查熔断器所连接线路有无短路；如果熔断器正常，则进行下一步诊断。

2）车灯开关在Ⅱ档时，检测变光开关L或H接线柱的对地电压。如果变光开关在近光灯或远光灯位置时，L或H接线柱无电压，则说明变光开关有故障，需予以更换；如果变光开关在近光灯或远光灯位置时，L或H接线柱有蓄电池电压，则需检修相关线路，若线路正常，则需更换近光灯或远光灯灯泡。

（3）示廓灯及仪表灯均不亮

喇叭能响，但接通车灯开关（Ⅰ档）时，示廓灯和仪表灯均不亮，这种故障现象可能的故障原因如下：

1）灯开关内部接触不良。

2）相关连接线路有断路。

3）示廓灯和仪表灯电路熔断器熔丝熔断。

故障诊断方法与步骤如下：

1）检查示廓灯和仪表灯熔断器的熔丝有无熔断。如果熔断器的熔丝已熔断，则更换熔断器，并检查其连接线路有无短路；如果熔断器正常，则进行下一步诊断。

2）将灯开关拉至Ⅰ档，检测示廓灯和仪表灯熔断器的对地电压。如果有蓄电池电压，则检修熔断器至示廓灯和仪表灯的线路；如果无电压，则需检查熔断器至灯开关之间的线路，若线路正常，则需检查或更换灯开关。

二、典型轿车照明系统电路特点分析与故障诊断

轿车照明灯具配备相对较多，桑塔纳轿车照明系统电路如图4-23所示。

1. 电路特点

1）该车前照灯直接由车灯开关控制，在车灯开关为2档时，通过变光开关进行远光和近光切换。此外，远光灯还可由自动复位的超车灯开关直接控制，在汽车超车时使用。

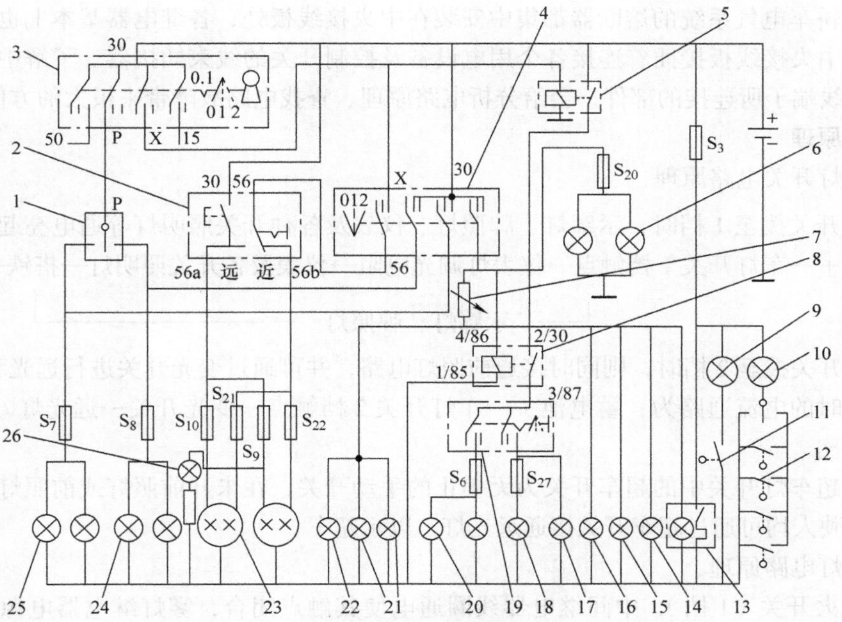

图 4-23　桑塔纳轿车照明系统电路

1—停车灯开关　2—变光和超车灯开关　3—点火开关　4—车灯开关　5—中间继电器　6—牌照灯　7—仪表灯调光电阻　8—雾灯继电器　9—行李舱灯　10—前顶灯　11—行李舱灯开关　12—前顶灯门控开关　13—点烟器照明灯　14—前后雾灯开关　15—后风窗除霜器开关照明灯　16—暖气开关照明灯　17—雾灯指示灯　18—后雾灯　19—前后雾灯开关　20—前雾灯　21—仪表灯　22—时钟照明灯　23—前照灯　24—右前后示廓灯　25—左前后示廓灯　26—远光指示灯

2）雾灯开关电路中连接了中间继电器和雾灯继电器，中间继电器在点火开关处于点火档时接通，雾灯继电器是在停车灯开关 1 档时接通。因此，只有在点火开关接通且车灯开关也接通时，才能用雾灯开关的 1 档接通前雾灯，而 2 档可同时接通前后雾灯。

3）牌照灯由车灯开关控制，在车灯开关 1 档或 2 档时接通。

4）顶灯和行李舱灯由门控开关控制，当行李舱或车门打开时，其门控开关就会接通行李舱灯或顶灯电路。

5）仪表板、时钟、点烟器、后除霜器开关、空调开关、雾灯开关等的照明灯也均由车灯开关控制。当车灯开关在 1 档或 2 档时，上述照明灯均被接通，其亮度可通过仪表调光电阻调节。

6）在停车（点火开关断开）时，前后示廓灯可由停车灯开关控制，这时示廓灯作为停车灯使用。

专家解读：

停车灯用于在黑暗的停车场所，给路人以“此处有车”的警示。现代汽车设置停车灯的汽车很少，这是桑塔纳轿车照明系统电路较有特点的设置。在点火开关关闭时，通过专门的停车灯开关来接通一边的示廓灯，以向路人发出警示信号。

示廓灯俗称小灯（前端）和尾灯（后端），无论是用来显示汽车的轮廓，还是用作停车灯，都是向周围的行人和车辆发出警示信号。因此，示廓灯属于信号装置。

桑塔纳轿车电气系统的熔断器都集中安装在中央接线板处，各继电器基本上也都安装于中央接线板，中央接线板接插着连接各个用电设备及控制开关的线束插接器。了解中央接线板的结构和各接线端子所连接的部件，会给分析电路原理、查找电路故障带来极大的方便。

2.电路原理

（1）车灯开关电路原理

当车灯开关拨至1档时，示廓灯、牌照灯、仪表及各种开关照明灯等通电亮起，电流通路为：蓄电池+→车灯开关1档触点→仪表灯调光电阻→仪表及各开关照明灯→搭铁→蓄电池-。

└→ 示廓灯、牌照灯 ——————————↑

当车灯开关拨至2档时，则同时接通前照灯电路，并可通过变光开关进行远光和近光变换，前照灯亮起时的电流通路为：蓄电池+→车灯开关2档触点→变光开关→远光灯/近光灯→搭铁→蓄电池-。

变光和超车灯开关中的超车开关为无锁止的手动开关，在未开前照灯或前照灯处于近光灯状态下，驾驶人均可通过超车开关接通远光灯，以示超车。

（2）雾灯电路原理

接通点火开关（1档），中间继电器线圈通电使其触点闭合，雾灯继电器电源端子接通电源；接通车灯开关（1档或2档），雾灯继电器线圈通电，其触点闭合，使前后雾灯开关电源端子接通电源。此时，驾驶人就可通过前后雾灯开关接通前雾灯或前后雾灯。雾灯亮起时的电流通路为：蓄电池+→中间继电器触点→雾灯继电器触点→雾灯开关→后雾灯或前后雾灯→搭铁→蓄电池-。

（3）顶灯电路原理

车箱内的顶灯控制开关由手动控制和门开关控制。用手动开关可接通顶灯电路（开关拨至左侧位置）而使顶灯亮起；手动开关关闭（开关拨至右侧位置）时，只要四扇车门中有一扇门未关闭，门控灯开关就将顶灯电路接通，顶灯亮，用以提醒驾驶人车门未关。

3.电路故障诊断方法

（1）前照灯不亮

车灯开关在2档时，前照灯不亮，操纵变光开关，前照灯仍然不亮。可能的故障原因有：

1）车灯开关内部2档触点接触不良。

2）变光开关触点接触不良。

3）前照灯线路有连接不良。

4）远光灯及近光灯熔断器的熔丝均熔断。

5）前照灯灯泡均已烧坏。

可按如下方法和步骤诊断故障：

1）操纵超车灯开关，观察前照灯的远光灯能否亮起。如果远光灯能亮，则前照灯、熔断器及其连接线路正常，故障在车灯开关、变光开关及其连接线路，需进行第3）步故障诊断；如果远光灯仍不亮，则进行下一步故障诊断。

2）打开熔断器盒，检查前照灯熔断器（S_9、S_{10}、S_{21}、S_{22}）的熔丝是否已熔断。如果熔丝已熔断，则更换熔断器，并检查前照灯及连接线路有无搭铁故障；如果前照灯熔断器正常，则需检查前照灯连接线路（插接器）和前照灯灯泡。

3）将车灯开关拨至 2 档，检测变光与超车灯开关的 56、56a、56b 端子的电压。如果 56 端子电压正常，而 56a、56b 端子无电压，则为变光与超车灯开关故障；如果 56 端子无电压，则检查车灯开关及连接线路。

（2）前照灯只有远光或只有近光

接通前照灯开关时，只有远光灯或近光灯能亮。可能的故障原因有：

1）变光开关至近光灯或远光灯的连接线路有断路。

2）近光灯或远光灯的熔断器熔丝熔断。

3）变光与超车灯开关连接近光灯或远光灯的触点接触不良。

4）近光灯或远光灯灯泡已烧坏。

故障诊断方法与步骤如下：

1）如果只是远光灯不亮，则操纵超车灯开关，观察前照灯能否亮起。如果能亮，则故障为变光与超车灯开关的远光灯触点接触不良，需更换开关；如果仍不能亮，则进行下一步故障诊断。

2）检查近光灯熔断器或远光灯熔断器。如果熔断器的熔丝熔断，则更换熔断器，并检查熔断器所连接线路有无短路；如果熔断器正常，则进行下一步诊断。

3）车灯开关在 2 档时，检测变光开关 56a 或 56b 端子对地电压。如果变光开关在近光灯或远光灯位置时，56a 或 56b 端子无电压，则说明变光开关有故障，需更换开关；如果变光开关在近光灯或远光灯位置时，56a 或 56b 端子有正常电压，则需检修前照灯线路连接、近光灯或远光灯。

（3）雾灯不亮

照明灯及鼓风机等其他系统均正常，操纵雾灯开关时，后雾灯或前后雾灯均不亮。故障可能的原因如下：

1）雾灯继电器有故障。

2）雾灯开关不良。

3）雾灯连接线路或雾灯熔断器的熔丝熔断。

4）雾灯灯泡已烧坏。

故障诊断方法与步骤如下：

1）检查雾灯熔断器的熔丝有无熔断。如果熔丝已被熔断，则更换熔断器，并检查其连接线路有无短路；如果熔断器正常，则进行下一步故障诊断。

2）接通点火开关和车灯开关，检测雾灯继电器各端子的电压。如果 2/30 端子无蓄电池电压，则检修雾灯继电器至中间继电器之间的线路；如果 4/86 端子无电压，则需检修雾灯继电器至车灯开关之间的线路；如果只是 3/87 端子无蓄电池电压，则需检查 1/85 端子接地，若接地良好，则需更换雾灯继电器；如果 3/87 端子有蓄电池电压，则进行下一步故障诊断。

3）检查前后雾灯线路连接（插接器）有无不良、雾灯灯泡是否已烧坏。如果前后雾灯线路连接不良或雾灯已烧坏，则予以修理或更换；如果前后雾灯及其线路连接均正常，则需检修或更换雾灯开关。

第四节　照明系统部件的检修与调整

阅读提示

前照灯的性能对确保汽车夜间行车安全至关重要。一般要求前照灯能提供车前 100m 以上明亮且均匀的道路照明，并不会对迎面来车驾驶人造成眩目。因此，照明系统的检测主要就是对前照灯的检测，前照灯检测也是汽车年审安全性检测的必检项目。

1. 前照灯的检测内容

前照灯的检测内容主要有发光强度（cd）或光照度（lx）、光束的照射位置等。对于双丝灯泡前照灯，以调整近光灯的光形为主。

2. 前照灯的检测方法

前照灯的检测有专用仪器检测和屏幕法检测两种。无论采用什么方式，在检测前都应确认汽车轮胎气压正常、前照灯配光镜表面清洁、场地平整、汽车空载（驾驶室只允许乘坐一人）。

（1）专用仪器检测

用前照灯检测仪检测前照灯，具有测试准确、工作效率高等优点，汽车检测站及一些汽车保修单位通常是用前照灯检测仪检验前照灯。前照灯检测仪如图 4-24 所示。

前照灯检测仪有多种类型，根据其结构与工作原理的不同，可分为聚光式、屏幕式、投影式及自动追踪式等几种。各种前照灯检测仪检测操作方法可参考各检测仪的使用说明。

图 4-24　前照灯检测仪

（2）屏幕法检测

在无前照灯检测仪时，也可用屏幕检测法对前照灯进行检验。不同车型，具体的调整方法和检测参数会有所不同，现以 EQ1090 汽车前照灯为例，说明屏幕法检测前照灯的基本方法（图 4-25）。

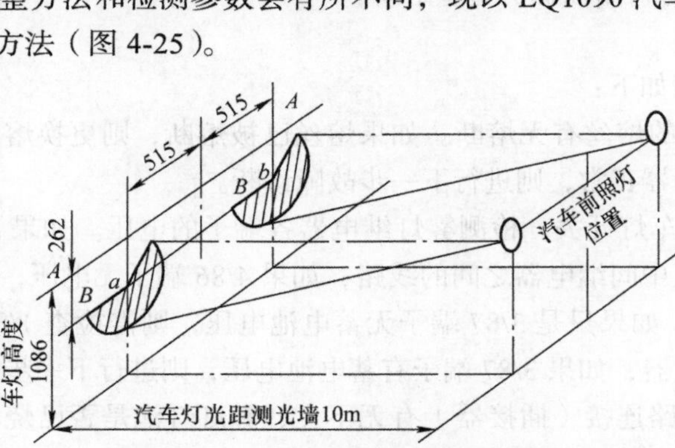

图 4-25　屏幕法检测前照灯

1）将汽车停在平整的场地，并使车头正对幕布或墙壁，前照灯与幕布或墙壁的距离为 10m。

2）在离地面 1086mm 的幕布或墙壁上画一条水平线 *A-A*，再在此水平线以下 262mm 处画一条水平线 *B-B*；然后画出汽车中心垂直线，并在中垂线两侧 515mm 处画两条垂直线，与水平线 *B-B* 交于 *a*、*b* 两点。

3）打开前照灯，检测并根据需要调整前照灯。遮住右侧前照灯检测左侧前照灯，如果光束中心不能对准 *a* 点，则对左侧前照灯进行调整；再遮住左侧前照灯检测右侧前照灯，使右侧前照灯光束中心对准 *b* 点。

3. 前照灯的调整

前照灯的调整主要是针对光束的偏斜。现代汽车前照灯一般都可进行上下、左右的光束调整，但光束调整机构的具体结构形式则不尽相同。当检测得出光束有偏斜时，可通过前照灯的光束调整螺钉（螺栓）将光束的偏移量消除。

前照灯光束的调整部位一般分外侧调整式和内侧调整式两种，如图 4-26 所示。

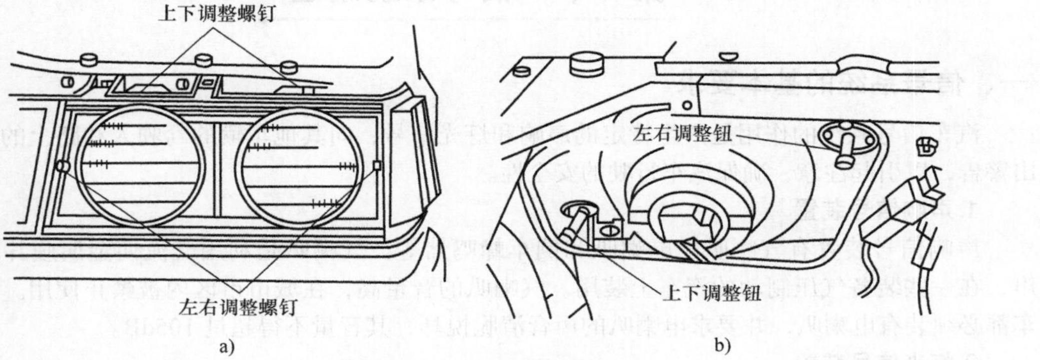

图 4-26　前照灯的调整部位
a）外侧调整式　b）内侧调整式

4. 前照灯的维护注意事项

1）安装前照灯时，不得倾斜和倒置，以免影响灯光照射角度。

2）前照灯配光镜应保持清洁，若有污垢应及时擦洗干净。

3）对半封闭式前照灯，应注意保持反射镜的清洁，若有灰尘，应用压缩空气吹净；若有脏污，镀铬和镀铝的反射镜可用清洁的棉纱沾上酒精由内向外呈螺旋状擦拭干净。

4）半封闭式前照灯更换灯泡时，注意不要让湿气及灰尘等进入，并保持良好的密封性。

5）更换灯泡时，应在前照灯电路断路时进行，要带上干净的手套，不要用手直接接触灯泡的泡壳；普通充气灯泡不应与卤钨灯泡互换。

6）更换全封闭型前照灯时，因注意搭铁极性，通过灯罩可以看到，两根灯丝共同连接的灯脚为搭铁电极，较粗的灯丝为远光灯丝，较细的为近光灯丝。安装时应注意不要装错，否则会导致前照灯不能正常发光。

第五章 信号系统电路原理与故障检修

第一节 信号系统概述

一、信号系统的基本要求

汽车信号系统的作用是产生特定的声响和灯光信号，向其他车辆的驾驶人和路上的行人发出警告，以引起注意，确保汽车行驶的安全性。

1.声响信号装置

声响信号装置有气喇叭、电喇叭和倒车蜂鸣器等。气喇叭是利用气流使金属膜片振动发声，在一些装备气压制动的汽车上装用。气喇叭的音量高，在城市市区内被禁止使用。所有汽车都必须装有电喇叭，并要求电喇叭的声音清脆悦耳，其音量不得超过 105dB。

2.灯光信号装置

灯光信号包括转向信号、制动信号、危险警告信号、示廓信号等。

1）转向信号。由左侧或右侧转向灯的闪烁表示转向信号。为使转向信号醒目可靠，要求转向灯的颜色为红色或橙色（橙色居多）；在灯轴线右偏 5° 至左偏 5° 的视角范围内，无论是白天还是黑夜，转向灯光的能见距离不小于 35m，在右偏 30° 至左偏 30° 的视角范围内，能见距离不小于 10m；转向灯的闪光频率应在 50~110 次 /min 的范围内，常用的闪光频率范围是 60~95 次 /min。

2）制动信号。由制动灯的亮起表示制动信号。制动灯要求采用红色，两个制动灯的安装位置应与汽车纵轴线对称，并在同一高度；制动灯的红色灯光应保证夜间 100m 以外能够看清；其光束角度在水平面内应为灯轴线左右各 45°，在铅垂面内应为灯轴线上下各 15° 范围。

3）危险警告信号。由左右转向灯同时闪烁表示危险警告信号，与转向信号有相同的要求。

4）示廓信号。示廓信号由装在汽车前后、左右的示廓灯亮起表示。示廓灯的透光面边缘距车身不得大于 400mm，示廓灯的灯光在前方 100m 以外应能看得清楚，在汽车的其他各个方向，能看清示廓灯灯光的距离不应小于 30m。

专家解读：

示廓灯用于显示汽车的轮廓，用以提示汽车的宽度。一些载货汽车和大客车在车厢的高处也设有示廓灯（俗称示高灯）。通常，前示廓灯也被称为小灯，后示廓灯也被称为尾灯。

二、信号系统的基本组成

1. 电喇叭电路

电喇叭电路主要由电喇叭、喇叭按钮、喇叭继电器等组成。驾驶人通过喇叭按钮控制电喇叭电路的通断电，从而控制电喇叭工作。

2. 转向灯电路

转向灯电路主要由转向灯、转向指示灯、闪光器及转向开关等组成。驾驶人通过转向开关控制左/右转向灯电路的通断电，由闪光器控制左/右转向灯的闪光。

3. 制动信号电路

制动信号电路主要由制动灯和制动灯开关组成。汽车制动时，制动灯开关动作（闭合），使制动灯电路通电，制动灯亮起，发出制动信号。

4. 危险警告信号电路

危险警告信号电路主要由转向灯、转向指示灯、闪光器及危险警告开关等组成。驾驶人通过危险警告信号开关控制危险警告信号电路的通断电，由闪光器控制左右转向灯同时闪光来发出危险警告信号。

5. 倒车灯电路

倒车灯电路由倒车灯和倒车灯开关组成。当驾驶人将变速器挂入倒档时，倒车灯开关闭合，接通倒车灯电路，倒车灯亮起发出汽车倒车信号。

6. 示廓信号电路

示廓信号电路由安装在汽车前、后、左、右的示廓灯和车灯开关组成。驾驶人打开车灯开关（1档）时，示廓灯电路通电，各示廓灯亮起。

第二节　信号系统主要部件结构与工作原理

一、电喇叭的结构类型

电喇叭有多种结构形式，按有无触点分，有触点式电喇叭和无触点（电子式）电喇叭两大类。

1. 触点式电喇叭

触点式电喇叭有筒形、螺旋形和盆形等不同的结构形式（图 5-1），各种触点式电喇叭的主要组成部件和工作原理基本相同。筒形电喇叭结构尺寸较大，多用在载货汽车上；盆形电喇叭具有结构尺寸小、指向性好等特点，现代汽车使用较为广泛。

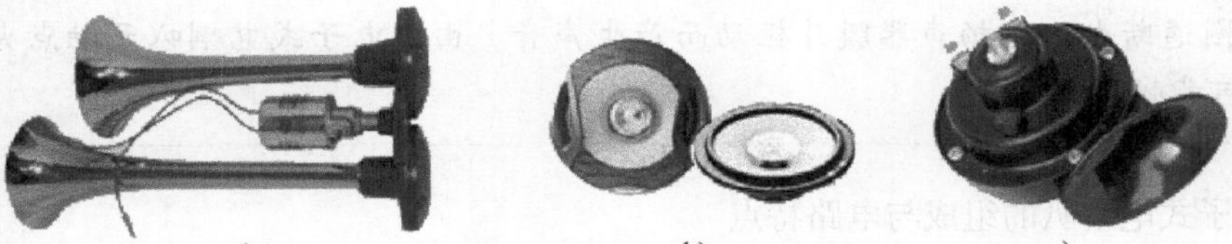
a)　　b)　　c)

图 5-1　触点式电喇叭的类型

a）筒形　b）盆形　c）螺旋形

（1）触点式电喇叭的组成与结构特点

触点式电喇叭主要由铁心、衔铁、电磁线圈、触点、膜片等组成，图 5-2 所示的是盆形触点式电喇叭的结构原理。

盆形喇叭的结构特点是：膜片、共鸣板、衔铁与活动的上铁心固定在一起，绕在管式铁心上的电磁线圈通过触点与外电路相通；电磁线圈通电时产生磁力可将上铁心吸下，衔铁随上铁心下移过程中则会将触点（通过臂弹力保持闭合）顶开。

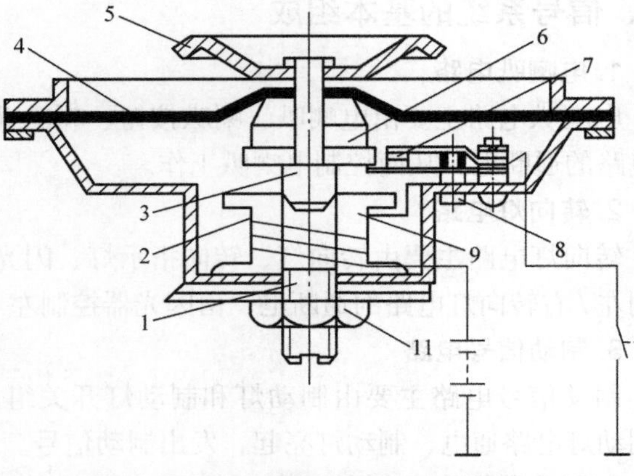

图 5-2　触点式电喇叭的结构原理（盆形）

1—下铁心　2—电磁线圈　3—上铁心　4—膜片
5—共鸣板　6—衔铁　7—触点　8—音量调整螺钉
9—铁心　10—喇叭按钮　11—锁紧螺母

（2）触点式电喇叭的工作原理

触点式电喇叭均可等效为线圈通断电受自身触点控制的常闭式继电器，如图 5-3 所示。其工作原理如下。

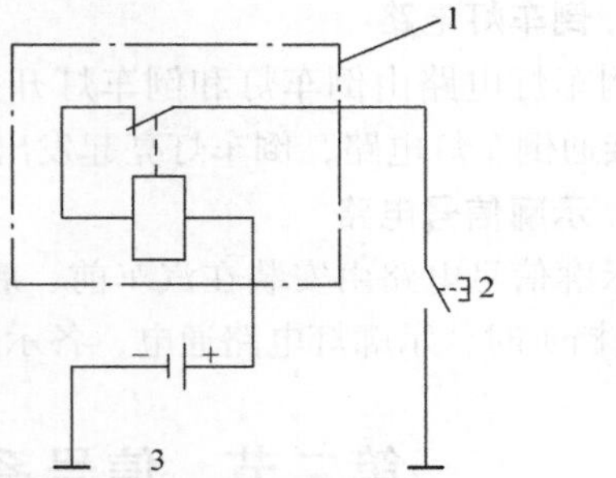

图 5-3　触点式电喇叭等效电路

1—电喇叭等效电路　2—喇叭按钮　3—蓄电池

按下喇叭按钮，喇叭线圈通电，其电流通路为：蓄电池＋→电磁线圈→触点→喇叭按钮→搭铁→蓄电池－。电磁线圈通电后产生磁力，吸引上铁心及衔铁下移，使膜片下拱；衔铁下移过程中将触点顶开，电磁线圈断电而磁力消失，上铁心、衔铁及膜片又在触点臂和膜片自身弹力的作用下复位，触点又闭合；触点闭合后，电磁线圈又通电，产生的磁力又吸引上铁心和衔铁下移……如此循环，使膜片振动，产生频率较低的基频振动，并促使共鸣板产生一个比基本频振强、分布较集中的谐振，使人耳能听到音量适中、和谐悦耳的声音。

2. 电子式电喇叭

阅读提示

触点式电喇叭通过线圈与触点的配合，使铁心与衔铁动作，带动膜片振动而产生声音。触点式电喇叭最大的不足是在其工作时，触点会产生触点火花，使触点容易烧蚀而影响其工作的可靠性。无触点的电子式电喇叭用一个振荡电路来产生脉动电流，由脉动电流控制扬声器线圈通断电，使扬声器膜片振动而产生声音。由于电子式电喇叭无触点火花问题，其工作的可靠性大为提高。

（1）电子式电喇叭的组成与电路特点

电子式电喇叭由电子电路和扬声器组成，电子喇叭的电子电路由振荡电路和功率放大电路两部分组成。典型的电子式电喇叭电路原理如图 5-4 所示。

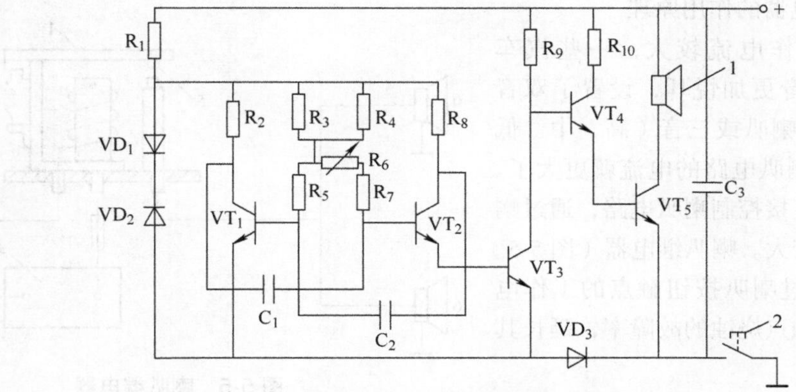

图 5-4 电子式电喇叭电路原理

1—扬声器 2—喇叭按钮

1）振荡电路。由晶体管 VT_1、VT_2、VT_3 和电容 C_1、C_2 及电阻 R_1~R_9 组成多谐振荡电路，其作用是通电后产生一个脉冲电压。

2）功率放大电路。由 VT_3、VT_4、VT_5 组成功率放大电路，用于脉冲信号的功率放大。

3）扬声器电路。扬声器为功率放大电路的负载，串联在 VT_5 的集电极电路中。

（2）电子式电喇叭工作原理

按下喇叭按钮后，电喇叭电路接通电源。电子电路刚通电瞬间，VT_1 和 VT_2 均得到正向偏压，但由于两个晶体管参数有微小的差别，使得它们的导通程度不可能完全一致。假设在电路接通的瞬间 VT_1 先于 VT_2 导通，VT_1 的集电极电位 u_{c1} 首先下降，多谐振荡电路通过 C_1、C_2 正反馈电路就有如下的正反馈过程：

$$u_{c1}\downarrow\rightarrow u_{b2}\downarrow\rightarrow i_{b2}\downarrow\rightarrow i_{c2}\downarrow\rightarrow u_{c2}\uparrow\rightarrow u_{b1}\uparrow\rightarrow i_{b1}\uparrow\rightarrow i_{c1}\uparrow$$

这一反馈过程使 VT_1 迅速饱和导通而 VT_2 则迅速截止，VT_3 也截止，电路进入暂稳态。暂稳态期间，C_1 充电使 u_{b2} 升高，当 u_{b2} 达到 VT_2 的导通电压时，VT_2 开始导通，VT_3 也随之导通。这时，又产生如下正反馈过程：

$$u_{b2}\uparrow\rightarrow i_{b2}\uparrow\rightarrow i_{c2}\uparrow\rightarrow u_{c2}\downarrow\rightarrow u_{b1}\downarrow\rightarrow i_{b1}\downarrow\rightarrow i_{c1}\downarrow\rightarrow u_{c1}\uparrow$$

这一反馈过程又使 VT_2 迅速饱和导通而 VT_1 则迅速截止，电路进入新的暂稳态。这时，C_2 的充电又使 u_{c1} 升高，当 u_{c1} 上升至 VT_1 的导通电压时，VT_1 又导通，电路又产生前一个正反馈过程，又使 VT_1 迅速饱和导通而 VT_2、VT_3 则迅速截止……如此周而复始，电路中形成振荡电流，从 VT_3 输出端输出脉冲信号。

振荡电路输出的脉冲电流信号经 VT_4、VT_5 的直流放大，控制扬声器线圈电流的通断，从而使电喇叭发出声音。

电路中，电容 C_3 是对喇叭电源滤波，以防止其他电路瞬变电压的干扰。VD_2、R_1 为多谐振荡器的稳电压电路，其作用是使振荡频率能保持稳定。VD_1 用作温度补偿，VD_3 起电源反接保护作用。R_6 可用于调节喇叭的音量。

3. 喇叭继电器

（1）喇叭继电器的作用原理

电喇叭的工作电流较大，一些汽车上为使电喇叭声音更加悦耳，设置了双音（高、低音两只）喇叭或三音（高、中、低音三只）喇叭，喇叭电路的电流就更大了。如果用喇叭按钮直接控制喇叭电路，通过喇叭按钮的电流则较大。喇叭继电器（图 5-5）的作用是减小通过喇叭按钮触点的工作电流，以降低按钮触点烧蚀的故障率，延长其使用寿命。

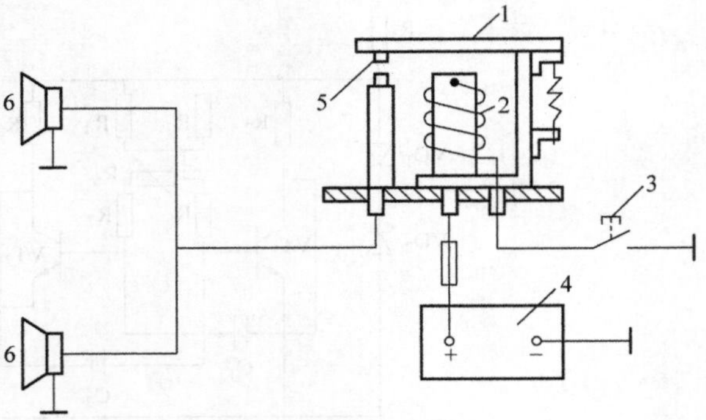

图 5-5　喇叭继电器

1—触点臂　2—线圈　3—喇叭按钮　4—蓄电池　5—触点　6—电喇叭

当按下喇叭按钮时，喇叭继电器线圈 2 通电，产生的电磁力使触点 5 闭合，接通喇叭电路而使电喇叭通电工作。

（2）电喇叭和喇叭继电器的型号

1）电喇叭的型号。电喇叭的型号由五部分组成：

① 产品代号：DL—触点式电喇叭；DLD—无触点的电子式电喇叭。

② 电压等级代号：1—12V；2—24V。

③ 结构代号：各结构代号所表示的电喇叭结构形式见表 5-1。

④ 设计序号：按产品的先后顺序，用阿拉伯数字表示。

⑤ 变型代号（音色标记）：G—高音；D—低音。

表 5-1　电喇叭的结构形式

代号	1	2	3	4	5	6	7	8	9
结构形式	筒形单音	盆形单音	螺旋形单音	筒形双音	盆形双音	螺旋形双音	筒形三音	盆形三音	螺旋形三音

2）电喇叭继电器的型号。电喇叭继电器的型号也是由五部分组成：

① 产品代号：JD—继电器。

② 电压等级代号：1—12V；2—24V；6—6V。

③ 用途代号：1—喇叭。

④ 设计序号。

⑤ 变型代号。

二、闪光继电器的结构类型

闪光继电器简称闪光器，是控制转向灯闪光（发出转向信号或危险警告信号）的控制器。闪光器有热丝式、电容式、翼片式和电子式等不同类型。热丝式闪光器由于其工作可靠性较差，闪光频率不稳定，现已被淘汰。

1. 电容式闪光器

电容式闪光器通常由两个线圈和一个电容组成，电容式闪光器外形如图 5-6 所示。

电容式闪光器内部电路的具体结构形式有几种，但电路的工作原理基本相同，都是通过电容的充放电延时特性，使继电器触点按某一频率自动开闭来控制转向信号灯闪烁。现以一种典型的电容式闪光器为例，说明电容式闪光器的结构特点和工作原理。电容式闪光器的构成如图 5-7 所示。

图 5-6　电容式闪光器外形

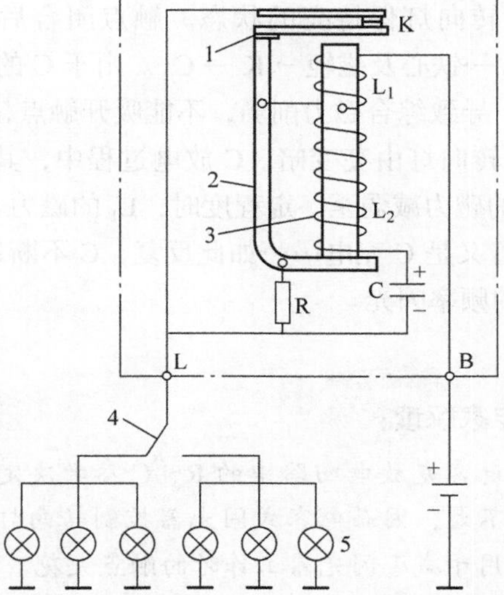

图 5-7　电容式闪光器的构成

1—弹簧片　2—磁轭　3—铁心
4—转向灯开关　5—转向灯及转向指示灯

（1）电容式闪光器的结构特点

闪光器触点 K 常闭，串联于转向灯电路中，线圈 L_1 的电阻较小，与转向灯和 K 也成串联关系；线圈 L_2 的电阻较大，L_2 的一端通过继电器铁心和磁轭与活动触点相连，另一端通过电容 C 与固定触点连接，C、L_2 与触点 K 成并联关系。该闪光器的等效电路如图 5-8 所示。

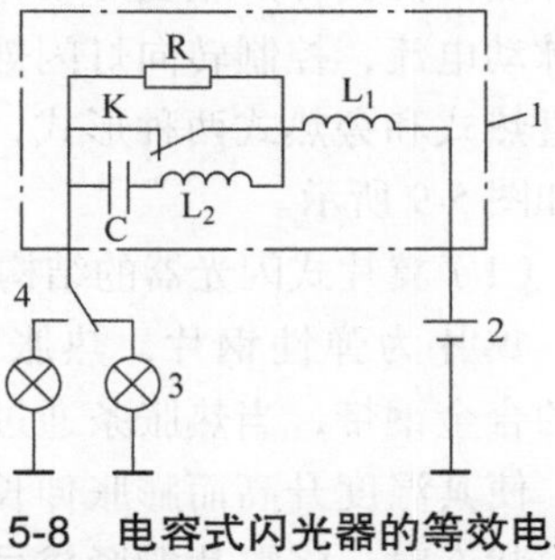

图 5-8　电容式闪光器的等效电路

1—闪光器内部电路　2—蓄电池
3—转向灯及转向指示灯　4—转向灯开关

（2）电容式闪光器工作原理

通过转向灯工作时的几个典型状态来说明电容式闪光器的工作原理。

1）转向灯只是一闪亮。当用转向灯开关接通左侧或右侧转向灯时，闪光器中的线圈 L_1 通电，电流通路为：蓄电池 +→ L_1 →触点 K →转向灯开关→转向灯及转向指示灯→搭铁→蓄电池 −。此时，L_2 和 C 电路被触点短路，无电流通过，而 L_1 的电阻较小，其通过的电流较大，产生的电磁力足以将触点吸开，因此，在接通转向灯开关的一瞬间，转向灯一闪亮（转向灯亮起但立即变暗）。

2）转向灯保持在暗状态。当触点断开以后，电源随即向电容 C 充电，充电电流通路为：蓄电池 +→ L_1 →磁轭及铁心→ L_2 → C →转向灯开关→转向灯及转向指示灯→搭铁→蓄电池 −。由于 L_2 的电阻较大，流经转向灯的电容 C 充电电流较小，因而转向灯是暗的。对 C 较小的充

电电流流经 L_1、L_2 两线圈，产生相同方向的磁力足以使触点保持在张开的位置，使转向灯保持在暗的状态。

3）转向灯由暗变亮。C 在充电过程中，其端电压逐渐升高，充电电流随之逐渐减小。当充电电流减小至 L_1、L_2 两线圈所产生的电磁力不足以克服弹簧片的弹力时，触点在其弹簧力作用下闭合。这时，通过转向灯的电流增大，灯变亮。

4）转向灯保持亮的状态。触点闭合后，电容随即通过触点放电，其放电电流通路为：C+ → L_2 →铁心及磁轭→ K → C−。由于 C 的放电电流流经 L_2 所产生的磁力与 L_1 产生的磁力方向相反，导致综合磁力削弱，不能吸开触点，因而转向灯保持亮的状态。

5）转向灯由亮变暗。C 放电过程中，其放电电流逐渐减小，L_2 产生的磁场逐渐减弱。当 L_2 产生的磁力减弱至一定程度时，L_1 的磁力又使触点张开，灯光又变暗。

接着又是 C 充电……如此反复，C 不断地充电放电，使触点定时地开和闭，从而使转向灯按一定的频率闪光。

专家解读：

电容充放电回路中的 R、C 参数决定了转向灯的频率，使用中，由于 R、C 的参数变化不大，因而电容式闪光器控制转向灯的闪光频率也就比较稳定。触点并联一个电阻 R_K，用于减小闪光器工作时的触点火花。

2. 翼片式闪光器

翼片式闪光器通过其热胀条通断电时的热胀冷缩，使翼片产生变形动作来开闭触点，形成脉动电流，控制转向灯闪烁。翼片式闪光器有直热式和旁热式两种形式，直热翼片式闪光器如图 5-9 所示。

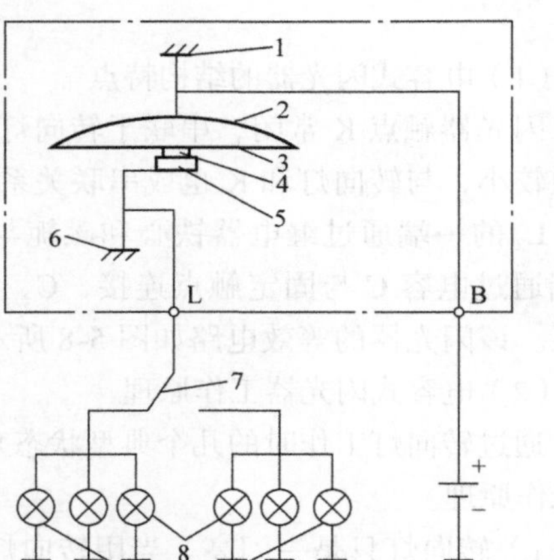

图 5-9　直热翼片式闪光器

1、6—支架　2—翼片　3—热胀条　4—动触点　5—静触点　7—转向灯开关　8—转向指示灯　9—转向灯

（1）翼片式闪光器的结构特点

翼片为弹性钢片，热胀条是热胀系数较大的合金钢带，当热胀条通过电流时会产生热量，使其温度升高而膨胀伸长。热胀条在冷却较短状态时，将翼片绷紧成弓形，使触点处于闭合状态。

（2）翼片式闪光器的工作原理

1）转向灯亮。当转向灯开关将一边的转向灯电路接通时，转向灯电路通电，其电路为：蓄电池 + →接线柱 B →翼片→热胀条→触点→接线柱 L →转向灯开关→转向灯和转向指示灯→搭铁→蓄电池 −，这时，一侧的转向灯亮。

2）转向灯熄灭。热胀条通电后产生热量，并使其温度升高而逐渐膨胀伸长，当热胀条伸长至一定长度时，翼片在其自身弹力作用下突然绷直，使触点断开，转向灯电流被切断，转向灯和转向指示灯熄灭。

3）转向灯闪烁。触点断开后，热胀条断电而冷却收缩，最终又将翼片拉成弓形，触点又闭合。触点闭合后，又接通了转向灯电路，转向灯又亮起，热胀条又通电伸长……如此交替变化，使转向灯按一定的频率闪烁。

阅读提示

在汽车上还使用一种旁热翼片式闪光器，其基本原理与直热翼片式相似，只是热胀条本身不通电，而是由绕制在热胀条上的电热丝通电后产生热量使热胀条温度升高。翼片式闪光器的翼片在工作时突然伸直和弯曲所发出“嗒、嗒、嗒”的弹跳声，可以从声音上给驾驶人以“转向灯打开”的提示。

3. 电子闪光器

（1）电子闪光器的结构类型

电子闪光器按其电路结构形式的不同，大体可分为有触点和无触点两大类。有触点电子闪光器仍以继电器触点来通断转向灯电路，由电子电路来控制继电器线圈电路，使继电器工作；无触点电子闪光器通过电子电路控制晶体管的导通和截止来通断转向灯电路。电子闪光器示例如图 5-10 所示。

（2）电子闪光器工作原理

以图 5-11 所示的国产 SG131 型无触点电子闪光器为例，说明电子闪光器的工作原理。

图 5-10　电子闪光器示例

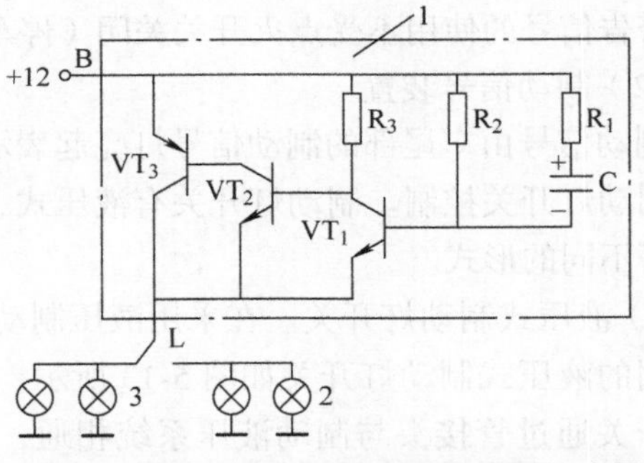

图 5-11　国产 SG131 型无触点电子闪光器

1—闪光器　2—转向灯　3—转向灯开关

转向灯电路由晶体管 VT_3 的导通和截止控制，VT_3 的导通和截止则是由 VT_1、VT_2、R_1、R_2、C 所组成的电子电路控制。

1）转向灯不亮。接通转向灯开关后，电源通过 R_2、R_1 和 C 向 VT_1 提供正向偏压而使 VT_1 饱和导通，VT_1 导通后，VT_2 的输入端的电压低于导通电压，故而 VT_2 截止，VT_3 随之截止。VT_1 的导通电流经转向灯形成回路，但由于 VT_1 的集电极电流很小，所以在 VT_1 导通时，转向灯不亮。

2）转向灯亮。电源通过 R_1 对 C 充电，使 C 的电压逐渐增大，VT_1 的基极电位则逐渐下降。当 VT_1 基极电位降至其导通电压以下时，VT_1 截止。VT_1 截止后，VT_2 通过 R_3 得到正向偏压而饱和导通，VT_3 也随之饱和导通，转向灯变亮。

3）转向灯闪烁。VT_1 截止后，C 经 R_1、R_2 放电，使 VT_1 的截止保持一段时间，转向灯也保持亮的状态。随着 C 放电电流的逐渐减小，VT_1 基极电位又开始升高，并最终又使 VT_1 导通，VT_2、VT_3 又截止，转向灯又变暗……如此循环，使转向灯闪烁。

阅读提示

无触点电子闪光器通过电容 C 的充电和放电过程，使得晶体管的导通和截止保持一段时间，使转向灯明暗交替，按一定的频率闪光。电子闪光器具有闪光频率稳定、工作可靠的特点，在汽车上已被广泛使用。

三、其他信号装置简介

（1）危险信号装置

危险信号装置由危险信号控制开关、闪光器及转向灯组成，如图 5-12 所示。

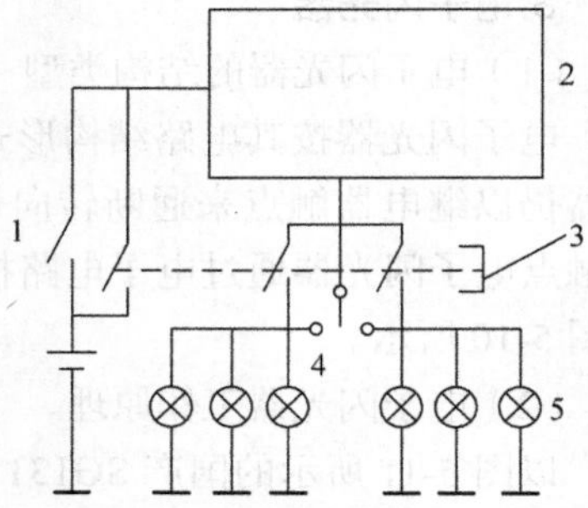

图 5-12　危险信号装置

1—点火开关　2—闪光器
3—危险信号控制开关　4—转向灯开关
5—转向灯及转向指示灯

当驾驶人按下危险信号控制开关时，两边的转向灯电路同时接通，在闪光器的控制下，两侧的转向灯同时闪烁，发出危险警告信号。

危险警告开关是一个动合式手动单向定位开关，开关内除了两个连接转向灯电路的触点外，另外还有一个触点与点火开关并联，用于将闪光器直接与蓄电池连接，以使危险警告信号的使用不受点火开关关闭（停车）的影响。

（2）制动信号装置

制动信号由车尾部的制动信号灯亮起表示，制动信号灯由制动灯开关控制。制动灯开关有液压式、气压式及机械式等不同的形式。

1）液压式制动灯开关。在采用液压制动系统的汽车上使用的液压式制动灯开关如图 5-13 所示。这种膜片式液压开关通过管接头与制动液压系统相通，开关的两接线柱分别连接电源和制动灯。当驾驶人踩下制动踏板时，制动系统中的液压上升，推动膜片向上拱，使接触桥将两接线柱下端的触点接通，制动信号灯通电亮起。松开制动踏板时，制动系统液压降低，接触桥在回位弹簧的作用下复位，制动信号灯断电熄灭。

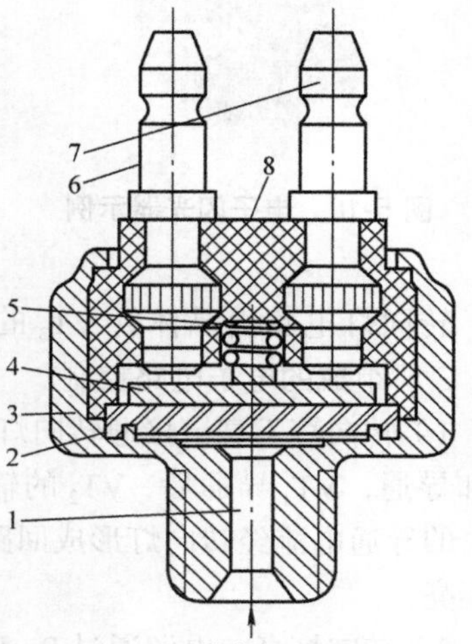

图 5-13　液压式制动灯开关

1—通制动液压管路　2—膜片　3—接触桥
4—弹簧　5—胶木座　6、7—接柱　8—壳体

2）气压式制动灯开关。在气压制动的汽车上使用的膜片式气压制动灯开关如图 5-14 所示。制动灯开关安装在气压制动系统的输气管路上。在制动时，制动系统输气管路的压缩空气推动膜片上拱而使触点闭合，将制动灯电路接通。松开制动踏板时，制动系统输气管路中的气压降低，膜片在回位弹簧的作用下复位，触点断开，制动信号灯断电熄灭。

3）机械式制动灯开关。机械式制动灯开关安装在制动踏板处，制动时，直接由制动踏板推动制动灯开关的推杆而使开关触点闭合，接通制动信号灯电路。松开制动踏板时，推杆在回位弹簧力的作用下复位，触点断开，制动信号灯断电熄灭。

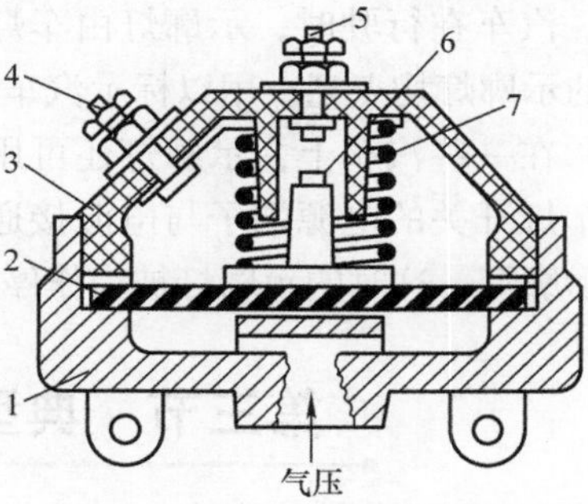

图 5-14　气压式制动灯开关

1—壳体　2—膜片　3—胶木盖　4、5—接柱　6—触点　7—弹簧

（3）倒车信号装置

倒车灯除了在夜间倒车时用作车后场地照明外，在白天倒车时，倒车灯亮起则起着倒车警告信号的作用。有些汽车在其后部还同时装有倒车蜂鸣器，倒车蜂鸣器也是由倒车灯开关控制。

1）倒车灯开关。倒车灯开关安装在变速器壳体上，其结构如图 5-15 所示。钢球平时被顶起，使触点处于断开状态。当变速器挂入倒档时，钢球被放松，在弹簧的作用下，触点闭合，接通倒车灯电路。

2）倒车蜂鸣器。倒车蜂鸣器通过间歇发声，向行人和其他车辆的驾驶人发出倒车警示。倒车蜂鸣器由蜂鸣器和间歇发声控制电路组成，间歇发声控制电路有继电器控制式和电子式两类，图 5-16 所示的是在解放 CA1091 汽车上使用的多谐振荡式倒车蜂鸣器电路原理。由 VT_1、VT_2 及相应的电容和电阻组成的多谐振荡电路控制 VT_3 按某一频率导通和截止，使蜂鸣器间歇发声。

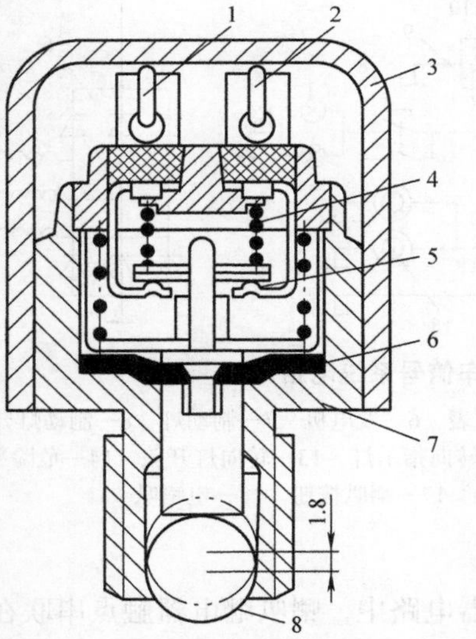

图 5-15　倒车灯开关结构

1、2—导线　3—外壳　4—弹簧　5—触点　6—膜片　7—底座　8—钢球

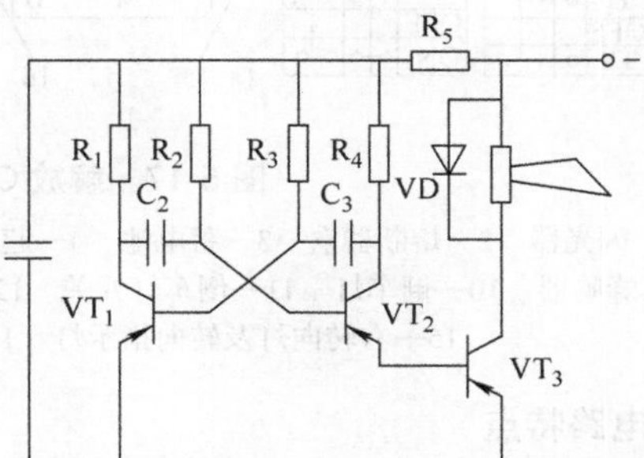

图 5-16　多谐振荡式倒车蜂鸣器电路原理

在一些汽车上使用了音乐和语音倒车警告信号装置，集成电路语音片输出的语音信号经功放电路放大后，推动扬声器发出“嘟、嘟，请注意倒车！”之类的警告声。音乐和语音倒车警告声音悦耳，更易引起人的注意。

（4）示廓灯

示廓灯用于汽车夜间行车时标示汽车的宽度和高度，因此也相应地被称为“示宽灯”和

“示高灯”。示廓灯通常采用单丝的小型灯泡，但也有与转向灯和制动灯共用一个灯泡的示廓灯。

汽车在行驶时，示廓灯由车灯开关控制，在车灯开关的Ⅰ档和Ⅱ档时，汽车前、后、左、右的示廓灯均点亮，用以标示汽车的轮廓。

在一些汽车上，示廓灯还可用作停车灯，由停车开关控制。当点火开关处在关断位置时，停车灯开关的电源端子与电源接通，此时可用停车开关接通一侧（左前、左后或右前、右后）的示廓灯，这时的示廓灯被当作停车灯使用。

第三节　典型信号系统电路分析与故障诊断

一、典型载货汽车信号系统电路特点分析与故障诊断

解放 CA1091 型汽车信号系统电路如图 5-17 所示。

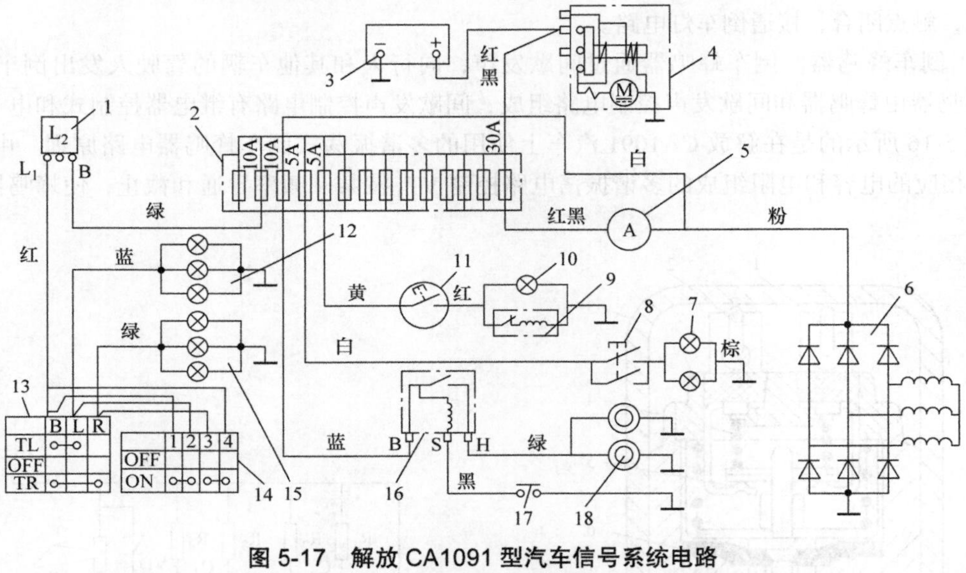

图 5-17　解放 CA1091 型汽车信号系统电路

1—闪光器　2—熔断器盒　3—蓄电池　4—起动机　5—电流表　6—发电机　7—制动灯　8—制动灯开关　9—倒车蜂鸣器　10—倒车灯　11—倒车灯开关　12—左转向灯及转向指示灯　13—转向灯开关　14—危险警告开关　15—右转向灯及转向指示灯　16—喇叭继电器　17—喇叭按钮　18—电喇叭

1. 电路特点

1）喇叭继电器电路。喇叭按钮串联在喇叭继电器电路中，喇叭继电器触点串联在电喇叭电路中，因此，喇叭按钮控制喇叭继电器线圈的通断，通过喇叭继电器触点间接控制电喇叭电路的通断。

专家解读：

该车有高、低音两个电喇叭，电喇叭工作电流较大，因此，电喇叭信号电路配有喇叭继电器，用喇叭继电器触点通断电喇叭电流，以保护喇叭按钮触点。

2）闪光器电路。转向信号和危险警告信号均由闪光器通过控制转向信号灯的闪光发出，转向灯开关选择左（TL）和右（TR）两档，可接通左边或右边的转向灯及转向指示灯，危险警告开关只有开（ON）和关（OFF）两种状态，在ON时，可同时接通两边的转向信号灯及转向指示灯。

3）倒车信号电路。倒车信号电路配有倒车蜂鸣器，与倒车灯并联。倒车灯和倒车蜂鸣器由变速器操纵机构处的倒车灯开关控制，当驾驶人挂入倒档时，倒车灯开关闭合，接通倒车信号电路，倒车灯亮起，与倒车灯并联的倒车蜂鸣器同时发出“嘟、嘟、嘟”的声响。

4）制动信号电路。制动信号由液压式制动灯开关控制，当驾驶人踩下制动踏板时，制动灯开关闭合，接通制动信号电路，制动灯亮起。

2.电路原理

（1）电喇叭电路原理

驾驶人按下喇叭按钮，喇叭继电器线圈通电，其电流通路为：蓄电池＋→起动机电源接线柱→30A熔断器→电流表→10A熔断器→喇叭继电器线圈→喇叭按钮→搭铁→蓄电池－。

喇叭继电器线圈通电产生磁力，使其触点闭合，接通电喇叭电路，高、低音电喇叭同时发出声响。电喇叭电流通路为：蓄电池＋→起动机电源接线柱→30A熔断器→电流表→10A熔断器→喇叭继电器触点→高、低音电喇叭→搭铁→蓄电池－。

（2）倒车信号电路原理

当驾驶人挂入倒档时，倒车灯开关闭合，接通倒车信号电路（蓄电池＋→起动机电源接线柱→30A熔断器→电流表→5A熔断器→倒车灯开关→倒车灯、倒车蜂鸣器→搭铁→蓄电池－），倒车灯亮起，倒车蜂鸣器发出“嘟、嘟、嘟”的声响。

（3）转向信号电路原理

当驾驶人将转向开关拨向边时，一侧的转向灯电路通电，其电流通路为：蓄电池＋→起动机电源接线柱→30A熔断器→电流表→10A熔断器→闪光器→转向灯开关→一侧转向灯→搭铁→蓄电池－。

在闪光器的控制下，左侧或右侧的转向灯及转向指示灯闪烁，发出汽车转向信号。

（4）危险警告信号电路原理

当驾驶人按下危险警告开关时，危险警告开关内部的触点将两侧转向灯电路均接通，其电流通路为：蓄电池＋→起动机电源接线柱→30A熔断器→电流表→10A熔断器→闪光器→危险警告开关→两侧转向灯→搭铁→蓄电池－。左右两侧的转向灯及转向指示灯同时闪烁。

3.电路故障诊断方法

信号系统电路的常见故障有喇叭不响、喇叭声音低哑、转向灯不亮、转向灯不闪亮等。信号系统电路故障诊断方法如下。

（1）喇叭不响

发动机能起动（电源正常），但按喇叭按钮时喇叭不响。电喇叭不响的可能原因有：

1）电喇叭电路中的熔断器熔丝（10A）烧断，线路连接处有断脱。

2）喇叭按钮触点接触不良或搭铁不良。

3）喇叭继电器触点接触不良、线圈烧坏。

4）电喇叭内部触点接触不良或触点间短路、线圈烧坏、电喇叭搭铁不良。

可按如下方法与步骤诊断故障：

1）检查熔断器盒中连接电喇叭电路的熔断器（10A）熔丝是否烧断。如果熔丝已烧断，更换新的熔断器，并检查电喇叭电路有无搭铁故障；如果熔断器正常，则进行下一步故障诊断。

2）将喇叭继电器的电源接线柱 B 与连接电喇叭的接线柱 H 直接短接，听喇叭是否响。如果喇叭不响，则需检查继电器与熔断器盒、电喇叭之间的连接线路，若线路良好，则需拆修或更换电喇叭；如果喇叭响，则进行下一步诊断。

3）将喇叭继电器连接喇叭按钮的 S 接线柱直接搭铁，听喇叭是否响。如果喇叭不响，则需检修或更换喇叭继电器；如果喇叭响，则需检查继电器与喇叭按钮之间的连接线路，若线路良好，则需检修喇叭按钮。

（2）喇叭声音低哑

汽车电源正常，但喇叭发出的声音低哑，可能的故障原因有：

1）电喇叭触点接触不良、线圈有局部短路、喇叭膜片有破裂等。

2）喇叭继电器触点接触不良（烧蚀、接触压力过低）。

3）电喇叭线路连接有松动、接触不良之处。

4）电喇叭安装松动而使其搭铁不良。

故障诊断方法：将喇叭继电器的电源接线柱 B 与连接电喇叭的接线柱 H 直接短接，听喇叭响声是否正常。如果仍不正常，则需检查电喇叭线路连接及电喇叭的安装，若均正常，先将电喇叭触点的接触压力适当调大，响声仍不正常则需拆修或更换电喇叭；如果喇叭响声正常，则需检修或更换喇叭继电器。

（3）转向灯不亮

接通转向灯开关（左或右）时，所有转向灯均不亮，可能的故障原因有：

1）转向灯电路的 10A 熔断器的熔丝烧断。

2）转向灯开关、闪光器、熔断器盒处的线路连接不良，或这些器件之间的线路有断路或搭铁之处。

3）闪光器有故障。

4）转向开关内部接触不良。

5）所有转向灯均烧坏。

可按如下方法与步骤诊断故障：

1）检查熔断器盒中连接转向灯电路的熔断器（10A）的熔丝是否烧断。如果熔断器的熔丝已烧断，则更换新的熔断器，并检查转向灯电路有无搭铁故障；如果熔断器正常，则进行下一步故障诊断。

2）检测闪光器电源接线端子 B 对地电压。如果无电压，则需检修闪光器至熔断器之间、熔断器之前的电源线路；如果有蓄电池电压，则进行下一步诊断。

3）将闪光器接线端子 B 与 L 直接相连，并接通转向开关，看转向灯是否亮。如果转向灯亮，则说明闪光器有断路故障，需拆修或更换闪光器；如果转向灯不亮，则进行下一步诊断。

4）将转向灯开关的电源接线端子 B 分别与左、右转向灯接线端子 L、R 直接连接，看转向灯是否闪亮。如果闪亮，则说明转向开关有故障，需拆修或更换转向开关；如果不闪亮，则需检修转向开关至转向灯、闪光器之间的线路及转向灯。

（4）转向灯不闪亮

接通转向灯开关后，转向灯亮起但不闪烁，其故障原因如下：

1）闪光器的故障，这是最常见的故障。

2）转向灯开关前的连接线路有短路之处，这种故障的概率较低。

故障诊断方法：断开闪光器的连接导线，测量 L 接线端子对地电压，正常应为 0V。如果有蓄电池电压，则需检修线路；如果无蓄电池电压，则需更换闪光器。

（5）闪光频率不当

接通某侧转向灯开关时，转向灯的闪光频率明显过高或过低，故障原因如下：

1）闪光器不良。

2）转向灯电路中的连接导线或转向灯有接触不良之处。

3）两侧的转向灯功率不一致或有灯泡烧坏。

故障诊断方法：检查灯泡有无烧坏、左右侧转向灯灯泡的功率是否相同。如果有灯泡烧坏、灯泡的功率不符或两边的灯泡不相同，则需更换灯泡；如果灯泡检查无问题，则需检查转向灯电路的线路连接，看是否有接触不良之处，若线路连接良好，则需更换闪光器。

二、典型轿车信号系统电路特点分析与故障诊断

桑塔纳轿车信号系统电路原理如图 5-18 所示。

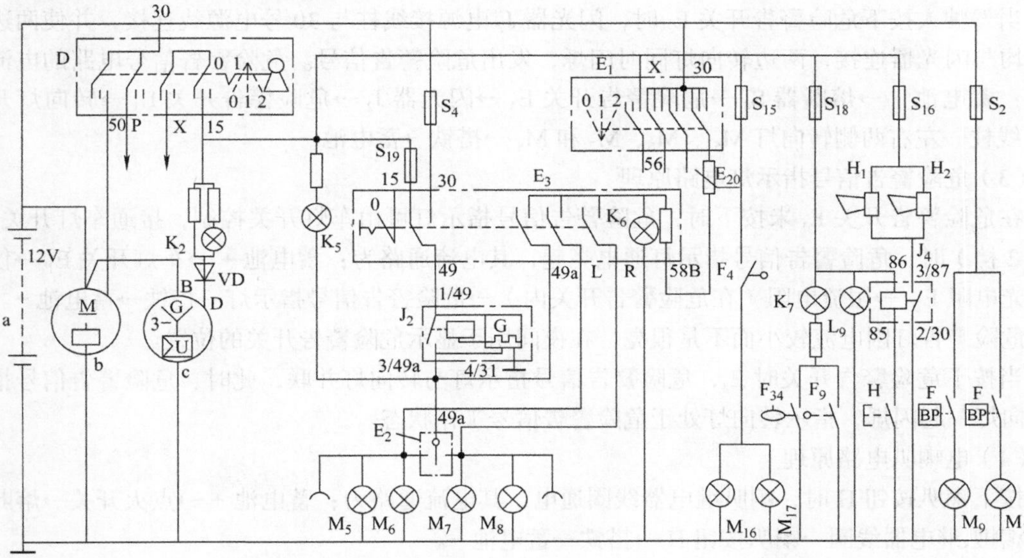

图 5-18　桑塔纳轿车信号系统电路原理

E_1—车灯开关　E_2—转向灯开关　E_3—危险警告开关　E_{20}—调光电阻　F—制动灯开关　F_4—倒车灯开关　F_9—驻车制动开关　F_{34}—制动液面警告开关　H—喇叭按钮　H_1、H_2—电喇叭　J_2—闪光器　J_4—喇叭继电器　K_2—充电指示灯　K_5—转向指示灯　K_6—危险警告指示灯　K_7—双回路和驻车制动灯　M_9、M_{10}—制动灯　M_5、M_6、M_7、M_8—转向信号灯　M_{16}、M_{17}—倒车灯

1. 电路特点

桑塔纳轿车信号系统的电路特点如下：

1）喇叭继电器电路。该轿车的电喇叭电路中也配置了喇叭继电器，但喇叭继电器触点不是串联在喇叭与电源之间的电路中，而是用来接通电喇叭的搭铁电路，通过喇叭继电器触点（闭合时）使电喇叭搭铁，使喇叭通电工作。

2）闪光器电路。闪光器至电源的电路中串接了危险警告开关、点火开关，在危险警告开

关“0”位、点火开关“1”位时闪光器才连通蓄电池。因此，在点火开关关闭（发动机熄火）时，即使接通转向灯开关，转向灯也不会工作。

3）危险警告开关电路。危险警告开关中有一个与点火开关并联的触点，危险警告开关在“1”位时，将闪光器直接接通蓄电池，使危险警告信号装置在停车时也可使用。

4）转向灯电路。转向指示灯与闪光器并联，与转向灯串联。因此，该指示灯的闪亮时间与转向灯相反，即转向亮（闪光器通路）时转向指示灯不亮，转向灯熄灭（闪光器断路）时转向指示灯亮。

2.电路原理

（1）转向信号电路原理

在危险警告开关 E_3 未按下时，闪光器 J_2 电源接线柱通过危险警告开关连接 15 号电源线。点火开关接通时，15 号电源通电，此时，驾驶人将转向开关拨向一边时，一边的转向灯通电闪烁，其电流通路为：蓄电池 +→点火开关→熔断器 S_{19}→危险警告开关 E_3→闪光器 J_2→转向灯开关 E_2→左侧转向灯 M_5、M_6（或右侧转向灯 M_7、M_8）→搭铁→蓄电池 -。

（2）危险警告信号电路原理

当驾驶人按下危险警告开关 E_3 时，闪光器 J_2 电源接线柱与 30 号电源线连接，并使两边转向灯均与闪光器连接，两边转向灯同时闪烁，发出危险警告信号。危险警告信号电路的电流通路为：蓄电池 +→熔断器 S_4→危险警告开关 E_3→闪光器 J_2→危险警告开关 E_3→转向灯开关 E_2 接线柱→左右两侧转向灯 M_5、M_6、M_7 和 M_8→搭铁→蓄电池 -。

（3）危险警告信号指示灯电路原理

在危险警告开关 E_3 未按下时，危险警告信号指示灯可由车灯开关控制，接通车灯开关（1 档或 2 档）时，危险警告信号指示灯通电亮起，其电流通路为：蓄电池 +→车灯开关 E_1→仪表灯调光电阻 E_{20}→限流电阻（在危险警告开关内）→危险警告信号指示灯→搭铁→蓄电池 -。此时，危险警告灯因电流较小而不是很亮，在夜间用于显示危险警告开关的位置。

当按下危险警告开关时 E_3，危险警告信号指示灯与转向灯并联，此时，危险警告信号指示与转向灯一起闪烁，指示转向灯处于危险警告信号工作状态。

（4）电喇叭电路原理

按下喇叭按钮 H 时，喇叭继电器线圈通电，其电流通路为：蓄电池 +→点火开关→熔断器 S_{18}→喇叭继电器线圈→喇叭按钮 H→搭铁→蓄电池 -。

喇叭继电器线圈产生磁力吸合触点，电喇叭通电，其电流通路为：蓄电池 +→点火开关→熔断器 S_{16}→电喇叭→喇叭继电器触点→搭铁→蓄电池 -。

3.电路故障诊断方法

（1）电喇叭不响

电源正常，但按喇叭按钮时喇叭不响，可能原因有：

1）电喇叭电路中的熔断器 S_{16}、S_{18} 烧断，线路连接处有断脱。

2）喇叭按钮触点接触不良或搭铁不良。

3）喇叭继电器触点接触不良、线圈烧坏。

4）电喇叭内部触点接触不良、触点间短路、线圈烧坏。

可按如下方法与步骤进行故障诊断：

1）检查中央接线板中的 S_{16}、S_{18} 熔断器，看其是否烧断。如果有熔断器的熔丝已烧断，则更换新的熔断器，并检查与之连接的电路有无搭铁故障；如果熔断器正常，则进行下一步故障诊断。

2）将喇叭继电器的3/87接线柱直接搭接，听喇叭是否响。如果喇叭不响，则需检查继电器与电喇叭、电喇叭与熔断器盒之间的连接线路，若线路良好，则需拆修或更换电喇叭；如果喇叭响，则进行下一步诊断。

3）将喇叭继电器的85接线柱直接搭铁，听喇叭是否响。如果喇叭响，则需检查继电器与喇叭按钮之间的连接线路，若线路良好，则需检修喇叭按钮；如果喇叭不响，则需检修或更换喇叭继电器、喇叭继电器与熔断器盒之间的连接线路。

（2）转向灯不亮

接通转向灯开关（左或右）时，所有转向灯均不亮，可能原因有：

1）转向灯电路的熔断器 S_{19} 熔丝烧断。

2）转向灯开关、闪光器、熔断器盒处的线路连接不良或各器件之间的线路有断路或搭铁。

3）闪光器有故障。

4）转向开关内部接触不良。

5）所有转向灯均烧坏。

转向灯不亮的故障诊断方法与步骤如下：

1）按下危险警告信号开关，观察转向灯是否闪烁。如果此时转向灯能闪烁，则说明闪光器及电源电路等正常，需检查中央接线板中的 S_{19} 熔断器，若熔断器已烧断，则更换熔断器，并检查相关电路有无短路，若熔断器正常，则需检修转向灯开关；如果转向灯不闪烁，则进行下一步故障诊断。

2）接通点火开关，检测闪光器电源接线端子1/49对地电压。如果无电压，则需检查闪光器至危险警告开关、危险警告开关至熔断器之间的线路，若线路正常，则检修或更换危险警告开关；如果有蓄电池电压，则进行下一步诊断。

3）将闪光器的接线端子1/49与3/49a直接相连，再接通点火开关和转向开关，观察转向灯是否亮。如果转向灯亮，则说明闪光器有断路故障，需拆修或更换；如果转向灯不亮，则需检修闪光器至转向开关、转向开关至转向灯之间的线路及转向灯。

第四节　信号系统主要部件的检修与调整

一、触点式电喇叭的检修与调整

1. 电喇叭的常见故障

触点式电喇叭的常见故障有触点烧蚀或脏污而接触不良、触点短路、电磁线圈断路或短路、消弧电容（或电阻）短路或断路等，造成电喇叭不响或声音低哑。

专家解读：

调整触点式电喇叭音量时，音量调整螺钉一次旋入或旋出量不能过大（不超过1/4圈），否则容易导致电喇叭不发声。

2. 电喇叭的检修方法

（1）检查电喇叭有无断路

用万用表的电阻档检测触点式电喇叭两接线端子之间的电阻，电喇叭的电阻约为 0.1~2Ω（不同功率、不同型号电喇叭的电阻值有所不同），看电阻值是否正常。

如果电阻过大或无穷大，则说明喇叭内部有触点接触不良或断路等故障，需拆解电喇叭检修触点、电磁线圈等部件。

阅读提示

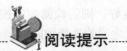

如果电喇叭只是轻微烧蚀或脏污，则可对其进行打磨和清洁后继续使用；如果电喇叭触点烧蚀严重，则只能更换电喇叭。

（2）检查电喇叭有无搭铁

用万用表的电阻档检测触点式电喇叭某接线端子与壳体之间的电阻，应为不通。

如果通路，则说明电喇叭内部电路有搭铁故障，需拆检或更换电喇叭。

（3）喇叭试验

将电喇叭两接线端子连接蓄电池，听其声响是否正常。电喇叭不响或声音低哑，均说明电喇叭有故障，需拆检或更换电喇叭。

3. 电喇叭的调整

（1）音量调整

触点式电喇叭可通过调整触点的接触压力来调整电喇叭的音量，以盆形触点式电喇叭为例（图 5-19），将音量调整螺钉适当旋入，喇叭音量可调小；将音量调整螺钉旋出则可调大喇叭音量。

（2）音调调整

触点式电喇叭可通过调整衔铁与铁心之间的间隙来改变电喇叭的音调，盆形触点式电喇叭是通过改变上铁心和下铁心的间隙。松开锁紧螺母后，适当旋入下铁心，音调调高，反之则音调调低。

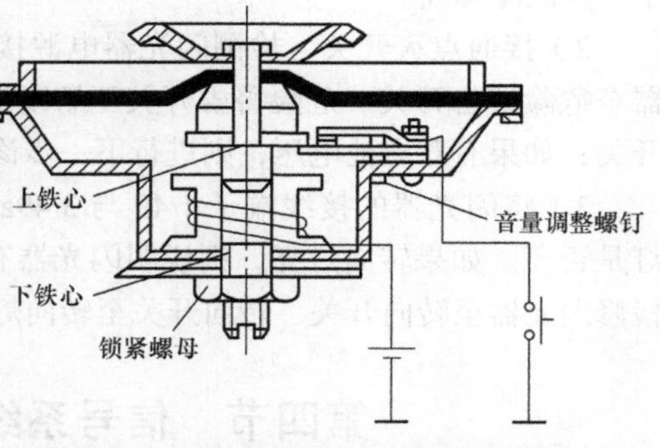

图 5-19 盆形触点式电喇叭的调整

二、闪光器的故障与检测

1. 闪光器的常见故障

各种闪光器的常见故障有内部短路而使转向灯常亮不闪光；内部断路而导致转向灯不亮；内部器件性能不良而导致闪光频率不正常。

2. 闪光器的检测

（1）闪光器的加电压检测

1）两接线柱闪光器检测电路连接。翼片式或电容式闪光器通常有两个接线端子（插脚），其中 B 端子连接电源，L 端子连接转向开关（图 5-20）。用蓄电池作电源进行检测时，将闪光器的 B（电源）接线端子连接蓄电池的正极，将闪光器的 L（开关）接线端子连接 50~60W 的汽车灯泡，闪光器的外壳与蓄电池的负极及灯泡的另一端相连。

2）三接线柱闪光器械检测电路连接。电子闪光器通常是三个接线端子，其中 B 端子连接电源，L 端子连接转向开关、E 接线端子接搭铁（图 5-21）。

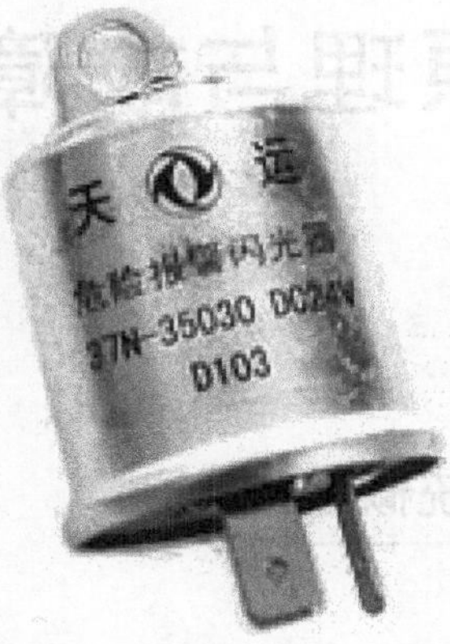

图 5-20 两接线端子闪光器

图 5-21 三接线端子闪光器

检测时，将闪光器的 B（电源）接线端子连接蓄电池的正极，将闪光器的 L（开关）接线端子连接汽车灯泡，闪光器的 E（搭铁）接线端子与蓄电池的负极及灯泡的另一端相连。

3）检测结果分析。如果灯泡能正常闪亮（闪光频率 70~90 次 /min），则说明闪光器正常；如果灯泡不亮、常亮不闪烁或闪烁频率不正常，则说明闪光器已经损坏或性能不良，均需要更换闪光器。

（2）闪光器的电阻检测

对于电子式闪光器，还可能通常检测其接线端子之间的电阻来判断故障与否。表 5-2、表 5-3 列出了两种电子闪光器各接线端子之间电阻参数，供用电阻法检测判断闪光器时参考。

表 5-2 JSG241（24V、120W）闪光器实测电阻参数

红表笔所接端子	L	B	L	E	B	E
红表笔所接端子	B	L	E	L	E	B
测得的电阻值 /kΩ	160	∞	150	∞	9.5	1000

表 5-3 JSG1411（12V）闪光器实测电阻参数

红表笔所接端子	L	B	L	E	B	E
红表笔所接端子	B	L	E	L	E	B
测得的电阻值 /kΩ	165	∞	155	∞	8.9	∞

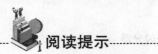

第六章 汽车仪表系统电路原理与故障检修

第一节 汽车仪表系统概述

阅读提示

汽车仪表系统由各种指示表、指示灯及相匹配的传感器/开关组成，其作用是向驾驶人指示发动机运转及汽车行驶情况，以便于驾驶人正确地使用车辆，及时发现和排除故障，提高行车安全。不同级别、不同使用要求的汽车，其仪表与指示灯电路的配置会有所不同。

一、汽车仪表系统的要求

汽车仪表系统是驾驶人了解汽车工作状况的“眼睛”，它对确保汽车行车安全、及时排除故障和避免发动机出现严重故障等均起着极其重要的作用。因此，要求汽车上各个仪表结构简单、工作可靠、显示数据清晰、准确、指示值受电源的电压波动和环境温度影响小，除此之外，仪表的抗振、耐冲击性能也要好。

指示灯系统用于指示汽车某系统或部件的极限情况或异常情况报警，向驾驶人发出警示信息，因而要求指示灯/警告灯的灯光必须醒目，以便更容易引起驾驶人的注意。指示灯系统的灯光一般为红色，少数指示灯则采用黄色。为提高其警示作用，有些系统还同时配有蜂鸣器来协助指示灯的工作。

二、汽车仪表系统的组成及类型

1. 汽车仪表系统的组成

汽车仪表系统包括各种仪表和指示灯。汽车仪表的主要组成部件是指示表和传感器，指示灯的主要组成部件是指示灯和相应的开关。

传统的仪表系统由电流表、机油压力表、冷却液温度表、燃油表及车速里程表等组成，在一些采用气压制动的汽车上，还装有气压表。一些汽车上无电流表，而是装用电压表，现代汽车大都装有发动机转速表。

汽车指示灯系统通常设有冷却液温度过高指示灯、机油压力过低指示灯、气压过低警告灯、充电指示灯、燃油液面过低指示灯、制动液位面过低指示灯、驻车制动器未松警告灯等。

在一些汽车上还装有制动蹄片磨损警告灯、空气滤清器堵塞警告灯等。使用了电子控制装置的汽车上还装有各种电控装置的工作指示灯或故障警告灯。

2. 汽车仪表的类型

汽车仪表有多种结构类型，现以不同的分类方法予以归类。

（1）按仪表的结构形式分类

汽车仪表按其结构形式的不同，可分为独立式和组合式两大类。

1）独立式仪表。各种仪表都有各自的壳体，单独安装在仪表板上。独立式仪表布置分散，不便于驾驶人观察，也不美观，因此，20世纪70年代开始，逐渐地被组合式仪表所取代。

2）组合式仪表。组合式仪表是将几种仪表组合在一起，并封装在一个壳体内，其构成如图6-1所示。由于组合式仪表具有结构紧凑、美观、便于观察等特点，因而已被现代汽车广泛采用。

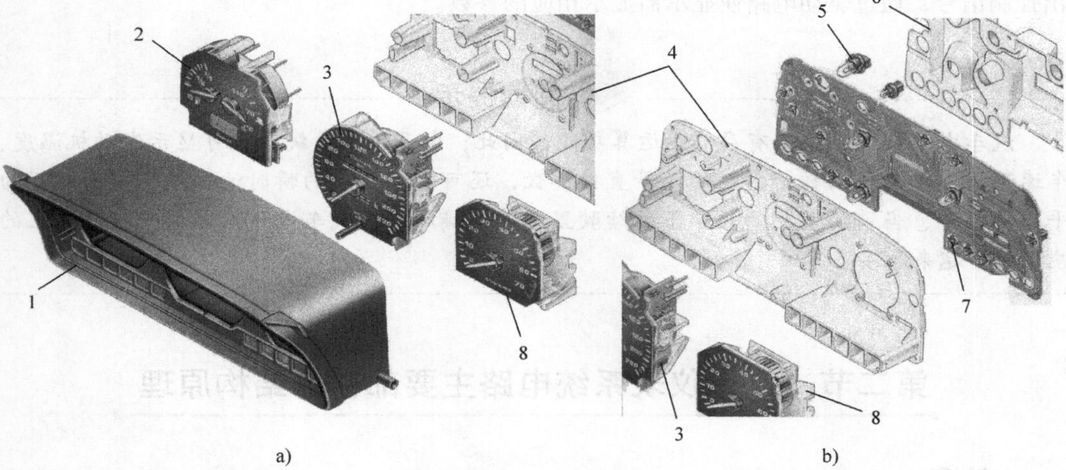

图6-1 组合式仪表的构成

a）组合式仪表盘及指示表 b）仪表支架与电路板

1—组合仪表盘 2—燃油表与发动机温度表 3—车速与里程表 4—仪表支架 5—指示灯灯泡 6—仪表底座 7—仪表电路板 8—发动机转速表

（2）按仪表的组成形式及工作原理分类

如果按仪表的组成形式及指示表的工作原理分类，可将汽车仪表大致地分为机械式、电热式、电磁式、电子式等几种类型。

1）机械式汽车仪表。机械式仪表是指仪表不采用传感器，而是通过机械传动的方式将被测参量传递给指示表，再由指示表显示相应的参数。比如，通过一根软轴将变速器输出轴的旋转运动传递给车速和里程指示表的车速与里程表就属于机械式汽车仪表。

2）电热式汽车仪表。电热式（也称双金属片式）仪表，其指示表指针的偏摆是由双金属片受热弯曲带动的，而双金属片的弯曲程度取决于绕制在双金属片上的加热线圈电流的大小。这一类仪表通过传感器将被测参量转换为双金属片上加热线圈相应的电流，使双金属片有相应的弯曲，指针有相应的偏摆，以指示相应的值。

3）电磁式汽车仪表。此类仪表指针的偏摆是通过指示表内部形成的磁力带动的，仪表显示对象的被测参量通过传感器转换为指示表内部两个线圈电流的变化，使得两线圈综合磁场的方向发生偏转，带动指针偏摆相应的角度。

专家解读：

双金属片是由两片热胀系数不同的金属重叠而成，当温度变化时，双金属片就会弯曲。温度变化越大，双金属片的弯曲程度也越大。

4）电子式汽车仪表。电子式仪表是指用传感器将被测参量转换为相应的电信号，再经电子电路的信号处理后，推动指针偏摆来显示相应的数值，或直接通过显示器显示相应的数值。

汽车电子仪表系统实际上是一个以微处理器为核心的电子控制系统，由传感器、控制器及显示器组成。各传感器及相应的开关信号输入电子控制器，电子控制器将这些信号进行处理后，输出控制信号，通过驱动电路使显示器显示相应的参数。

阅读提示

汽车电子仪表系统具有存储和运算功能，因此，电子仪表系统不仅可显示发动机温度、车速里程、发动机的转速、燃油量等直接参数，还可显示当前的瞬时油耗率、一段时间的平均油耗率、当前油量及油耗率下的续驶里程等间接参数。汽车电子仪表系统在汽车上的应用将会越来越多。

第二节　汽车仪表系统电路主要部件的结构原理

一、电流表

1.电流表的作用与类型

电流表用于指示蓄电池充电或放电时的电流值，驾驶人可通过电流表的示值情况判断充电系统工作是否正常。电流表串接在发电机充电电路中，刻度盘上中间的示值为“0”，两侧分别标有“+”“−”标记，电流表指针在“+”侧表示对蓄电池充电，在“−”侧表示蓄电池放电。考虑到电流表的量程和指示的稳定性，对工作电流较大、短时间或断续工作的用电设备，其放电电流均不通过电流表。比如，起动机电磁开关、转向灯、电喇叭等的工作电流都不经过电流表。

汽车上所使用的电流表主要有电磁式和动磁式两种，其工作原理基本相同，均是其中的永久磁铁与载流导体之间的作用力使指针摆动。两者的区别是：动磁式电流表的永久磁铁可动，电磁式电流表的永久磁铁是不动的，现代汽车上使用电磁式电流表的居多。

2.电磁式电流表的组成及工作原理

电磁式电流表的组成及工作原理如图 6-2 所示。

固定在绝缘底板上的 U 形黄铜板条 4 通过其两端的接线柱 1 和 3，分别与蓄电池、发电机及用电设备连接，黄铜板条的下端固定有条形永久磁铁 6，在其内侧的转轴 7 上还装有带指针 2

的软钢转子 5。软钢转子 5 在永久磁铁 6 的作用下被磁化，由于其磁场的方向与永久磁铁的相反，在无电流通过电流表时，指针 2 保持在中间位置，示值为零。

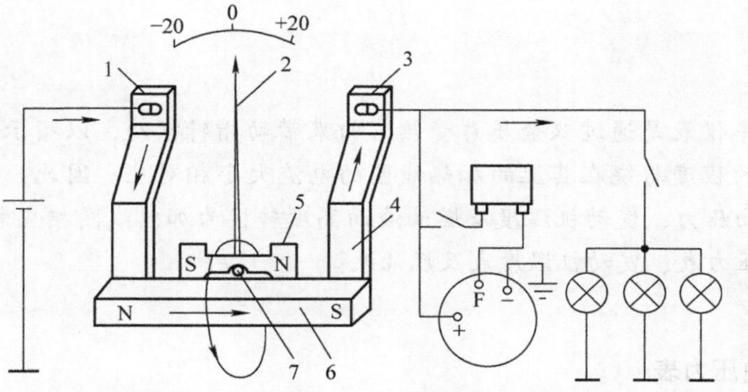

图 6-2　电磁式电流表的组成及工作原理

1、3—接线柱　2—指针　4—黄铜板条　5—软钢转子　6—永久磁铁　7—转轴

当从蓄电池流向用电设备的放电电流通过电流表时，流经黄铜板条的电流将产生一个垂直于永久磁铁磁场的环形磁场，形成向逆时针方向偏转的合成磁场使软钢转子也向逆时针方向偏转一个角度，指针指向“−”侧。放电电流越大，合成磁场越强，转子偏转角度越大，指针指示值也就越大。当发电机向蓄电池充电时，流经电流表的电流方向相反，合成磁场偏转的方向相反，使指针向“+”侧偏转。

二、电热式汽车仪表

1. 电热式汽车仪表的构成与工作原理

（1）电热式汽车仪表的构成

电热式汽车仪表的构成如图 6-3 所示。指示表内双金属片上绕有加热线圈，该线圈一端通过点火开关连接电源正极，另一端连接传感器。当双金属片上的加热线圈通电发热时，双金属片就会受热而弯曲。当双金属片弯曲时，会带动指针做相应的摆动，指示相应的刻度。

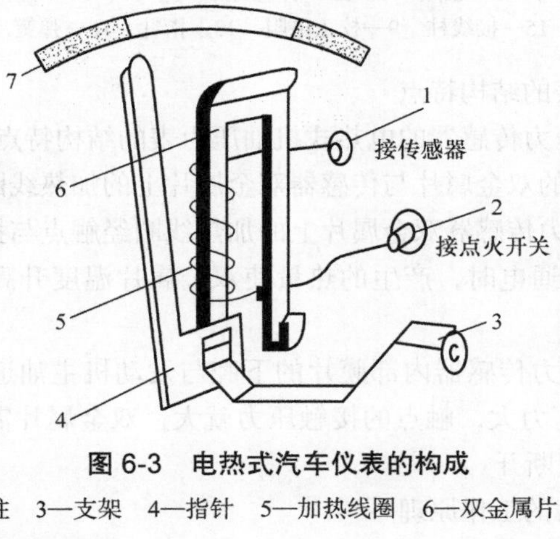

图 6-3　电热式汽车仪表的构成

1、2—接线柱　3—支架　4—指针　5—加热线圈　6—双金属片　7—刻度盘

（2）电热式汽车仪表的工作原理

双金属片弯曲的程度由加热线圈的电流大小所决定。电热式汽车仪表所匹配的传感器将被

测物理量转换为加热线圈相应的电流大小，并产生相应的热量，使双金属片产生相应的弯曲，带动指针做相应的摆动就可指向相应的示值。

专家解读：

电热式汽车仪表是通过双金属片受热弯曲来带动指针摆动，以指示相应的示值，而双金属片受热的程度与绕在其上的加热线圈的电流大小相对应。因此，电热式指示表匹配一个能将机油压力、发动机温度及燃油液面高度转换为加热线圈相应电流值的传感器，就可构成机油压力表、发动机温度表及燃油表。

2. 电热式机油压力表

电热式机油压力表是由电热式指示表和一个将机油压力的高低转换为相应电流值的机油压力传感器所组成。机油压力传感器有双金属片式、压敏电阻式和电位计式等不同的类型，采用双金属片式机油压力传感器的电热式机油压力表如图 6-4 所示。

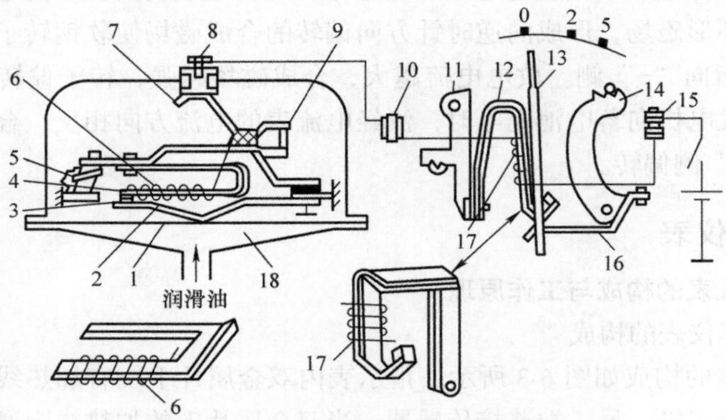

图 6-4　双金属片式机油压力表

1—膜片　2—带触点弹簧片　3—触点　4、12—双金属片　5、11、14—调节齿轮　6、17—加热线圈　7—接触片　8、10、15—接线柱　9—校正电阻　13—指针　16—弹簧片　18—机油压力腔

（1）电热式机油压力表的结构特点

采用双金属片式机油压力传感器的电热式机油压力表的结构特点如下：

1）机油压力指示表中的双金属片与传感器双金属片上的加热线圈串联。

2）双金属片式机油压力传感器双金属片上的加热线圈经触点与搭铁相连。

3）传感器内加热线圈通电时，产生的热量使双金属片温度升高而向上弯曲达一定程度时可使触点断开。

4）双金属片式机油压力传感器内部膜片的下腔与发动机主油道相通，机油压力经膜片和弹簧作用到触点上，机油压力大，触点的接触压力就大，双金属片需要上升较高的温度，有较大的弯曲程度时才能使触点断开。

（2）电热式机油压力表的工作原理

接通点火开关时，机油压力表电路即转为通路状态，其电流通路为：蓄电池＋→点火（电源）开关→指示表接线柱 15→指示表加热线圈→指示表接线柱 10→连接导线→传感器接线柱

8→接触片→传感器加热线圈→触点→弹簧片→搭铁→蓄电池 -。传感器双金属片上的加热线圈通电时产生热量使双金属片受热弯曲而使触点断开，加热线圈随即断流；此后双金属片开始冷却伸直，使触点又重新闭合，加热线圈又通电发热……如此循环，使机油压力表电路形成一个脉动的电流（图 6-5）。

机油压力低时，触点的压力小，双金属片稍有受热弯曲就可使触点断开，触点闭合时间相对较短，使得电路中的电流脉宽较小（图 6-5a）。该电流通过指示表加热线圈，使指示表内的双金属片受热弯曲变形较小，指针的偏摆角度也小，指针指示的油压指示值低。

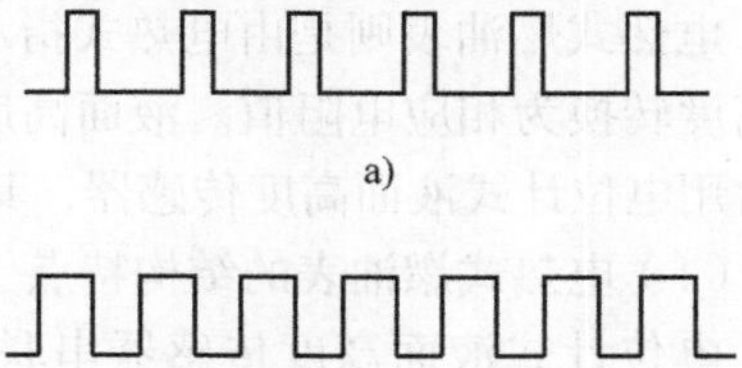

图 6-5　双金属式机油压力表工作电流波形

a）机油压力低时的电流波形
b）机油压力高时的电流波形

机油压力高时，触点的压力大，加热线圈必须经过较长时间通电，使双金属片受热得到较大的弯曲后才能使触点断开，触点断开后则只需较短的时间又可闭合，使得电路中的电流脉宽增大（图 6-5b）。此脉冲电流同时通油压指示表内的电热线圈，使油压指示表内的双金属片受热弯曲变形大，带动指针偏摆的角度也大，指针指示的油压指示值高。

3. 电热式发动机温度表

如果将电热式指示表匹配一个可将发动机冷却液的温度变化转换为加热线圈电流大小变化的温度传感器，就构成了发动机温度表。发动机温度传感器主要有热敏电阻式和双金属片式两种，而双金属式发动机温度传感器已很少采用，现在普遍采用热敏电阻式温度传感器。发动机温度传感器所用的热敏元件大都采用温度系数为负的半导体材料，其电路原理如图 6-6 所示。

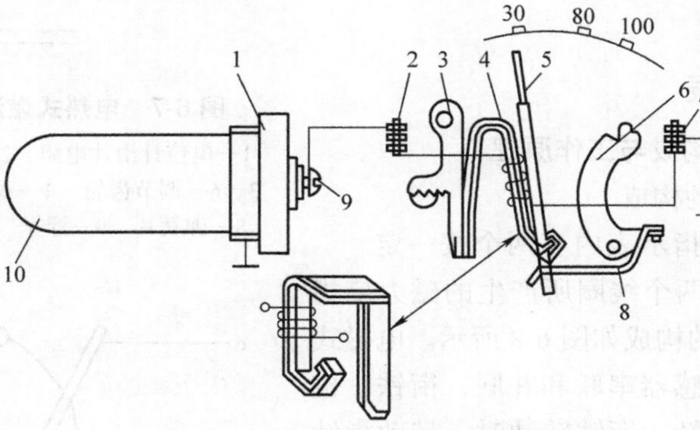

图 6-6　电热式发动机温度表电路原理

1—热敏电阻式温度传感器　2、7、9—接线柱　3、6—调节齿轮　4—双金属片　5—指针　8—弹簧片　10—传热套筒

（1）电热式发动机温度表的结构特点

采用热敏电阻式温度传感器的电热式发动机温度表的结构特点是：指示表中的加热线圈与传感器的热敏电阻串联；热敏电阻的温度系数为负，即随着温度的升高，热敏电阻的阻值下降。

（2）电热式发动机温度表的工作原理

1）发动机温度低时，传感器热敏电阻的阻值较大，指示表加热线圈的电流较小，双金属片受热弯曲程度较小，指针偏摆小，指示低温示值。

2）当发动机温度升高时，传感器热敏电阻的阻值随之减小，指示表加热线圈的电流增大，双金属片受热弯曲的程度增加，带动指针摆向高温示值。

4. 电热式燃油表

电热式燃油表则是由电热式指示表与一个液面高度传感器组成，该传感器可将燃油箱油面的高度转换为相应电阻值。液面高度传感器有电位计式、电容式和电热式等多种，汽车燃油表通常用电位计式液面高度传感器，其电路原理如图 6-7 所示。

（1）电热式燃油表的结构特点

电位计式液面高度传感器串联在指示表加热线圈的电路中；随着燃油箱油量的减少（油面下降），传感器浮子下沉，电位计的电阻值随之增大。

（2）电热式燃油表的工作原理

1）在燃油箱满油时，传感器的浮子在最高的位置，通过浮子杆和转轴，使电位计滑片在最左边的位置，电位计的电阻值最小，指示表加热线圈的电流最大，使双金属片受热弯曲程度最大，带动指针指示满油的刻度。

2）随着燃油箱油面的下降，传感器浮子下沉，带动电位计滑片向右移动，电位计的电阻值随之增大，指示表加热线圈的电流减小，双金属片受热弯曲程度减小，带动指针摆向油量减小的刻度。

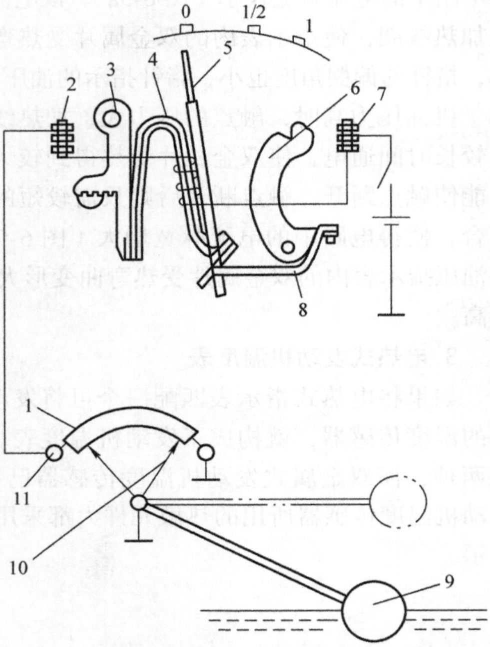

图 6-7　电热式燃油表电路原理

1—电位计滑片电阻　2、7、11—接线柱
3、6—调节齿轮　4—双金属片　5—指针
8—弹簧片　9—浮子　10—电位计滑片

三、电磁式汽车仪表

1. 电磁式指示表的构成与工作原理

（1）电磁式指示表的构成

电磁式汽车仪表的指示表内有两个按一定方式布置的线圈，通过两个线圈所产生的磁力使指针摆动，电磁式指示表的构成如图 6-8 所示。电磁式指示表两线圈分别与传感器串联和并联，衔铁（也称为转子）上固定有指针，衔铁转动时，带动指针摆动。衔铁依靠两线圈通电以后产生合成磁场的磁力使其转动，并带动指针摆动。

（2）电磁式指示表工作原理

电磁式指示表指针的摆动取决于左右两线圈产生的合成磁场的方向。由于传感器与指示表内部左右两个线圈分别串联和并联，因而当传感器的电阻随被测量变化时，左、右两个线圈的电流就会有相应的改变（一个线圈电流增加、另一个线圈电流减

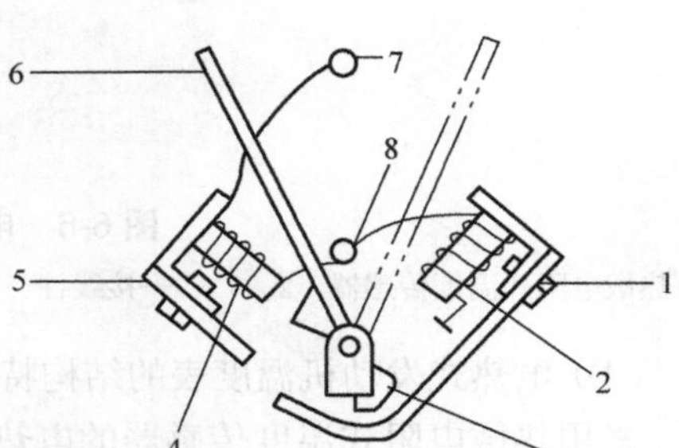

图 6-8　电磁式汽车仪表的构成

1—右线圈导磁片　2—右（并联）线圈　3—衔铁
4—左（串联）线圈　5—左线圈导磁片
6—指针　7—接线柱（接点火开关）
8—接线柱（接传感器）

小），使得两线圈产生的合成磁场方向会随之偏转，吸引衔铁带动指针指向相应的示值。

专家解读：

电磁式汽车仪表是通过指示表内左右两线圈产生的合成磁场吸引转子（衔铁）转动来带动指针摆动，合成磁场的方向与左右两线圈的电流大小有关，而左右线圈电流的大小变化则取决于传感器的电阻值。因此，如果匹配一个随温度、油压、液面高度变化而电阻会有相应变化的传感器，电磁式指示表就可用作发动机温度表、机油压力表和燃油表。

2. 电磁式发动机温度表

电磁式指示表匹配热敏电阻式温度传感器，就构成了电磁式发动机温度表，其仪表电路的构成及等效电路如图 6-9 所示。

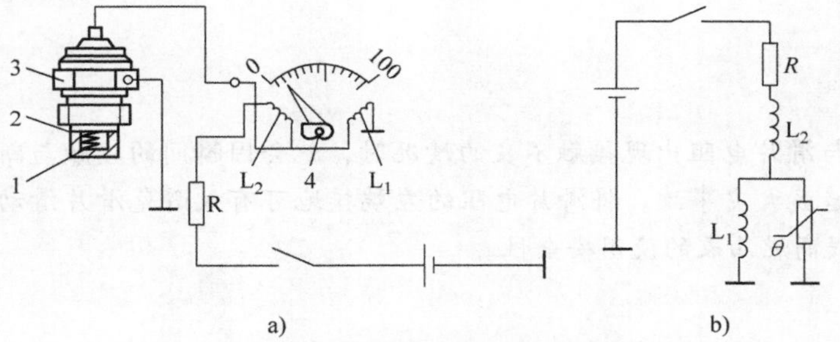

图 6-9 电磁式发动机温度表

a）发动机温度表的构成 b）发动机温度表的等效电路
1—热敏电阻 2—弹簧 3—传感器壳体 4—衔铁

（1）电磁式发动机温度表的结构特点

1）电磁式温度指示表内两个互成一定角度的电磁铁中，其匝数较少的 L_2 与传感器串联，匝数较多的 L_1 与传感器并联，两个铁心的下端设置带指针的衔铁。两电磁线圈通电产生一个合成磁场，衔铁在该磁场力的作用下偏转至某个角度，并带动指针偏摆到相应的角度。

2）温度传感器内其热敏元件的温度系数为负，当温度上升时，传感器的电阻值减小，与之并联的线圈 L_1 电流减小，与之串联的线圈 L_2 电流则稍有增大。指示表内的串联电阻 R 用以限制流经线圈 L_2 的电流。

（2）电磁式发动机温度表的工作原理

1）当发动机冷却液的温度低时，传感器内热敏电阻的阻值较大，流经线圈 L_1 和 L_2 的电流相差不多，但由于 L_1 匝数多，产生的磁场较强，两线圈合成磁场吸引衔铁摆动的位置使指针指示低温。

2）当发动机冷却液的温度升高时，传感器的热敏电阻阻值减小，其分流作用增强，使流经 L_1 的电流减小，其磁力减弱，使得两线圈合成磁场的方向发生变化，吸引衔铁转动某个角度，带动指针向着高温方向偏摆。

3. 电磁式燃油表

电磁式指示表匹配燃油液面传感器，就构成了电磁式燃油表，其组成如图 6-10 所示。

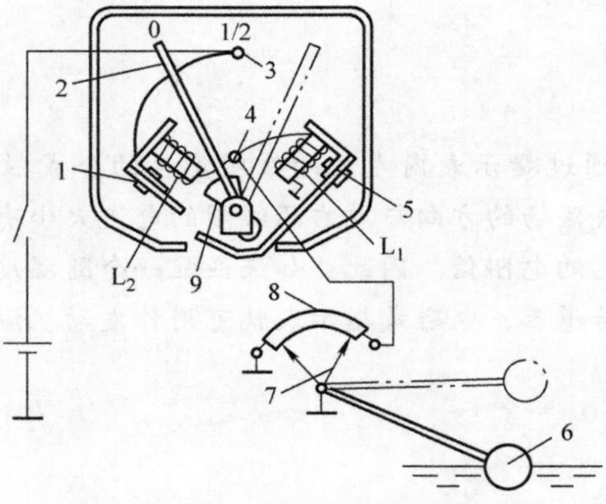

图 6-10　电磁式燃油表的组成

1—左导磁片　2—指针　3、4—指示表接线柱　5—右导磁片　6—浮子　7—滑片　8—电位计滑片电阻　9—衔铁

专家解读：

如果滑片与滑片电阻出现接触不良的情况时，就会因瞬间的接触与断开而产生电火花，这很容易造成火灾事故。将滑片电阻的左端接地可有效避免滑片滑动时产生电火花的可能性，以提高燃油表的使用安全性。

（1）电磁式燃油表的结构特点

1）电磁式燃油表的结构和工作原理与电磁式冷却液温度表相似，也是通过其内部左线圈（L_2）和右线圈（L_1）所产生的磁力吸引衔铁转动，带动指针摆动。

2）传感器是一个滑片式电位计，当浮子随燃油箱内的油面上下移动时，会带动滑片在滑片电阻上滑动，使滑片电阻串入燃油表电路中的电阻值会随之改变。

（2）电磁式燃油表的工作原理

1）当油箱中无油时，浮子就会下沉至最低位置，滑片电阻被滑片短路。此时接通电路后，与滑片电阻并联的右线圈 L_1 被短路而无电流通过，与滑片电阻串联的左线圈 L_2 电流达到最大，L_2 产生的电磁力吸动衔铁，使指针指示在“0”的位置。

2）当油箱装满燃油时，浮子在最高位置，滑片电阻串入电路的电阻值最大。此时接通电路后，L_1、L_2 两线圈的电流相差不多，两线圈所产生的合成磁场吸引衔铁转动相应角度，其位置使指针指向“1”位。

3）随着油箱油面下降，随油面下移的浮子带动滑片滑动，使滑片电阻的阻值减小。这时，右线圈 L_1 电流减小，左线圈 L_2 的电流则稍有增大，两线圈产生的合成磁场吸引衔铁转动，使指针向“0”位一侧靠近。

四、电子式汽车仪表

电子式汽车仪表由传感器、电子电路和指示表 / 显示器组成，如图 6-11 所示。

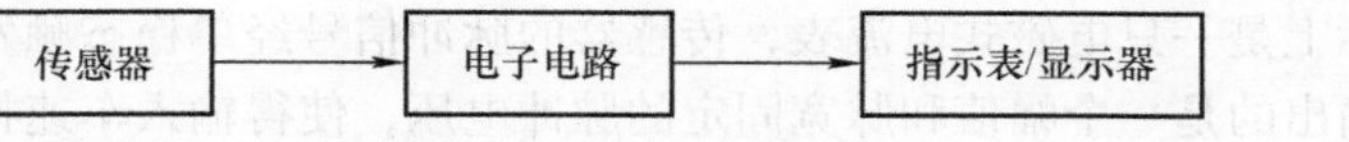

图 6-11　电子式汽车仪表组成

电子式汽车仪表各组成部分的作用是：

1）传感器用于将仪表所要显示的被测参量转换为相应的电信号。

2）电子电路的作用是对传感器的信号进行处理，然后输出驱动指示表 / 显示器工作的电信号。

3）指示表 / 显示器的作用是在电子电路输出的驱动信号作用下工作，通过指针的摆动指示相应的示值，或通过显示器直接显示相应的数字。

1. 电子式车速里程表

电子式车速里程表通过安装在变速器输出轴处的传感器获得反映变速器输出轴转速的脉冲信号，再通过电子电路的信号处理后驱动指示表显示车速和里程，其基本组成如图 6-12 所示。

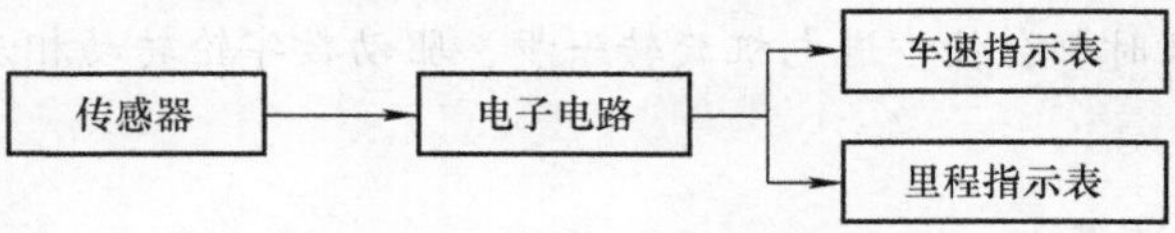

图 6-12　电子式车速里程表的基本组成

（1）电子式车速里程表的结构类型

电子式车速里程表的传感器、电子电路及指示表均有不同的结构类型。

1）传感器的类型。传感器用于产生一个能反映变速器输出轴转速的电压脉冲信号，电子式车速里程表的传感器主要有光电式、霍尔效应式、磁阻式及舌簧开关式等多种类型。

2）电子电路的类型。电子电路用于对传感器的电压脉冲信号进行处理，产生相应的驱动脉冲，使车速指示表和里程指示表工作。不同结构类型的传感器和指示表，其匹配的电子电路的结构形式与功能也各不相同。根据其输出信号的结构形式不同，电子电路主要分为两种类型。一种是产生驱动指针式仪表动作和驱动步进电机转动的脉冲信号处理电路；另一种是具有累计计数功能的数字信号处理电路（计数器）。

3）指示表的类型。电子式车速里程表的指示表主要有指针式、数字式两种形式。

（2）电子式车速里程表实例

电子式车速里程表的电路原理如图 6-13 所示。该实例采用舌簧开关式传感器、指针式车速指示表和数字轮式里程指示表。

1）基本组成。该电子电路主要包括稳压电路、单稳态触发电路、恒流源驱动电路、64 分频电路和功率放大电路等。其作用是将反映车速的脉冲信号进行整形、分频及放大等处理，其中单稳态触发电路输出的脉冲信号用于驱动车速表工作，64 分频器输出的分频脉冲信号用于驱动里程表工作。

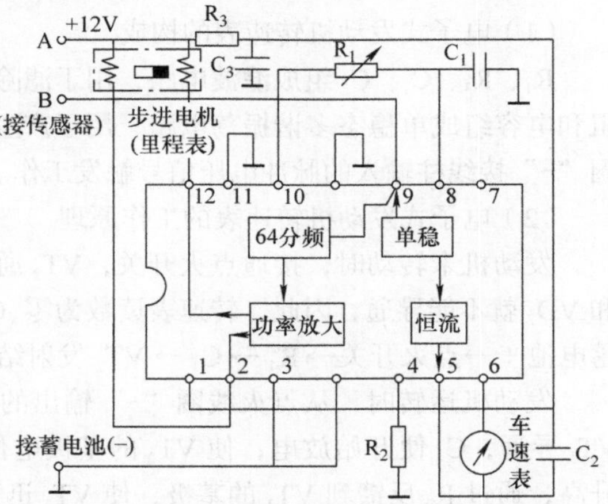

图 6-13　电子式车速里程表的电路原理

2）车速表工作原理。该车速里程表中的

车速指示表实际上是一只电磁式电流表，传感器的脉冲信号经单稳态触发电路和恒流源驱动电路的处理后，输出的是一个幅值和脉宽固定的脉冲电压，使得输入车速指示表（电流表）的平均电流与车速成正比。当车速变化时，车速表的平均电流就会有相应的改变，使车速表的指针做相应的偏摆，指示相应的车速。

3）里程表工作原理。该车速里程表中的里程表由数字轮和步进电机组成，数字轮是一个十进位的齿轮计数器，步进电机是一种由脉动电流驱动，按步转动且转动步长恒定不变的特殊电机。传感器的脉冲信号经 64 分频电路分频处理，再经功率放大电路进行功率放大后，驱动步进电机转动，带动数字轮转动，记录汽车累计的行驶里程。

专家解读：

步进电机是按步旋转的电机，由 4 个周期与脉宽相同，但相位各不相同的脉冲信号驱动。64 分频电路的作用就是将里程表的记数脉冲分为 4 个步进电机驱动脉冲，使得每个里程记数脉冲到来时都会使步进电机旋转一步，驱动数字轮转动相应的转角。

2. 电子式发动机转速表

电子式发动机转速表如图 6-14 所示。本例转速信号取自点火线圈“–”低压接线柱，电子电路采用单稳态多谐振荡器。

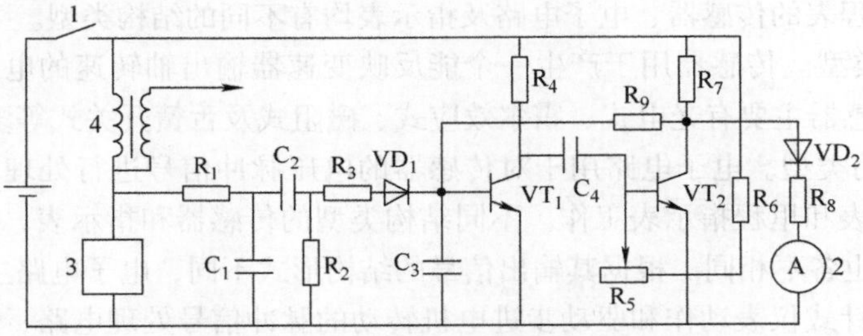

图 6-14　电子式发动机转速表

1—点火开关　2—转速表　3—电子点火器　4—点火线圈

（1）电子式发动机转速表的构成

R_1、R_3、C_1、C_2 组成滤波电路，用于滤除输入脉冲信号的高频谐波；VT_1、VT_2 及相应的电阻和电容组成单稳态多谐振荡电路，用于产生脉宽和脉幅恒定的电压脉冲，振荡电路由点火线圈“–”接线柱输入的脉冲电压信号触发工作。

（2）电子式发动机转速表的工作原理

发动机未转动时，接通点火开关，VT_2 通过 R_5 处于正向偏置而导通，VT_2 饱和导通后 VT_1 和 VD_2 就不能导通，因此，转速表读数为零，C_4 则迅速处于充足电状态。C_4 的充电电流通路为：蓄电池 +→点火开关→ R_4 → C_4 → VT_2 发射结→搭铁→蓄电池 –。

发动机运转时，从点火线圈“–”输出的信号脉冲经滤波电路滤波后到达 VT_1 的基极，使 VT_1 导通，C_4 便开始放电，使 VT_2 的基极电位下降而截止（非稳态），VT_2 的集电极电位迅速升高，通过 R_9 反馈到 VT_1 的基极，使 VT_1 迅速饱和导通。在 VT_2 截止这段时间内，VD_2 导通，转速表 2 有电流通过。VT_2 的截止时间取决取 C_4 的放电时间，随着 C_4 放电流的逐渐减小，VT_2

基极电位升高，当达到其导通电压时，VT_2 导通，其集电极电位下降，又通过 R_9 反馈使 VT_1 迅速截止、VT_2 饱和导通（稳态），此时转速表无电流通过。当点火线圈“–”的下一个脉冲经滤波电路到达 VT_1 基极时，VT_1 第二次导通，又重复上面的非稳态和稳态过程。可见，转速表通过的脉冲电流与单稳态多谐振荡电路输出电压脉冲反相。

由于单稳态多谐振荡电路中 C_4 的放电时间稳定不变，故而单稳态多谐振荡电路在输入脉冲信号的触发下，输出一个脉冲幅度和脉冲宽度固定不变的矩形波电压脉冲。由于该电压脉冲的频率与发动机转速相对应，使得通过转速表的平均电流与发动机转速成正比。于是，发动机的转速上升，单稳态多谐振荡电路输出脉冲的频率增加，通过转速表的平均电流增大，转速表的示值也相应增大。

阅读提示

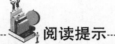

采用发动机转速传感器的电子式发动机转速表可直接由传感器的脉冲信号触发单稳多谐振荡电路工作，无须滤波电路。

五、电子仪表系统

电子仪表系统以微处理器为核心，通过液晶显示器显示相关参数和信号，其基本组成如图 6-15 所示。电子仪表系统满足了现代汽车对仪表更高性能的要求，因此，在汽车上的应用已逐渐增多。

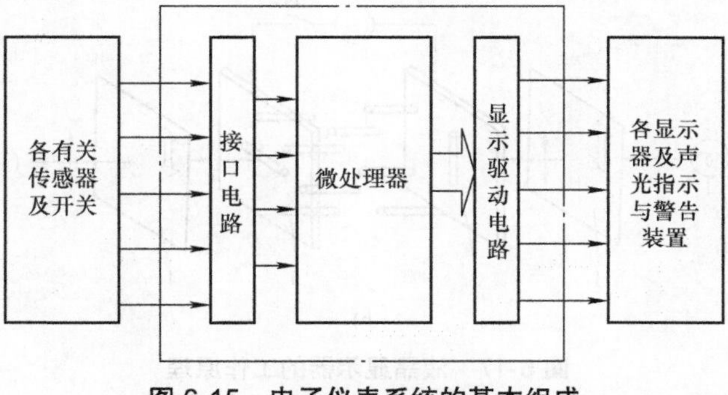

图 6-15　电子仪表系统的基本组成

1. 电子显示装置

电子仪表的显示装置主要有发光二极管（LED）显示装置、荧光屏显示器（VFD）及液晶显示器（LCD）等，目前汽车上广泛采用液晶显示器。

专家解读：

液晶是“液态晶体”的简称，它是一种有机化合物，在一定的温度范围内具有液体的流动性，同时又具有晶体的某些特性。液晶显示与发光二极管和真空荧光屏显示不同，它并不是自身发光，只是在其他光源的激发下，在阻止和允许光线通过这两种状态之间进行转换。

（1）液晶显示器的构成

液晶显示器利用偏振光的特性成像，其基本结构如图 6-16 所示。液晶被封装在两块有透明电极膜的玻璃板之间，两玻璃板的外侧是两块偏光轴互相垂直的偏振滤波片。

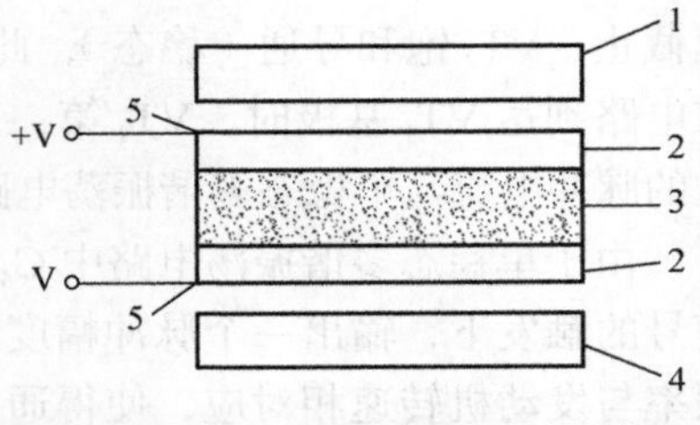

图 6-16　液晶显示器的基本结构

1、4—偏光板　2—玻璃板　3—液晶

5—玻璃板表面的透明导体

（2）液晶显示器的工作原理

液晶显示器的工作原理如图 6-17 所示。经特殊研磨处理的玻璃板表面可使液晶分子被强制性同方向配置，前后玻璃板中做 90° 配置，液晶分子的方向则以 90° 螺旋状排列（图 6-17a）。

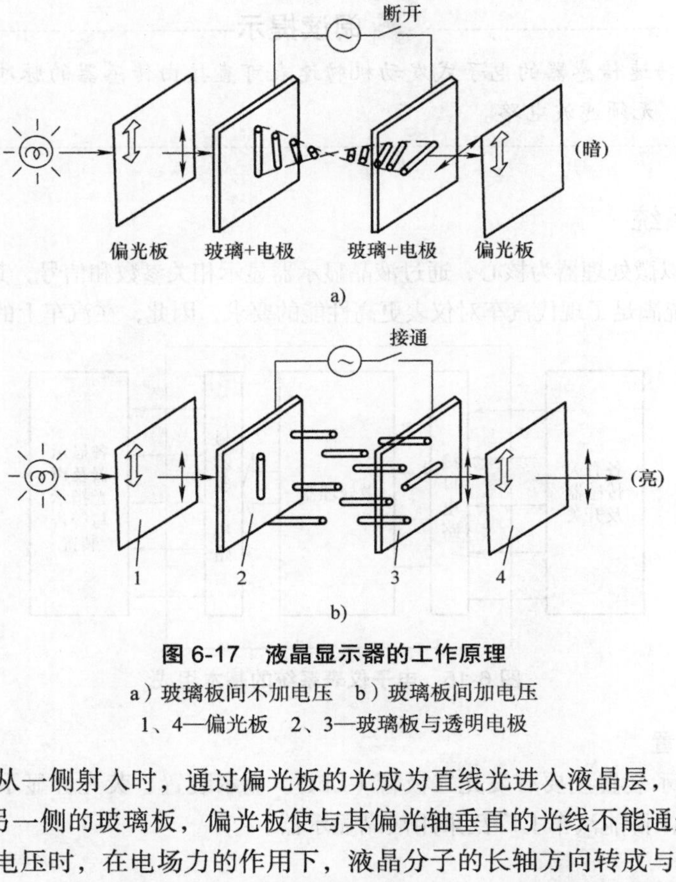

图 6-17　液晶显示器的工作原理

a）玻璃板间不加电压　b）玻璃板间加电压

1、4—偏光板　2、3—玻璃板与透明电极

当光源的光线从一侧射入时，通过偏光板的光成为直线光进入液晶层，经液晶分子螺旋状 90° 的偏转后到达另一侧的玻璃板，偏光板使与其偏光轴垂直的光线不能通过而变暗。当两玻璃板之间加上一个电压时，在电场力的作用下，液晶分子的长轴方向转成与玻璃板表面互相垂直（图 6-17b），此时，从一侧偏光板进入的光线就不会再引起旋转，光线通过另一侧的偏光板而呈明亮状态。这样，通过控制玻璃板上透明笔画电极的通断电，就可显示数字、字母或图形。

液晶显示器的显示面积大、能耗低、显示清晰且不受阳光直射的影响，通过滤光镜还可显示不同的颜色，因此，其应用极为广泛。

2. 电子仪表板

（1）仪表板信息的传输

电子仪表板通常采用多路传输技术，以减少传输线路、节约空间、降低成本。以三位数字显示器为例（图 6-18），说明电子仪表板的信息传输方式。

三位数字式显示器中，每个数字由 7 只发光二极管组成。普通传输方式需要有 21 个电路接头和 21 根传输线路，用多路传输方案则只需 10 个电路接头和 10 根传输线路（不含搭铁线），而仪表板控制微处理器通过 A、B、C 端子控制数位，用 1~7 传输线输送数字信息。微处理器的数字信息以串行方式逐位输出，虽然每次只显示 1 个数字，但由于工作频率较高和人眼视觉暂留作用，驾驶人所见的便是连续发亮的 3 位数字。

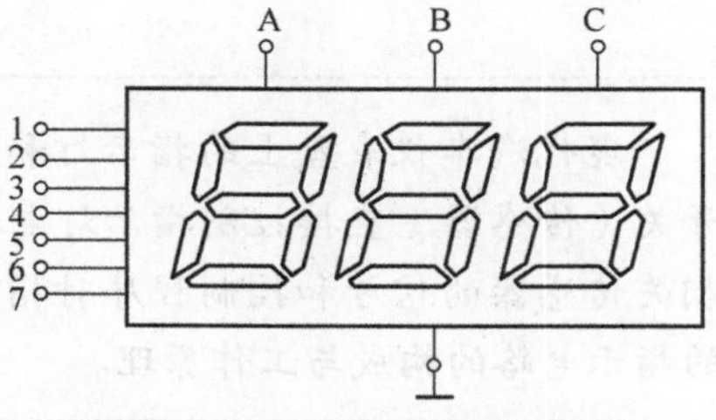

图 6-18　三位数字显示器

（2）仪表板信息的选送

电子仪表系统的电子仪表板的核心部件是微处理器。在汽车运行中，各个仪表传感器将有关的信号同时传输给微处理器，而微处理器在对这些信号进行处理时是逐个进行的，因此需采用多路信号转换开关选择信号源；信号经处理后则需要将该信息及时传送给相应的显示装置，因此也需要一个信息传送选择开关。图 6-19 所示的是电子仪表板多路信号选送开关示意图。

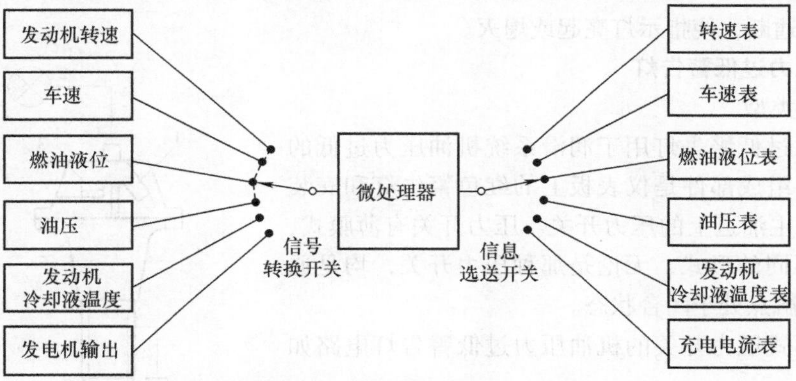

图 6-19　电子仪表板多路信号选送开关示意图

（3）电子仪表系统显示面板

电子仪表系统显示面板通过数字、字母、数字加字母、曲线图或柱形图等多种显示方式向驾驶人发出汽车各种工况、状态等信息和各种警告信号。不同车型的电子仪表系统显示面板，其显示器的结构与布置形式等都有所不同，电子仪表系统显示面板如图 6-20 所示。

图 6-20　电子仪表系统显示面板

阅读提示

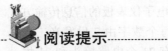

现代汽车仪表盘上的指示灯和警告灯按其控制方式分类，主要有两种形式，一种是由开关（传感器）直接控制指示灯电路的通断，使指示灯亮灭；另一种是由电子控制器根据相关传感器的信号和控制程序对指示灯进行控制。本书只介绍由开关（传感器）直接控制的指示电路的构成与工作原理。

六、汽车指示灯系统

现代汽车除各电子控制系统的相关指示灯（警告灯）外，通常装备的指示灯有：冷却液温度过高警告灯、机油压力过低警告灯、制动气压不足警告灯（装备气压制系统的汽车）、充电指示灯、燃油量不足指示灯、制动液不足警告灯、驻车制动器未松警告灯等。有的汽车上还装有制动蹄片磨损警告灯、制动灯断丝警告灯、空气滤清器堵塞警告灯等。此类指示灯或警告灯电路的主要组成部件是相应的开关（传感器）和灯具，由开关（传感器）根据相关的物理量直接控制灯电路的通断，使指示灯亮起或熄灭。

1. 机油压力过低警告灯

（1）结构类型

机油压力过低警告灯用于润滑系统机油压力过低的报警，其主要组成部件是仪表板上的红色警告灯和安装在发动机润滑主油道上的压力开关。压力开关有薄膜式、弹簧管式等不同的形式，无论是那种压力开关，均是通过弹力使开关触点处于闭合状态。

采用薄膜式压力开关的机油压力过低警告灯电路如图 6-21 所示。

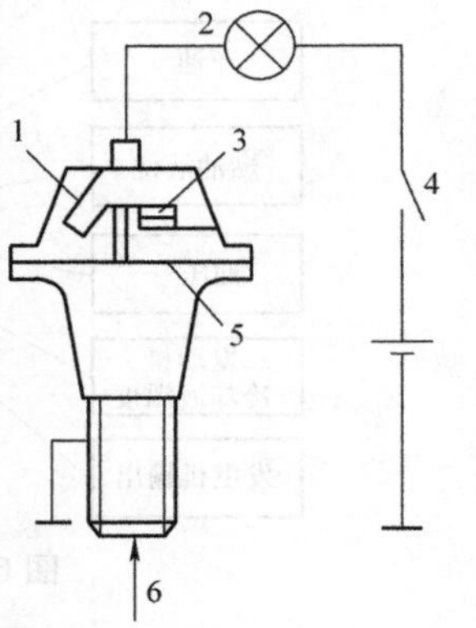

图 6-21 机油压力过低警告灯电路

1—弹簧片 2—指示灯 3—触点 4—点火开关 5—薄膜 6—润滑主油道油压

（2）工作原理

薄膜式机油压力开关安装在连通发动机润滑主油道的发动机机体上，弹簧片的弹力使触点保持在闭合状态，薄膜下方连通发动机润滑主油道。

当接通点火开关时，由于压力开关内薄膜下方无机油压力，开关触点处于闭合状态，灯电路通路，仪表板上的机油压力过低警告灯就会亮起。

发动机起动以后，由发动机驱动的机油泵便开始工作，发动机润滑主油道中的机油压力随即达正常值。正常的机油压力推动薄膜向上移动，带动推杆将触点顶开，警告灯随即熄灭。

发动机在工作时，如果出现机油压力过低的情况，触点就会在弹簧力的作用闭合，使机油压力过低警告灯亮起，以示警告。

专家解读：

在接通点火开关时，机油压力警告灯是亮的。如果在点火开关接通时，仪表板上的机油压力过低警告灯不亮，则说明机油压力过低警告灯电路有断路故障。这种故障应及时排除，否则将丧失机油压力过低报警的功能。

2. 制动气压不足警告灯

（1）结构形式

在采用气压制动的汽车上装有制动气压不足警告灯，用于气压制动系统压力过低时的报警。气压不足警告灯电路由安装在制动系储气筒或制动阀压缩空气输入管路中的气压开关和安装在仪表板上的警告灯组成，采用膜片式气压开关的制动气压不足警告灯电路如图 6-22 所示。

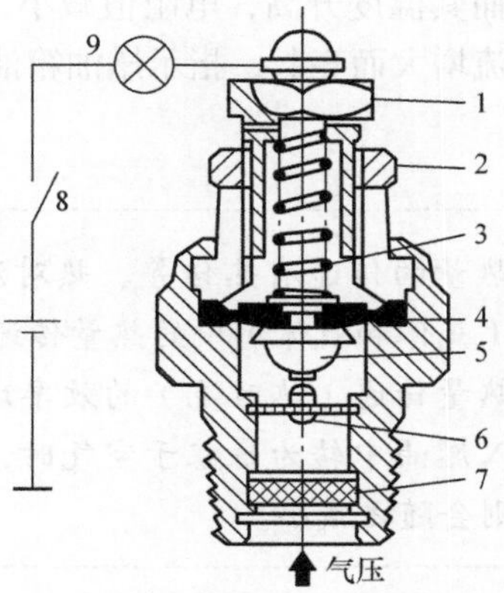

图 6-22　制动气压不足警告灯电路

1—调整螺栓　2—锁紧螺母　3—回位弹簧　4—膜片　5—动触点　6—固定触点　7—滤清器　8—点火（电源）开关　9—警告灯

（2）工作原理

膜片式制动气压不足警告灯电路原理如下：

气压开关内的触点由弹簧力使其保持闭合状态，制动管路的气压作用在开关内部的膜片下方，在制动气压正常的情况下，气压推动膜片克服弹簧力而上移，使触点断开而制动气压不足警告灯不亮。

当制动系储气筒内的气压不足（降低到 0.34 ~ 0.37MPa）时，膜片便在回位弹簧力的作用下向下移动，使触点闭合。这时，如果点火开关处于接通状态，那么制动气压不足警告灯电路就通路，警告灯亮起，以示警告。

专家解读：

对于气压制动的汽车来说，在接通点火开关时，制动气压不足警告灯是不亮的。如果在接通点火开关时，仪表板上的制动气压不足警告灯亮起，则说明制动系统内部气压过低。这时，汽车绝对不能起步行驶。

3. 燃油量不足指示灯

（1）结构类型

燃油量不足指示灯用于指示燃油箱内燃油已快要耗尽，以提醒驾驶人及时补充燃油。燃油量不足指示灯电路由仪表板上的指示灯和安装在燃油箱内的液面高度传感器组成。液面高度传感器有电容式、热敏电阻式、电位计式等不同的形式。采用热敏电阻式液面高度传感器的燃油量不足指示灯电路如图 6-23 所示。热敏电阻式液面高度传感器的热敏元件的温度系数为负，当温度升高时，热敏电阻的电阻值会相应减小。

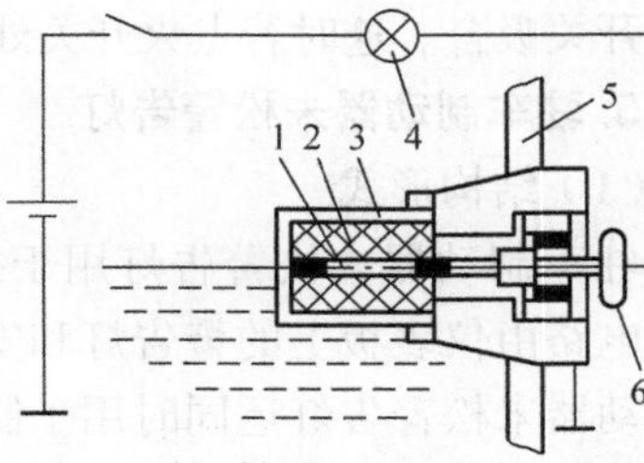

图 6-23　燃油量不足指示灯电路

1—热敏电阻　2—防爆金属网　3—外壳　4—警告灯　5—油箱外壳　6—接线柱

（2）工作原理

接通点火开关后，燃油量不足指示灯电路通电，热敏电阻即会发热。当燃油箱油面高于设定的低限时，热敏电阻还浸没在燃油中，热敏电阻通过燃油散热较快，其温度较低，电阻值较大。因此，指示灯电路中的电流很小，指示灯不亮。

当燃油箱油面降到设定的低限时，热敏电阻已露出油面，需要通过空气散热，热量传递较慢，因而其温度升高，电阻值减小，使指示灯电路中电流增大。在这种情况下，指示灯会因通过的电流增大而亮起，指示燃油箱油量已经不足。

小常识

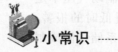

热量的传递有热传导、热对流和热辐射三种方式。固体中热量以热传导的方式传递；流体（气体和液体）中的热量传递方式为热对流；热源通过光的方式传递热量称为热辐射。空气热量传递（热对流）的效率比燃油要低很多，因此，当通电产生热量的热敏电阻从完全浸入燃油中转为暴露于空气时，由于其消散的热量明显减少，温度就自然会升高，而其电阻则会随之减小。

4.制动液不足警告灯

（1）结构形式

采用液压制动的汽车都装有制动液不足警告灯，用于制动液面低于设定值时的报警。制动液不足警告电路由仪表板上的警告灯和安装在制动液储液罐中的液位传感器组成。制动液位传感器也有多种结构形式可用，如电容式、电位计式、热敏电阻式和舌簧开关式等。采用舌簧开关式制动液不足警告灯电路如图 6-24 所示。

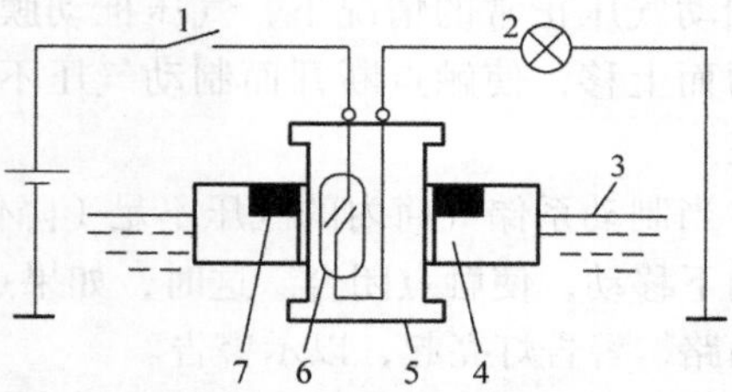

图 6-24　制动液不足警告灯电路

1—点火开关　2—警告灯　3—制动液液面　4—浮子　5—传感器外壳　6—舌簧开关　7—永久磁铁

（2）工作原理

舌簧开关式制动液位传感器的关键部件是带永久磁铁的浮子和舌簧开关。在制动液液面正常时，固定在浮子上的永久磁铁离传感器壳体内的舌簧开关距离较远，其磁力不能吸合舌簧开关，制动液不足警告灯电路不通，制动液不足警告灯不亮。

当浮子随着制动液面下降到设定的低限时，浮子上的永久磁铁离舌簧开关的距离较近而将舌簧开关吸合。这时若点火开关处于接通状态，制动液不足警告灯就会亮起，以示警告。

5. 驻车制动器未松警告灯

（1）结构形式

驻车制动器未松警告灯用于提醒驾驶人驻车制动器仍处于制动位置，驻车制动器未松警告灯电路由仪表板上的警告灯和安装在驻车制动操纵杆处的机械控制开关组成。有些汽车的驻车制动器未松警告灯还同时用于制动液面过低报警或制动管路故障报警，因而警告灯由相关的两个或三个并联开关控制。兼有驻车制动器未松警告和双制动管路失效报警功能的控制电路如图 6-25 所示。

（2）工作原理

1）驻车制动器未松警告工作原理。当驻车制动器处于制动位置时，驻车制动开关7处于闭合位置，若这时接通点火开关，则驻车制动器未松警告灯电路通电，其警告灯亮起，用以提醒驾驶人在挂档起步之前，松开驻车制动器。当松开驻车制动器后，制动器未松警告灯电路断电，警告灯立刻熄灭。

2）制动系统压力异常报警工作原理。差压开关2内部的触点串联在驻车制动器未松警告灯电路中，与驻车制动开关7为并联关系，而四个管路接头连接双制动管路。当两制动管路制动压力均正常时，差压开关中的活塞由两边的平衡弹簧使其保持在中间位置，活动触点与两边的固定触点均不接触，警告灯不亮。如果任意一边的管路失效而压力下降，使双管路的压差大于1000kPa时，该压差就会推动活塞向一侧移动而使触点闭合，使警告灯电路通电，警告灯亮起，以示警告。

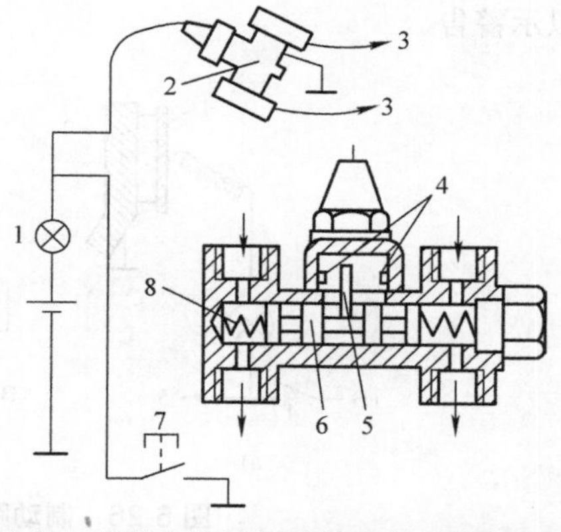

图6-25　驻车制动器未松及制动管路失效警告装置控制电路

1—警告灯　2—差压开关　3—制动管路　4—固定触点
5—活动触点　6—活塞　7—驻车制动开关　8—平衡弹簧

专家解读：

一些汽车的驻车制动器未松警告灯兼作制动液不足报警，在警告灯电路中串联了一个与驻车制动开关成并联关系的液位开关。当储液罐中的制动液不足时，液位开关就会闭合。在这种情况下接通点火开关，驻车制动器未松警告灯就会亮起，以示警告。因此，在松开驻车制动器后，如果驻车制动器未松警告灯仍然亮着，就要立即想到是制动液不足，不应盲目起步行车。

6. 制动蹄片磨损警告灯

（1）结构形式

制动蹄片磨损警告灯的作用是提醒驾驶人制动摩擦片磨损已到使用极限，须及时更换。根据警告灯触发点亮的方式不同划分，有触点式和金属丝式两种。两种不同形式的制动蹄片磨损警告灯电路原理如图6-26所示。

（2）工作原理

1）触点式制动蹄片磨损报警电路。这种报警电路是将一个金属触点埋在摩擦片的适当位置（图6-26a），当摩擦片磨损至使用极限厚度时，只要驾驶人采制动踏板，金属触点就会与制动盘（或制动鼓）接触而接通警告灯电路，使仪表板上的警告灯亮起，以示警告。

2）金属丝式制动蹄片磨损报警电路。这种报警电路则是在摩擦片的适当位置埋设了一段导线（图6-26b），该导线与电子控制器8的“制动蹄片磨损”检测端子相连。当接通点火开关后，电子控制器随即发出自检信号（向摩擦片内埋设的导线通电数秒钟）进行检查，如果摩擦片已磨损到使用极限厚度而将埋设的导线磨断时，电子控制装置则会输出警告信号，使警告灯9亮起，以示警告。

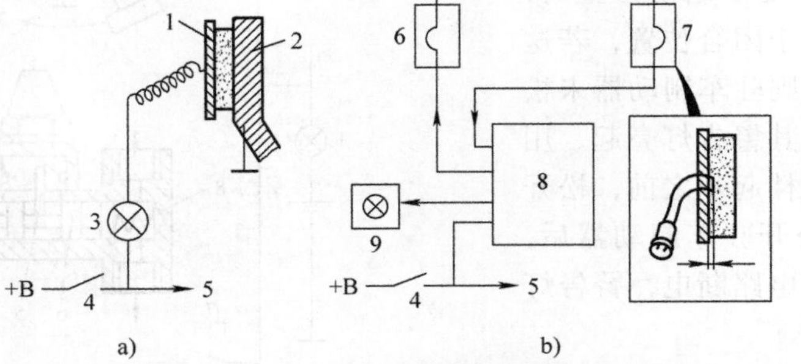

图 6-26 制动蹄片磨损警告灯电路

a）触点式 b）金属丝式

1—带触点的摩擦片 2—制动盘 3、9—警告灯 4—点火开关 5—接点火系统 6、7—带线环摩擦片 8—电子控制器

专家解读：

需要注意的是，当制动摩擦片磨损到极限时，触点式制动蹄片磨损报警电路是驾驶人在制动操作时，其警告灯点亮报警；而金属丝式制动蹄片磨损报警电路则是在点火开关接通时，制动蹄片磨损报警即可亮起报警。

7. 制动灯断丝警告灯

（1）结构形式

制动灯断丝警告灯是在制动灯的灯丝烧断而不亮时亮起报警，用以提醒驾驶人有制动灯不亮的故障，需及时停车检查，排除故障。舌簧开关式制动灯断丝警告灯电路如图6-27所示。

（2）工作原理

当制动灯均正常时，驾驶人踩下制动踏板，制动灯开关接通制动灯电路，制动灯亮起。这时舌簧开关两侧电磁线圈同时通电，产生的磁力相互抵消，舌簧开关保持在断开位置，警告灯不亮。如果某一侧的制动灯因断丝而不亮时，舌簧开关两侧的电磁线圈就会变成单侧通电，通电一侧的电磁线圈所产生的磁力会吸合舌簧开关，接通警告灯电路，使警告灯亮起，以示警告。

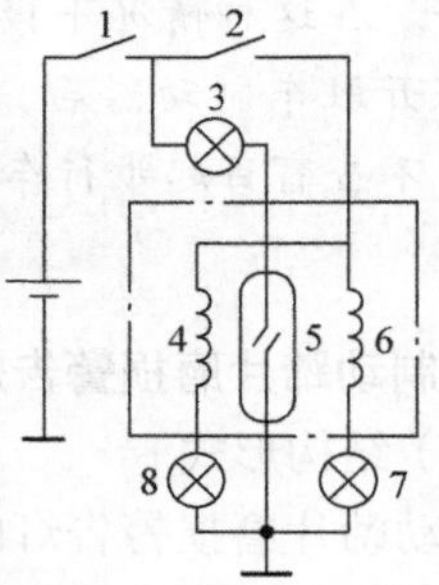

图 6-27 舌簧开关式制动灯断丝警告灯电路

1—点火开关 2—制动开关 3—警告灯 4、6—电磁线圈 5—舌簧开关 7、8—制动灯

专家解读：

需要注意的是，舌簧开关式制动灯断丝警告灯电路只是在一侧制动灯的灯丝烧断时

才会报警。虽然两侧制动灯的灯丝同时烧断的概率很低，但是一旦发生制动灯都烧坏的故障，舌簧开关式制动灯断丝警告灯电路将不会有报警的功能。

8. 冷却液温度过高警告灯

（1）结构形式

冷却液温度过高警告灯用于发动机过热报警，冷却液温度过高警告灯电路由仪表板上的温度警告灯和安装于发动机缸体冷却水道中的温度开关组成。温度开关有热敏电阻式、双金属片式等不同的形式，采用双金属片式温度开关的冷却液温度过高警告灯电路如图 6-28 所示。

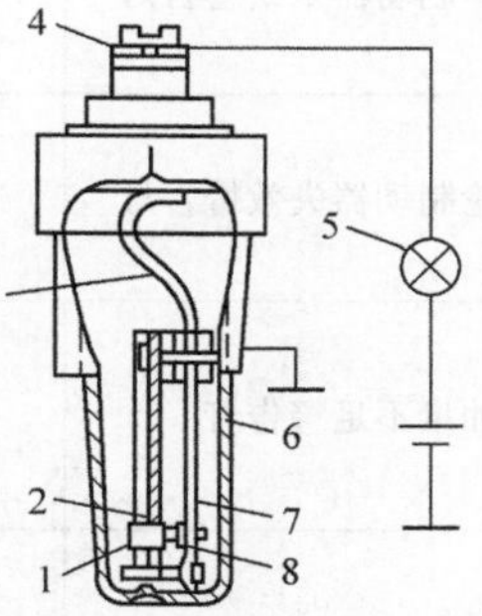

图 6-28　冷却液温度过高警告灯电路

1—调节螺钉　2—支架　3—导电片　4—接线柱
5—警告灯　6—传热套管　7—双金属片　8—触点

（2）工作原理

温度低或正常时，温度开关内的双金属片不弯曲或弯曲较小，触点处于断开状态，警告灯不亮。

当发动机温度达到或超过设定的高限时，温度开关内双金属片受热弯曲程度使得触点闭合，接通冷却液温度过高警告电路，警告灯亮起，以示警告。

9. 汽车警告灯与指示灯的符号及作用

除了上述警告灯外，汽车上还装有其他的警告灯和指示灯，各种警告灯及指示灯的灯泡功率一般为 1~4W，其符号、所采用的颜色、作用及其灯电路是否有断路故障的检查等见表 6-1。

表 6-1　汽车警告灯、指示灯的符号含义

序号	名称	图形	颜色	作用	灯电路是否断路检查
1	蓄电池液面过低警告灯	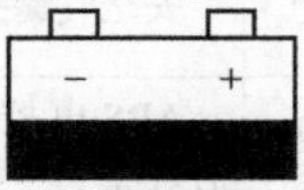	红色	蓄电池液面比规定值低时灯亮	发动机不工作，接通点火开关时灯应亮
2	机油压力过低警告灯	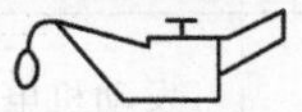	红色	发动机的机油压力低于 0.03MPa 时灯亮	发动机不工作，接通点火开关时灯应亮
3	充电指示灯	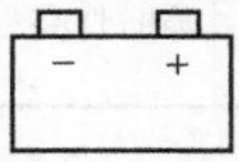	红色	发电机不发电时灯亮	发动机不工作，接通点火开关时灯应亮
4	预热指示灯	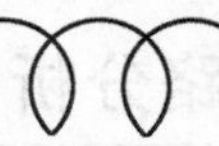	黄色	点火开关接通时灯亮，预热结束时灯灭	发动机不工作，接通点火开关时灯应亮
5	燃油滤清器积水警告灯		红色	燃油滤清器积水时灯亮	发动机不工作，接通点火开关时灯应亮
6	远光指示灯		蓝色	使用前照灯远光灯时灯亮	接通远光灯时灯应亮
7	散热器液量不足警告灯		黄色	散热器中的冷却液量少于低限值时灯亮	发动机不工作，接通点火开关时灯应亮

（续）

序号	名称	图形	颜色	作用	灯电路是否断路检查
8	转向指示灯	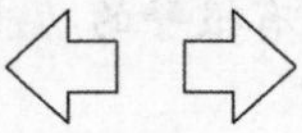	绿色	开转向灯时灯亮	打开转向灯开关时，灯应亮
9	驻车制动器未松警告灯		红色	接通点火开关，驻车制动器起作用时灯亮	驻车制动器未松开，接通点火开关时灯应亮
10	车轮制动器失效警告灯		红色	制动器失效时灯亮	发动机不工作，接通点火开关时灯应亮
11	燃油量不足警告灯		黄色	燃油量在低限值以下时灯亮	发动机不工作，接通点火开关时灯应亮
12	安全带警告灯		红色	安全带扣未扣时灯亮	发动机不工作，接通点火开关时灯应亮
13	车门未关警告灯	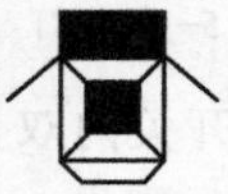	红色	车门未关好时灯亮	发动机不工作，打开任一扇车门时灯应亮
14	制动灯或后示廓灯失效警告灯	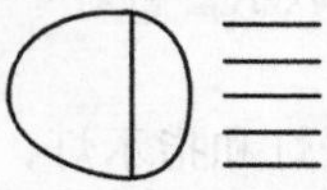	黄色	制动灯或后示廓灯电路断路时灯亮	发动机不工作，接通点火开关时灯应亮
15	洗涤器液面过低警告灯		黄色	洗涤器液面过低时灯亮	发动机不工作，接通点火开关时灯应亮
16	安全气囊警告灯	AIR BAG	黄色	安全气囊失效时灯亮	接通点火开关时灯应亮 6s 后熄灭
17	制动防抱死失效警告灯	ABS	黄色	ABS 电控系统有故障时灯亮	接通点火开关时灯应亮 3s 后熄灭
18	发动机故障警告灯	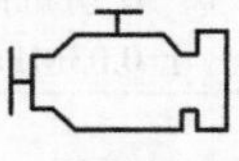 CHECK	红色	发动机电控系统有故障时灯亮	发动机不工作，接通点火开关时灯应亮

第三节　典型仪表系统电路分析与故障诊断

一、典型载货汽车仪表系统电路特点分析与故障诊断

载货汽车（商用汽车）仪表系统与小轿车仪表系统的配置稍有一些区别，载货汽车上通常装有电流表，而安装发动机转速表的不多，一些载货汽车还装有电压表。解放 CA1091 汽车的仪表系统在载货汽车中较为典型，现以该车的仪表系统电路为例（图 6-29），说明载货汽车仪表系统电路的组成、特点、工作原理及故障诊断方法。

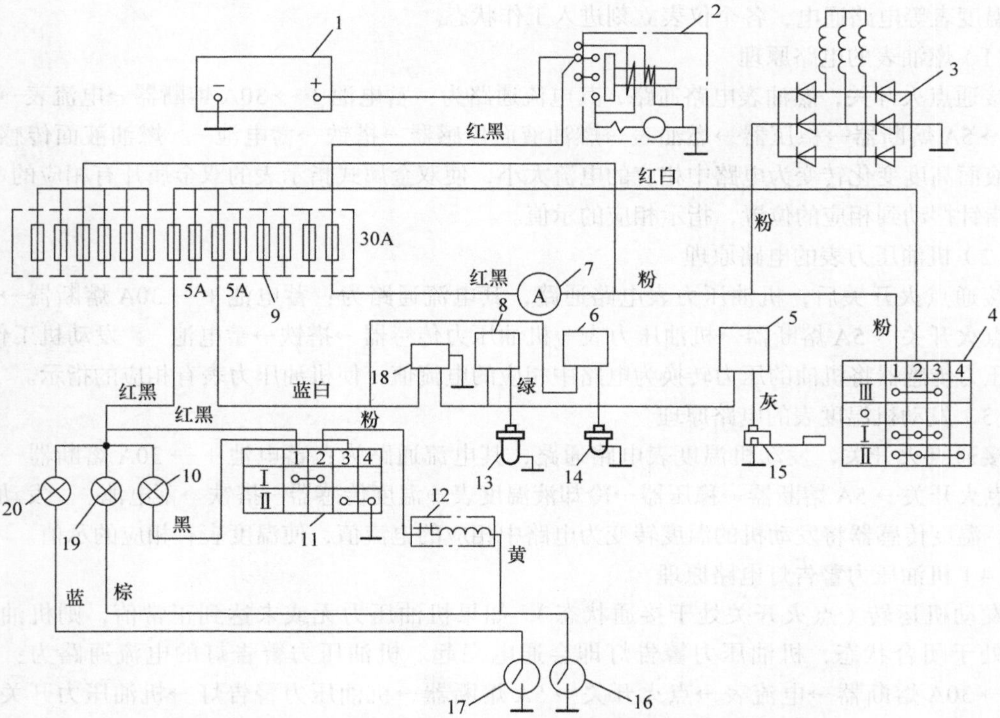

图 6-29　解放 CA1091 汽车仪表系统电路

1—蓄电池　2—起动机　3—发电机　4—点火开关　5—燃油指示表　6—油压指示表　7—电流表　8—温度指示表　9—熔丝盒　10—驻车制动警告灯　11—驻车制动开关　12—气压警报蜂鸣器　13—发动机温度传感器　14—油压传感器　15—燃油液面传感器　16—气压警报开关　17—油压警报开关　18—稳压器　19—气压警告灯　20—油压警告灯

1. 电路特点

解放 CA1091 汽车仪表系统电路特点如下：

1）采用电热式仪表。机油压力表、发动机温度表、燃油表均为双金属式；机油压力传感器也是双金属式，发动机温度传感器的敏感元件是温度系数为负的热敏电阻，燃油液面传感器为滑片电阻式液面传感器。

2）点火开关控制各仪表电路。汽车上的仪表电路和指示灯电路均通过点火开关与蓄电池或发电机正极连接，因此，各汽车仪表均由点火开关控制。接通点火开关后，仪表电路和指示灯电路接通电源，各仪表和指示灯电路随即开始工作。

3）采用稳压器稳定仪表电源电压。燃油表和发动机温度表与点火开关之间都串联了稳压器，用于稳定燃油表和发动机温度表电路的电压，以避免燃油表和发动机温度表的示值受电源电压波动的影响。

4）复合式驻车制动开关。驻车制动开关有两档，拉紧驻车制动时，驻车制动开关在Ⅱ档位，接通驻车制动器警告灯的搭铁电路；放松驻车制动器时，驻车制动开关在Ⅰ档位，接通气压警报蜂鸣器电源电路。

2. 电路工作原理

由于仪表电路受点火开关控制，因而当接通点火开关后，机油压力表、燃油表、发动机冷却液温度表等电路通电，各个仪表立刻进入工作状态。

（1）燃油表的电路原理

接通点火开关，燃油表电路通路，其电流通路为：蓄电池＋→ 30A 熔断器→电流表→点火开关→ 5A 熔断器→稳压器→燃油表→燃油液面传感器→搭铁→蓄电池－。燃油液面传感器将燃油液面高度变化转变为电路中相应的电流大小，使双金属式指示表的双金属片有相应的弯曲，带动指针摆动到相应的位置，指示相应的示值。

（2）机油压力表的电路原理

接通点火开关后，机油压力表电路通路，其电流通路为：蓄电池＋→ 30A 熔断器→电流表→点火开关→ 5A 熔断器→机油压力表→机油压力传感器→搭铁→蓄电池－。发动机工作时，机油压力传感器将机油的压力转换为电路中相应的电流值，使机油压力表有相应的指示。

（3）发动机温度表的电路原理

接通点火开关，发动机温度表电路通路，其电流通路为：蓄电池＋→ 30A 熔断器→电流表→点火开关→ 5A 熔断器→稳压器→冷却液温度表→温度传感器→搭铁→蓄电池－。发动机工作时，温度传感器将发动机的温度转变为电路中相应的电流值，使温度表有相应的示值。

（4）机油压力警告灯电路原理

发动机运转（点火开关处于接通状态），如果机油压力无或未达到正常值，则机油压力开关处于闭合状态，机油压力警告灯即会通电亮起。机油压力警告灯的电流通路为：蓄电池＋→ 30A 熔断器→电流表→点火开关→ 5A 熔断器→机油压力警告灯→机油压力开关→搭铁→蓄电池－。

（5）气压警告灯电路原理

发动机运转（点火开关处于接通状态），如果制动系统气压低于正常值，那么气压警报开关就会处在闭合状态，气压警告灯即会通电亮起。气压警告灯的电流通路为：蓄电池＋→ 30A 熔断器→电流表→点火开关→ 5A 熔断器→气压警告灯→气压警告开关→搭铁→蓄电池－。

（6）驻车制动警告灯电路原理

接通点火开关时，如果驻车制动器未松开，驻车制动开关在Ⅱ档位，驻车制动警告灯通电亮起。驻车制动警告灯的电流通路为：蓄电池＋→ 30A 熔断器→电流表→点火开关→ 5A 熔断器→驻车制动警告灯→驻车制动开关（3-4）→搭铁→蓄电池－。

（7）气压警报蜂鸣器电路原理

接通点火开关时，在制动系统的气压低于正常值的情况下，如果此时松开驻车制动器，则驻车制动开关在Ⅰ档位，气压警报蜂鸣器即会通电发出声响，向驾驶人发出更加明确的警告。气压警报蜂鸣器的电流通路为：蓄电池＋→ 30A 熔断器→电流表→点火开关→ 5A 熔断器→驻车制动开关（1-2）→气压警报蜂鸣器→搭铁→蓄电池－。

3.电路故障诊断方法

了解了仪表电路的构成与工作原理后，针对各种故障现象即可清楚其故障的可能原因，并可用简捷的方法寻找到故障的确切部位。仪表系统几种常见故障的可能原理及故障诊断方法如下。

（1）机油压力表指示低压不动

接通点火开关后机油压力表指针不动，起动发动机后指针仍然不动。这种故障现象说明机油压力表电路有断路故障，可能的故障原因有：

1）机油压力传感器触点接触不良、加热线圈烧断或内部电路有断路。

2）指示表加热线圈烧断或内部电路有断路。

3）机油压力表线路有断路或熔断器的熔丝已烧断。

机油压力表电路断路故障的诊断方法与步骤如下：

1）接通点火开关时，注意观察燃油表和发动机温度表是否正常。如果燃油表及发动机温度表指针均不动作，则可能是仪表电源电路有断路故障，应检查仪表电路熔断器及相关线路连接；如果燃油表及发动机温度表工作正常，则为机油压力指示表、机油压力传感器或其连接线路有断路故障，需进行下一步故障诊断。

2）接通点火开关，并将机油压力传感器接线柱导线拆下后直接搭铁，观察机油压力表指针是否摆动。如果摆动，则为机油压力传感器故障，更换机油压力传感器；如果机油压力表指针仍不摆动，则需检修机油压力表电路和机油压力指示表。

专家解读：

机油压力表指针在低压侧不动，查寻故障时为什么要首先查看燃油表和发动机温度表是否动作呢？这是因为燃油表和发动机温度表共用电源电路。在汽车电路中，一些使用共同电源线的电气设备发生故障时，均应该注意观察相关电气设备工作是否正常。牢记这一点，有时可使故障的诊断与排除更加准确而又迅速。

（2）机油压力表指示高压不动

接通点火开关后机油压力表指针随即摆向高压侧。这种故障现象说明机油压力表电路有短路故障，可能的原因有：

1）机油压力传感器内部有短路。

2）指示表内部有短路。

3）机油压力表之后的线路有搭铁故障。

机油压力表电路短路故障的诊断方法为：将机油压力传感器接线柱上的连接导线拆下，接通点火开关时观察机油压力表指针是否摆动。如果表针仍然摆动至高压侧，则需检查机油压力表相关的线路有无破损而造成短路之处，若线路未发现异常，则更换机油压力指示表；如果此时表针不摆动了，则说明是机油压力传感器内部有短路故障，需更换机油压力传感器。

（3）发动机温度表指示低温不动

接通点火开关时，仪表盘上的发动机温度表指针在低温侧不动，而当起动发动机后，随着发动机的运行，指针仍然不动。这种现象可确定为发动机温度表电路有断路故障，可能的故障原因如下：

1）温度传感器内部有断路。

2）指示表加热线圈烧断或内部线路连接有断脱之处。

3）发动机温度表线路有断路或熔断器的熔丝已烧断。

4）稳压器内部断路。

发动机温度表电路断路故障的诊断方法与步骤如下：

1）接通点火开关时，注意观察燃油表指针是否能摆动。如果燃油表指针也不动作，则说明发动机温度表的电源电路（包括稳压器）有断路故障，需要检查仪表电路熔断器及相关线路连接，若熔断器和线路均正常，检查或更换稳压器；如果燃油表工作正常，则进行下一步故障诊断。

2）接通点火开关，并将发动机温度传感器接线柱导线拆下后直接搭铁，观察发动机温度表指针是否摆动（迅速摆向高温侧）。如果摆动，则为发动机温度传感器内部有断路故障，需要更换传感器；如果发动机温度表指针仍不摆动，则需检查发动机温度表线路，若线路无异常，则需要更换发动机温度指示表。

（4）发动机温度表指示高温不动

接通点火开关后发动机温度表指针随即摆向高温一侧，此后，只要点火开关不关断，指针始终在高温侧不动。这种故障现象说明发动机温度表电路有短路故障，可能的故障原因有：

1）发动机温度传感器内部有短路。

2）指示表内部有短路。

3）发动机温度表之后的线路有搭铁故障。

寻找发动机温度表电路短路的确切故障部位的方法为：将发动机温度传感器接线柱上的连接导线拆下后再接通点火开关，观察发动机温度表指针是否仍然摆动。如果表针仍然摆动到高温一侧，则说明温度传感器以外的发动机温度表电路有短路之处，需检修发动机温度表相关线路和发动机温度指示表；如果此时表针不摆动，则说明温度传感器内部有短路故障，需予以更换。

（5）燃油表指针不动

接通点火开关后，燃油表指针在最低油位不摆动。这说明燃油表电路有断路故障，可能的原因有：

1）燃油液面传感器滑片电阻接触不良或内部线路有断路。

2）指示表内部电路有断路。

3）燃油表线路有断路或熔断器熔丝已烧断。

4）稳压器内部断路。

燃油表电路断路故障的诊断方法与步骤如下：

1）接通点火开关时，注意观察发动机温度表指针有无摆动。如果发动机温度表指针也不动作，则说明仪表电源线路有断路故障，需要检查仪表电路相关的熔断器及线路连接，若熔断器和线路均正常，检查或更换稳压器；如果发动机温度表能正常摆动，则进行下一步故障诊断。

2）接通点火开关，并将燃油液面传感器接线柱导线拆下后将线端直接搭铁，再观察燃油表指针是否摆动。如果燃油表指针摆动了，则说明燃油液面传感器内部有断路故障，需更换传感器；如果燃油表指针仍然不摆动，则需检修燃油表电路和燃油指示表。

（6）燃油表指示满油不动

接通点火开关后，燃油表指针随即摆向满油一侧，即使燃油箱油面下降，指针也不动。这种故障现象说明燃油表电路有短路故障，可能的原因有：

1）燃油液面传感器内部有搭铁故障。

2）燃油指示表内部有短路。

3）燃油表之后的线路有搭铁故障。

燃油表电路短路故障的诊断方法是：将燃油液面传感器接线柱上的连接导线拆下，然后再接通点火开关，观察燃油表指针是否仍然摆到满油这一侧。如果表针仍然向满油一侧摆动，则说明除燃油液面传感器之外的燃油表电路有短路故障，需检修燃油表相关线路和燃油指示表等；如果此时表针在 0 位不摆动了，则说明燃油液面传感器内部有短路故障，需予以更换。

专家解读：

现代汽车上越来越多地采用了组合式仪表，当通过故障诊断确定是指示表的故障时，就需要拆解仪表盘进行检修。如果无仪表盘检修条件，就需要更换仪表盘。

二、典型轿车仪表系统电路特点分析与故障诊断

相比于载货汽车，轿车上装备的仪表系统通常不设机油压力表，只采用机油压力过低警告灯进行发动机机油压力的监测与报警。大众系列轿车仪表与指示灯电路如图 6-30 所示。

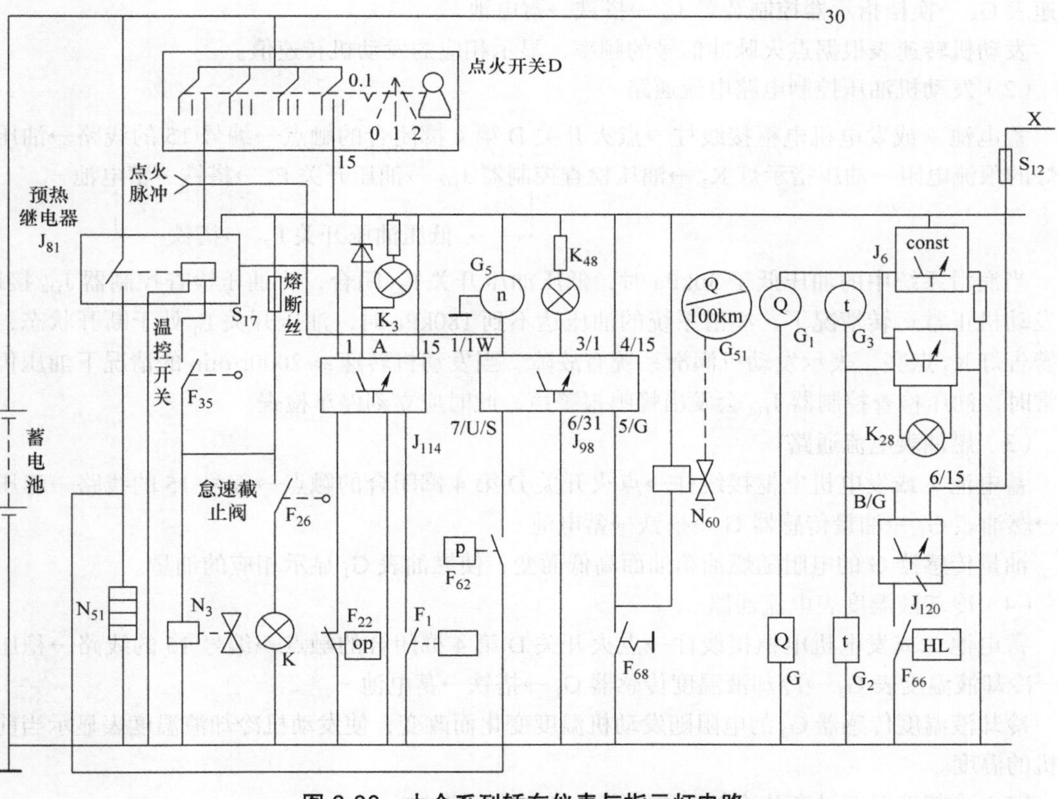

图 6-30 大众系列轿车仪表与指示灯电路

G—油量传感器 G_1—燃油表 G_2—冷却液温度传感器 G_3—冷却液温度表 G_5—发动机转速表 G_{51}—油耗表
K—阻风门指示灯 K_3—油压警告灯 K_{28}—冷却液温度过高警告灯 K_{48}—换档指示灯 F_1—油压开关
F_{22}—低压油压开关 F_{26}—怠速截止阀 F_{62}—换档指示器真空开关 F_{66}—冷却液不足开关
F_{68}—换档油耗指示器的变速开关 J_6—稳压器 J_{98}—换档指示器控制装置 J_{114}—油压检查控制器
J_{120}—冷却液不足指示控制器 N_{51}—预热器 N_{60}—油耗表电磁阀

1. 电路特点

1）燃油表和发动机温度表与点火开关之间都串联了稳压器 J_6，其作用是避免燃油表和发动机温度表的示值受电源电压波动的影响。

2）设置了冷却液温度过高警告灯 K_{28}，但该指示灯并没有匹配相应的温度开关，而是由温度传感器及电子电路控制。

3）设置了冷却液不足报警电路，由冷却液不足开关 F_{66} 和冷却液不足指示控制器 J_{120} 通过控制冷却液温度过高警告灯亮起来实现冷却液不足报警。

4）发动机转速表由换档指示控制装置 J_{98} 根据点火脉冲信号来驱动。

5）设置了机油压力指示灯 K_3，由机油压力开关 F_1、F_{22}（0.3bar）和油压检查控制器控制。

2. 电路工作原理

当接通点火开关和发动机工作时，各仪表及指示灯电路进入工作状态，各仪表及指示灯的电流通路情况如下。

（1）发动机转速表电流通路

蓄电池 + 或发电机电枢接线柱→点火开关 D 第 4 掷闭合的触点→编号 15 的线路→发动机转速表 G_5 →换档指示器控制装置 J_{98} →搭铁→蓄电池 −。

发动机转速表根据点火脉冲信号的频率，显示相应的发动机转速值。

（2）发动机油压控制电路电流通路

蓄电池 + 或发电机电枢接线柱→点火开关 D 第 4 掷闭合的触点→编号 15 的线路→油压指示灯的限流电阻→油压指示灯 K_3 →油压检查控制器 J_{114} →油压开关 F_1 →搭铁→蓄电池 −。

（J_{114} →）低压油压开关 F_{22} →搭铁（→蓄电池 −）

当润滑系统中的油压低于 30kPa 时，低压油压开关 F_{22} 闭合，将油压检查控制器 J_{114} 接地，在发动机正常运转情况下，润滑系统的油压达不到 180kPa 时，油压开关 F_1 处于断开状态，油压警告灯 K_3 点亮，表示发动机润滑系统有故障。当发动机转速 ≥ 2000r/min 的情况下油压仍不正常时，油压检查控制器 J_{114} 会发出蜂鸣报警声，此时应立刻停车检查。

（3）燃油表电流通路

蓄电池 + 或发电机电枢接线柱→点火开关 D 第 4 掷闭合的触点→编号 15 的线路→稳压器 J_6 →燃油表 G_1 →油量传感器 G →搭铁→蓄电池 −。

油量传感器 G 的电阻随燃油箱油面高低而变，使燃油表 G_1 显示相应的油量。

（4）冷却液温度表电流通路

蓄电池 + 或发电机电枢接线柱→点火开关 D 第 4 掷闭合的触点→编号 15 的线路→稳压器 J_6 →冷却液温度表 G_3 →冷却液温度传感器 G_2 →搭铁→蓄电池 −。

冷却液温度传感器 G_2 的电阻随发动机温度变化而改变，使发动机冷却液温度表显示当前发动机的温度。

（5）冷却液温度过高及冷却液不足警告灯电流通路

当冷却液温度超过 124℃时，冷却液温度过高警告灯 K_{28} 亮，电流通路为：蓄电池 + 或发电机电枢接线柱→点火开关 D 第 4 掷闭合的触点→编号 15 的线路→稳压器 J_6 →冷却液温度过高警告灯 K_{28} →冷却液温度传感器 G_2 →搭铁→蓄电池 −。

当冷却液的液位低于设定的低限值时，冷却液温度过高警告灯 K_{28} 亮，电流通路为：蓄电

池 + 或发电机电枢接线柱→点火开关 D 第 4 掷闭合的触点→编号 15 的线路→稳压器 J_6→冷却液温度过高警告灯 K_{28}→冷却液不足指示控制器 J_{120}→冷却液不足开关 F_{66}→搭铁→蓄电池 −。

当冷却液温度超过 124℃或冷却液的液位低于限定值时，均将冷却液温度过高警告灯 K_{28} 点亮报警。

（6）油耗表电流通路

F_{68} 为换档油耗指示器的变速开关，当 F_{68} 通路时，其电流通路为：蓄电池 + 或发电机电枢接线柱→点火开关 D 第 4 掷闭合的触点→编号 15 的线路→油耗表电磁阀 N_{60}→换档油耗指示器的变速开关 F_{68}→搭铁→蓄电池 −。

这时，油耗表电磁阀 N_{60} 线圈通电工作，控制油耗表 G_{51} 指示耗油量。

第四节　汽车仪表系统部件的检修

阅读提示

组合式仪表在现代汽车上已较为普及，当通过故障诊断确定为仪表盘中某指示表有故障时，需要拆解仪表盘进行检修。检修的方法与独立式汽车仪表相似。

一、电热式机油压力表的检修

1. 机油压力表的常见故障

双金属式机油压力表的常见故障及其影响见表 6-2。

表 6-2　双金属式机油压力表的常见故障及其影响

指示表常见的故障	对机油压力表工作的影响	传感器常见的故障	对机油压力表工作的影响
加热线圈烧断	油压表指针在低压侧不动	内部线路搭铁	油压表指针在高压侧不动
加热线圈有短路	油压表示值不正确	传感器触点接触不良	油压表指针在低压侧不动
内部附加电阻断路	油压表指针在低压侧不动		
内部附加电阻短路	油压表示值不正确		
内部线路连接不良	油压表示值不正确或指零不动		

2. 机油压力表的检修方法

（1）机油压力指示表的检测

1）机油压力指示表有无短路、断路的检查。检测机油压力指示表两接线端子之间的电阻，其电阻约 35Ω。如果电阻过小，则说明指示表内部加热线圈或附加电阻有短路；如果电阻无穷大，则说明加热线圈或附加电阻有断路。检测机油压力指示表的电阻不正常时，均需予以更换。

2）机油压力指示表是否搭铁的检查。检测机油压力指示表接线端子与壳体之间的电阻，应为不通。如果通路，则说明指示表内部有搭铁故障，需更换机油压力指示表。

（2）机油压力传感器的检查

检测传感器接线端子与壳体之间的电阻，其电阻约为 8~12Ω。如果电阻过小，则说明传感器加热线圈有短路或内部线路直接搭铁，电阻过大则为传感器内部加热线圈断路或触点接触不良。测得电阻异常时，均需更换机油压力传感器。

（3）机油压力表的校验

机油压力表的校验包括指示表和传感器的校验，方法如下：

1）校验机油压力指示表。如图 6-31 所示，调整变阻器，使电流表的示值分别为 65mA、175 mA 和 240 mA，观察指示表是否分别指示 0、2 和 5 的位置。如果有较大的误差，则可拆开表壳通过左右两个调节齿轮进行校正，或直接更换机油压力指示表。

2）校验机油压力传感器。用一个标准的机油压力指示表和压力可调的小型液压装置对机油压力传感器进行校验，校验方法如图 6-32 所示。如果标准压力表与油压指示表的读数基本一致，则说明传感器良好，否则，需通过传感器内部的调节齿轮进行校正，或直接更换机油压力传感器。

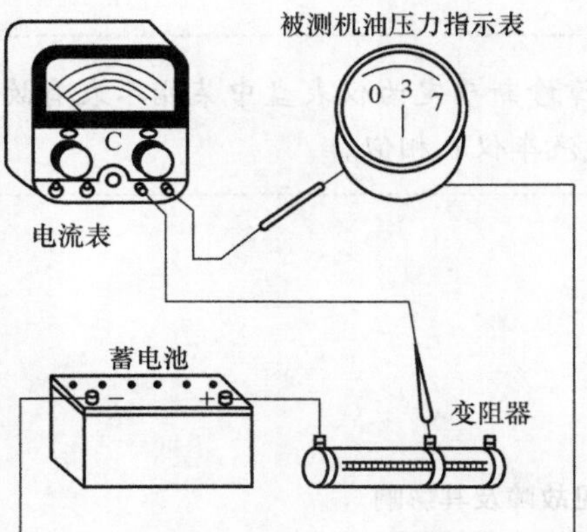

图 6-31　校验机油压力指示表

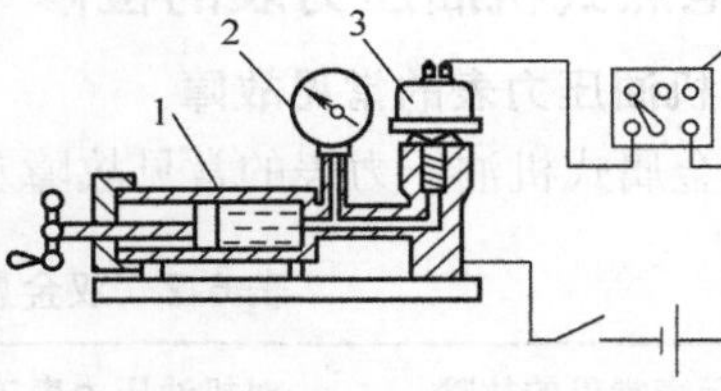

图 6-32　校验机油压力传感器

1—手摇式油压装置　2—标准压力表

3—被测机油压力传感器　4—机油压力指示表

二、电热式发动机温度表的检修

1. 电热式发动机温度表的常见故障

双金属式发动机温度表常见的故障及其影响见表 6-3。

表 6-3　双金属式发动机温度表的常见故障及其影响

指示表常见的故障	对发动机温度表工作的影响	传感器常见的故障	对发动机温度表工作的影响
加热线圈烧断	温度表指针在低温侧不动	内部线路搭铁	温度表指针摆向低温侧不动
加热线圈有短路	温度表示值不正确	传感器触点接触不良	温度表指针在高温侧不动
内部附加电阻断路	温度表指针在低温侧不摆动		
内部附加电阻短路	温度表示值不正确		
内部线路连接不良	温度表示值不正确或指零不动		

专家解读：

采用双金属式温度传感器的电热式发动机温度表，其工作方式与双金属式机油压力表相似，但是传感器触点的接触压力是随发动机温度的升高而降低的。因此，这种发动机温度表在发动机温度低时，传感器触点的接触压力大，形成的电流脉宽较宽，指示表指针摆动大，指针摆向低温一侧；随着发动机温度的上升，传感器触点的接触压力会相应减小，形成的电流脉宽随之变窄，使指示表指针向着高温一侧摆回。

2. 电热式发动机温度表的检修方法

（1）电热式发动机温度表的检测

电热式发动机温度表的指示表及传感器的检测方法参见电热式机油压力表的检测。传感器正常的电阻值约为 7~8.5Ω。

（2）发动机温度表的校验

双金属式发动机温度表的校验方法如下：

1）校验发动机温度指示表。如图 6-33 所示，调整变阻器，使电流表的示值分别为 80mA、160mA 和 240mA，观察指示表是否分别指示 100℃、80℃和 40℃的位置。如果有较大的误差，则可拆开表壳通过左右两个调节齿轮进行校正，或直接更换发动机温度指示表。

2）校验发动机温度传感器。需用一个标准的发动机温度指示表和可以加热的容器对发动机温度传感器进行校验，校验方法如图 6-34 所示。将容器中的水温分别加热到 40℃、80℃和 100℃，并保持 3min，观察温度计与水温指示表的读数是否一致。如果误差较大，则需通过传感器内部固定触点调节螺钉进行校正，或直接更换发动机温度传感器。

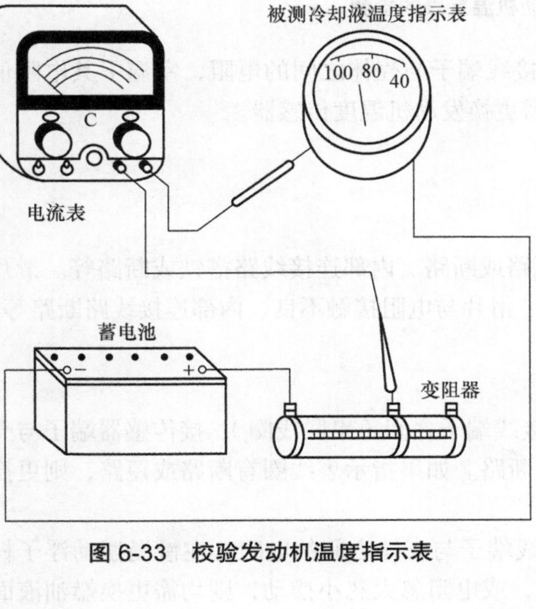

图 6-33　校验发动机温度指示表

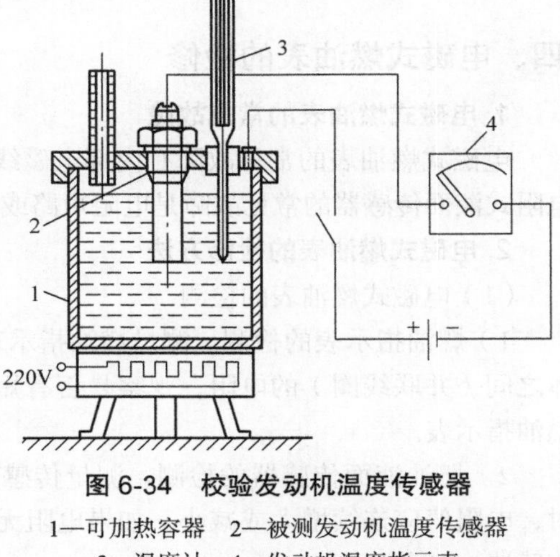

图 6-34　校验发动机温度传感器

1—可加热容器　2—被测发动机温度传感器
3—温度计　4—发动机温度指示表

三、电磁式发动机温度表的检修

1. 电磁式发动机温度表的常见故障

电磁式发动机温度表的常见故障有内部电磁线圈短路或断路、串联电阻短路或断路等。热敏电阻式发动机温度传感器的常见故障是热敏电阻老化、内部连接线路断路等。

2. 电磁式发动机温度表的检修方法

1）发动机温度指示表的检测。如图 6-35 所示，用一个定值电阻（80~100Ω）替代传感器，接通电路后，观察发动机温度指示表的示值，应该在 60~80℃之间。如果指示表示值误差较大，则更换发动机温度指示表。

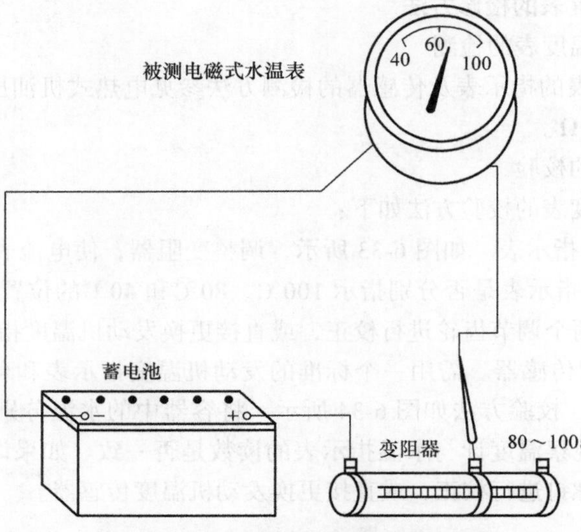

图 6-35　电磁式发动机温度表的检测

2）发动机温度传感器的检测。测量传感器接线端子与壳体之间的电阻，室温下其电阻值应大于 100Ω。如果电阻值过小或无穷大，则均需更换发动机温度传感器。

四、电磁式燃油表的检修

1. 电磁式燃油表的常见故障

电磁式燃油表的常见故障有内部电磁线圈短路或断路、内部连接线路搭铁或断路等。滑片电阻式液面传感器的常见故障是电阻短路或断路、滑片与电阻接触不良、内部连接线路断路等。

2. 电磁式燃油表的检修方法

（1）电磁式燃油表的检测

1）燃油指示表的检测。测量燃油指示表两接线端子之间（串联线圈）、接传感器端子与壳体之间（并联线圈）的电阻，观察是否有短路或断路。如果指示表线圈有断路或短路，则更换燃油指示表。

2）燃油液面传感器的检测。测量传感器接线端子与壳体之间的电阻，在慢慢摆动浮子杆时，电阻值应连续增大或减小。如果电阻无穷大，或电阻忽大忽小摆动，则均需更换燃油液面传感器。

（2）电磁式燃油表的校验

1）燃油指示表的校验。将被测指示表与标准传感器按图 6-36 所示的电路连接，摆动传感器浮子杆，当浮子杆与垂直面成 31° 时，观察指示表是否指示 0 位置（图 6-36a）；当浮子杆与垂直面成 89° 时，观察指示表是否指示 1 位置（图 6-36b），其误差应在 10% 以内。如果误差过大，则可通过调整左右线圈的位置或弯曲导磁片来校正。

2）燃油液面传感器的校验。将被测传感器与标准指示表按图 6-36 所示的电路连接，摆动传感器浮子杆，当指示表指示 0 位置时，观察浮子杆与垂直面是否成 31°（图 6-36a）；当指示表指示 1 位置时，观察浮子杆与垂直面是否成 89°（图 6-36b）。如果误差过大，则可通过改变滑片与电阻的相对位置来校正。

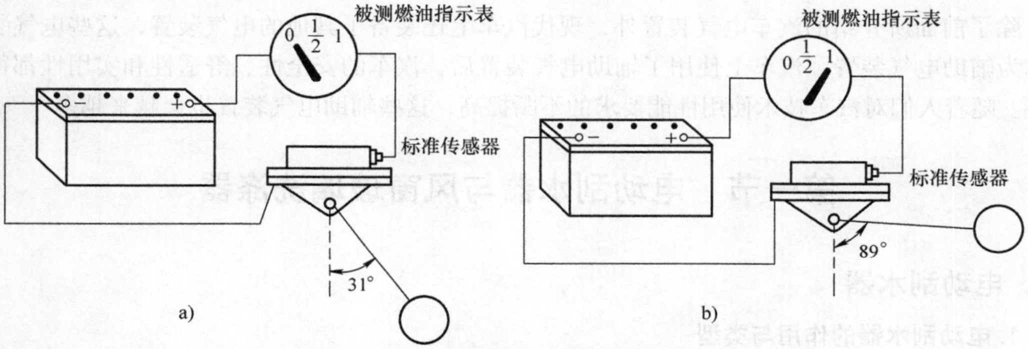

图 6-36　校验电磁式燃油表的指示表

第七章 汽车辅助电气装置简介

除了前面所介绍的汽车电气装置外，现代汽车上还装备了其他的电气装置，这些电气装置统称为辅助电气装置。汽车上使用了辅助电气装置后，汽车的安全性、舒适性和实用性都得以提高。随着人们对汽车技术使用性能要求的不断提高，这些辅助电气装置也会越来越多。

第一节 电动刮水器与风窗玻璃洗涤器

一、电动刮水器

1. 电动刮水器的作用与类型

（1）电动刮水器的作用

现代汽车普遍装有电动刮水器，其作用是清除汽车驾驶室前、后风窗玻璃上面妨碍驾驶人视线的雨水、雾气、雪花及尘埃。

电动刮水器主要由电动机及控制电路、传动机构和刮水片组成。为了满足实际的使用需要，电动刮水器除了基本的刮水片摆动功能外，同时还具有变速、间歇摆动及自动复位等控制功能。

（2）电动刮水器的类型

1）按刮水片的数量划分，电动刮水器有单片式和双片式两种形式。单片式电动刮水器的刮水片只有一片，刮水片摆臂布置在中间；双片式电动刮水器有两片刮水片，由两个刮水片摆臂带动其在左右两侧摆动，各自进行左右两侧区域的刮水动作。

2）按刮水片摆动的控制方式划分，电动刮水器有机械控制方式和电动机控制方式两种。机械控制方式是通过机械传动将电动机输出轴的旋转运动转变为刮水片摆臂的往复摆动；电动机控制方式则是通过设置双向开关控制电动机正反转动，以实现刮水片摆臂的往复摆动。

专家解读：

能正反转的励磁式电动机设有两个绕向相反的励磁绕组，通过控制不同的励磁绕组通电来实现电动机旋转方向的改变。永磁式电动机无励磁绕组，它通过改变电枢电流的方向来控制其正反转。

（3）电动刮水器的基本工作原理

采用双刮水片的电动刮水器的组成如图 7-1 所示。

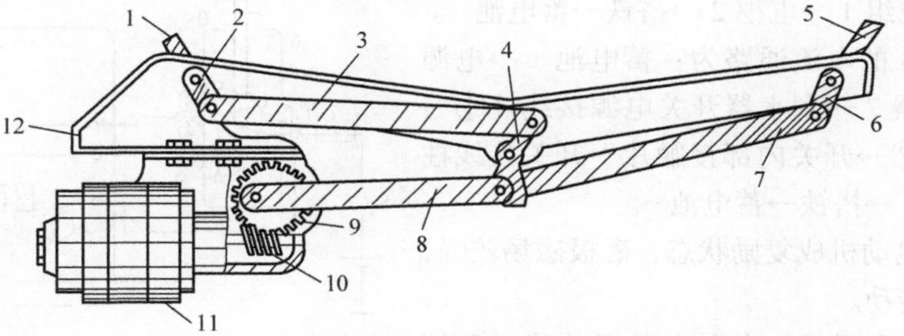

图 7-1　采用双刮水片的电动刮水器的组成

1、5—刮水片摆臂　2、4、6—摆杆　3、7、8—拉杆　9—蜗轮　10—蜗杆　11—电动机　12—底板

电动机 11 通电后转动，经蜗轮 9、蜗杆 10 减速后，带动拉杆 3、7、8 和摆杆 2、4、6 运动，使刮水片摆臂 1、5 做往复摆动，并带动刮水片往复摆动，形成刮水动作。刮水片和摆杆通常采用铰接的连接方式，以使刮片能很好地适应风窗玻璃不同的外形及运行状况。

通过双向开关使电动机正反向转动实现刮水片往复摆动的电动刮水器，没有将电动机输出轴的旋转运动转换为刮水片往复摆动的传动机构，而是设置了换向开关，在刮水片摆动至左侧和右侧极限位置时换向开关动作，及时改变电动机电枢电流的流向，通过电动机旋转方向的改变使刮水片来回摆动。

2. 刮水片的变速控制

由于下雨的雨量有大有小，大雨时需要刮水片高速摆动才能及时地将前风窗玻璃的雨水刮掉。为此，电动刮水器通常设有两种刮水速度，通过控制电动机的转速实现。

专家解读：

根据直流电动机工作时的电压电流平衡关系，可得到直流电动机的转速 n 与电压 U、电枢电流 I_S、电枢绕组匝数 Z 及磁极磁通量 Φ 具有如下关系

$$n=\frac{U-I_S R}{KZ\Phi}$$

式中　K——常数。

从上式可知，在电压 U 和电枢电流 I_S 基本不变时，通过调节磁极的磁通量 Φ 或改变电枢绕组的匝数 Z 均可改变电动机的转速。

（1）励磁式直流电动机的变速控制

励磁式直流电动机通常采用改变磁极磁通量的方式实现调速，励磁式电动机刮水器调速原理如图 7-2 所示。

1）低速电路原理。当刮水器开关处于Ⅰ档（低速档）时，刮水器开关内部接触片在中间位置，使刮水器开关的③、④两接线柱接通电源，此时电动机磁极的串联绕组 1 和并联绕组 3 均通电。

串联绕组 1 的电流通路为：蓄电池 + →电源开关 8 →熔断器 7 →刮水器开关电源接线柱①→开关内部触点②→开关内部接触片→开关接线柱③→串联绕组 1 →电枢 2 →搭铁→蓄电池 -。

并联绕组 3 的电流通路为：蓄电池 + →电源开关 8 →熔断器 7 →刮水器开关电源接线柱①→开关内部触点②→开关内部接触片→开关接线柱④→并联绕组 3 →搭铁→蓄电池 -。

由于直流电动机成复励状态，磁极磁场较强，电动机以低速转动。

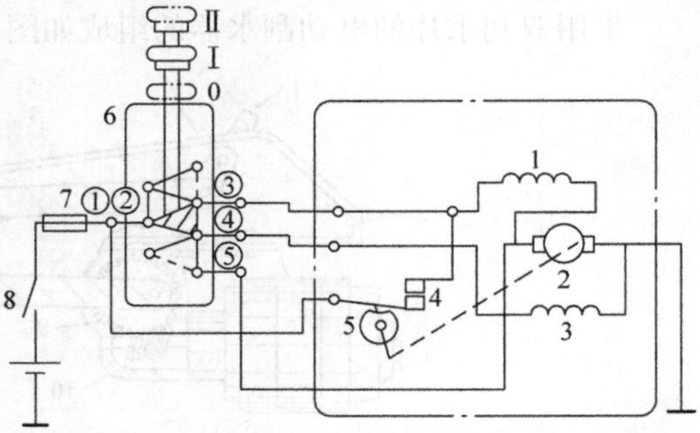

图 7-2　励磁式电动机刮水器调速原理

1—串联绕组　2—电枢　3—并联绕组　4—触点　5—凸轮　6—刮水器开关　7—熔断器　8—电源开关

2）高速电路原理。当刮水器开关处于Ⅱ档时，刮水器开关内部接触片在最上面，使刮水器开关接线柱④与电源断开，并联绕组断电，只有串联绕组通电。串联绕组 1 的电流通路为：蓄电池 + →电源开关 8 →熔断器 7 →刮水器开关电源接线柱①→开关内部触点②→开关内部接触片→开关接线柱③→串联绕组 1 →电枢 2 →搭铁→蓄电池 -。由于磁极只有串联绕组 1 通电，其磁通量减小，电动机处于高速运转状态。

（2）永磁式直流电动机的变速控制

永磁式电动机无励磁绕组，需要通过改变正负电刷间串联绕组匝数的方式实现调速。永磁式电动机刮水器调速原理如图 7-3 所示。

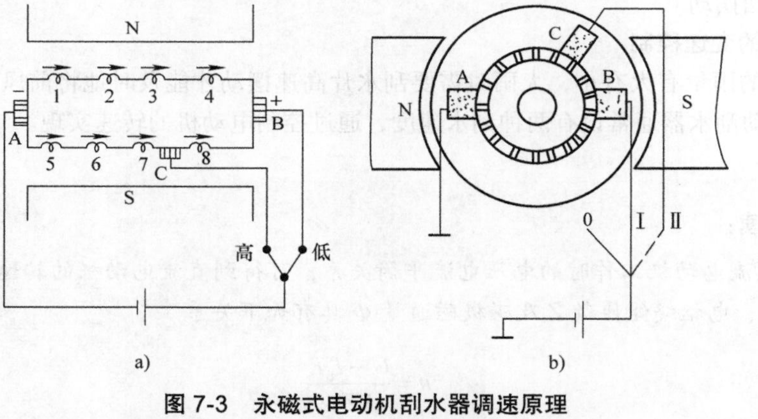

图 7-3　永磁式电动机刮水器调速原理

a）双速电动机原理　b）双速电动机的控制

1）低速电路原理。当刮水器开关处于Ⅰ档时，电流流经 A、B 两电刷，这时，电枢内部形成两条对称的支路，一条经绕组 4、3、2、1，另一条经绕组 8、7、6、5，串联的电枢绕组数有 4 个，匝数多，电动机以较低的转速运转，使刮水片慢速摆动。

2）高速电路原理。当刮水器开关处于Ⅱ档时，电流流经 A、C 两电刷，这时电枢内部形成两条不对称的支路，一条经绕组 8、4、3、2、1，另一条经绕组 7、6、5，绕组 8 所产生的反电动势与绕组 4、3、2、1 的相互抵消，相当于串联的有效电枢绕组数只有 3 个，匝数较少，因此，电动机在较高的转速下运转，使刮水片快速摆动。

3. 刮水片的间歇控制

汽车在小雨或雾天中行驶时，由于前风窗玻璃的水量很小，刮水器的刮水片即使慢速反复刮动，也会使刮水片处于干刮状态，这会导致刮水片的磨损加剧，而且还会影响驾驶人的视线。因此，汽车电动刮水器均增设了间歇刮水功能，以使刮水器能每刮刷一次后停歇 3~6s。间歇刮水控制电路原理如图 7-4 所示。

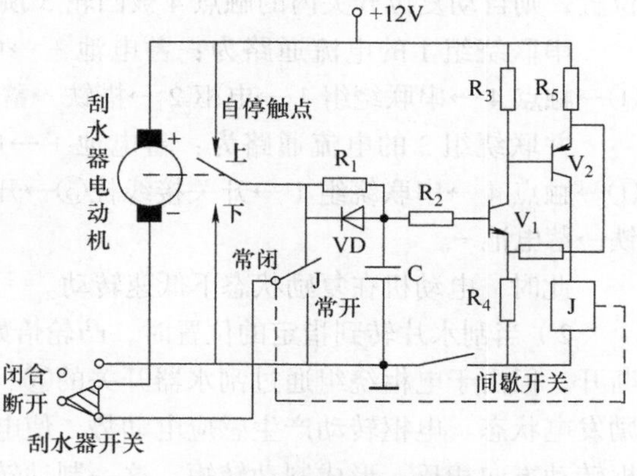

图 7-4 间歇刮水控制电路原理

（1）电路结构特点

接通点火开关后，电源随即向电容器 C 充电，C 充电电流的电路为：蓄电池 + →自停触点上触点→电阻 R_1 →电容器 C →搭铁→蓄电池 −。C 充足电后，使 V_1 的基极电位高于其正向导通电压。因此，在间歇刮水开关打开前，间歇刮水控制电路中的 C 已经处于充足电状态。

（2）电路工作原理

当接通刮水器间歇开关时，间歇刮水控制电路接通电源，V_1 的基极随即得到导通电压而导通，并使 V_2 随之导通，继电器 J 线圈通电，J 的常闭触点打开，常开触点闭合，刮水器电机通电工作，其电流通路为：+12V →刮水器电动机→刮水器开关→ J 的常开触点→搭铁。

刮水器电动机与刮水片自停凸轮联动，当刮水器电机转动至自停触点的上触点断开、下触点接通时，电容器 C 便通过 VD 放电，使 V_1 的基极电位下降。当 C 两端的电压下降至低于 V_1 的导通电压时，V_1 就会立刻截止，V_2 随之截止，使继电器 J 断电，这时，继电器的常闭触点又闭合，常开触点则断开，而自停凸轮转至自停触点的下触点接通，因而电动机仍然通电运转，其电流通路为：+12V →刮水器电动机→刮水器开关→ J 的常闭触点→自停下触点→搭铁。

当刮水片继续摆动至原位时，刮水片自停凸轮正好转至自停触点的上触点接通，于是刮水器电动机的电枢被自停上触点和继电器常闭触点短路而停转。

此时，自停上触点又接通了 C 充电电路，但 C 已经放完了电，需要通过一定时间的充电才能达到 V_1 的导通电压，C 充电至其电压达 V_1 导通电压的时间就是刮水器的间歇时间。

阅读提示

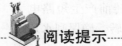

刮水片每次间歇时间长短取决于 C 的充电时间，改变 R_1 和 C 的参数值即可改变刮水器的间歇时间。

4. 刮水片的自动复位控制

当驾驶人关闭刮水器开关时，若刮水片没有正好停在风窗玻璃的下边缘，将会影响驾驶人的视野，为此，电动刮水器都设有自动复位机构。如果在刮水器开关关闭时，刮水片不在初始的位置，自动复位机构就会使刮水器继续通电工作，并使刮水片自动停在指定位置。

刮水器自动复位机构有多种形式，其中较为典型的有凸轮式和铜环式两种。

（1）凸轮式自动复位机构

凸轮式自动复位机构适用于使用励磁式电动机的电动刮水器，其电路原理如图 7-2 所示，自动复位开关由触点 4 和与电动机联动的凸轮 5 组成。

1）当驾驶人关闭刮水器（刮水器开关置于“0”位）时，如果刮水片未在风窗玻璃下缘的位置，则自动复位开关内的触点 4 被凸轮 5 顶在闭合位置，使电动机继续通电。

串联绕组 1 的电流通路为：蓄电池 +→电源开关 8→熔断器 7→刮水器开关电源接线柱①→触点 4→串联绕组 1→电枢 2→搭铁→蓄电池 −。

并联绕组 3 的电流通路为：蓄电池 +→电源开关 8→熔断器 7→刮水器开关电源接线柱①→触点 4→串联绕组 1→开关接线柱⑤→开关内部接触片→开关接线柱④→并联绕组 3→搭铁→蓄电池 −。

此时，电动机在复励状态下低速转动。

2）当刮水片转到指定的位置时，凸轮恰好转到缺口的位置而使触点 4 张开，电动机与电源断开，但由于电枢绕组通过刮水器开关的⑤、④接线柱与磁极的并联绕组 3 连接，就形成了并励发电状态。电枢转动产生感应电动势，使电枢绕组形成感应电流，其产生的电磁作用力与电枢转动方向相反，形成制动转矩。这一制动转矩有助于电动机迅速停转，使刮水片停在指定的位置。

（2）铜环式自动复位机构

铜环式自动复位机构适用于永磁式电动机刮水器，其电路原理如图 7-5 所示。

铜环式自动复位开关由触点 6、7 和随电枢转动的铜环组成。当驾驶人断开刮水器开关时，如果刮水片不在风窗玻璃下缘位置，那么此时铜环所处的位置可将触点 6 和触点 7 连接，于是电动机仍然通电转动，其电流通路为：蓄电池 +→触点 6→铜环→触点 7→刮水器开关→ B_2 → B_1 →搭铁→蓄电池 −。当刮水片转到指定位置时，铜环外圆缺口转到触点处，使触点 6 与触点 7 断开，切断了电动机与电源的连接。这时，铜环内圆凸块将触点 7 和触点 8 连接，使电枢绕组搭铁。这样，就可使电动机电枢在停转前产生短路电流，形成制动转矩而使电动机迅速停转，确保刮水片能停摆在指定的位置。

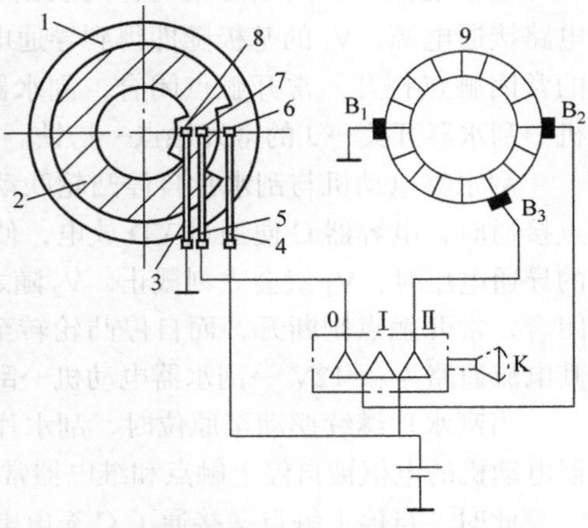

图 7-5 铜环式自动复位机构电路原理

1—蜗轮 2—铜环 3～5—触点臂 6～8—触点 9—换向器

二、风窗玻璃洗涤器

现代汽车均装备风窗玻璃洗涤器，用于清洁汽车前后风窗玻璃的尘土和污物，以使驾驶人有良好的视野，避免在刮水器工作时因有污物而加速风窗玻璃和刮水片的磨损。

风窗玻璃洗涤器需要与刮水器配合才能进行风窗玻璃的洗涤工作。风窗玻璃洗涤器由洗涤液泵、储液罐、洗涤液喷嘴、三通接头、连接软管等组成（图 7-6），其洗涤泵通常由微型永磁电动机和离心泵组成。

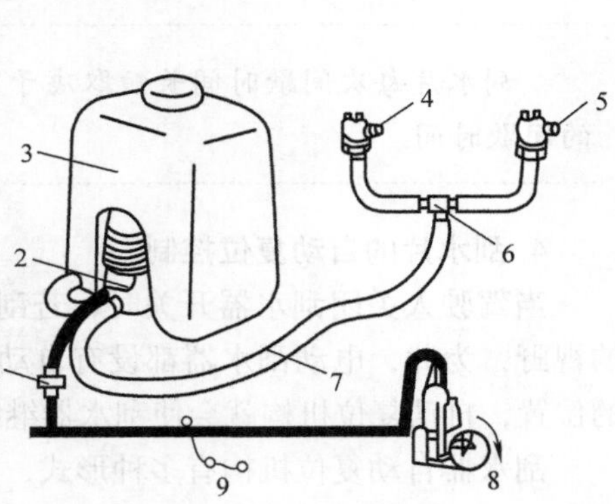

图 7-6 风窗玻璃洗涤器

1—洗涤器线路插接器 2—洗涤液泵 3—储液罐 4、5—喷嘴 6—三通接头 7—软管 8—刮水器控制盒 9—熔断器当风窗玻璃需要洗涤时，应首先起动洗涤液泵，使洗涤液从喷嘴喷到刮水器的刮水片上，浸软尘土和污物后，才能开启刮水器，把玻璃上的尘土、污物及洗涤液一起刮干净。在许多汽车上，风窗玻璃洗涤开关通常是一个没有自锁的复合开关，可同时接通洗涤泵电动机和刮水器电动机控制电路。当按下洗涤开关时，洗涤泵电动机通电工作，洗涤液喷嘴将清洗液喷洒到前风窗玻璃后，刮水器电动机开始工作，刮水片在已经喷洒洗涤液的前风窗玻璃上摆动刮水；不松开洗涤开关，洗涤泵电动机和刮水器电动机就持续通电，喷液和刮水就会持续进行；当松开洗涤开关时，洗涤泵电动机断电停止工作，喷嘴停止喷液，刮水器电动机则延时数秒后断电，刮水片将前风窗玻璃的洗涤液刮干净后停止摆动。

洗涤泵电动机为密封式、短时工作的高速电动机，因此洗涤泵连续工作的时间不应超过5s，使用间隔应在10s以上。

三、风窗玻璃除霜装置

风窗玻璃除霜装置用于清除风窗玻璃上的霜或雾气。在冬天或阴雨天气使用汽车时，汽车风窗玻璃结霜或积雾，如果不及时清除就会影响驾驶人的视野，严重时会导致车辆无法驾驶。因此，汽车上必须装备风窗玻璃除霜装置。目前，风窗玻璃所用除霜装置有以下几种形式：

1）在风窗玻璃下面装热风管，向风窗玻璃吹热风以除霜，并防止结霜。这种形式一般用于前风窗玻璃的除霜。

2）电加热除霜，将电阻丝（镍铬丝）紧贴在风窗玻璃车厢内的表面，需要除霜时，通电加热即可。这种形式一般用于后风窗玻璃。

3）在风窗玻璃制造过程中，将含银陶瓷电网嵌入玻璃内，或采用在中间夹有电阻丝的双层风窗玻璃，通电后都有除霜功能。

4）在风窗玻璃上镀一层透明导电薄膜（一般为氧化铟、氧化铈、氧化镁），与电阻丝一样在通电后产生热量，从而起到除霜的作用。

一种除霜时间可自动控制的后风窗玻璃除霜装置控制电路如图7-7所示。

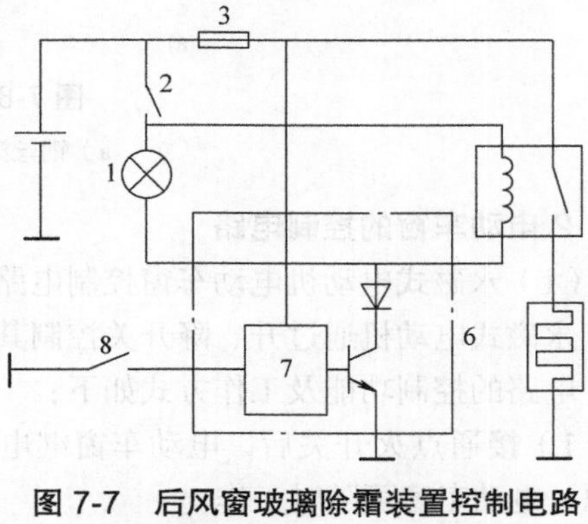

图7-7 后风窗玻璃除霜装置控制电路

1—除霜指示灯 2—点火开关 3—熔丝 4—除霜继电器 5—除霜器（电热丝） 6—控制器 7—延时电路 8—除霜开关

需要除霜时，接通除霜开关8，控制器6便接通后风窗玻璃除霜继电器线圈电路，使继电器触点闭合，后风窗玻璃上的除霜器电热丝通电发热而使附于风窗玻璃上的霜、雪受热蒸发。控制器中的时间控制电路使继电器保持通电10～20min后断电，使除霜器自动停止工作。若在除霜器自动停止工作后还需要继续除霜，可再次接通除霜开关。

第二节 汽车上的电动辅助装置

汽车上的电动辅助装置包括电动车窗、电动车门、电动座椅、电动后视镜、电动天窗、电动天线等。这些电动辅助装置不仅使相关的操纵简便，也有助于汽车的行车安全。

一、电动车窗

1. 电动车窗的组成与类型

电动车窗主要由升降控制开关、电动机、升降机构、继电器等组成，可利用开关控制车窗的升（关）降（开）。为防止电路过载，电动车窗电路中还设有热敏开关。有的车上还设有一个延时开关，可在点火开关断开后约 10min 内或在车门打开以前使电动车窗仍接通电源，从而使驾驶人或乘客仍可操纵控制开关关闭车窗。

电动车窗所用的双向直流电动机有永磁式和双绕组串励式两种。永磁式电动机通过控制电流方向使其正反转，双绕组串励式电动机则是控制通电的绕组使其正转或反转。电动车窗的升降机构有不同的结构形式，常见的有钢丝滚筒式和交叉传动臂式，如图 7-8 所示。

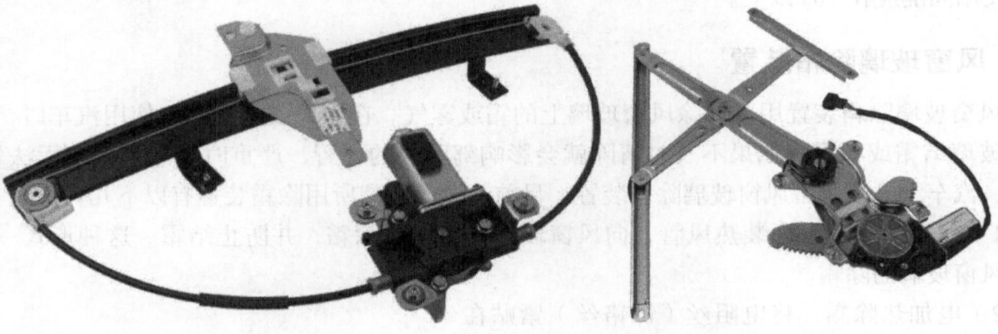

图 7-8　电动车窗升降机构

a）钢丝滚筒式　b）交叉传动臂式

2. 电动车窗的控制电路

（1）永磁式电动机电动车窗控制电路

永磁式电动机通过升、降开关控制其电流的方向，电动车窗控制电路如图 7-9 所示。

电路的控制功能及工作方式如下：

1）接通点火开关后，电动车窗继电器线圈通电，其触点闭合，接通电动车窗控制电路的电源，电动车窗可随时工作。

2）主开关安装于驾驶人侧车门处或仪表板处，主开关包括控制四个车窗玻璃升降的电动车窗开关和车窗锁止开关。车窗锁止开关在接通状态时，各车门处的车窗升降控制开关均可操纵车窗玻璃的升降；车窗锁止开关断开时，只有驾驶人侧车窗可进行开关操作。

3）各车窗电动机电路都装有热敏开关，当车窗完全关闭、完全打开或由于车窗玻璃上结冰、卡滞等引起车窗玻璃无法移动时，电路的电流会增大，使热敏开关变热而自动打开，以防止电路过载。

阅读提示

电动车窗电动机电路中的热敏开关还具有防夹功能。在车窗在关闭过程中，当车内乘员伸出的手臂或头被上升的车窗玻璃夹住时，电动机的转速急剧下降，而其电流急速增大，热敏开关会自动打开，从而起到防夹的作用。

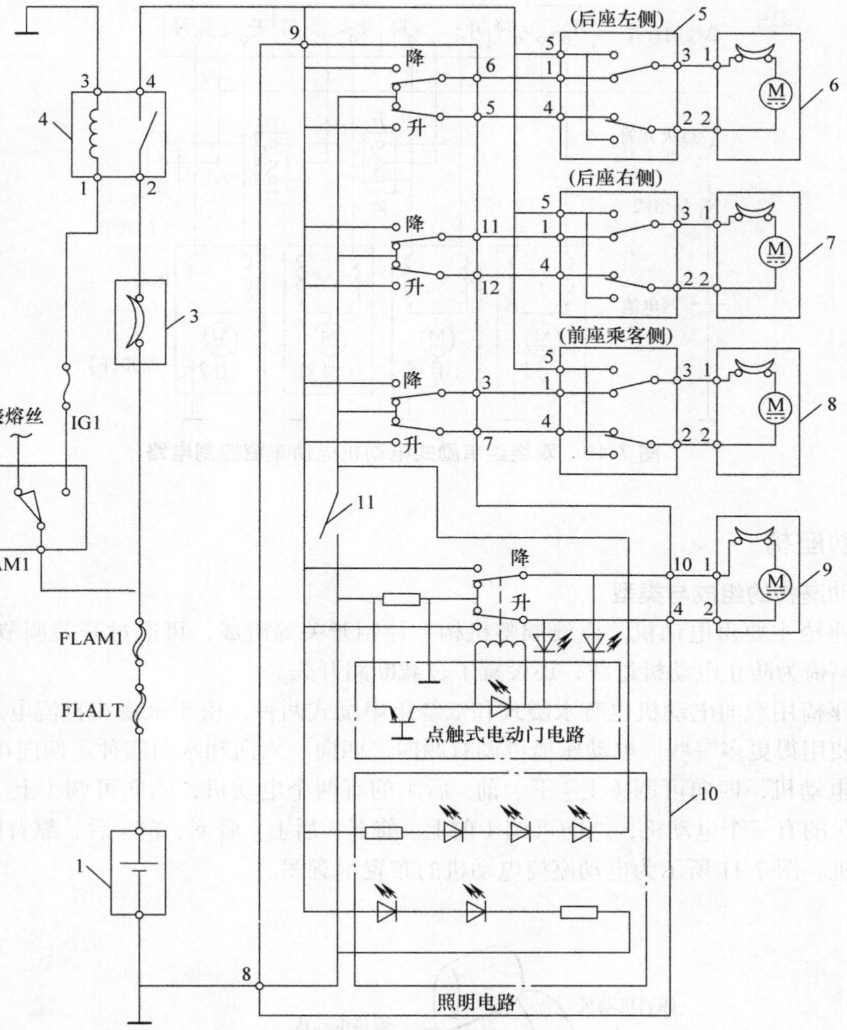

图 7-9　永磁式电动机电动车窗控制电路

1—蓄电池　2—点火开关　3—热敏开关　4—电动车窗继电器　5—电动车窗开关
6～9—车窗驱动电动机　10—电动车窗主开关　11—车窗锁止开关

（2）双绕组串励式电动机电动车窗控制电路

双绕组串励式电动机的两个磁场绕组绕向相反，通过升降开关控制通电的磁场绕组，其中一个绕组通电时，电动机转动使车窗上升；另一个绕组通电时，电动机则是反向转动，使车窗下降。使用这种电动机的车窗控制电路如图 7-10 所示。

驾驶人通过总控制开关可操纵四个车窗的升降，乘客则可用车门处的开关操纵身边车窗的升降。

每个电动机电路中串联了双金属式热敏开关，当电动机超载时，过大的电流通过双金属片，使双金属温度升高而弯曲变形，其触点打开，切断电动机电流。待双金属片冷却以后，其变形恢复，触点又会重新闭合。如果这时车窗控制开关还处于接通状态，则双金属片又会受热变形而使触点断开，如此重复开闭，使电动机的平均电流不超过规定值，从而确保电动机不致过载烧坏。

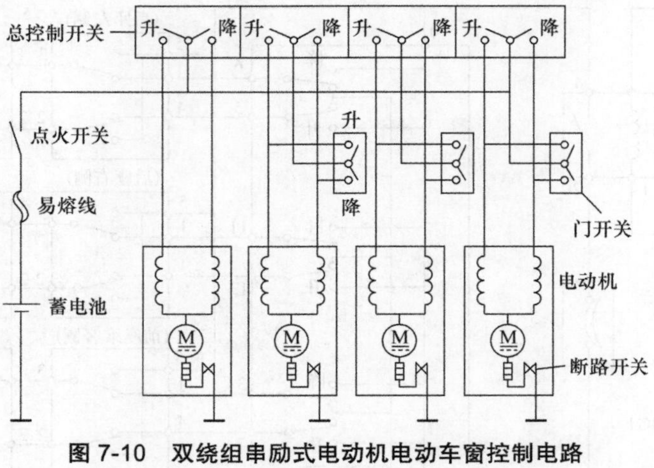

图 7-10　双绕组串励式电动机电动车窗控制电路

二、电动座椅

1. 电动座椅的组成与类型

电动座椅主要由电动机、座椅调整机构、控制开关等组成，可通过开关调节座椅的位置。一些电动座椅为防止电动机过载，还设置了过载断路开关。

电动座椅用双向电动机也有永磁式和双绕组串励式两种，由于永磁式直流电动机的体积更小，因而使用得更多一些。电动座椅可调有两向、四向、六向和八向四种。两向可调（上 - 下）的有一个电动机，四向可调（上 - 下、前 - 后）的有两个电动机，六向可调（上 - 下、前 - 后、靠背倾角）的有三个电动机，八向可调（前上 - 前下、后上 - 后下、前 - 后、靠背倾角）的需用四个电动机。图 7-11 所示为电动座椅电动机的布置示意图。

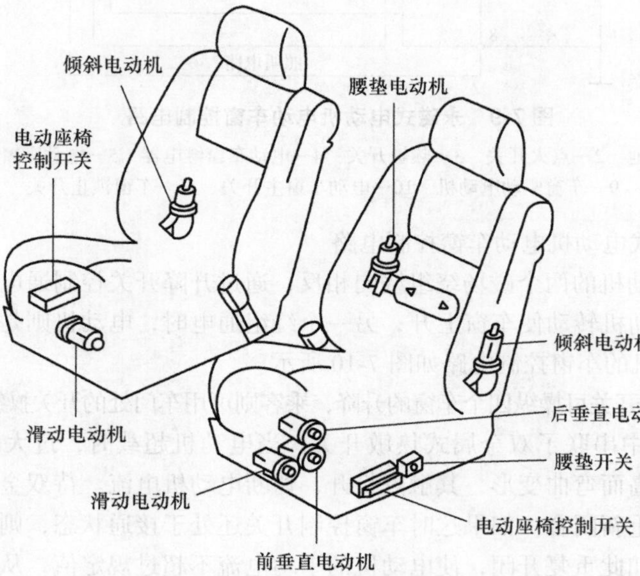

图 7-11　电动座椅电动机的布置示意图

座椅调整机构将电动机的旋转运动转变为座椅的空间移动。高度调整机构通常是将电动机的高速旋转经蜗轮蜗杆传动减速，再经蜗轮内圆与心轴之间的螺纹传动，转换为心轴的上下移动。前后调整机构则是蜗轮蜗杆减速机构加齿轮齿条传动，使座椅在电动机的驱动下沿导轨前后移动。

2.电动座椅的控制电路

典型的八向可调的电动座椅控制电路如图 7-12 所示。通过电动座椅调节开关控制四个永磁式电动机的正反向电流，使电动机以不同的转动方向转动，实现座椅的前端上下、后端上下、前后移动和靠背倾角调节。

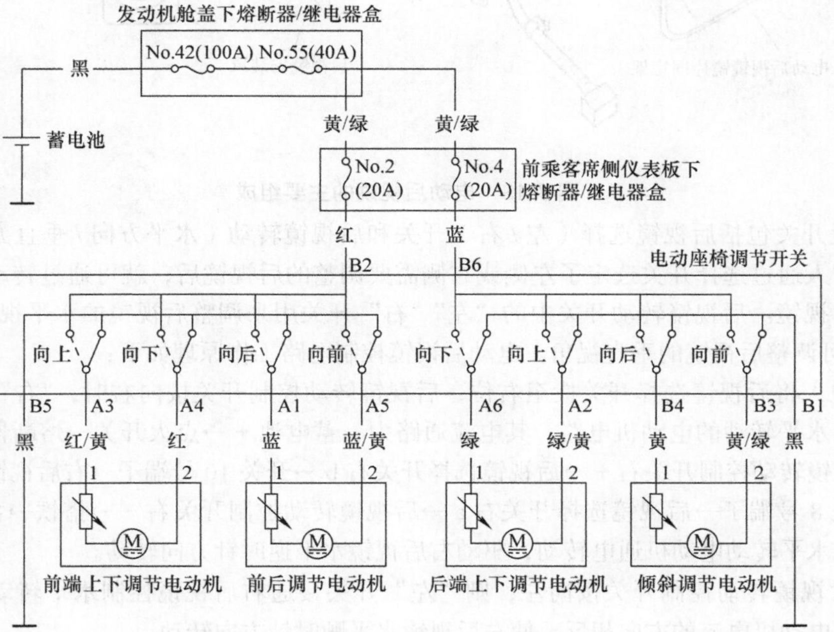

图 7-12　典型的八向可调的电动座椅控制电路

三、电动后视镜

1.电动后视镜的组成

驾驶人坐在车内就可以通过电动后视镜调节开关及时地调整左右后视镜，这不仅使后视镜的调节变得十分方便，也有助于汽车的行车安全。

电动后视镜主要由永磁式电动机、传动机构和控制开关组成，每个后视镜都装有两套驱动装置，其中一个电动机和传动机构用于后视镜镜片水平方向的转动，另一个电动机和传动机构则用于后视镜镜片垂直方向的转动，由电动后视镜开关进行操纵。电动后视镜的主要组成如图 7-13 所示。

有的汽车电动后视镜还带有电动折叠功能，由后视镜折叠开关控制电动机工作，驱动后视镜折叠传动装置，使后视镜折叠和展开。

2.电动后视镜的控制电路

典型的电动后视镜控制电路如图 7-14 所示。

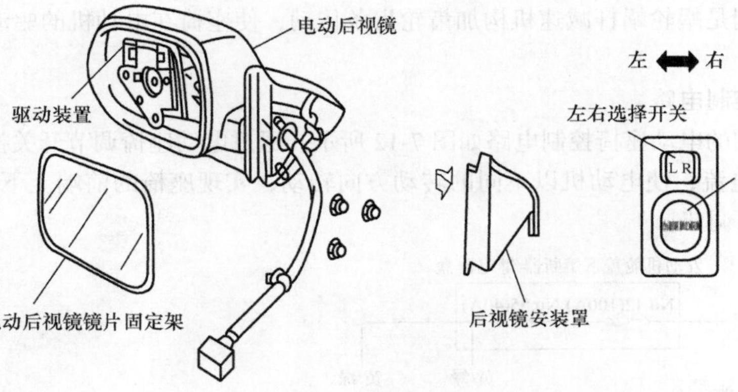

图 7-13　电动后视镜的主要组成

后视镜开关包括后视镜选择（左 / 右）开关和后视镜转动（水平方向 / 垂直方向）控制开关，当驾驶人通过选择开关选定了左侧或右侧需要调整的后视镜后，就可通过转动控制开关来调整被选后视镜。后视镜转动开关中的“左”“右”开关用来调整后视镜的水平视角，其“上”“下”开关可调整后视镜的垂直视角。电动后视镜控制电路工作原理如下：

当驾驶人将后视镜选择开关拨至右位，后视镜转动控制开关按向右时，“右”开关接通右后视镜控制水平转动的电动机电路，其电流通路为：蓄电池 +→点火开关→熔断器→开关 1 号端子→后视镜转动控制开关右 +→后视镜选择开关右 b→开关 10 号端子→右后视镜“左右”电动机→开关 8 号端子→后视镜选择开关右 a→后视镜转动控制开关右 -→搭铁→蓄电池 -。右后视镜控制水平转动电动机通电转动，驱动右后视镜水平逆时针方向转动。

如果后视镜转动控制开关按向左，则“左”开关接通右后视镜控制水平转动的电动机电路，但通过电动机电流的方向相反，使右后视镜水平顺时针方向转动。

如果后视镜转动控制开关按向上或下，则接通右后视镜控制垂直转动电动机电路，实现后视镜的上、下视角调整。

四、电动门锁

1. 电动门锁的组成与类型

电动门锁可使驾驶人通过按钮或钥匙控制所有车门（包括行李舱盖）的锁定和打开，可使驾驶人的操作方便，并提高了安全性。电动门锁系统也称中控门锁，其主要的功能有：

1）中央控制。驾驶人可通过门锁开关同时打开各个车门，也可单独打开某个车门，当驾驶人侧的车门锁住时，其他三个车门也同时锁住。

2）速度控制。当行车速度达到一定值时，各个车门能自行锁定，防止乘员误操作车内门把手而导致车门打开。

3）单独控制。驾驶人车门以外的三个车门有单独的弹簧锁开关，可以独立地控制一个车门的打开和锁住。

中央控制电动门锁主要由门锁开关、门锁控制电路（门锁控制器）和门锁执行器三部分组成。中控电动门锁机构的组件如图 7-15 所示。

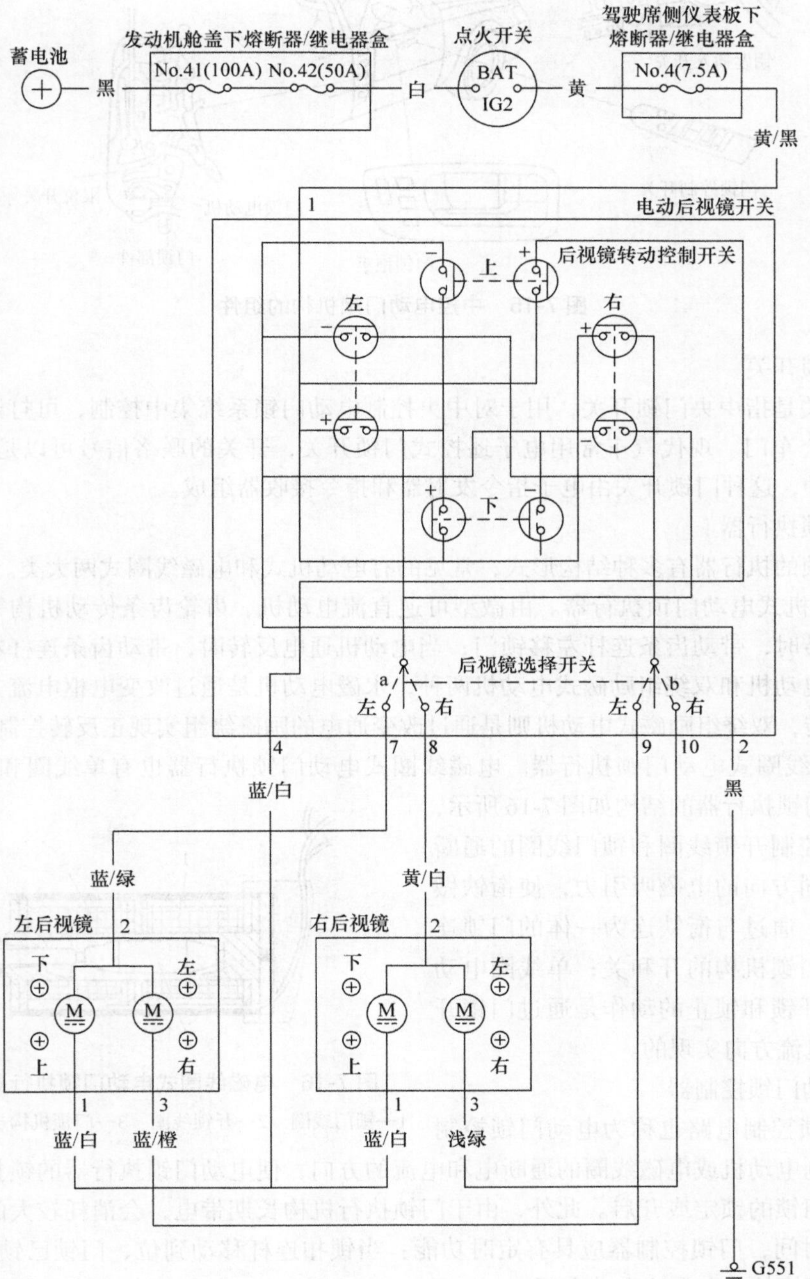
蓄电池
黑
发动机舱盖下熔断器/继电器盒
No.41(100A) No.42(50A)
白
点火开关
BAT
IG2
黄
驾驶席侧仪表板下
熔断器/继电器盒
No.4(7.5A)
黄/黑
1
电动后视镜开关
后视镜转动控制开关
上
左
右
下
后视镜选择开关
a
b
左
右
左
右
4
7
8
9
10
2
蓝/白
黑
蓝/绿
黄/白
左后视镜
右后视镜
2
2
下
左
上
右
下
左
上
右
M
M
M
M
1
3
1
3
蓝/白
蓝/橙
蓝/白
浅绿
G551

图 7-14 典型的电动后视镜控制电路

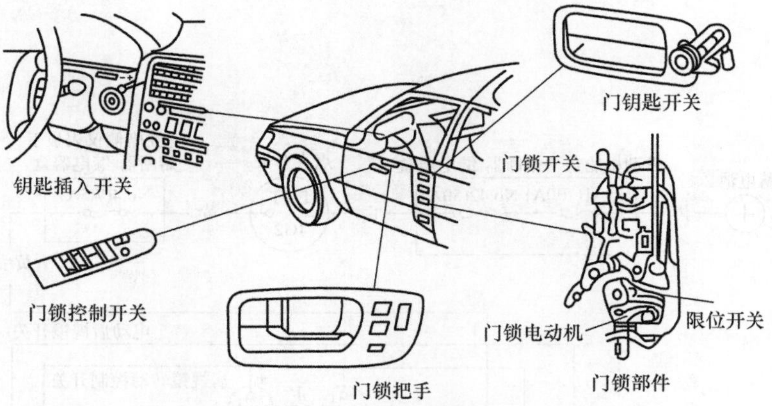

图 7-15　中控电动门锁机构的组件

（1）门锁开关

门锁开关是指中央门锁开关，用于对中央控制电动门锁系统集中控制，可打开或关闭全部车门或某单个车门。现代汽车常用电子遥控式门锁开关，开关的联络信号可以是声、光、电、磁中的某一种，这种门锁开关由电子指令发射器和指令接收器组成。

（2）门锁执行器

电动门锁的执行器有多种结构形式，常见的有电动机式和电磁线圈式两大类。

1）电动机式电动门锁执行器。由微型可逆直流电动机、齿轮齿条传动机构等组成。当电动机通电正转时，带动齿条连杆左移锁门；当电动机通电反转时，带动齿条连杆右移开锁。电动机有永磁电动机和双绕组励磁式电动机两种，永磁电动机是通过改变电枢电流方向来控制电动机的正反转，双绕组励磁式电动机则是通过改变通电的励磁绕组实现正反转控制。

2）电磁线圈式电动门锁执行器。电磁线圈式电动门锁执行器也有单线圈和双线圈两种，双线圈电动门锁执行器的结构如图 7-16 所示，由门锁开关控制开锁线圈和锁门线圈的通断电，形成不同方向的电磁吸引力，使衔铁做相应的移动，通过与衔铁连为一体的门锁连接杆来驱动门锁机构的开和关；单线圈电动门锁执行器开锁和锁止的动作是通过门锁开关控制线圈电流方向实现的。

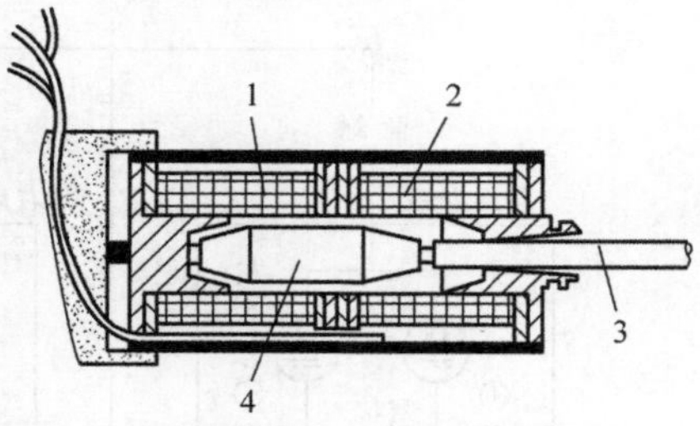

图 7-16　电磁线圈式电动门锁执行器（双线圈）

1—锁门线圈　2—开锁线圈　3—门锁机构连接杆　4—衔铁

（3）电动门锁控制器

电动门锁控制电路也称为电动门锁控制器，用于控制电动机或电磁线圈的通断电和电流的方向，使电动门锁执行器的锁扣连杆左、右移动，实现门锁的锁定或开启。此外，由于门锁执行机构长期带电，会消耗较大的电能，为了缩短其通电时间，门锁控制器应具有定时功能：当锁扣连杆移动到位、门锁已锁定或开启时，应控制执行机构的通电电流自动中断。

电动门锁控制器有电容式、晶体管式、车速感应式等不同的形式。随着电子技术的发展，电动门锁控制器的电子化程度越来越高，单片机在电动门锁控制器中的应用已逐渐增多。

2.电动门锁控制电路工作原理

不同车型电动门锁的控制功能、门锁执行器的类型不尽相同，其电动门锁控制电路也各有不同。电动门锁一般在各乘客车门处还设有可打开各自车门的锁扣，有些车型的电动门锁系统还设有车速感应锁定功能，当车速超过 10km/h 时，各车门能自动锁定，以确保行车安全。

（1）电磁线圈式电动门锁执行器电路工作原理

采用电磁线圈式门锁执行器的电动门锁控制电路如图 7-17 所示。

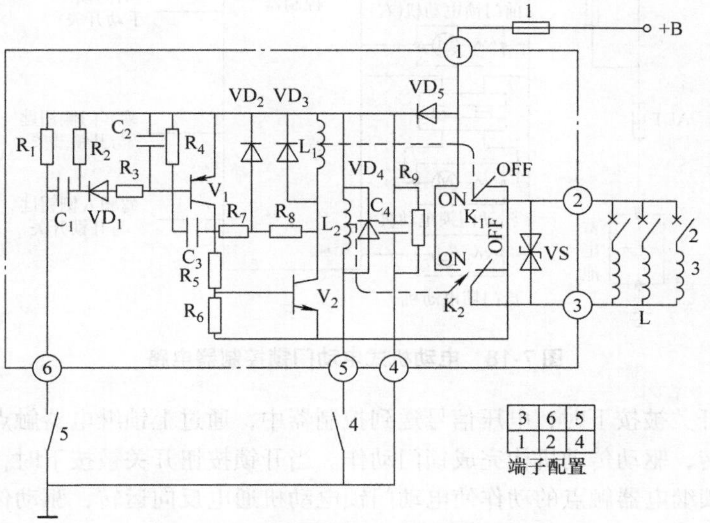

图 7-17　电磁线圈式电动门锁控制电路

1—熔断器　2—断路器　3—电磁线圈　4—开锁开关　5—锁门开关　L_1—锁门继电器线圈与触点　L_2—开门继电器线圈与触点

当驾驶人按下车门锁扣或用钥匙锁门时，锁门开关 5 闭合，使晶体管 V_1 有正向偏压而导通，V_2 随之导通，锁门继电器线圈 L_1 通电，其触点 K_1 被吸到 ON 位置。此时电磁线圈的电流通路为：蓄电池正极→控制电路①端子→锁门继电器 K_1 常开触点（ON）→控制电路②端子→电磁线圈→控制电路③端子→开门继电器 K_2 常闭触点（OFF）→控制电路④端子→搭铁→蓄电池负极。由于电磁线圈正向通电，电磁吸力拉下车门锁扣杠杆，锁定车门。在锁门开关接通的瞬间，蓄电池就向电容 C_1 充电，待充电结束时，V_1 失去正向偏压而截止，V_2 随之截止，L_1 断电，K_1 回到常闭（OFF）位置，门锁电磁线圈断电，从而完成门锁执行机构的自动断电。

当驾驶人拉起车门锁扣或用钥匙开门时，开锁开关闭合，开锁继电器线圈 L_2 通电，其触点 K_2 被吸到 ON 位置。此时电磁线圈的电流通路为：蓄电池正极→控制电路①端子→锁门继电器 K_2 常开触点（ON）→控制电路③端子→电磁线圈→控制电路②端子→锁门继电器 K_1 常闭触点（OFF）→控制电路④端子→搭铁→蓄电池负极。由于电磁线圈反向通电，电磁吸力拉起车门锁扣杠杆，车门锁被打开。

（2）电动机式电动门锁控制器电路工作原理

电动机式电动门锁控制器电路如图 7-18 所示。电路中有 4 个电路门锁执行器（控制电动机）、2 个继电器、左右车门的开锁和上锁开关、电控单元以及熔断器等。门锁控制器根据不同的开关信号，实现对 4 个门锁电动机的控制。门锁控制器通过改变门锁直流电动机线圈通电方向实现门锁的开锁与上锁动作。

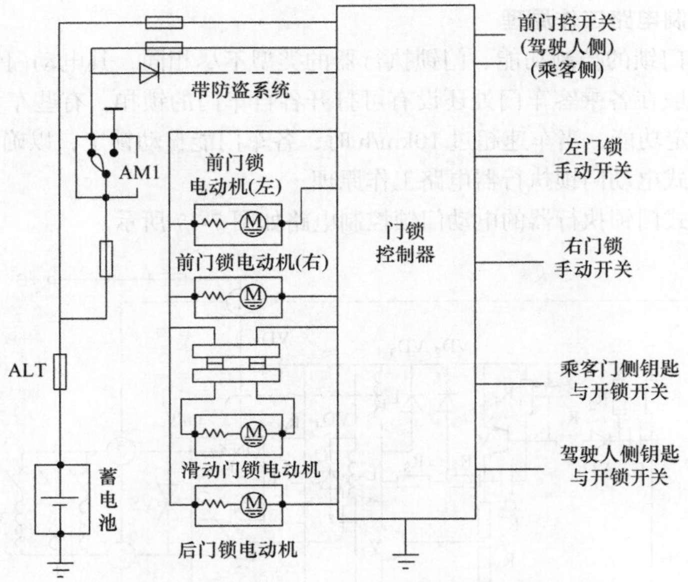

图 7-18　电动机式电动门锁控制器电路

当上锁按钮开关被按下时，电压信号送到控制器中，通过上锁继电器触点的动作使电动门锁电动机通电运转，驱动传动机构完成锁门动作。当开锁按钮开关被按下时，电压信号送到控制器中，通过开锁继电器触点的动作使电动门锁电动机通电反向运转，驱动传动机构完成开锁动作。

第三节　汽车低温起动加热装置

一、汽车低温起动加热的作用与类型

1. 低温下发动机起动存在的问题

在寒冷的冬季，汽车发动机在低温下起动主要有如下问题：

1）低温下，汽车发动机的机油黏度增高，使得发动机的起动阻力增大。

2）低温下，蓄电池的内阻会随之增大，从而导致其起动性能下降。

3）由于进气温度低，发动机压缩终止的缸内可燃混合气温度低而不易点燃（汽油机）或不易达到燃料的自燃温度（柴油机）。

上述问题将会导致发动机的起动转速降低，发动机压缩终止的缸内混合气温度偏低，从而使得发动机不易起动。低温对柴油发动机起动的影响尤为严重，因此，现代汽车主要是对柴油车采取起动加热措施。

2. 汽车低温起动加热的作用

汽车低温起动加热就是通过对蓄电池、发动机机体、进气等进行加热，用以提高起动转速和进气温度，以确保柴油发动机压缩终止的混合气温度达到自燃点，从而使发动机能顺利起动。

3. 汽车低温起动加热的类型

为使发动机低温起动容易，一些柴油发动机设置了低温起动加热装置，柴油发动机低温加热装置主要有：

1）进气加热装置。在进气管中，对进入气缸的气体进行预热，以提高发动机压缩终止的气体温度，使发动机容易起动。

2）油底壳加热装置。利用空调中的独立燃烧式加热器产生热气或热水，对发动机的油底壳进行加热，通过提高发动机机油的温度来降低其黏度，以减小发动机的起动阻力，提高发动机的起动转速。

3）蓄电池加热装置。利用燃烧式加热器对蓄电池进行加热，通过减小蓄电池的内阻来提高起动电流，以提高起动转速。

4）缸体缸盖加热装置。利用热源对发动机的缸体和缸盖进行加热，以提高进气温度，使发动机容易起动。

在上述发动机低温起动加热装置中，进气加热装置提高发动机的起动性能最为有效，因而这种加热装置在汽车上使用较为普遍，而其他的加热装置则很少使用。

专家解读：

柴油发动机是通过“压燃”的方式使混合气燃烧起来的，即压缩终止时，柴油机气缸内的混合气需要达到其自燃的温度。因此，柴油机的起动转速要远高于汽油机（达200r/min）。柴油发动机的这种起动方式使得低温对其起动性能的影响要远大于汽油发动机，故而现代汽车配置进气加热装置的大都是一些柴油汽车。现代汽油车上均使用了汽油喷射式发动机，可通过低温起动喷油量修正的方式来解决低温起动困难的问题，故而不采用进气预热方式。

二、柴油发动机进气加热装置的结构与类型

根据柴油机的功率、工作环境及用途的不同，进气加热装置的结构类型也有所不同，柴油机进气加热装置有电阻丝加热式和火焰加热式两大类。电热塞和电网式加热器都是由电阻丝加热进气，而热胀式火焰加热器、电磁式火焰加热器、压力雾化式火焰加热器等则是通过燃烧的火焰来加热进气的。

1. 电热塞式加热器

电热塞式加热器有内装式和外露式两种（图 7-19），内装式电热塞的结构如图 7-20 所示。每个气缸均配有一个电热塞，一般安装在气缸盖处。在起动发动机以前，接通电热塞电路，电阻丝很快使发热体钢套烧红。高温的发热体钢套将流经的空气加热，使进入燃烧室内的空气温度明显升高，从而使发动机容易起动。电热塞式加热器在中、小功率的柴油发动机上的应用十分普遍。

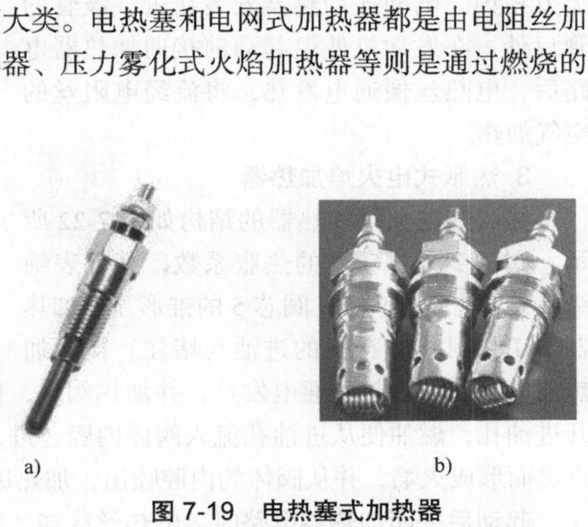

a)　　b)

图 7-19　电热塞式加热器

a) 内装式电热塞　b）外露式电热塞

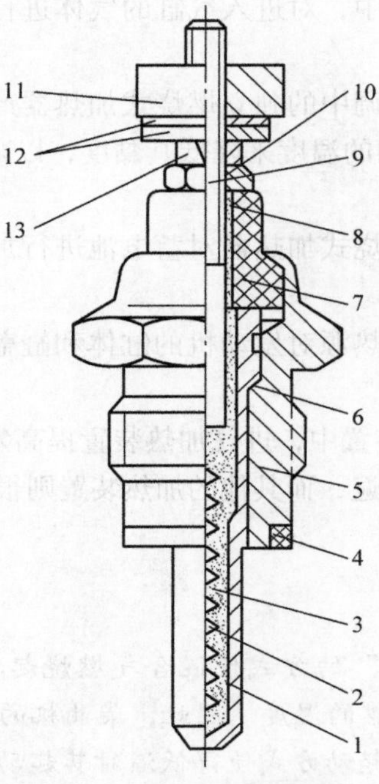

图 7-20　内装式电热塞的结构

1—发热体钢套　2—电阻丝　3—填充剂　4—密封垫圈　5—外壳　6—垫圈　7—绝缘体　8—胶合剂　9—中心螺杆　10—固定螺母　11—压紧螺母　12—压紧垫圈　13—弹簧垫圈

2. 电网式加热器

电网式加热器也是适用于中、小功率的柴油机，其结构如图 7-21 所示。电网式加热器将电热丝绕成网状，并将其固定在一个片形方柜内。电网式加热器安装在进气歧管的管口处，在发动机低温起动前接通加热器电路后，电热丝便通电发热，将流经电阻丝的空气加热。

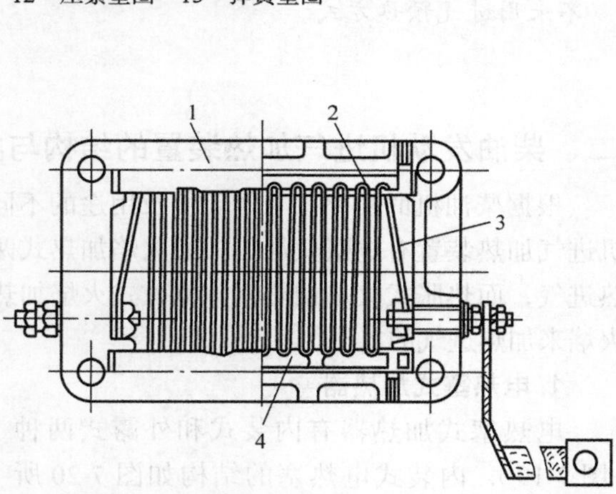

图 7-21　电网式加热器的结构

1—片形方壳　2—弹簧　3—电热丝　4—绝缘体

3. 热胀式电火焰加热器

热胀式电火焰加热器的结构如图 7-22 所示。阀体 2 具有较高的热胀系数，其外表绝缘，并绕有电热丝 1，阀芯 5 的锥形端在加热器不工作时将管接头的进油孔堵住。接通加热器电路后，电热丝通电发热，并加热阀体，使阀体受热伸长，带动阀芯移动，阀芯锥形端离开进油孔，燃油便从进油孔流入阀体内腔。进入阀体内腔的燃油受热汽化后，被炽热的电热丝点燃而形成火焰，并从阀体的内腔喷出，加热进气。

起动后关闭加热器电路时，电热丝冷却，阀体也变冷收缩，阀芯锥形端又堵住进油孔而停止燃油的流入，火焰熄灭，加热终止。

4. 电磁式火焰加热器

电磁式火焰加热器的结构如图 7-23 所示。它安装在进气歧管上，弹簧 9 将阀门 8 紧紧压在阀座孔上，将油孔 11 堵住。在柴油发动机冷起动前，接通加热器电路，电热丝 14 和电磁线圈 2 即处于通电状态，电磁线圈产生的磁力吸引动铁 3 向下移动，并顶开阀门 8，储油箱 7 内的燃油便从阀门 8 经油孔流到炽热的电热丝表面后被点燃，其燃烧的火焰从稳焰罩 13 喷出，加热进气歧管中的冷空气。

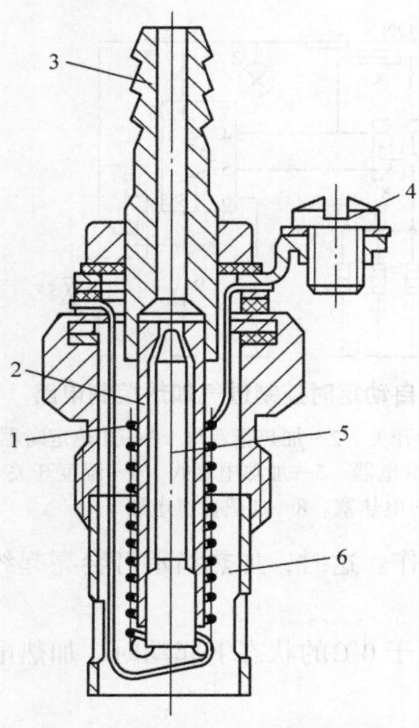

图 7-22　热胀式电火焰加热器的结构

1—电热丝　2—阀体　3—油管接头
4—接线螺钉　5—阀芯　6—稳焰罩

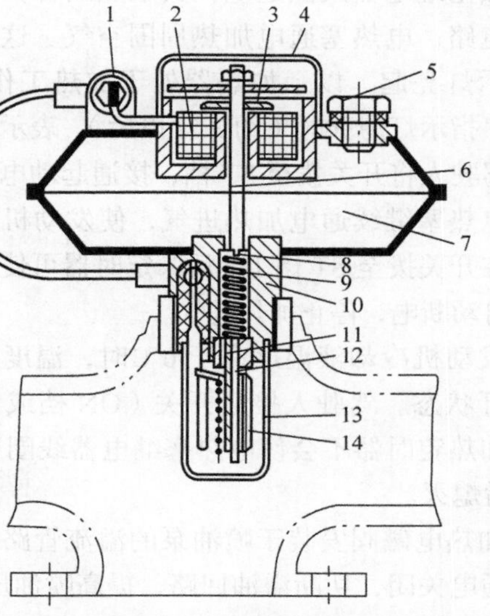

图 7-23　电磁式火焰加热器的结构

1—接线柱　2—电磁线圈　3—动铁　4—盖　5—加油口螺塞
6—阀杆　7—储油箱　8—阀门　9—弹簧　10—加热器外壳
11—油孔　12—支承杆　13—稳焰罩　14—电热丝

三、柴油发动机进气加热装置控制电路

柴油发动机进气加热装置的控制有手动操纵和自动控制两种方式。

1. 手动操纵的进气加热控制电路

由驾驶人手动操纵进气预热开关来控制加热装置的工作。手动操纵的进气加热控制电路如图 7-24 所示。

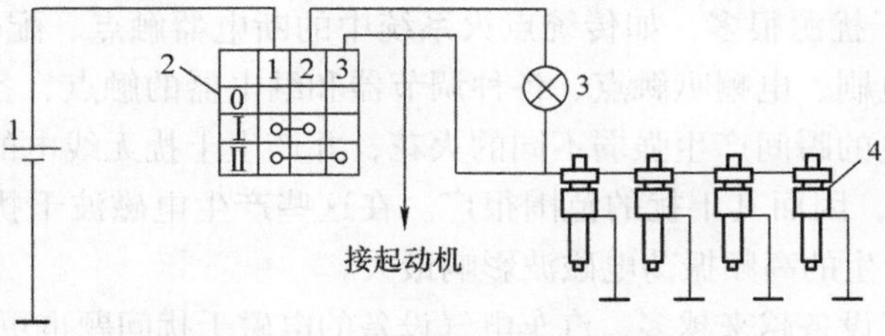

图 7-24　手动操纵的进气加热控制电路

1—蓄电池　2—起动 / 加热开关　3—加热指示灯　4—加热器

当气温低时，驾驶人将开关拨至Ⅰ档（加热档），各进气加热器通电产生热量，加热周围的空气。与加热器串联的指示灯同时亮起，以指示进气加热装置在通电状态。一般的加热时间约为30s，加热后，驾驶人将开关置于Ⅱ档（起动档），同时接通进气加热器和起动电路。发动机起动后，则立刻使开关回至“0”位，使起动机和加热器迅速断电停止工作。

2. 自动定时控制的进气加热控制电路

自动定时控制的进气加热控制电路如图7-25所示。

发动机冷却液温度低于0℃时，温度开关处于闭合状态。驾驶人接通开关（ON），加热定时器使电热塞继电器线圈通电，其触点闭合，接通电热塞电路，电热塞通电加热周围空气。这时，加热指示灯亮起，以示加热器处于加热工作状态。当加热指示灯熄灭时（约3.5s以后），表示可以起动，驾驶人将开关拨至ST档，接通起动电路。这时，电热塞继续通电加热进气，使发动机顺利起动。在开关拨至ST档18s后，定时器可使电热塞电路自动断电，停止加热进气。

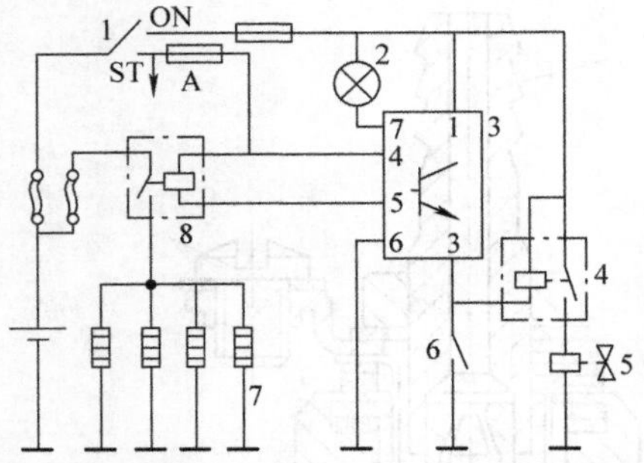

图7-25　自动定时控制进气加热控制电路

1—加热 / 起动开关　2—加热指示灯　3—加热定时器　4—电磁阀继电器　5—加热电磁阀　6—温度开关　7—电热塞　8—加热塞继电器

发动机冷却液温度高于0℃时，温度开关处于断开状态。驾驶人接通开关（ON档或ST档）时，加热定时器不会使电热塞继电器线圈通电，电热塞不会工作。这时，加热指示灯会亮起约0.3s后熄灭。

加热电磁阀安装于喷油泵的溢流管路中，在冷却液温度低于0℃的状态下起动时，加热电磁阀通电关闭，切断溢油回路，提高喷油压力，以利于起动。

第四节　汽车电气设备的电磁干扰问题

一、汽车电路中电磁干扰的形成与影响

1. 汽车上电磁干扰的形成

在汽车电路中，其导线、线圈、电容器及电子元件等均具有不同程度的电阻、电容和电感的作用。在工作中，这些形成闭合回路的电阻、电容和电感会产生高频的电压和电流振荡。这些振荡的电压和电流就是干扰波。当这些电气设备工作中产生火花时，电路中的这些高频振荡还会以电磁波的形式发射到空气中，对周围的无线电波造成干扰。

汽车上的电磁波干扰源很多，如传统点火系统中的断电器触点、配电器分火头与旁电极、火花塞电极、发电机电刷、电喇叭触点、各种调节器和继电器的触点、各种开关等。这些电器在工作时都会在通断电的瞬间产生强弱不同的火花，并产生干扰无线电的电磁波，其振荡频率大至在0.15~1000MHz，因而其干扰的范围很广。在这些产生电磁波干扰源中，尤其是以点火系火花塞电极跳火所产生的高频振荡电磁波影响最大。

随着汽车上的电气设备越来越多，汽车电气设备的电磁干扰问题也更显得突出了。

2. 汽车电磁干扰的形式及不良影响

1）汽车电磁波干扰的形式。汽车电磁波干扰形式有传导干扰和辐射干扰两种形式。汽车

电气系统所产生的干扰电磁波通过汽车导线直接传播的称为传导干扰；电磁波通过空气传播的称为幅射干扰。

2）汽车电磁波的不良影响。汽车电器产生的电磁波不仅干扰汽车上的无线电设备的正常工作，还会对周围数百米内的收音机、电视机及其他无线电装置造成不同程度的影响。

二、汽车电路防止电磁波干扰的措施

汽车上防止电磁波干扰有两种措施，一是对会产生电磁波干扰的电器元件采取抑制措施，以减少和消除干扰源；二是对易受干扰的电器总成采取防干扰措施。通过二者结合获得良好的防止电磁波干扰效果。

1. 易受电磁波干扰的电器总成防干扰措施

车内易受电磁波干扰的电器总成随着汽车电子装置的发展将会越来越多。比如，汽车上装备的收录机、电视机、车载无线电话，以及车载卫星定位、巡航、导航装置、遥控装置等。它们本身都应有防干扰措施，比如：在天线上加轭制线圈，在电源上加滤波器，选择合理的安装位置以及用金属罩遮盖等，这些均可有效防制电磁干扰。

2. 对电磁波干扰源采取抑制措施

减少和消除电磁波干扰源是防止电磁干扰的关键措施，有如下几种方法。

（1）并联电容器

在可能产生电火花的电器之处并接电容器，以削弱高频振荡电磁波的产生和发射。比如，在发电机调节器的“电池”接线柱与搭铁之间或者在发电机“电枢”接线柱与搭铁之间并联0.2~0.8μF的电容器；在机油压力传感器、水温传感器的触点间并联0.1~0.2μF的电容器；在转向信号灯的闪光器和喇叭的触点处并联大于0.5μF的电容器等，如图7-26所示。有的汽车还在干扰源处串联“∏”形或“Γ”形低通滤波器等，以更有效地抑制电磁波干扰。

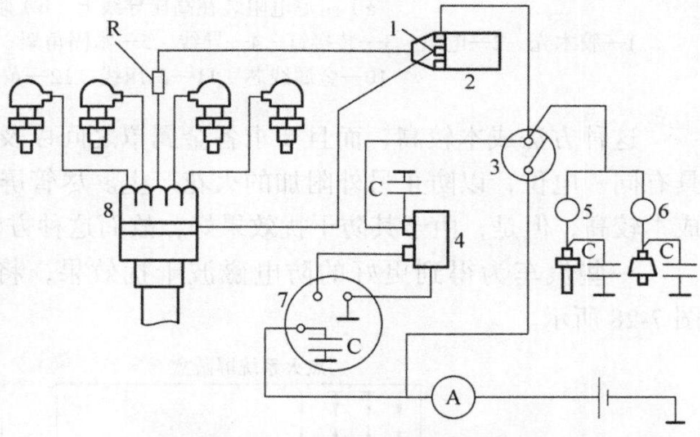

图 7-26　汽车防干扰系统示意图

1—点火线圈　2—起动开关　3—点火开关　4—调节器
5—发动机温度表　6—机油压力表　7—发电机　8—分电器
C—防干扰电容器　R—防干扰电阻

（2）串联阻尼电阻

在点火系统的高压电路中串联阻尼电阻，以削弱电火花产生的高频振荡，从而减少电磁波的干扰强度。串接的阻尼电阻其电阻值和无线电干扰波的抑制效果成正比，但阻尼电阻值过大会影响火花塞的跳火能量。综合诸多因素，串联阻尼电阻的阻值一般不超过20kΩ。通常阻尼电阻被装在点火线圈的高压导线引出端或火花塞上，结构如图7-27所示。阻尼电阻大都采用线芯直径为Φ0.1mm的镍铬铝合金丝绕成，这种高压阻尼线相当于电感、电容、电阻三者复合体，抑制效果很理想。

（3）用屏蔽遮掩防止电磁波传播

把汽车上能产生电磁波干扰的电器元件、总成用金属罩密封起来，其连接导线也用金属网或金属管遮盖起来，并确保其良好牢固地搭铁。电磁波干扰源罩上这样的金属罩后，产生无线电干扰的高频电磁波会在金属罩内产生涡流，变成热能消耗掉，使电磁波不能发射出去，因此也就消除了对电气设备的干扰。

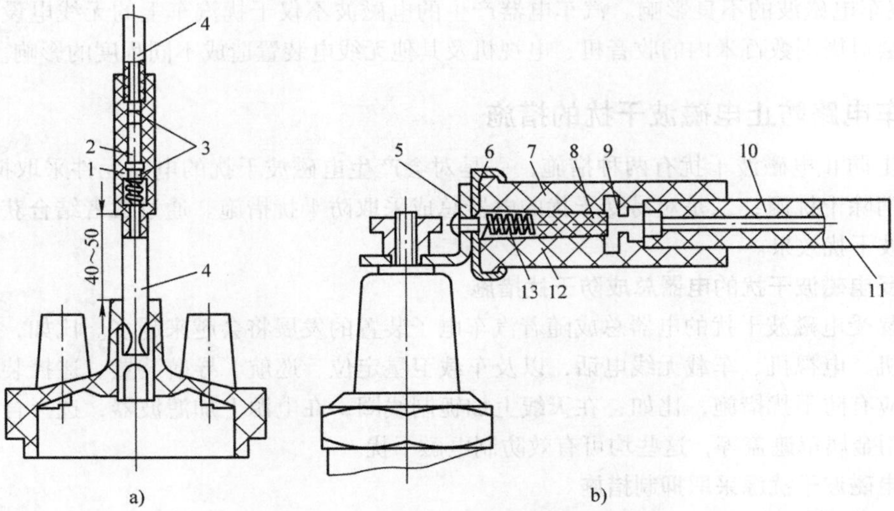

图 7-27　高压导线阻尼电阻的结构

a）阻尼电阻装在高压导线上　b）阻尼电阻装在火花塞上

1—胶木壳　2—电阻　3—装接钉　4—导线　5—紧固角架　6—罩杯　7—胶木壳　8—碳质电阻　9—螺钉　10—金属线芯　11—高压线　12—黄铜接触垫圈　13—弹簧

这种方法成本较高，而且要求各金属罩之间以及金属罩与车体之间一定要接触良好，使之具有同一电位，以防止另外附加的火花产生。尽管屏蔽遮掩方式的防无线电干扰措施的要求和成本较高，但是，由于其防干扰效果好，故而这种方法的应用日渐广泛。

一些汽车为得到更好的防电磁波干扰效果，将上述三种方法综合使用，其应用实例如图 7-28 所示。

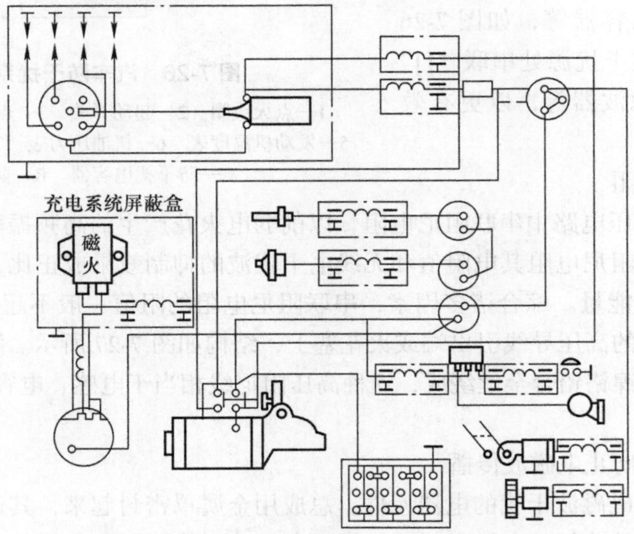

图 7-28　QGY-111 型汽车干扰抑制器

参 考 文 献

[1] 麻友良 . 汽车电器与电子控制系统 [M]. 4 版 . 北京：机械工业出版社，2019.

[2] 古永棋，张伟 . 汽车电器及电子设备 [M]. 5 版 . 重庆：重庆大学出版社，2004.

[3] 骞小平，麻友良 . 汽车电器与电子技术 [M]. 2 版 . 北京：人民交通出版社，2018.

[4] 杨志红，廖兵 . 汽车电器 [M]. 北京：机械工业出版社，2015.

[5] 毛峰 . 汽车电器设备与维修 [M]. 沈阳：辽宁科学技术出版社，2008.

[6] 董辉 . 汽车用传感器 [M]. 北京：北京理工大学出版社，2000.

[7] 麻友良 . 汽车电路构成与阅读理解 [M]. 北京：人民交通出版社，2005.

[8] 李宪民 . 桑塔纳和桑塔纳 2000 轿车的结构与维修 [M]. 北京：机械工业出版社，2000.

[9] 潘天堂 . 汽车电器与电子技术 [M]. 北京：化学工业出版社，2009.

[10] 李春明 . 汽车电器与电路 [M]. 北京：高等教育出版社，2003.

[11] 边焕鹤 . 汽车电器与电子设备 [M]. 北京：人民交通出版社，2000.

[12] 周建平 . 汽车电气设备构造与维修 [M]. 北京：人民交通出版社，2002.

[13] 凌晨 . 汽车电气设备构造与维修 [M]. 天津：天津科学技术出版社，2013.

[14] 麻友良 . 汽车电路分析与故障检修 [M]. 北京：机械工业出版社，2006.

[15] 金洪卫，陈昌建 . 汽车电气设备与维修 [M] .2 版 . 大连：大连理工大学出版社，2010.